生活在经济中

（修订版）

王玉霞◎著

清華大學出版社
北 京

内 容 简 介

"生活在经济中"是著名经济学家张五常教授为王玉霞教授的经济学散文集取的名字，它意味着可以把生活中的各种现象放在经济学框架内重新思考，会得出意料之外、情理之中的启发。

经济学是善事的利器，但是由于进入门槛比较高，很难被普通百姓接受。被称作经济学界婉约派的王玉霞教授用生动有趣的故事，将复杂的经济学理论与真实世界联系起来，将经济学的科学与散文的艺术很好地融合起来，文笔清新流畅，使读者在轻松愉快的阅读中了解经济学的逻辑，让经济学走出了学术宝塔，走进了百姓生活。

图书在版编目（CIP）数据

生活在经济中 / 王玉霞著. —修订版 . —北京：清华大学出版社，2018（2025.3重印）.
ISBN 978-7-302-50022-3

Ⅰ. ①生… Ⅱ. ①王… Ⅲ. ①经济学 – 通俗读物 Ⅳ. ①F0–49

中国版本图书馆 CIP 数据核字（2018）第 080591 号

责任编辑：杜春杰
封面设计：刘 超
版式设计：楠竹文化
责任校对：赵丽杰
责任印制：刘海龙

出版发行：清华大学出版社
网 址：https://www.tup.com.cn，https://www.wqxuetang.com
地 址：北京清华大学学研大厦 A 座 邮 编：100084
社 总 机：010-83470000 邮 购：010-62786544
投稿与读者服务：010-62776969，c-service@tup.tsinghua.edu.cn
质量反馈：010-62772015，zhiliang@tup.tsinghua.edu.cn
印 装 者：北京鑫海金澳胶印有限公司
经 销：全国新华书店
开 本：165mm×240mm **印 张**：21.5 **字 数**：338 千字
版 次：2018 年 6 月第 1 版 **印 次**：2025 年 3 月第 5 次印刷
定 价：79.80 元

产品编号：079275-02

序 1

经济学散文的来龙去脉

这些年，经济学散文在中文世界遍地开花，貌似唯我华夏儿女（比如台湾的熊秉元，而在香港则要数鄙人了）独有。后来，澳大利亚的黄有光等也陆续创作经济学散文。

经济学散文是怎样发展起来的呢？有人说经济学散文因佛利民（弗里德曼）而来。1976 年佛利民获得诺贝尔经济学奖，闻听此讯后，毕业于夏威夷大学、任职于香港美银做研究师的侯连辉，写了一篇题为《经济学家的经济学家》的文章，投到香港的《信报》。当时经营惨淡的《信报》老总林山木慧眼识金，不仅把侯连辉的文稿照登无误，还请"侯夫子"吃牛排。"士为知己者死"，"侯夫子"还邀请了同学杨怀康加盟。后来一起参与经济学散文写作的还有梁海国、罗祥国、黄志光，一时间变得热闹了。

今天，不少人认为我是经济学散文的"始作俑者"，是该文体的发明家。我当然万分高兴，但"侯夫子"说是他发明的，怎么办？

经济学者在公众刊物写文章，早有先例。20 世纪 60 年代后期起，佛利民与森穆逊（萨缪尔森）在美国《新闻周刊》写专栏，写得好，有口皆碑，但是他们写的是经济评论，不是散文。在公众刊物上以浅显易懂的文字介绍经济学说，"侯夫子"可能是天下第一人，而当年《信报》欢迎这种与时事新闻没有关系的学术性文字，也算是盘古初开的创举了。不过，侯连辉与杨怀康等人当年为《信报》写的文字，算不算是散文，此处暂且不论。

我的第一篇以中文下笔的文章，是《千规律，万规律，经济规律仅一条》，1979 年 10 月发表于《信报财经月刊》。文章是由我口述，侯连辉与杨怀康笔录，再由我修改而成的。该文章是以普通常识解释经济理论的一个重点，不是散文。

四年之后林山木在《信报》替我开了一个名为《论衡》的专栏，要我每星期交稿两篇。我第一篇交出去的是《期货市场的作用何在》，也是阐释经济，而不是经济学散文。一路写下去，不是评论，就是阐释。读者赞赏颇多，批评也不少。主要的批评是我的汉语文字读起来比较生硬，像是英文中译。为此，我决定更改文体，搬出古文来，古今并用，与读者平起平坐，闲话家常，在不经意中才把经济要点放进去。

《论衡》的第十一篇，即 1984 年 1 月 6 日发表的《邓家天下》。《邓家天下》发表的那一天，我在香港大学办公室的电话从上班到下班响个不停。我猜《邓家天下》估计是命中了读者的要害。我也不知道为什么要那么写，只觉得公众刊物的经济文章应该那样写罢了。现在回想起来，《邓家天下》可能是第一篇经济学散文。1984 年 2 月 11 日，我又发表了《卖橘者言》，这一下更热闹了。

1986 年，北京的杨培新造访香港大学，我才知道我写的是经济学的一种新文体。我送给他《卖橘者言》的结集，他读后说："从来没有想过经济学可以那样放开来写，你写的是散文，经济学从来没有散文这回事。"

经济学是一门科学，但科学怎可以用散文体下笔呢？我们没有见过物理学的散文，没有见过数学、化学、生物学的散文，但经济学是可以用散文体下笔的。这是因为经济学是关于人类的生活与行为的，以散文下笔，作者可以把感情放进去，融入自己的真情实感，而感情的表达很符合散文的要求。

有了《邓家天下》与《卖橘者言》的经验，我写的公众文章自然地倾向于用散文体下笔。写经济学之外的话题，谈天说地的，感情的表达还比较容易，但经济学散文必须有一些经济要点在其中，写好很困难。感情的流露，如果不是自然的，读者会觉得肉麻。

除了《邓家天下》与《卖橘者言》外，我自己比较满意的经济学散文有《补鞋少女的故事——为中国的青年说几句话》与《给女儿上的一课——也是女儿给我上的一课》。写好经济学散文首先要有重要的经济论点，还要有感而发，放开来写，而且能写到自己关心的人与事那方面去，要机缘巧合才可以写得出来。

有时牵涉不到感情上的事，但属于经济学的重点，以散文体下笔，人与事就要写得生动过瘾，或搞笑一下，或潇洒一番。《荒谬的定律——与林行止商榷》，写优劣二币，是比较成功的例子，但有时也难免会因为过瘾而闯了祸。

香港有个林山木，成都有个高小勇。小勇在成都办《经济学消息报》，当然不能像山木那样大展宏图。但在网页的盛行压制小规模的刊物之前，小勇物色了不少阐释经济学的写手，国内好些经济学文章是散文体，其中写得最像散文的应该是王玉霞。

王玉霞是东北财经大学的热门教授，学生爆棚的那一类。她写的是日常生活中的经济观察。我读到她写的一篇关于买黑市火车票的散文，就建议花千树（香港的一家出版公司）考虑出版她的散文结集，也替她起了一个书名：《生活在经济中》。

我认为要通识化地推广经济教育，散文体最有效。经济学散文没有方程式，没有图表曲线，要少用术语，但必须有可以观察到的经济现象，有感而发地下笔，或起码放开来写，但求生动自然。这样写，可读性高，浅显易懂，如果写得顺理成章，其说服力也强。

数十年来，我认为经济学是一门非常有趣的学问。要不然，以我的天生品性，不可能不断地在这门学问上持续了数十年。这方面对我影响最大的是艾智仁老师，而谈得来的经济学的师友都是因为兴趣而做学问的。这是我所知道的经济学，与今天的所谓“主流”是不同的。

张五常

2003 年 7 月

序 2

女经济学家看世界

男女平等并不等于男女相等。男女在权利上和人格上是平等的，但生理上的差别决定了他们观察世界的角度与表述自己观点的方式不同。阅读陈忠实、陆天明这些男作家和张爱玲、陈丹燕这些女作家的作品，你会强烈地感到这一点。

经济学家比作家要理性得多，但男女之间的差别还是显而易见的。男经济学家们关注经邦济世这类大事，女经济学家更关注贫困与平等，她们比男经济学家有更多的同情心。

当男经济学家沉醉于逻辑推理和数学模型时，女经济学家更善于从生活小事中揭示经济学的真谛，她们比男经济学家有更敏锐的观察力。读过王玉霞女士的《生活在经济中》，你会对女经济学家的行文风格有更具体而深刻的了解。

王玉霞女士与她同时代的男经济学家经历了同样的奋斗，取得了同样优秀的成就，年纪轻轻的就获得了经济学博士学位，并成为东北财经大学的教授。她优秀的教学成果和论著证明了“巾帼不让须眉”。但作为女经济学家，王玉霞教授又有自己独特的视角。

所有经济学家都注重观察生活，用生活中的事例诠释经济学理论，国外的大牌经济学家如贝克尔、诺斯都写过这类书，但女经济学家关注生活的角度又有所不同。男经济学家不理家务，也很少与保姆打交道，女经济学家无论在学术上有多深的造诣，妻子与母亲的社会角色决定了她们与家务有不解之缘（连撒切尔夫人这样的铁娘子还亲自下厨做饭——即使是作秀，布莱尔也不会作这样的秀），也更了解保姆。这就有了王玉霞的《我的保姆经济学》。从保姆的收益和风险，到雇用保姆的思考，事事都极为真实，事事中都有经济学。只有确实有雇用保姆经历的女经济学家才能写出这样的文字。王玉霞的文章中讲的都是作为妻子和母亲亲身经历的许多家庭琐事，但她讲出了这些琐事背后的经济学道理，就不是一般的妻子和母亲，而有了经济学家的身份。

女性的特点是感情细腻，所以女作家才能成为婉约派。婉约，没有气吞山河、大江东去的男子汉气派，却有感情真挚、体贴入微的女性温柔。许多人爱看女性作家的作品，原因大概于此。我本人就爱读张爱玲、毕淑敏、陈丹燕的作品。她们的作品中流露出的那种似水柔情，给人一种温暖的享受。王玉霞在《家中的经济学》中表达出对丈夫与儿子的爱，在《孝顺的“代价”》中表达出对父母的爱等都散发出这样的情感。如果说男人是用笔来写作，那么，女人更多是用情感来写作。这种风格贯穿了这本书。

王玉霞用女性独特的视角去观察社会，包括公共交通、消费、法律、环境、生产与经营等。她写的许多事情都是其亲身经历。例如，她在《北京寻医》中通过描述陪父亲看病的经历，说明了在信息不对称的情况下消费者“挨宰”的无可奈何。这种事情是我们每个人都有可能经历的，但王玉霞从中悟出了保护消费者与信息的关系。她在《宽待“天下第一”》中表现出一种宽容的精神——女性，即使是事业型女性，也往往比男性更关注生活，也更重视生活。这也正是她能从生活小事中悟出许多道理的原因。男人更关注大事，女人更关注小事，从小事悟出的道理让人读来更亲切，也更有味道。

王玉霞女士有良好的经济学理论功底，又注意观察生活，思考其中的道理，再加上她清新、朴实、流畅的文字，就使得这本书极富可读性。散文讲究散而不乱，形散而神不散。我的理解是散文要写得随意，信手拈来，放开来写，但其表述的思想意义都是明确的。散文要寓含义于行云流水的文字之中。张五常先生大概正是在这种意义上称赞道：“国内经济随笔的写手中，写得最像散文的应该是王玉霞。”

与美国有十万经济学家相比，中国的经济学家并不多。在市场经济的大潮中，能坐下来读书、思考、写作的经济学家也不多。在这类经济学家中女经济学家更是少得可怜。王玉霞就属于这种极少数能坐下来读书、思考、写作的女经济学家。所以，当王玉霞请我为她的《生活在经济中》写序时，我就欣然地答应了。我想，这个序不仅是我读她的书之后的一些感想，也包含了我对身兼学者、妻子、母亲三重身份的女经济学家的敬仰。同时，我也希望有更多的女经济学家给我们带来一股清新、温柔的凉风。

梁小民

2003 年 7 月

前　言

《生活在经济中》是我于 2003 年在内地及香港同时出版的经济学散文集。这本书在香港由花千树出版有限公司出版，张五常教授作序，书名也是张五常教授所赐。在内地由人民出版社出版，梁小民教授作序。该书先后重印了五次，目前处于脱销状态。2010 年我在中信出版社出版了《故事中的经济学》和《我所知道的张五常》这两本书，现在这两本书也买不到了。

由于多年以传播经济学知识为己任，除了本职工作以外，我还在企业、政府及清华大学深圳研究院、北京国家会计学院、吉林大学、大连理工大学及东北大学等高校讲授经济学，所接触的学员有不同的职业和层次，难得的是许多人对经济学产生了浓厚的兴趣。经济学是善事的利器，它的框架清晰、逻辑一致，具有非常好的解释和推测能力。经济学是选择的科学，市场经济给了我们比较充分的选择自由，这也激发了人们去学习选择科学的欲望。用通俗的语言、生动的故事去诠释经济学的真谛，的确是一条走近经济学的捷径。因此，讲学过程中不断有人向我索要已经脱销的几本书。我由衷地感受到经济学散文这种文体强大的生命力和广阔的市场空间。现在，我决定由清华大学出版社出版《生活在经济中（修订版）》，将那三本书中我认为有价值的文章及近年来我撰写的经济学散文纳入其中。

作为女性经济学者，我曾被业内称作“婉约派”，除张五常教授和梁小民教授对我的文章给予相当的认可外，我所敬重的台湾大学的熊秉元教授和复旦大学的韦森教授也给予本书很高的评价。在此，我对所有给予我很多鼓励的经济学界同行们表示由衷的谢意。此外，我还要感谢我的经济学启蒙老师汪祥春教授和我的博士生导师张一民教授，他们是我走上经济学道路的引路人。

光阴荏苒，我在东北财经大学已经耕耘了30余年，如今也算是桃李满园。我欣喜地看到，有太多的学生和我一样痴迷于经济学的世界，走上了传播经济学的道路。我相信经济学的种子能在中国大地开花结果，并永葆青春！

感谢清华大学出版社的厚爱，也感谢一直关心、支持我的读者和学员。距离2018年清华大学出版社出版这本《生活在经济中（修订版）》，已经过去六年了。在这期间我又写了很多经济学散文纳入我的微信公众号——“生活在经济中”。本次重印特别增加了附录：“经济学原理”和“经济学家小传”这两部分的内容，这是我在线上讲授经济学原理和经济学经典著作系列公益课的“副产品”，相信这两部分内容对读者理解经济学逻辑、了解杰出的经济学大家是有意义的。但愿经济学能走进平民百姓的生活，能帮助勤劳、善良的中国人在纷繁复杂的环境里做出科学的判断。

王玉霞
2018年1月于弘基·书香园
2024年11月修订

目 录

◆ 第一篇 家中的经济学家 ◆

◆ 第二篇 交通的烦恼 ◆

◆ 第三篇 消费的思考 ◆

◆ 第四篇 法律与合约 ◆

◆ 第五篇　制度的成本 ◆

◆ 第六篇　借我一双慧眼 ◆

◆ 第七篇　我的经济学人缘 ◆

◆ 附录 A　经济学原理 ◆

◆ 附录 B　经济学家小传 ◆

第一篇

家中的经济学家

我的保姆经济学

岁月匆匆，我在家庭主妇的位置上已经营了数十年，数十年的家庭主妇生涯练就我一身洗衣烧饭、当家理财的功夫。然而，作为一名职业女性，人到中年后事业逐渐攀升，教学、科研再加政协常委之类的社会工作，常常让我感到力不从心。在事业、家庭皆看重，鱼和熊掌必兼得的理念下，每日里我像陀螺般地变换着各种角色，落得个身心疲惫、花容惨淡。在过度劳顿之中，难免任劳不任怨，席间枕畔思忖着向先生索要女权。我先是争取平等分工，将家务分成四项——洗衣、采买、做饭、搞卫生，让先生自选两样，名曰“男士优先”。然后，再争取不平等分工，一周七日，分成一三五、二四六，由先生任选，而我非常大度地提出可以多干一天——星期日。最后，贵在参与，要求先生承包一项比如洗碗之类的活计。三板斧过后没了招数，先生拿出“大将风度”，以不变应万变，一样不挑，一样不选，偶尔在花言巧语中承包一项，也绝不超过三天。日复一日，我的主妇大权始终没有“旁落”，喜哉？悲哉？

先生在于心不忍和爱莫能助之间，提出能否眼光向外，打开家门，请一个保姆，用复杂劳动与简单劳动交换，进行人力资源重组。用他的话讲，让一位学者在家做饭，本身就是资源的浪费，机会成本过大。请一个保姆，将我拥有的主妇所有权与经营权分离，将主妇的洗衣做饭之类的经营权让渡出去，而我独掌收益分配大权，何乐而不为？我细细想来，总感到这两权分离中存在着代理风险。

风险之一：多年来我已培养出先生和儿子的饮食偏好。尽管我的烹饪技术绝非上乘，但先生和儿子却百吃不厌。有次出差在外，请人帮忙做饭，一个月下来，先生和儿子都瘦了一圈。

风险之二：恐家庭人际关系趋于复杂。十多年来我和先生、儿子一直呈三足鼎立之势，完美地诠释着三角形是最稳定的结构之定理，且由于女性相对稀缺，我的家庭地位从来举足轻重。早在学习人际关系学时，我就记住了一个公式，即人的数量以算术级数增加时，人际关系数是以几何级数上升的。这个公式让我不敢轻易打开家门。

风险之三：道德风险。每每听说谁家保姆克扣菜金、偷懒刁钻，更有保姆卷走家私、拐卖儿童、颠覆家庭的传闻。

然而，高风险常伴随着高收益。在无奈之中，我只能听任先生从老家请来一个小姑娘。一年过去，竟有种苦尽甘来的感觉，三项风险均已化险为夷。

关于风险一，小姑娘聪明伶俐，学习曲线非常陡峭，几经点拨，就能做一手好饭菜，而且有“青出于蓝而胜于蓝”之势。

关于风险二，我和小姑娘以心换心，真诚相处，再加上偶尔的“小恩小惠”，不久我们就达成了统一战线。现在不但“军心稳固”，我还觉得多了一个“合谋者”。

关于风险三，我原本就是家庭主妇，菜金和肉价信息对称，监督成本较低。用人不疑，疑人不用，小姑娘是从老家请来的，知根知底、沾亲带故又规避了其他风险。

锁住风险，收益多多。在雇用保姆的过程中，引发了我对经济学的许多思考。

思考之一：实现了复杂劳动与简单劳动的交换，各自得到了比较收益。雇用保姆后，我可以完全从繁杂的家务中解脱出来，全身心地投入到教学、科研工作中，效率大大提高；而小保姆也从繁重的农田劳作中解脱出来，收入比原来多了好几倍，我和小保姆都实现了帕累托改进。开始我用自己的薪水支付保姆的报酬，心理总是不大平衡，感到复杂劳动与简单劳动创造的价值所差无几。后来我每周在外校兼课半天，这每周半天的收入恰好是保姆一周的工资，这 1∶14 的比例让我心中释然。

思考之二：实现了原材料对半成品、成品的替代，降低了生活的费用。当我兼职做家务时，时间的机会成本较大，所以总是尽可能降低购物的搜寻成本，从来都是就近买些成品、半成品以图方便，往往是多花钱、少办事。小保姆专司家务，时间非常宽松，每日里购物货比三家，且尽量买些时令蔬菜、新鲜鱼肉，做出的菜营养好，口味佳，每月的菜金还有了节余。

思考之三：加大了人力资本的积累。小姑娘从农村来到沿海大城市眼界大开，我和先生均在高校任教，家里自然有股书卷气。小姑娘读书写信有我们指点，一年下来进步不小。我相信这段经历对于她今后就业谋生，为人妻、为人母，必然会产生有益的影响，而我集中时间致力于教学科研也取得了不错的成绩。

思考之四：实现了合理的收入再分配。改革开放后，我家的收入水平有了明显提高。在可支配收入中，有了可随时支配的收入。小保姆家在农村，生活虽不算贫困，但也没有剩余，她的报酬寄回家中，马上会转化为种子化肥等生产投入。因此将我的部分收入转移为小保姆的收入，提高了货币的边际效用，同时把储蓄直接转化为消费和投资，由此带来了总需求的增加，这对我国不算景气的国民经济也是一个小小的牵动。

目前我国经济体制改革进入了关键阶段，下岗职工的再就业成了热门话题，每每想到全国城镇有 3 000 多万下岗职工，农村有 1.5 亿剩余劳动力，我就滋生了一种为国分忧的豪情。若有相当一部分家庭能像我家一样，保姆产业怎能不成为新的经济增长点呢？

雇用保姆，雇出了比较利益，雇出了帕累托改进，雇出了货币边际效用的提高，雇出了人力资本的改善，既雇出了微观经济效益也雇出了宏观经济效益。我劝如我一样为家庭、事业所累的职业女性，若条件允许，请雇一位保姆。

家中的经济学家

在斯蒂格利茨先生所著的《经济学》一书中，有一章的题目非常醒目——“像经济学家那样思考”。言外之意，经济学家与一般人的思考不同，对同一问题、同一事件，经济学家得出的结论与一般人得出的结论往往偏差很大，甚至完全相反。像经济学家那样思考，意味着更多的理性，更多的智慧。循着斯蒂格利茨先生的训导，我试着在我的小家里过把“经济学家”的瘾，下面是几则家事中的经济学思考。

一、奉献的边际收益递减——贤妻良母难做

十年前初为人妻不谙世事，且从小在夫权统治的家庭中长大，自然向往做一名贤妻良母。先生下厨、买菜、洗衣被我一一拒绝，每日里由我独揽家务琐事并乐此不疲。

最初两年，常听到先生由衷的赞叹，欣赏妻子的能干，叹服女人的耐力。随着时光流逝，先生逐渐习惯于此。他看电视，我烧饭，成了我家一道非常自然的风景线，耳畔的赞叹声由经常到偶尔直至销声匿迹。再后来，当我工作繁忙服务不周时，先生颇有微词，我终于沦落到劳而无功、劳而有过的境地。

一次女友来访，谈及某日亲自下厨为其先生操办生日，此番举动令她的先生好生感动，并由此对她倍加怜惜。相形之下，我不由得哀叹上天如此不公。冷静下来究其原因，是我忽略了一条基本的经济学规律——边际收益递减。女友难得下厨，奉献行为稀缺，边际收益很高，而我的奉献如江水滔滔，长年累月托负着家务之舟，自然已经让人习以为常。况且水涨船高，夫妻博弈如同斗鸡，其纳什均衡是你进我退。先生由赞叹到麻木直至挑剔，精确地描述了这泛滥的奉献带来的边际收益递减。常言道，“久居兰室不闻其香”，伦理学崇尚克己、奉献、博爱，而经济学注重成本收益的比较。在经济学家的眼里，婚姻更像一张契约，体现着平等互利、等价有偿，界定着双方的权利和义务，即使像七仙女和董永这样的“天仙配”，也得“你挑水来我浇园”。家庭也像团队生产，激励约束不相容同样会产生偷懒和搭便车。贤妻良母不仅自己的收益成本不对称，而且会带来较大的外部性，例如，造就先生的懒惰；儿女的低能。由贤妻良母导演的家庭悲剧也屡见不鲜。边际收益递减律提醒女性：贤妻良母难做，在为家庭做奉献时是否应该有一个度的把握呢？

二、书越贵越买——读书的成本是什么

购书的费用在我家的消费支出中占一定的比例。一本好书给人带来的效

用几乎无法用货币度量，在我看来，购书是一种消费者剩余价值很大的理性行为。因此，在效用最大化原则的驱动下，我和先生、儿子均有读书癖、购书癖。但购什么样的书，它是否满足一般的需求定律，这在以往的购书行为中并未引起我的注意。

前几日，儿子买回一套世界文学名著，书的内容固然不错，但其印刷和纸张的质量很差，当然书的价格也较低。目睹儿子非常辛苦地阅读这套字迹又小又模糊的书，我不由得思考读书的成本是什么。读书的成本主要是读书所花费的时间，而不是书的价格，购书的成本与阅读所耗的时间相比几乎可以忽略。为了节省区区几元钱，花费更多的时间去阅读而且可能造成视力的损害，实在得不偿失。为此，我劝购书者，书要买贵的，花大价钱买好书。一本质量上乘、装帧考究的书，不仅会节约你的阅读时间，还具有收藏价值。此外，高价带来的信誉租金也是对作者、出版商写好书、出好书的一种激励。

三、吃剩饭的成本——更大的浪费

一日，我接到婆婆患脑血栓的消息后十分焦虑，相处十余年我们已经情同母女。婆婆年逾花甲，体重超标，每每为她买衣服都耗去我许多的搜寻成本。我想不明白婆婆一辈子含辛茹苦，吃苦在前，享乐在后，如何长出这多余的脂肪酿成血栓？原来早在 20 年前，婆婆家生活拮据没有冰箱，每当饭菜剩下，婆婆舍不得扔掉，就勉强多吃，多余的卡路里使她日渐臃肿并因此留下隐患。

剩饭该勉强吃下还是该扔掉，真值得思考。从小我们就接受“谁知盘中餐，粒粒皆辛苦”的教育，家长大多告诫孩子，将碗里的饭菜吃光。即使现在外出做客，也常听到有人相劝“多吃多吃，免得浪费”。剩饭扔掉是浪费还是勉强吃下是浪费，从经济学角度分析会有悖常理。做熟的饭菜如果不及时吃掉或者及时保存便是沉没成本，这是一笔已经付出的开支，无论做什么选择都不可能将熟饭再变成生米。理性的人在决策时应忽略沉没成本的存在。目前的选择不是吃还是不吃，而是应该比较在已经吃饱的情况下，多吃剩饭的成本与收益。当吃下的成本小于收益时就该吃，否则就不吃。勉强吃下的成本首先是生理上的不舒服，其次是过量的饭菜对身体的伤害（据说最佳状态是八分饱），而其收益至多是下顿饭少吃半碗。由此可见，将剩饭扔掉看作是浪费，将过食看作是节俭，显然不是理性的逻辑。

太太经济学——信息少的收益

伴随着市场经济的推进，家庭的垄断地位逐渐被打破。社会舆论的宽松，离婚率的增加，使婚姻的进入障碍降低。面对着围城外潜在的竞争者，一些人到中年的太太采取的措施是加紧对先生的监督盘查，收集各种信息，生怕落得个现代版秦香莲的境地。

然而，信息经济学的研究表明，由于搜寻信息需要成本，所以信息并非越多越好，当信息的搜寻成本过高时，信息少反而具有效率。循着信息经济学这一理论，我对先生实施的是品牌忠诚策略，取得了信息少的收益。

实施这个策略，我是出于以下三方面考虑。

其一，先生的品牌已经取得了较高的信誉。与先生朝夕相处十余年，我对他知之甚深，先生是典型的东北硬汉，一身正气，两袖清风，不买礼物不送花，从恋爱到结婚都不说“我爱你”。面对这样的丈夫，我只好收起所有的浪漫，从平实的生活中去感受他对我的在意。和先生在一起生活没有心惊肉跳的激情洋溢，却能感受到安全与踏实。既然收集信息的成本太高，而假冒伪劣商品又防不胜防，我宁愿选择品牌忠诚以节省时间和精力。

其二，获取信息少的收益还因为我比较自信。虽说时光流逝红颜易老，然而善良、聪慧、贤达却具有永久的魅力。只要我不断努力发挥比较优势来完善自己，在竞争中也未必处于劣势，同时我还独具“先动者优势”。有名分、有法律保护，占据着天时地利。有谁如我一般了解他饮食偏好的酸甜苦辣，有谁如我一般熟悉他日常生活的喜怒哀乐。白手起家，我们是一对衔泥垒巢的劳燕；异地他乡，我们是两条相濡以沫的旱鱼。即使不讲感情，不讲道德，不讲法律约束，从经济学的角度分析，家庭也是一个利益共同体。我们已成为彼此的专用资产，即使资源配置的均衡点不是帕累托最优，资源重组、要素流动也遇到了很大的阻力。幸福靠配置也靠创造，得到了“次优选择”也算是“令人满意”。

其三，获取信息少的收益也是出于几分无奈。在信息爆炸的时代，我无论如何也不可能掌握先生的全部信息，况且谁愿意在监督和盘查中生活，还有可能物极必反、弄巧成拙。夫妻之间虽有婚约，却仍然是两个平等的主体，没有丧失重新选择的权利。夫妻博弈往往是双赢或双输，围城里空气稀薄，先生或太太都会感到窒息。常言道：“强扭的瓜不甜。”在市场经济条件下，每一个市场主体都要增强心理承受力。面对不确定的外部环境，太太将全部幸福押在先生身上，风险太大，规避风险的策略是不把鸡蛋放在一个篮子里。你所热爱的事业、你的亲朋好友、你的子女，都是你的寄托，有了他们你就永远不会孤独寂寞。况且年轻貌美从来就是相对价格，即使你是七十岁的老妪，说不定还有一个八十岁的老翁对你倍加珍惜。太阳每天都会升起，负心的先生离开，也许正是太太新生的一个契机。

最后值得注意的是，获取信息少的收益并不是信息无收益。在当今这个复杂的外部环境下，家庭的守卫者的确不可掉以轻心，太太应掌握有关先生的必要信息，如工作的性质、收入的状况、朋友的品位等，要做到抓大放小，宏观调控，微观搞活。先生是一个风筝，任他在天空自由飞翔，一根线却牢牢掌握在太太手里。

获取信息少的收益，太太就降低了搜寻与监督的成本，余下的时间与精力可用于教育子女、建设家庭、完善自己。即使先生萌生了走出围城的冲动，他也会因为有太多的眷恋、太高的成本而选择放弃。

减负的神话

中小学学生课业负担过重是不争的事实，为孩子减负的口号不绝于耳。学生、家长、媒体及教育主管部门众口一词地强调应该为学生减负。然而事与愿违，在全社会减负的呐喊声中，千军万马过独木桥的形势丝毫没发生改变。在惨烈的升学竞争中，孩子的负担日益沉重。孩子在重压下身心疲惫，老师在重压下心力不济，家长在重压下忧心忡忡，人人向往的减负成了神话，尽管它是那么美好，那么诱人，却无法在现实生活中实现。天长日久，减负即使在精神上也失去了“充饥”的魔力，整个社会陷入了升学考试恶性的竞争泥潭。

一、可怜的孩子

中国的儿童更多地被形容成为小皇帝、小公主。在独生子女的政策下，孩子的稀缺使孩子的地位举足轻重。我们这个还不算富裕的民族，对孩子的投入极其慷慨，中国父母的奉献精神堪称天下第一，孩子几乎都被家长惯坏了，他们怎能称得上可怜呢？

孩子的可怜是孩子没有属于自己的时间，没有属于他们自己的时间就没有了童年。小小的孩子背着沉重的书包，终日与学习为伴，成天上课，业余时间上各种辅导班，一旦到了初三，便没有了节假日，没有了八小时学习时间的概念。我儿子所在的重点高中，住校生从早晨6：30到晚上9：30，除了课间及中午吃饭，均为上课与自习时间，他们是我们这个社会唯一不受《劳动法》保护的群体。我有一个表妹将孩子送入青岛市郊的一个重点中学，离开学校后表妹在给她的丈夫打电话时失声痛哭。妹夫问：“怎么了？难道是将孩子送进监狱了？”表妹说：“差不多，十几个孩子睡在一间宿舍，伙食不好，从周一到周六不准走出学校的大门。”十三岁的孩子失去了自由。

孩子在学校不仅仅要承受体力与脑力的压力，还要承受巨大的心理压力。按成绩排班，按成绩排座，动态调班，优胜劣汰，无论学习好还是学习差的孩子均承受着与他们年龄不符的竞争压力。学校还经常变换花样强化这种压力。我儿子上初三的时候，我参加了他们学校举办的一个“把握今天，辉煌明天，大干100天”的誓师大会。大会隆重庄严，前面是初三各班的孩子，后面是孩子的家长，一个班级派一个代表站在台上，率领本班同学宣誓，其中有个女孩，在誓言中竟有“从今以后，我们要过上非人的生活！”这样的言辞，惹得大家哄堂大笑。笑声中有苦涩，笑声中有悲壮。

巨大的心理负担，繁重的课业负担，严重地侵蚀了孩子们的身心健康。

由于缺乏体育锻炼，孩子中小胖墩、豆芽菜不在少数，而且我国城镇中小学生近视率能改写世界纪录。在巨大的心理压力下，孩子中自杀的、杀人的（甚至杀亲生父母的），精神错乱的，已不再是媒体报道的热点。据辽宁《半岛晨报》抽样调查统计，孩子心理不健康的比例超过 50%。

除此之外，追逐分数第一、死记硬背的教学方式还带来两个有害的副产品：其一是泯灭了孩子的创造力。我的儿子经常因为独辟蹊径而被老师批评。孩子初中与高中的数学老师都曾语重心长地对我说："你儿子的思维发散，不依常规的方法做题，虽然说从素质教育的角度来看是好事，但毕竟我们面对一张考卷，判卷的老师没有时间循着你的思路去想，偏离常规的算法，十有八九被判错，吃亏的是我们自己。"这种循规蹈矩的教育方式，难怪我们能培养出数理化奥赛世界第一，却培养不出诺贝尔奖获得者（以创新取胜）。其二是让孩子失去了求知的兴趣。长期大量超负荷填鸭式的教学，日复一日演算没有穷尽的试卷，使本该趣味横生的求知过程变得枯燥无味，让孩子对学习产生了厌恶心理。我的一个同事告诉我，她的女儿中考结束后对她讲："妈妈，一个月内你不要在我面前提学习两个字。"探索奥秘，增加知识的学习原本可以其乐无穷，而僵化与繁重使它变成了酷刑，让许多孩子感到恐惧。一个对学习恐惧与厌恶的孩子怎么可能成为知识海洋的弄潮儿。

我们怎么啦？为什么和孩子过不去？毋庸置疑的是我们对孩子的爱，希望他们快乐与幸福。然而人生的快乐与幸福包含了童年的快乐与幸福，剥夺了孩子"少年不识愁滋味"的快乐，我们拿什么去补偿？那是一种无法弥补的遗憾。

二、无奈的家长

与学校联手剥夺孩子童年的，恰恰是深爱着孩子的家长。"爱之深，责之切"难解难分地交织在一起。我看过一个报道，一位政协委员热泪盈眶地谈到，每天清晨呼唤女儿起床时，孩子经常伸出一个手指，请求多睡一分钟。然而无论如何怜爱，家长总是硬下心来，让孩子去背负与他们的年龄不相称的学习重担。面对孩子的早出晚归，面对孩子的夜以继日，家长的那份心疼与焦急，不亲身感受，很难明白其中的滋味。这是一群无奈的家长，他们的选择具有相当的理性。

理性之一是知识具有很高的租金。随着改革开放的深入，日趋完善的市场经济使生产要素的价格更加合理。计划经济中常见的脑体倒挂现象得到了相当程度的矫正。知识有价，接受高等教育是一项回报率很高的人力资本投资。从一般意义上讲，接受过高等教育的劳动者与没有接受过高等教育的劳动者的收入有着越来越大的差距。在激烈竞争的劳动力市场，知识及技能成为劳动者的核心竞争力，对劳动力市场这一变化心知肚明的家长，为了让孩子在未来的市场竞争中拥有较强的竞争力，又怎能不硬下心肠，想方设法地让孩子接受较高层次的教育？

理性之二是高等教育文凭仍然是一个门槛。经济学告诉我们，在劳动力不均质的条件下，雇主与雇员之间的信息不对称，雇主无法如雇员一样清楚雇员自身的能力。由于测度雇员能力的成本太高（如试用期半年），所以雇主就借助另外一个与能力相关的指标——文凭。一个能够读到大学毕业的人，一般来说智商不会太低，而且接受过与企业有关的专业训练更容易进入工作状态。由于文凭是传递雇员能力的一种信号，因此，它就成了某些行业、某些企业的进入障碍。我们在太多的招工广告上看到“大学本科以上”的字样。尽管文凭不等于能力，文凭不代表水平，但它的门槛效应将多少有能力、有才华的青年挡在成功的大门之外。没有文凭，孩子将失去许多机会。

理性之三是家长陷入囚徒困境。博弈论中的囚徒困境描述个人理性导致了集体的非理性。在激烈的升学考试竞争中，学生与家长均面临着两难的选择。他们在与其他高考竞争者博弈的占优策略就是不能减负。因为假如其他竞争者减负，我的理性选择是不减负，悄悄地超过对手；假如其他竞争者不减负，我的理性选择也是不减负，因为掉以轻心，便会被不减负者打败。无论对手减负还是不减负，个人理性的选择都是不减负，不减负是竞争中取胜的最优策略，减负不就成泡影了吗？我亲耳听到一位中学校长说：“减负，谁减负谁是傻瓜。”这种不当傻瓜的个人理性，导致了集体的非理性，社会为那张文凭付出了得不偿失的代价。可谁能打破这个愚蠢的纳什均衡呢？谁愿意从我做起？囚徒困境又称囚犯两难，家长痛苦的选择岂止是两难，可怜天下父母心！

三、失态的教师

教师的职业被称作为“太阳底下最神圣的事业”，教师被称作人类灵魂的工程师。回首童年，除了母亲，留给我慈爱与关怀最多的是我的老师。那些亲切、耐心、敬业的中小学老师，在我心底留下美好的印象，他们永远是我从业做人的楷模。

曾几何时，像母亲一样慈爱的老师变了模样。媒体屡有报道教师中的败类，将孩子殴打致残、在孩子的脸上刺字、逼迫孩子吃屎，甚至奸污幼小的女生。每每看到这些报道我总是胆战心惊。这些现象不具有代表性，那些教师中的道德败坏者早就应该从教师队伍中清除出去，但是缺乏耐心、口无遮拦、体罚和心罚孩子的老师绝非个别，下面是我儿子刚上初中时的一段日记。

浅秋。微风惬意地吹着我的脸，可是我的心并不惬意。

中学，对于大多数小学生来说，并不是一个很吉利的字眼。因为它不仅陌生也许还代表着严苛的校规和恼人的作息时间，所以我不愿意上中学，可是没办法。

我跟着爸爸拖着沉重的脚步走了大约半个小时才到了四中。一进教学楼，我就遇见了我的班主任冯老师。我打量着她，老练、深沉，这是我对她的评价。于是，我的中学时代开始了。

也许冯老师想给我们一个下马威，开学第一天就出现了第一位“牺牲者”。“大家请看，某某像狗一样趴在桌子上。”冯老师喊道，我吃了一惊，看起来如此老成持重的老师竟会在开学第一天就辱骂学生！这就是初中一年级最好的老师吗？很快轮到我了。上课时，我想举手发言，看冯老师似乎朝我点了一下头，我便站了起来，“谁让你站起来的？”我懵了，说了一声“对不起”。刚坐下又听见她说：“谁让你坐下的？”我无法形容我当时的心情。

就这样，冯老师用她苛刻的言行限制着我们。在班级里、在她的课堂上，甚至只要冯老师在教室，你就不可能听到一点笑声。同学们渐渐地被她训练成了一群长着小孩儿脸的老头、老太太。时至今日，在初中一年级二班的课堂上、班会上你都不会看到同学们生龙活虎、踊跃发言的景象。

我的孩子平时未见他有多好的文采，可每每写到他的老师及教育制度，他却能写下如“我无法形容我当时的心情”及“长着小孩儿脸的老头”这样入木三分的文字。就是这位老师在家长会上毫不掩饰地说:“孩子成绩不好，就不可能有尊严地活着。”当孩子上初三时，班主任（此时，儿子已经换了班主任）十万火急地将我请进学校，问及孩子所犯的错误，竟是因为无所顾忌地大笑。我问老师:“是课上还是课下？”老师说:“快上课了，学校正开展下课静悄悄活动。”十几岁的孩子紧张地学习 45 分钟之后，在下课的时候因为笑而被罚不准上课还要请家长，让我如何理解学校及老师这种近乎变态的行为及制度?

老师的行为、学校的规定均源于严酷的升学考试及教师主权的教育制度。教师的失态是因为他们承受着巨大的中考与高考的压力。孩子初三的班主任和孩子一起没日没夜地度过“黑色的初三”，一年之内体重减轻了 8.5 千克。因为她是化学教师，学校给她的指标是她的班上不能有一个化学不及格的学生。奖金、职称等所有的名利都与学生的成绩挂钩，为了提高学生的成绩，老师们殚精竭虑，费尽心机。身心疲惫的老师难免失去了原本具有的耐心和亲和力，教师也是人。

教师失态的原因还有如下几个方面：一是在我国的教育市场上，存在着卖方垄断，教师主权现象严重。产生这种现象的原因，首先是我国传统文化中的“君君臣臣，父父子子”及“一日为师，终身为父”的理念，使学生和教师的地位不对称，学生与教师的不平等，使学生的偏好与需求得不到应有的尊重。二是九年义务教育容易给人错觉，好像初等、中等教育是免费的午餐。免费上学者只承担少许的费用，让学生与家长在维护自己的利益时腰杆不硬。羊毛出在羊身上的纳税人，在集体支付公共品的费用后，蜕变为“沉默的羔羊”。三是教育市场提供的产品是无形的服务，其质量的测度与监督成本很高，家长对教师提供的服务信息显著地不对称。孩子身心所受到的侵害多数属于无形的伤害，它使家长在遭受教师的道德风险时无可奈何。当然，教育市场上的国家垄断及中小学教师的待遇较低等原因也是教育产品质量不高、消费者利益得不到保证的原因。

可怜的孩子，无奈的家长以及失态的教师均是一考定终身制度的牺牲品，这是一场负和的博弈，没有人在这场博弈中占到便宜。现行的升学考试制度不改革，减负就是一个无法兑现的神话。减负强调多了，其精神上的满足也会边际效用递减。

我们呼吁为孩子减负，其实是在呼吁升学考试制度的改革、教育市场的完善、学生与教师地位的平等、消费者主权的确立，而这一切都需要付出昂贵的代价。转换成本太高是落后制度长期存在的根本原因，这是一项我们很难承受但不得不承受的成本，毕竟孩子是我们的未来。孩子不健康，我们的民族就不强大；泯灭孩子的创造力，我们的民族就会丧失竞争力。拯救孩子，就是拯救民族的未来！

居民小区里的经济学

小区、物业这两个名词越来越多地被城市居民熟悉。从过去拥挤吵闹的大杂院到如今整洁宁静、功能齐全、环境优美的居民小区，其舒适度与幸福度不言而喻。回首儿时泥泞、污浊，还常常能听到吵骂声的居住环境，我不由得感叹“换了人间”。

随着居住时间的延长，理性的思维让我感到某些美中不足之处。

一、颠倒的“主仆”关系

在居民小区的物业管理中，由于小区服务如防盗及公共场所的清洁带有公共品的性质，不能由个人单独生产与消费，所以，业主采取集中缴纳物业费，委托物业公司统一提供居民所需要的公共品且代为管理的做法。对物业公司——这个花钱雇用的“仆人”，业主完全可以在法律规定的范围内发号施令，甚至可以招之即来，挥之即去，业主有自由选择服务好、收费低的“仆人”。

然而，在我居住的小区，“主仆”关系完全颠倒，“仆人”主动，“主人”被动。“仆人”提供什么样的服务，收取什么样的费用，“主人”没有发言权。物业公司反“仆”为“主”，取而代之的招数是让“主人”虚化。我所在的居民小区其物业公司是小区房产开发商的下属企业，业主购买了房产，便被捆绑使用它的物业公司。除了剥夺业主的自由选择权外，物业公司还想方设法推延成立业主委员会的时间。居民入住已经两年有余，业主委员会至今没有成立，结果面对小区居民个人的微弱呼声，物业公司不理不睬。

没有业主委员会的监督与讨价还价，当居民的合法权益受到侵犯时，就会处于求告无门之境：如开发商将小区的地下开发成大型超市，地下超市的废气不做任何处理直接向小区排放。居民一而再，再而三地抗争，环保部门再三干预均无成效。开发商采用的是游击战术，吵得紧就封，吵得松就放。白天封，晚上放。群龙无首的业主几经抗争心灰意冷。搭便车的激励使集体行动很难组织，很难维持。时间一长，业主也就听之任之了。

另外，小区独立为居民供暖。煤价上涨，其供暖的质量与时间均大打折扣。大连市政府规定，室内温度在 16℃以下可以举报。入冬以来，我家的温度经常在 12℃以下，举报到有关部门，其回答是须物业公司测温记录以作为处罚依据，而物业公司的回答是:“我们不能参与此事，领导说这不是我们的事，供暖公司是另一个部门。”小区供暖不足本是维护业主权益的物业公司应该主动监督及协调解决的分内之事，现在主人将仆人的分内之事做了，请仆人实事求是地见证一下，竟遭到仆人拒绝。究竟是什么样的制度让业主花钱去雇用这样吃里爬外的仆人呢？

二、排他性的拾荒权

物业服务虽然让业主寒心，但物业公司赚钱的手段却可圈可点。虽然没有做到点石成金，却做到了让垃圾生钱。

垃圾生钱不是物业公司的发明。城镇居民生活垃圾中有很多可回收的物品，它们养活了一群没有其他技能、在城市讨生活的弱势群体。在我的家乡，他们被称作“捡破烂儿的”。传统捡破烂儿的方式具有一定的破坏性，暂且不说在翻捡破烂儿过程中造成垃圾分散凌落，由于拾荒者之间的无序竞争，往往导致无效劳动（同一堆垃圾，被重复翻捡若干次）。竞争遵循“先到先得”和“弱肉强食”的规则。弱小的拾荒者常被“破烂儿王”欺压。此外，更有拾荒者模糊了“捡”与“偷”的边界，顺手牵羊的事件也屡见不鲜。

我家所在的居民小区的创新之处是出售排他性的拾荒权。小区物业将整片小区垃圾作为生财的资源进行运作，将原本自由竞争的拾荒权转化为垄断权，获取排他性拾荒权的拾荒者，需付出两类成本：其一是货币，每年向物业公司支付 5 000 元；其二是劳动，拾荒者每天要定期无偿地将垃圾装袋集中，物业公司每年不但有 5 000 元的货币收入，还节省了处理垃圾的费用，真是一举两得。由于产权清晰、职责分明，物业公司又节约了监督费用，居民区治安状况也大大改善，而且由于小区的住户比较富裕，其垃圾的含金量不低。我几次与拾荒者攀谈，发现获得拾荒垄断权者精神愉快，干劲十足，由于其与物业公司签了长期合约，其诚信度也高。

实践出真知，物业公司出售排他性拾荒权的做法实为超越书本的制度创新。

三、公共绿地的产权变迁

现代居民小区的一个特点是拥有大片的公共绿地。草木繁茂的绿地与点缀其上的亭台楼阁构成小区的园林景观。公共绿地与小区内其他服务设施一样，归业主所有。当我们购买住宅时，也购买了与其配套的公共绿地等相关产品。这些设施与住宅形成了你中有我、我中有你的相容产品。它既不是开发商的恩赐，也不是开发商的促销手段，而是产品本身。其产权非常清晰，归小区业主共同所有。

开发商为了顺利地出售一楼住宅，将本该归全体业主共同所有的部分绿地，转化为归一楼业主排他性占有的庭院。该种做法无疑遭到相当多的非一楼业主的强烈反对。将公共产权演变为私人产权，侵犯了大多数业主的利益。

作为非一楼的业主之一，我对此番公共产权演变为私人产权有不同的看法。换言之，我对自己所拥有的公共产权被侵犯没有反感。剥夺了多数人的产权是否一定对原产权人造成侵害，并无固定的答案。是否受到侵害关键在于将公共产权演变为私人产权后，私人如何行使产权。

若一楼业主用自己的庭院堆积杂物，晾晒衣物，不用说，则是侵害了多数人的利益，造成原公共产权拥有者福利下降。若一楼业主在自己的庭院种花种草，美化环境，就有可能提高原公共产权所有者的福利。例如我居住的单元，一楼退休的业主将庭院打扮得花团锦簇，读书写字之余，站在阳台上免费欣赏楼下那姹紫嫣红的景色，心中十分惬意。种花种草有很大的正外部性，一楼庭院原为呆板的公共绿地，由物业公司种植养护，哪及私人那般尽心竭力地美化呢？

家庭装修中的时间成本

自结婚以来，我频繁地搬家。在论资排辈按计划分配住房的体制下，东北财经大学每新增100户住宅，便有300～400名教职工陷入搬家的忙碌中。作为年轻教师，我从住半间房开始经过一系列的小房换大房之后，于1997年终于搬入建筑面积为100平方米的新房，其喜悦之情难以言表。由于从预期和情感上都将这次搬家作为最终的归宿，我们倾注了相当多的人力、物力、财力来装修这个新家。毕竟我和先生均为高校教师，其生活及工作的多半时间要在“家中”度过。住进宽敞明亮的新房，过上每天都可以洗澡的生活，顿时感觉生活质量大幅度提高。我和先生由衷地感到满意与幸福，尽管此时已是人到中年。

然而好景不长，时过两年，我和先生对这套住宅的满意程度迅速递减，除喜悦之情一扫而光外还感到难以容忍的不便。100平方米的住宅实际上就是两室两厅，两室作为孩子及大人的卧室，两厅即客厅与饭厅。饭厅兼保姆的卧房，既不雅又不便。我和先生虽然都是教授却没有一间书房。我蜗居在卧室里看书，先生在客厅里敲电脑，如果有一个人想看电视或睡觉，另一个人就无法工作。偶尔双方老人光临，更加凸现尴尬与局促。看来住宅的“够用”与否是一种感觉，所谓水涨船高，欲壑难填，有限的资源无法满足人类无穷的欲望，其构成了经济学永恒的话题。我靠着不断的忆苦思甜，平衡着情绪上的不满，同时多么希望大学教授能分配到一个工作室，以改变目前生活与工作在空间上没有界线的窘境。

进入21世纪，高校教师的收入有了明显提高，再加上按揭贷款等政策的出台，校园兴起购买商品房的风潮。以我所在的经济学院为例，竟有一多半教师在近两年内购买了新房，还有相当一部分教师购买了第二套房子。从城市居民住房环境的不断改善，完全可以折射出改革开放后人民生活水平提高的成果，这个指标比 GDP 更显著可靠。

对现有住宅的不满使我与先生迫不及待地卷入校园购房风潮中。也许是被“不便”刺激太大，先生非要购买两套 100 平方米的住宅然后将中间打通。同事购买的住房多数在 150 平方米到 170 平方米，从众心理让我感到先生的举措有点儿过分，“要那么大的房子干什么，儿子即将上大学，老人仅剩一位，只有我们俩是常客，小品里说了，距离大了美没了”。先生回答:“房子大了喘气都舒服。”先生的话让我想起现代消费理论的发展强调的是商品和劳务的属性，而不是商品劳务的本身。这种新观点认为市场商品需求不是为了取得由物品和劳务提供的直接效用，而是为了从产生效用特征的组合中获得满足。购买大房子既能带来具有实用价值的书房、客房、保姆间、健身房，还具有“钻石商品”带给人的自尊、成就、炫耀及呼吸舒服等主观效用。无疑它将大大提高我们的幸福指数。此外经济学告诉我们，消费与投资是一对矛盾，多消费是追求目前的生活美好，多投资是期待未来的生活美好。当资源一定时，消费与投资此消彼长，经济学有句名言“你不能期待今天吃掉的面包，明天还存在”，而唯有居民购买住宅，可以将多消费与多投资融为一体。住宅是居民衣、食、住、行中的一项，今天改善住宅，今天的生活就会变得更加美好。住宅又属于投资，随着城市土地的稀缺，人口的增加，住宅投资具有较大的升值空间。目前居民理财的手段很少，利率又低，投资住宅无疑是理性的选择，况且校园周边的土地已开发殆尽，在校园周边购房真是机不可失。此外，我赞同购房的另一个重要原因是新购住宅的地点离儿子所在的高中非常近，想想儿子在“黑色的高三”，学校距离家的路程不超过十分钟，该是多大的福利。

因为住宅的投资属性，因为住宅地点的专用性，因为儿子就学方便，亦因为先生喘气舒服，我同意先生荡尽家中所有货币储备而且背负几十万元的重债，在 2001 年年末购买那套先生选中的期房。

2002 年年末我们收到了现房。由于开发商的诚信太差，现房与当初的承诺有多处不符。原来的地热变成了一般的暖气，原定的每栋楼五层变成六层，小区内不准通车（有地下车库），设计中的地面扶梯被取消，等等。所有购房的人均有上当的感觉。校园内有人曾组织房主联合起来与开发商重新讨价还价，但因房主分散，组织成本太高而不了了之。先生与我商量决定将此住房卖掉，但由于两套房子变成一套房子（开发商为了节约成本，仅留一个门），我们始终没有找到买主。两套房子变成一套房子的决策使转换成本升高，我们被这大面积的住宅套牢。所幸的是，2002—2003 年房价一路上扬。两年之内此房价上涨了十万元有余，锁定效应使我们获益不浅。经济学教科书告诉我们转换成本太高就会被原有的系统套牢。没有选择的专用资产经常会遭到“要挟”，其经济租金难保。依我所见，锁定效应不都是坏事，锁定效应使决策者丧失了改善的机会，但同时也杜绝了改退的可能。选择太多，反而不会选择的现象屡见不鲜。未来的不确定性及人的有限理性，使有选择与无选择之间没有明显的好坏界限。失而复得的喜悦令先生对该房格外珍惜。

先生投入极大的热情及精力去装修我们的新家。从设计到施工，从购买材料到监督工人干活，繁杂辛苦如同“剥掉一层皮”似的装修工程全部由先生一人承担。务过农，做过工，品位及鉴赏能力都不低的先生在装修工程中显现出全方位的才能。别的家庭装修都是夫妻一起上阵，精疲力竭，而我是东北财经大学家装集团中最悠闲的主妇。当然，悠闲不是免费的，其代价是丧失话语权。一个什么也不干的人，有什么资格指手画脚，我自觉地和先生一起搞好预算，然后照旧看书写字，坐享其成。

先生的装修进程非常缓慢，追求完美、做事认真的他对待家装精益求精。借鉴别人家的经验教训，搜寻商品信息与装修工人讨价还价，耗费了先生大量的时间。装修工程具有刚性，一个项目档次较高，其他项目就很难马虎，先生上街购物经常给我打来这样的电话:“地板非常重要，应该买地板王”，“门不能对付否则容易走形”，“品牌地砖就是不一样”……随着时光的流逝，我家装修预算不断增加，毛坯房也在一点点地改变。难得先生不急不躁、热情如初、不知疲倦。

终于有一天，儿子问:“咱们什么时候搬家，还有三个月我就考大学了？”购房目的丧失了重要的一环，我失去所有的耐性连珠炮地向先生倾倒怨言:

“咱不能拿装修当日子过，家装市场竞争激烈，价格已近合理，商品质量好价格就高，少花钱多办事只会浪费太多的时间。家具有点色差，瓷砖的缝有些不直，理石窗台有瑕疵均属正常，正如吃个苹果没有必要去挑选又大又圆的。我们比别人晚入住一年新房，一年内我们白缴纳物业取暖费用 7 000 元，影响了旧房出租，其收入为 25 000 元。”我的话音未落，先生哈哈大笑。经济学教授遇上计算机教授，先生在家庭装修决策时忽略了一个众所周知的常识——时间就是金钱。

市场演绎的脱贫手段

每次回乡让我最难受、最沉重的就是与姨妈见面。自从姨父去世，姨妈一家的生活非常窘迫。表弟及妻子下岗，姨妈及孙女一家四口仅靠姨妈 400 元的退休费生活。孙女要入托上学，儿子身体又不佳，其生活之艰辛让姨妈整日愁眉不展。每次接过我孝敬姨妈的一点“心意”时，姨妈总是眼含热泪地说:“帮一饥帮不了百饱，想办法给你表弟找个工作吧！”姨妈的眼泪，姨妈的托付，沉甸甸地压在我心头。虽然家乡的父母官确实有几个是我的好朋友，但给一位年近不惑，没有文凭、没有专长，甚至连一个好身体都没有的表弟安排工作，实在超出了我的能力范围。

年复一年，我的家乡之行在姨妈不变的泪光、不变的嘱托中结束。面对如母亲一样疼爱我的姨妈，心中那份痛苦与无奈，将我所有归乡的喜悦荡尽。十几年来姨妈一家的命运，是我心中摆脱不了的牵挂！

2008 年 8 月，回乡的第二天，我准备去看姨妈，妹妹说:“姨妈不在家，因为姨妈和孙女没去过北京，所以表弟带她们去北京旅游了。”

听到这个消息，我大吃一惊。一年未见，是什么改变了姨妈一家的命运，使他们不但衣食无忧，而且成为旅游这类奢侈品的消费者？

改变姨妈一家命运的是市场那只看不见的手。近几年，由于农民的收入提高，他们有了将孩子送到城里读书的需求，刚刚脱贫的农民认识到教育的重要性，而城乡教育水平差异又很大，尽早将孩子送到教育条件较好的城市去读书，是他们的理性选择。然而，故乡的农民毕竟支付能力有限，将读小学的孩子送到城里，其安全性及孩子不能自理是很大的难题。表弟及妻子抓住这一机遇，将家里不到70平方米的房间放了很多的双层床，以每人每月200元的价格招收了二十个孩子。200元包括吃饭、住宿、洗衣、辅导孩子作业等全部费用。家乡的物价便宜，每月每个孩子100元的伙食费便可以保证一日三餐。同时也一并解决了姨妈一家的吃饭问题，这项服务给姨妈家每月能带来2 000余元的净剩余，帮助姨妈一家从困境中挣脱出来。

姨妈一家命运的变迁，引发我对经济学的很多思考。

一是市场决定生产什么最有效率。这是一项双赢的交易，交易的一方是购买这项服务的农民，他们在此项交易中获得了很大的消费者剩余价值。刚刚脱贫的农民还不富裕，他们尚无能力送孩子去私立寄宿学校。孩子年幼不能自理，又不能寄宿在学校。收费不多、安全性很高的城市家庭能从生活到学习全面负责照顾孩子，为农民子女在城里就学提供了极大的方便。该项服务很好地满足了农民这项新的需求。而交易的另一方，为生计而忧愁的下岗职工充分使用了他们唯一拥有的资本——住宅，用住宅这一资本要素激活了另一个生产要素——劳动。姨妈家的收入中既有住宅的租金收入，又有劳动的报酬。此项服务让姨妈一家同时获得两项生产要素的报酬，快速解决了贫困问题。当然，这项交易的实现需要三个刚性的条件：其一，农民虽然脱贫，但没有达到富裕。其二，拥有住宅的市民足够贫困。设想，若不是贫困到了一定程度而且谋生的门路不畅，谁能忍受在不大的空间里容纳那么多孩子？其三，城乡教育环境存在较大的差异。我的故乡恰恰同时具备这三个条件，市场那只灵活的手便演绎出这改变交易双方命运的帕累托改进。

二是信息和知识的作用。姨妈一家命运的改变有一个演变的过程。表弟的妻子是幼师毕业，一年前她曾去小饭桌做过帮工。幼师专业的训练及以前的工作经验，使她应付小学生的管理及辅导工作没有问题。在打工的过程中，她掌握了这一行业成本收益的信息，也了解了这一工作的具体业务和程序。这段打工经历，使她获取了信息，积累了经验，增强了信心。由打工到自己创业的转变，知识、信息、经验均起到重要作用。表弟的妻子从打工到创业，在解决自己就业的同时也安排了姨妈及表弟的就业，赚取了更多的财富。

近日，听家人讲，姨妈家准备另租房屋，扩大再生产。

祝愿告别贫困的姨妈一家，好运多多！

果树的“悲哀”

也许是为了感念女儿来到人间，在我出生那年父亲在庭院中种了一棵家乡特有的被称作“沙果”的树苗，斗转星移，当我上小学的时候，它已经硕果累累。每年八九月份，是我最快乐的时节。暑假来临，每日里坐在绿荫环绕的树下读书，伸手就可以摘下红红的沙果，心中十分惬意。在那个食品匮乏的年代，酸中有涩的果实滋润了我童年对零食的渴望。

待我上大学的时候，身为果树专家的姨父将我家的沙果树与苹果树嫁接，满树小小的酸果，梦一般地变大变甜。暑假过后返校，我那一兜鲜红的在当地被称作“123”的礼物，让生于南国的女友好生惊叹:“世上还有这么漂亮的水果！”

大学毕业后我在异地结婚生子，归属海内游子一族。每次荣归故里，将先生带到那高高的果树下，与他分享我童年的快乐。先生对“123”的喜爱比我尤甚，以至于每到八九月份，母亲捎来沙果都美其名曰:“姑爷爱吃。”老家庭院中那棵几经沧桑饱含亲情的老树，多少次卷入我思乡的梦境。

然而美梦不长，现在我和先生已无缘享用那酸甜的美味了，那棵老树早就伤痕累累、奄奄一息了。

说起来毁掉果树的始作俑者也是我，每次回家看见年迈的父母仍居住在既无集中供暖，又无卫生间的老宅，总是牵动我那颗做女儿的心。我几次欲劝父母卖掉老宅，终因舍不得那印满童年痕迹的故居而放弃。前年在儿女的资助下，父母终于搬入新居，旧宅租给三户打工族，那棵果树的厄运由此开始。

老宅出租，名义上果树与老宅的产权仍归父母，但由于监督成本太高，果树的所有者形同虚设。它成了事实上的三户打工族的公共品，三户打工族都想在这棵果树上获得最大利益，在不摘白不摘的理念下，三户打工族开始了消费该公共品的博弈。三户打工族的占优策略均为采摘，而且若要在采摘果实的竞赛中超过对方，就要尽早下手。结果采摘的时间越来越早，未待果实成熟，青果便被摘光了。这棵果树给他们带来的福利大大降低，因为无论是谁吃，青果毕竟没有熟果好吃。此外，三户打工族均不愿为公共品的投入付费，丧失了为果树浇水、施肥、剪枝、喷药的激励。

暑假时我又见到了那棵老树。正值金秋八月，枝头却看不见果实，树顶端的枝杈已被人折断，树干被缠绕着铁丝以悬挂洗晒的衣物，原本翠绿的叶子因为蛀虫而过早枯黄。目睹儿时的“伙伴”被浩劫式地剥夺摧残到如此地步，我不由得潸然泪下。我无意责怪三户打工族，在现有的制度下，他们的行为充满了理性。倘若我父母将老宅出租给一户而不是三户承租者；倘若在出租时就明确地将果树的收益全部让渡给唯一的承租者（哪怕是作价），这棵老树又怎能遭此厄运？

归来的途中，我突发奇想：那些困难重重的国有企业是否也如同一棵棵等待着制度创新的老树呢？

乒乓球带来的五彩生活

从童年开始，我就有一个心结无法释怀。同是一母所生，其他兄弟姐妹各个能字正腔圆地放歌一首，而且在运动场上他们也都有擅长的项目：短跑、长跑、跳高、跳远以及各种球类。唯独我唱歌找不到调，跳舞踩不上点，喝酒过敏，出行晕车。在各种文体活动中，我只能睁着羡慕甚至嫉妒的双眼，扮演着看客的角色。生性要强的我，儿时有着这般缺憾，我从心底抱怨，上天如此不公。

成年后，嫁给了动手能力非常强的先生，又生出一个弹琴、画画、唱歌、打球均有不俗表现的儿子，更加凸显我动作协调性差、缺乏运动细胞的特点。

先生的评价是：小脑发育不平衡，实属先天不足，基本无药可治。本来运动禀赋就差，再加上先生时不时“笨、笨、笨”的打击，我已经完全接受了动手能力差的标签。小脑发育不好，我只好去开发具有比较优势的大脑，于是读书、教书、写书，乐此不疲。教授、博导、名师水到渠成。小脑不行，用大脑弥补，我也算找到了人生的均衡点。

然而，人到中年，久居书斋难免生活单调，人若黄花。先生和儿子均忧心我的健康，希望我能坚持一项活动，积极地锻炼身体。恰在这时，学校组织了针对博导的乒乓球培训班。我怀着忐忑不安的心情，开始了乒乓球的扫盲学习。本身条件就差，又到了知天命的年龄，学习乒乓球让我望而生畏。没想到的是在博导乒乓球培训班上，我得到了出乎意料的鼓励。体育部的张宇飞和李佳老师，不但球教得好，而且极有耐心又懂心理学。在他们的热情鼓励和认真辅导下，我的乒乓球技术有了很大提高。有一天，李东阳副校长对我说：“王玉霞可以得一个最佳进步奖。”在教练、领导及相关老师的不断帮助下，我一下子喜欢上了乒乓球运动。学习乒乓球的过程中，让我受益良多。

其一，强化了身体素质。俗话说生命在于运动，打球以后我感到健康状况明显改善，精力更加充沛，教学科研有了更多的底气。其二，这项运动有助于缓解压力、放松心情。现代社会竞争非常激烈，人们在工作和生活中难免有不尽如人意的地方。参加体育运动，尤其是参加乒乓球这种需要动手、动脚、动脑的全身运动，能够在出一身透汗的同时将烦恼也抛在九霄云外。“请人吃饭，不如让人流汗”，恐怕就是这个道理。其三，这项运动有益于建立良好的人际关系。大学老师的工作有小生产者的特征。闭门读书，同事之间的往来较少。在打球的过程中，很自然地就结识了一群球友，互相切磋球技的同时也增进了友谊。球场内不仅有龙腾虎跃的比赛场景，也有风趣幽默的欢声笑语。“笑一笑，十年少”，球场上收获的笑声弥足珍贵。其四，我深深地体会到赏识教育的重要。经济学有个理论，称作“自我实现的预期”。它源于一个故事，传说有一个王子在海里捡起一枚少女的雕像，王子爱上了这枚雕像。天天向它倾吐心声，日久天长雕像居然活了。自我实现的预期就是讲，强烈的预期能够将不可能变成可能。若家长及老师经常用对贼一样的态度对待一个孩子，这个孩子长大可能就成贼了。若大家都认为很快就会通货膨胀，纷纷抛出货币掀起抢购风潮，那么通货膨胀可能很快就实现了。因此，我们的教育工作应该少批评，多赏识。“好孩子是夸出来的”，成人亦如此。其五，打球的实践让我认识到人的大脑和小脑虽然各司其职，但也有共同之处。例如，它们的共性之一都在于学习能力，而学习能力主要体现在寻找规律及掌握规律的能力上。既然敢在博大精深的经济学领域一展身手，敢将很多人畏惧的博弈论一举拿下，其他学科为何不能触类旁通呢？

于是乎，我对自己的小脑充满信心。不久，我又开始了学车生涯。去年“十一”我驾驶着自家车拉着先生和儿子疾驰在高速公路上。秋高气爽，斑斓的色彩在车窗前闪过，我的心情是多么舒畅。儿子言道：“通过打乒乓球与开车，我们对老妈的动手能力应该重新评价了。”

既然学打乒乓球的实践证明我的小脑发育还可以，我就要追求丰富多彩的生活。在未来的岁月里弥补以往的人生缺憾。生命本身就是奇迹，为何不多方位地体验它呢？

父亲的节俭悖论

从小父亲留给我的印象就是威严与专制，少言寡语、面色铁青的父亲让我十分惧怕，又“怀恨在心”。试想，一群小麻雀，聚在一处吃饭，却有一个老麻雀硬生生不让出声，名曰：“饭还堵不住嘴？”尽管小麻雀们清楚饭确实堵不住嘴，然而他是父亲，父亲就可以将“非”说成“是”，而且说得理直气壮，掷地有声。我的毛病是爱书如命，弄到一本好书，必是彻夜不眠。三更半夜，父亲推门进来，二话不说，关掉电灯，敢有半点反抗，那本书便体无完肤了。

对父亲印象的转变始于我备考大学那段难忘的时光。一声父命将我从准备“扎根”的农村召回。离高考只差十余天了，每天复习功课至深夜，总有面色铁青的父亲推门而入，手里端着一杯滚热的糖水。父爱稀缺使这杯糖水的边际效用畸高，我从心底较劲：无论如何也要考上大学，报答父亲。大学毕业后，我远嫁他乡。临别时，沉默寡言的父亲眼里闪着泪光，那一刻，深沉、凝重的父爱撞击着我的心灵，泪水朦胧中，我感到父亲明显老了。

2000 年 3 月，享年 65 岁的母亲突然离世，我在饱尝悲痛之后，父亲在我心中的价值一夜暴涨，什么教授、博士，一切身外之物与父亲相比皆无足轻重。我近乎哀求地将父亲接到美丽的滨城，那段时间我的中心工作只有一个——陪伴父亲。无论是远足还是散步我都下意识地紧紧抓住父亲的手，我以失去母亲的代价获得大彻大悟，明白了为孝者须争朝夕，年逾古稀的父母，说不定什么时候就没了踪影，留下的是那漫漫无期的追悔和痛彻心扉的遗憾。父母既是儿女的生产者又是儿女珍稀的不可替代、不可再生的情感资源。

20 年后又和父亲朝夕相处，父亲于我有几分陌生，岁月磨平了父亲的棱角，他明显变得随和且唠叨了。和大多数老人一样，他对我们这一代人的生活方式有诸多看不惯的地方。我们让父亲不满意的地方太多了，剩饭说扔就扔，电话哇啦哇啦地打，热水器 24 小时不停地工作，当然还有经常出门打的和外出吃饭。

一日，我陪老父去有半部中国近代史之称的旅顺游玩，来到了日俄战争的主战场——203 高地。炎炎夏日，望着那座对一个七旬老人来说不算低的山头我陷入两难境地：上去，怕累着父亲；不上，已经花了 60 元门票，估计老父断不会答应。这时来了几位农民，索价 20 元，要用滑竿抬父亲上山，遇到这等能增加消费者剩余的好事，我自然非常高兴，正准备付钱，父亲却一脸威严地说："怎么？有钱了？会剥削人了？"父亲的训斥，勾起我幼时的惊悸，"虎老余威在"，父亲还是那个父亲，于是我小心翼翼地扶着父亲几步一停地开始爬山。那一日，因为疲惫，因为不快，我和父亲游兴索然，父女的观念之争盖过了"日俄之战"。

夜晚，同样倔强的我与老父一番长谈，中心议题是转变观念。我说："老爸，您能否换个角度看待现实的世界，比如整个东北电力过剩，生产出的电力不能储存，不是消费就是浪费，电能在咱家转成热能，不比白白地耗掉强？我之所以打电话不怕花钱那是因为物有所值，当年若不是和妈妈哇啦哇啦地打那么多电话，今天我是不是会有更多的遗憾？再说咱们坐出租车，国家有税收可以干更多的事儿，司机有收入可以吃穿用，而司机的吃穿用是不是又提高了总需求，激活了不景气的经济？就说今天，原本有一个三赢的自由贸易，若您同意坐滑竿，您老可以优哉游哉，我呢，尽了孝心，获得了安心，而那几个农民半小时挣20元劳动报酬不比他们种地强？20元于我们可有可无，对农民来说却意味着种子、化肥、孩子的学费，都像您一样'不剥削人'，农民什么时候能脱贫？您和农民有感情我理解，扔点剩饭、坐个滑竿总是于心不忍，但您想想看，在农产品价格低，农民卖粮难的今天，若想帮助农民，是应该少消费还是多消费？还有您穿的衣服也不能新三年旧三年了，如果全国人民都像您这般节俭，岂不是有更多的企业倒闭破产？……"

一番话说得老父目瞪口呆，眼镜大跌。离别滨城时，父亲将我散布在报纸、杂志上的"胡言乱语"统统收去。知父莫如女，我知道父亲是打算细细地琢磨琢磨，这个他已经置身其间70年的世界，在女儿的"歪理邪说"中，怎么就变了样呢？

孝顺的"代价"

结婚以来对先生最为感动也最为恼火的是他那份孝顺。身为大家族的独生儿子，违背了"父母在，不远游"的古训，常让他十分自责。好在先生和我均在高校任教，一年两个假期正好弥补了这份缺憾。每当假期来临，先生便迫不及待地扶子携妇，千里迢迢返回故乡，十余年二十多个寒暑，我们毫无例外逆向选择，直奔那黄沙飞扬的故土，以至于久居美丽的滨城，竟不识它严冬的温暖和酷暑的清凉。好在前几年交通费用不高且学校生活比较悠闲，探望父母的机会成本不高，探亲的收益支付孝顺的成本后尚有较大的消费者剩余。毕竟那是一份骨肉亲情，在公婆人前人后的夸赞中，我获得了一份心理满足，况且我父母和公婆同居一地，提高了我和先生"心往一处想，劲往一处使”的凝聚力。

然而，随着时光的流逝，孝顺的成本日益上涨，原因如下。

其一是回家的次数太频繁，边际效用递减。一年做两个月的常驻大使，平均驻扎父母大本营的时间超过了同城的其他子女，那份亲人相见的惊喜和激动逐渐让位于平淡与习惯，我们和父母模糊了相隔千里的感觉，倒像是我住村之东，君住村之西。

其二是孝顺的价格具有相当的刚性，宜上不宜下。我和先生都有“打肿脸充胖子”的偏好，双方的父母将我们的收入高估了3倍，遇到亲朋好友的红白喜事，我们出的“份子”总比别人高出许多，再加上交通费用的直线上升，探亲的费用在我们一年的总支出中至少占了1/3。

其三是我和先生在家乡的声誉确立后，淡化了独善其身的激励。回家经常会遇到看又看不惯、管又管不了的事情，大大地降低了我们的消费者剩余。俗话说“眼不见，心不烦”，而我们的家乡之行常常是遭罪、花钱、惹气、讨烦。我们是两个大家庭的至亲骨肉，做不到客人般超脱。

其四是随着我和先生职务和职称的提升，我们的时间机会成本加大。当市场经济之风吹入校园后，教师的生活也没有了往日的悠闲。每次探亲归来，看见同事或读书、或撰文、或挣钱，心中十分焦虑。面对先生这一年两次的大迁移，我开始了抵制运动，“难道只有我们有父母”？这是我经常发出的诘问。然而十余年的重复博弈，先生对我的策略空间具有完全的信息：常常是我“怨声载道”，他“忍气吞声”；他“我行我素”，我“嫁鸡随鸡”。毕竟孝顺是一种美德，毕竟我对身边这个孝子从心底里有几分敬意，况且双方父母的身体一日不如一日，这大迁移一旦成为习惯，断没有节约的道理。尽管起五更爬半夜地赶车日见吃力，尽管长达十五六个小时的旅途让晕车的我和儿子吃尽了苦头，尽管歌中唱的“常回家看看”让我付出不小的代价，我们还是“乐此不疲”地大迁移。我经常感叹，孝顺是奢侈品，消费它需要足够多的时间与金钱，足够强的体力和精力。同时，我也对西方国家淡如水的人情、亲情有了深刻的理解，原来在竞争激烈的社会中，“六亲不认”虽道德沦丧，却有几分经济学的道理。

让我头痛的另一件事是公婆的光临。随着生活水平的提高及住房条件的改善，经济负担沉重和行动不便已不是主要问题，要紧的是公公一辈子习惯了“前呼后拥”，需要有人陪说陪听。先生由于工作繁忙加上对父亲的畏惧心理，陪说陪听的任务便落在了我头上。老人喝起酒来常常忘了时间，我在添饭、上菜、倒水之余装作十分专注的样子倾听他老人家已经重复几遍的故事，偶尔还要询问早已熟知的细节，以便不扫老人的兴头。这样的日子若是十天半月倒也罢了，偏偏是少则三月多则半年，孝顺使我在这段时间内除应付工作外，无暇顾及其他。

公公最后一次来时，我正准备考博士。惊闻老人要来，联想那日复一日的陪说陪听，一句混账话脱口而出，“能否寄给老父 3 000 元钱，让他老人家到南方看看”，看来我将那陪说陪听明码标了价，然而终因这话太不像话，我和先生均无胆量向老人表达。

公公体谅我们的艰辛，自带一个小保姆来到我们这个小家（婆婆已过世），我顺水推舟向老人讲述我目前的困境，讲明绝无时间像过去那样奉陪。深明大义的公公自然十分理解，每次吃饭我都行色匆匆，生怕老人话匣子一打开我便无法脱身。公公因有保姆照料，所以我和先生没有受到太大的影响。

一日我偶尔回家，见老人正呆呆地望着窗外。目睹昔日说一不二、威风八面的公公，如此落寞和孤独，我不由心头一热，进行了一番思考与自责。父子之间存在一种隐性的契约关系，“父养子小，子养父老”，由于生命周期的不平行，父子之间权利义务的行使出现了不利于父辈的时间差。父母含辛茹苦节制即期消费，将收入、时间、心血投资于能给他们带来晚年幸福的子女身上，然而父母的投资能否得到预期的回报存在着很大的不确定性。自私的子女在父母义务先行后，完全可能萌发签约后的机会主义，这份不平等的契约使父辈承担着巨大的风险。并非所有的子女都能给父母以回报，更不用说是对等的回报。难怪曹雪芹先生在《红楼梦》中感叹“痴心父母古来多，孝顺儿孙谁见了”。父子契约是否能全面履行，除法律、道德的约束外，更多地依赖于子女的良知，而我在根据自己的成本收益去追求行为的局部均衡点时可曾想过公公的偏好？风烛残年的老人将自尊和受人尊重列为第一需要，陪说陪听固然对我的机会成本很高，但对老人的效用更大。从我和老人的一般均衡角度分析，这陪说陪听虽然不是帕累托改进，但也有社会净福利，于是我又恢复了陪说陪听的生涯。然而，考博士的压力和诱因实在太大，我那陪说陪听免不了“偷工减料”，其质量和数量均不如从前。老人坚持半年后返回老家，那里毕竟还有他割舍不下的亲朋好友及三个女儿。

1998 年 5 月，老人辞别人世。过去曾让我感到成本很高、不堪重负的常回家看看和陪说陪听忽然变得珍贵无比。十余年二十几个寒暑的风尘仆仆，那几次持续数月的陪说陪听都化作温馨美好的回忆。正是这无价的回忆，抚慰着我和先生心灵深处的遗憾和不安……

第二篇

交通的烦恼

轿车进入家庭

先生爱车。近两年随着钱袋渐鼓，我家经常商议的一个话题便是购车。先生旺盛的购车欲望遭到我的顽强抵制，倒不是说车绝对买不起（当然也不是绝对买得起），实在是觉得购车得不偿失，是一种非理性的行为。首先，我与先生在同一所高校任教，从家到办公室不超过三分钟，要车何用？其次，养车的费用大大超出了全家常年打的的支出，有一辆车便有了一份心事，既有物质磨损又有精神磨损，况且先生是新手，更加大了发生交通事故的不确定性。先生买车的理由只有一个：感觉好。这个感觉好也被我伶牙俐齿地反驳回去："感觉是一个奢侈品，在收入没达到相当程度前哪有花钱买感觉的道理，待加入世界贸易组织（WTO）后轿车的价格下降，或许那时我们才能玩得起这个感觉。"

先生对车的偏好犹如星星之火，几经狂风暴雨仍有燎原之势。我和先生的购车之争不仅绵绵不绝，而且由一般的争论升华到理论层面。首先是先生递给我一篇文章，樊纲写的《轿车文明的辨析》，文中樊纲先生以文明的魅力、发展的极限、人性的悖论、选择的理性、平等的权利及落后的悲哀为标题，淋漓尽致地论述了轿车文明给人带来的特殊享受，鼓励私人购车，倡导轿车进入家庭。樊纲毕竟是樊纲，文章洋洋洒洒，说服力很强。顿时我与先生对峙的局面有些失衡。一日翻阅《经济学消息报》，忽然眼前一亮，大名鼎鼎的澳大利亚社会科学院院士黄有光教授撰文《樊纲错了》。黄教授从私人成本与社会成本两个角度论述轿车应该延缓进入家庭。私人成本自不待说，以目前的养路费、停车费、汽油费、保险费、维修费计算购车成本简直收不抵支。此外，私家车的增加会堵塞交通、污染空气，加大社会成本。黄教授的主张是大力发展公交车，以防止汽车堵塞大城市。黄教授希望政府重征汽油税，抑制私家车泛滥。在另一篇文章中黄教授写道，每当听到政府提高汽油税的消息他都饮酒庆贺。有黄教授为我做主，立即底气大增。我先生也和黄教授有过一面之交，对黄教授由衷地佩服与尊重，在相当长一段时间内，我家散去了购车之争的硝烟，我以为从此会息事宁人，所以静等加入WTO。

某日夜晚，我和先生一起看电视，节目里用两个依据得出我国加入WTO后轿车价格不降反升。第一个依据是目前国际市场的汽车价格不包括中国消费者需求的价格，一旦加入WTO，将中国汽车需求加入国际汽车总需求中，汽车的价格必涨。第二个依据是从长期看，如果中国人的汽车拥有量达到目前美国人的水平，那么将全世界生产的汽车通通供应给中国尚不能满足消费者的需求。很简单的道理，需求增加，供给不足，所以进入WTO后轿车的价格不会下降，反而可能上涨。节目中的观点告诫中国的消费者不要观望等待，应及早购车。该观点让我乱了方寸，黄教授远在澳大利亚，远水解不了近渴。无奈之中我只能赤膊上阵，用我学过的经济学理论，批驳该观点。我认为该观点犯了两个错误：其一是只研究需求、不研究供给。加入WTO后，国际市场上汽车的需求骤增难道汽车的供应会不变？人们逐利的嗅觉比雷达灵敏，一旦汽车市场上有利可图，汽车供给便会大增。轿车原本属于标准品，没有秘方之类的进入障碍，超额利润会吸引生产拖拉机、摩托车，甚至大炮、坦克的厂商改行生产轿车。资源类似、技术相容，转产何难？况且加入WTO中国的老百姓也不会同年同月同时购车，这消费的交叉、购买的错落会给生产者带来足够的回旋余地，何忧中国的汽车需求会给国际市场带来冲击。其二是错在偷换了时间概念。中国人的汽车拥有量达到美国目前的水平，那将是哪一年的梦想！ 30年？ 50年？那时的汽车供给还是今天的供给吗？人常说让数据说话，岂不知数据根本就不会说，就看人们如何用它。

不知道该观点如何左右他人，我是使尽了浑身的解数，才没让先生的购车欲望死灰复燃。

此后半年，先生不再谈车，家里天下太平。2002年“五一”前夕，夜半三更忽听先生睡梦中吐出一个“车”字。该梦呓如石破天惊，摧毁了我所有的理性，我开始对自己的言行进行反思。

反思一是效用纯属主观感受，不同人的效用不可替代、不可比较。严重晕车的我坐车如同受刑，视车如洪水猛兽的我如何能理解爱车族的一路春风。夫妻虽是利益共同体，却也是彼此独立的个体，所谓爱屋及乌，我是否应该爱人及车，尊重先生的选择，理解男人的偏好？

反思二是消费具有时间效应。同样的商品，即期消费比未来消费带给消费者更大的满足。既然我们无法拒绝现代文明，既然终究有一天轿车要进入家庭，既然我家尚拥有购车的可能性，那么还等什么？待先生老态龙钟，纵然给他十辆轿车，恐怕也只能“望车兴叹”了。我们知道生产须只争朝夕，岂不知消费也须只争朝夕，否则在这个转瞬即变的世界，你会与心仪已久的事物擦肩而过。

反思三是尽管购车具有相当的负外部性，如污染空气、增加交通拥挤，然而不能忽略的是购车也有巨大的正外部性。哪一个发达国家没有经历由汽车制造业崛起带来的高速经济增长阶段，而汽车业崛起的标志就是轿车进入家庭。此外，汽车的产业链很长，汽车制造业的繁荣会带来钢铁、橡胶、石油等诸多行业的繁荣，汽车消费带来的国民收入乘数效应远远大于基本建设。在政府独木撑天，单打独斗启动总需求的宏观调控中，购车是对政府强有力的支持。我们要摆脱落后，实现工业化、现代化，就不可能将汽车拒之门外。

反思良久，我做出有悖初衷的决策，从今以后节约开支、扩大收入，支持先生早日购车，不知这算不算是我非理性的理性。樊纲先生说得好:“人不过就是这么一种不断为自己制造麻烦又不断想办法去解决麻烦的动物。”现代文明的诱惑难以抗拒。

票贩子的效率——发生在北京站的故事

2001 年暑假，我有幸到北京参加一个经济学研讨会，耳闻国内一流经济学家谈经论道，时有“听君一席话，胜读十年书”的感慨。炎炎夏日十余天高强度紧张的学习生活，让我虽然受益颇多却身心疲惫，半懂不懂的经济学前沿理论也折腾得我头昏脑涨。一天，我忽然接到学习结束后马上去瓦轴集团公司讲学的任务。也就是说，北京的研讨班结束前（下午 5：00 结束），我尚在北京听课，结束后的第二天早晨 8：00 我必须站在瓦轴集团公司的讲台上。时间非常紧张，能否买到当天晚上 9：00 从北京到瓦房店（早上 6：00 到瓦房店）的 K83 次列车卧铺票，成了我的一块心病。一夜之间除这次列车外我找不到任何能准时抵达瓦房店的替代品。我无法想象，已疲惫不堪的我再坐一夜硬座还能否有力气站在讲台上，且不说还要讲整整一天的课（那也是一个力气活）。

这张票对我如此重要，除和会务组打招呼外，我还找了北京的两个朋友。由于要求实在苛刻，日期、时间、车次不容半点闪失，而且是极难买的旅游热线，所有的回应不是车次不对，就是日期稍晚。无奈之中，我想起了“有钱能使鬼推磨”的谚语，决定会议结束后立即打车到北京站，看看能否买到高价票。这张票对我的价值几乎无穷大，看看钱袋，我愿意并可能为其支付的价格为 600 元（平价为 250 元）。

我一到北京站立刻感到头皮发麻，只见三辆警车一字排开，车上赫然贴着打击票贩子的标语，广场上到处可见巡视的警察。如此戒备森严的茫茫人海中，我到哪里去搜寻票贩子，而票贩子又怎能知道我是购票者，信息无法沟通，供需如何衔接？很快，已经晚上六点，我又错过了和瓦轴联系的时间。此时此刻我开始悔恨自己决策失误，非要多听这半天“劳什子”经济学（本可以买下午 1 点左右的火车票），将自己陷入如此狼狈的境地。事到临头只好坐硬座，如果买不到硬座，即使买站台票上车，站也得站到瓦房店。

不知是我的一脸焦虑还是行色匆匆传递了信号，忽然听见身后有人低声问道：“要票吗？要票跟我走。”我回头一看，只见一个几乎足月的孕妇站在我面前。我忙问：“有硬卧票吗？”“有，什么票都有，要票跟我走。”孕妇言罢转身就走，我一边惊讶票贩子的眼力，一边暗自庆幸“天无绝人之路”，于是紧紧地跟着那位孕妇，又听见一声低喝：“离我远点！”我只好远远地跟着她。孕妇在前面摇着扇子，迈着方步。在严打期间，在警察的眼皮底下竟有人如此从容地从事高风险的倒票活动，真正应了马克思在《资本论》中引用的一段话："一旦有适当的利润，资本就胆大起来…… 如果有 10% 的利润，它就保证被到处使用；有 20% 的利润，它就活跃起来；有 50% 的利润，它就铤而走险；为了 100% 的利润，它就敢践踏一切人间法律；有 300% 的利润，它就敢犯任何罪行，甚至冒绞首的危险。"同时我不由得为票贩子启用孕妇做一线角色叫绝。孕妇做一线角色至少有三个好处：其一是隐蔽性强，孕妇更容易逃过警察那鹰一样的眼睛；其二是可信度大，在天色渐晚的时候，如果是一个彪形大汉，我断不敢跟在后面；其三是容易触发同情心，一个临产的孕妇从事如此高风险的交易，讨价还价的对手往往会心慈手软。

孕妇将我引进一个小胡同后，打电话唤来一位中年妇女。中年妇女开始和我砍价，其出价为 500 元，我一听心中暗喜，该价格低于我的意愿价格，看来今天不但需求能满足，而且能获得消费者剩余。毕竟学过了经济学，知道讨价还价的关键在于隐瞒真实信息。于是我一连串地抱怨其价太高，其心太黑，票贩子让价 50 元后，言明这是最后的底价了。她讲车票经手的人太多，只能是这个价了。我估计这个价格已接近她们的机会成本加风险报酬。今天的严打行为必然会减少黑票的供给，黑票的价格与往日相比有所上涨也在情理之中。出于保护消费者动机的严打行为造成消费者在黑市上付出了更大的代价，而黑市的价格上涨又激励了倒票的行为。这也是票贩子久打不绝、屡禁不止的原因。

最终车票以 450 元的价格成交，可以说是皆大欢喜，帕累托改进。中年妇女和孕妇在一边瓜分利润，我心中的一块石头落地，还得到了 150 元的消费者剩余。当我步履轻快地走出胡同时，迎面又遇到一辆警车，车上贴着举报有奖的字样。是否举报让我陷入两难境地。按理说，举报违法活动是公民的义务，举报行为既有社会收益也有私人收益。别说举报有奖，起码举报后我能得到一张平价票，而且刚才和票贩子的"同流合污"之举可以贴上深入虎穴的标签，这岂不名利双收？但按情讲，举报行为有点忘恩负义，是票贩子帮我解决了一个大难题，而且增加了我的经济净福利。目前车票短缺，除腐败与寻租行为外，车票的配置机制是排队，即先到先得，这种配置机制并不能保证车票流向对其评价最高的消费者，而是流向时间机会成本最低的消费者。经济学教科书早就告诉我们，排队配置机制缺乏效率，而票贩子是利用时间机会成本低的人排队购票，然后将其出售给出价最高的消费者，来弥补目前车票配置机制的缺陷。这样既能增加生产者剩余也能增加消费者剩余，从经济学的角度分析，票贩子的存在竟有其效率根基。如果举报行为根除了票贩子，再有如我一样陷入尴尬境地的消费者，到哪里去找“救苦救难”的票贩子，社会总福利岂不大大降低？

情理较量中，情战胜了理，我硬下心来，绕过举报车，向候车室走去。

归来数日，我始终为自己未尽公民的义务而忐忑不安。大学教师尚如此不与政府合作，我们的国家何时能走向法制化？于我而言，票贩子一半是天使，一半是魔鬼，也许正是他们的兴风作浪，使短缺的车票更加短缺，才使我在北京站遭遇了一场历险记。依我拙见，根除票贩子可以从制度上下手，其方法有三。

其一是放开车票价格，随行就市。车票短缺的原因是现行的票价低于均衡价格，放开价格，让市场这只看不见的手配置车票，自然会供求平衡。虽然目前火车运输是独家垄断，但随着替代品航空及公路运输业的发展，放开后的火车票价格也不会过高。

其二是实施价格歧视策略。可借鉴国外某些航空公司的定价方法，制定多种票价，给消费者一个选择空间。如提前十天订票，价格较低；提前五天订票，价格较高，再为当日急需的消费者准备一部分高价票。只要能成功地分离不同的消费者群，价格歧视就能达到既有效配置车票又增加铁路部门收入这两个目的。

其三是若认为现行的票价已接近均衡价格，只是个别月份出现短缺现象，那么可以考虑制定高峰价格，以解决拥挤问题。

总之，我认为，目前这种火车票一价制，造成供求失衡，然后靠大量投入人力、物力、财力打击票贩子的办法缺乏效率。如果能从制度上动动脑筋，建立一个既能让国家增加收入又能满足消费者需求的新制度，从根本上铲除滋生票贩子的土壤岂不更好？

机场罚款的是是非非

某日乘坐出租车，听到出租车内的广播正在讨论一件事情：春节前有位工作在大连的乘客准备去外地探望父母，乘坐出租车赶往飞机场后将一箱海产品遗忘在出租车后备箱内。待出租车司机为其他顾客提供服务时，才发现前一位客人所遗忘的物品。出租车司机舍弃生意不做，匆匆地赶到飞机场二楼候机厅门前，停下车后走进候机厅将遗忘物品归还给正等待上飞机的乘客。等司机归来后却被候机厅门前的保安罚款，原因是二楼候机厅门前只能送客不能待客。出租车停在门前有待客之嫌，因此罚款 300 元。保安人员此举不分青红皂白，舍己为人的出租车司机落得个被罚款的下场。消息传来，出租车司机们一致抱怨，共同的看法是好人难做，机场保安人员在执行任务时过于僵化、教条，长此以往，岂不是鼓励大家少干这种助人为乐的事？

刚听到这件事情时，我的感觉与出租车司机们一样，因为机场的保安如此执法简直是没有是非观。美国经济学家曼昆在他所著的《经济学原理》中写道，“人们会对激励做出反应”。这种惩罚好人好事的制度岂不是让大家都扬恶抑善？

然而冷静下来，细细思索，好像事情还不那么简单，从经济学的角度剖析那位机场保安人员的做法似乎也有几分道理。

一是现行制度的合理性。出租车服务的特点是方便快捷，因此，出租车距离乘客越近，越容易招揽到乘客。大连市出租车已经超过万辆，随着出租车供给的增多及经济的不景气，乘坐出租车的顾客较以前有所下降。因此机场、车站这样出租车服务对象集中的场所便成了出租车司机追逐的目标，客少车多，在竞争的博弈中取胜的关键是尽可能地接近顾客。若允许出租车停靠在二楼候机厅门前，这狭小的空间必然会被众多的出租车堵塞。现行的制度是出租车可以将乘客从室外的斜坡送到二楼候机厅大门口（否则无法提供送到门的服务），但不能在此等候。从机场拉客须统一到一楼候机厅门前的固定地点排队，违者罚款 300 元。应该说这项制度对于防止机场空间堵塞、鼓励公平竞争起到了积极的作用。

二是制度执行可否灵活。不辨真伪地对停在二楼候机厅前的出租车进行罚款，从而造成如同本案例这样的“滥杀无辜”显然不是制度制定者的初衷。若能够分辨真伪，斟酌使用罚款手段，自然是我们所期待的，但问题是分辨真伪的成本太高。机场候机厅门前的车辆川流不息，甄别哪辆车是在等客，哪辆车是在办好事十分困难。由于信息不对称，所有停靠在此的出租车司机都可以宣称是在做好事而逃避罚款。如果赋予保安人员可以灵活执法的权力，那么由于地点的优势有租金存在，如何能避免保安人员不被寻租者收买或不为熟人开绿灯。用什么办法去解决对保安人员的监督问题？制度僵化可能以较小的概率滥杀无辜，而制度灵活又可能以较大的概率使制度崩塌，孰轻孰重，不言自明。

三是问题的解决。在本案例的分析中，我们都将注意力放在那位出租车司机如何舍己为人方面，其实那位司机也有过错。出租车服务是一张契约，它界定了服务者与被服务者之间的权利义务。保证乘客的人身、财产安全自然是出租车经营者的义务与责任。遗忘在出租车后备箱内的海产品并非乘客随身携带之物，它的遗忘绝非乘客单方面的责任，这是一个混合过错，出租车司机应该承担这一事件发生的部分责任。当然，出租车司机可以有另外的选择，如据为己有、交公或扔掉。然而，若乘客追查起来（只要有乘车的票据或记住车号），出租车司机也逃不了干系。因此，出租车司机将乘客遗忘的物品归还乘客的行为是理性的，除助人为乐外，也是对自己过错的一种补救。此外，这件事闹得沸沸扬扬，该出租车司机做好事的消息得到充分传播，这在某种程度上给予该司机一定的社会激励。

因此我认为，既然罚款制度的制定具有相当的合理性，而灵活执法的成本又太高，那么这种出现频率较低的“滥杀无辜”事件，便成了制度得以实施不可避免的代价。对于该出租车司机 300 元的罚款，我认为应由乘客与司机共同分摊（乘客已经找到了）。此外，出租车公司及媒体应对这一做法给予充分的精神与物质激励，以鼓励出租车司机更好地为乘客服务。对那位执行罚款的机场保安人员我们除抱怨外也应有几分赞许，因为在现实的生活中，我们很多良好的制度往往是因为灵活而不是僵硬改变了初衷。

火车鸣笛扰民该不该赔偿

2000 年 7 月，大连市沙河口区人民法院开庭审理了一起大学生状告铁路噪声扰民的案件，这起全国第一例因噪声问题将铁路部门告上法庭的案件引起各媒体广泛的关注。

案件的原告修志玉为大连市外国语学院在读学生，1999 年 5 月，身为律师的父亲在大连市沙河口区绿波小区购买了一套住房。修志玉与全家搬进新房后，没有想到此起彼伏的火车鸣笛声使他们根本无法入睡。无奈之中修志玉决定起诉铁路部门，为自己和铁路沿线的居民讨回公道。火车噪声扰民由来已久，伴随着《大学生状告铁老大》报道的刊出，引发了铁路沿线的居民纷纷向新闻媒体大倒苦水。有人讲“当火车鸣笛时，两人面对面谈话都听不见”；有人讲“由于火车噪声大，夏天从来不敢开窗”；更有人抱怨，“长期生活在巨大的噪声中，脑神经受损，工作生活均受到严重的影响”。一句话，火车噪声产生了较大的负外部性，它确实给铁路沿线的居民带来不小的危害，修志玉及其邻居的境遇的确值得同情。然而尽管此事被媒体炒得沸沸扬扬，声称是消费者自我意识的觉醒，但从经济学角度透析该案件，我认为这是一场打不赢的官司，火车噪声扰民无法给予赔偿，理由如下。

一是现阶段尚无法消除火车的噪声。正如工业革命带来生产效率大大提高的同时也伴随着环境污染一样。火车在给我们带来噪声这种负外部性的同时，也带来了巨大的正外部性。铁路是国民经济的命脉，铁路沿线一般较交通不便的地区经济发展的速度快许多。沿线的居民可享受生活方便及交通便利。若因为火车发出的噪声就废除火车无异于因噎废食。此外，火车鸣笛是传递信号，铁路部门的《机车乘务作业标准》明文规定什么情况下必须鸣笛，修志玉家所处地段正是铁路的转弯处，若不鸣笛，岂不人命关天。总之，我们不可能因为噪声污染而倒退到刀耕火种的远古时代，而现阶段没有更好的技术去替代火车以鸣笛的方式来传递信号，所以噪声污染是无法避免的。这是现代化、工业化带来的副产品。

二是无法对受害人进行明确的补偿。科斯在《社会成本问题》一文中曾对铁路公司的火车因其发出的火星引起火灾，造成农夫谷物毁坏，铁路公司负责赔偿的案例进行了分析。这个案例似乎对解决噪声问题有所启发，但在科斯所列举的赔偿案例中，有两个前提条件：第一个前提条件是产权明晰。在科斯的例子中，明确了农户拥有谷物不被损坏的权利。这种权利的取得有很多方式，最普遍的产权界定方式是“先占原则”，即先有农夫的农田，后有铁路公司的铁路。铁路的出现使农民的收入受到侵害，理应得到赔偿，否则农民有权抗拒铁路在农田穿过。第二个前提条件是交易成本很低，即测量损失、确定赔偿额度的成本很低。谷物失火的面积及损失比较容易测量，因此实际赔偿可以实施。而在本火车噪声案例中，这两个前提条件均不具备。其一，产权不清。铁路部门拥有释放噪声的权利还是居民拥有不受噪声侵扰的权利说不清楚。根据“先占原则”，大连市的铁路建于 1901 年（清朝光绪二十七年），而修志玉所购的房子建于 20 世纪 90 年代，显然是先有铁路，后有房屋。另外，火车司机鸣笛是依沈阳铁路局 1996 年 8 月颁布的《机车乘务作业标准》，该标准规定：“进出站鸣三声笛、遇鸣笛标志和距离道口 100 米处鸣笛，遇有特殊情况及时鸣笛。火车司机违反规定漏鸣笛扣标准分 0.5 分。”但是根据宪法，居民拥有健康权和休息权，根据《中华人民共和国环境保护法》和《中华人民共和国环境噪声污染防止法》，火车鸣笛的确对原告及沿线居民造成了侵害。根据大连市政协颁布的《大连市城市中心区环境噪声标准适用区划》，穿越城区的铁路主次干线，其噪声控制标准白天为 70 分贝，夜晚为 55 分贝。此案原告代理律师对火车鸣笛产生的噪声进行了测试，鸣笛时声响强度为 110 分贝。显然，在这里“条条”与“块块”的法规发生了冲突，产权问题成了扯皮问题，而产权不清就会使产权交易难以实施。其二，交易成本太高。噪声的侵害属精神损害，精神损害很难测量，很难确定居民在多大范围受到噪声的侵害及其侵害程度。由于沿线居民人数众多且个体差异很大，很难准确地了解受损的真实信息，从而无法制定赔偿的合理额度；此外实施及监督赔偿的行为成本也太高，从而使赔偿不具有可操作性。

三是消费者的选择。从以上分析可以看出，在火车噪声不可避免和赔偿无法实施的条件下，原告选择打官司并非明智之举。我认为原告的理性选择应该是搬家。购买火车沿线的住宅应该有承受火车噪声的预期。铁路沿线的地价因噪声的存在明显偏低。换言之，较低的地价、房价已经将噪声的侵害内化在其中。世上没有免费的午餐，消费者选择低廉的房价，就要考虑环境的不如意，环境与价格犹如鱼与熊掌很难兼得。市场交易的结果应该是对价格比较敏感而对噪声不很敏感的消费者，他们可以选择在铁路沿线居住。而像修志玉一家这样对噪声比较敏感、对环境偏好强的消费者应选择价格较高且相对安静地段的住房，这样全社会的资源就得到了较好的配置。

当然，这并不是说铁路部门就可以高枕无忧、袖手旁观，噪声扰民毕竟是社会公害，应将其控制在最低的限度。长期内铁路部门应该加大研究开发的力度，争取尽快采用新技术、新方法传递示警信号，从根本上铲除噪声的危害。短期内铁路部门应该严明规章制度，加大奖惩措施，激励火车司机将鸣笛的音量、鸣笛的次数降到最低，在可能的范围内尽量还给居民一个宁静的夜晚。

航空违约无商量

2002 年 4 月 17 日我与张五常教授相约，一同去武汉的华中科技大学参加为庆贺著名经济学家张培刚教授 90 华诞而举办的发展经济学研讨会。张五常教授及夫人于 4 月 17 日中午由香港直达武汉，我计划于 4 月 17 日晚 5：10 由大连起飞，经停北京，在 4 月 17 日晚间 9：00 左右到达武汉。

谁知天有不测风云，我乘坐的 WU618 号航班飞抵北京便遇倾盆大雨，雷电交加，根本无法再次起飞，我们在飞机内被困达 4 小时之久。其间我多次要求乘务员为我向武汉、大连传达飞机晚点的信息。乘务员却回答:“我们只有内线电话，无法接通外线。”待我到达武汉时，已经是深夜两点，4 月 18 日早晨才与张五常教授见面。张五常教授与夫人言，他们一直为我担心，打了很多次电话，均没有我的消息，夜里 1 点多才去睡。让张五常教授与夫人如此牵挂，我于心不安。此次航空违约属于无过错违约，遭受这种“不可抗拒力”的袭击不是航空公司的责任，但为了降低违约造成的损害，航空公司应承担起码的义务，例如，帮助乘客传递飞机延误的信息等。此类成本并不高的服务，能够大大地减轻违约的损害。飞在天上的运输工具一旦误时，其亲友的焦虑实在是不小的社会成本。

在武汉的两日，我与张五常教授一起扼腕叹息张培刚教授的人生经历（张培刚教授曾在 1947 年被授予哈佛最佳博士论文奖和威尔逊奖，1949 年回国后被安排做基建工作，哈佛名人竟在 30 余年内无人知晓）。

两日后，我与张五常教授一行从武汉飞至深圳。4 月 21 日，我打算乘上午 10：00 起飞的北方航空公司 CU6817 号航班返回大连。当我买好机票赶到机场时，机场通知该航班的飞机出现机械故障，停航。机场工作人员遂将乘客送到了深圳机场的航空宾馆，每人配给一份盒饭，宾馆的卫生及盒饭质量之差出乎我的意料。我从上午 9：00 一直等到晚上 6：50，航空公司将我们和另外一个班次的乘客拼在一起，飞往大连。登机之前乘客要重新办理一切登机手续，而机场工作人员却没有提供半点服务。我背着沉重的行李（会议发了很多书与资料）在等待近 10 小时后重遭二茬罪，不由得火冒三丈。我对办理登机牌的工作人员说：“这次违约完全是航空公司的责任，你们凭什么让乘客浪费这么多的时间，承受这么多的麻烦？”尽管我义愤填膺，工作人员却面无表情，既不反驳也不解释，让你无可奈何。如果说我遭遇的第一次航空违约属于“天灾”，乘客与航空公司均为其付出了代价，那么这第二次航空违约纯属“人祸”，而祸首居然在此次违约中获得意外的收益，将两个航空班次合二为一，这无疑节约了人力、物力和财力。而乘客却为此付出了沉重的代价：代价之一是消费者购买的产品质次价高。时间机会成本较高的乘客选择购买价格不菲的航空服务，主要是为了快捷。航空违约致使时间拖延，乘客购买的产品已经变味，此产品非彼产品，其质量大大降低，面对质量低劣的产品，消费者所付出的代价更高，除货币成本外还要加上时间成本。代价之二是消费者的预期被完全扰乱，给消费者带来很多的不便。例如，我之所以购买上午的航班是因为第二天我有六节课要讲，需要适当休息，班机延误，使它变成泡影。有商务、政务在身的乘客，飞机延误造成的损失就更难估量了。代价之三是航空违约为乘客及亲友带来了精神损害。当我深夜12点多走进住宅小区时，远远地看见窗前伫立着先生的身影，此君的第一句话是："一晚上我一直在看新闻，看是否有飞机失事的报道。"而第二天当我去应付那6个小时的授课任务时，只觉得头重脚轻。

有过错的违约者，在违约过程中获得利益，无过错的守约方，却无缘无故地承担了巨大的违约成本，如此荒谬的逻辑却实实在在地发生了，个中的原因无非是航空服务的垄断地位，使它们为所欲为。垄断地位形成的原因如下。

首先，航空服务的进入障碍非常高。目前我国的航空业还是国家垄断行业，不允许私人及外资进入，航空公司的"国企病"难以治愈。

其次，缺乏航空服务的替代品。航空服务的特点是快捷，目前其他运输工具难以实现。随着竞争压力逐渐加大，生活节奏越来越快，人们对快捷的运输工具的需求非常大，我们期待早日实现高速公路联网及火车进一步提速，那时航空公司的垄断地位便会动摇。

再次，航空服务的转换成本太高。这里的转换成本是指一旦航空公司违约，乘客另谋他路所发生的成本。若这个成本太高，乘客便会被航空公司套牢（转换成本高的原因：一是没有很好的替代品，购买快捷服务的消费者在另谋他路时几乎无果；二是飞机场一般位于距市区很远的市郊，支付上百元打车费到机场后再退票返回，成本将是双倍的）。由此可见，航空违约发生后，消费者的选择余地很小，处于弱势地位，犹如人为刀俎我为鱼肉。

最后，航空服务交易是消费者与航空公司签订的合约，依据我国的《经济合同法》，"过错违约"的一方应承担违约责任，这种责任的承担既有赔偿性又有惩罚性，即不管守约方是否受到侵害，违约方均须向守约方支付违约金。而北方航空公司在此次违约中，在确实给守约方带来侵害的前提下既无赔偿又无惩罚，反而获益匪浅，显然不合情理。此种激励违约的制度不废除，消费者将不断地陷入航空违约的泥潭中。

同城之内、画地为牢——大连市出租车市场分割现象的透析

滨城大连是北方改革开放的先导城市，尤其坐落在“东北现象”盛行的关东大地，更凸现出勃勃生机。到过大连的中外游人，常常为其美丽整洁的环境、日新月异的城建、井然有序的治安以及淳朴豪爽的民风所感染，这颗镶嵌在黄海之滨的明珠，经过改革开放春风的洗礼，益发显得璀璨靓丽。

然而，这座“中国北方最具开放性”的城市却发生了匪夷所思的、与市场经济明显相悖的咄咄怪事——同城之内，出租车市场“诸侯割据”。

大连市除其所辖的北三市（瓦房店市、普兰店、庄河等）外，可以区划分为六个区，即中山区、甘井子区、沙河口区、西岗区、旅顺口区及金州区。六个区中前四区连成一片，构成市区的主体。旅顺口区距市中心 40 千米左右，金州区距市中心 30 千米左右，著名的大连经济技术开发区坐落在金州区内。同城之内，出租车市场诸侯割据呈三足鼎立，即中心城区、旅顺口区及金州区出租车营运者各自占山为王，井水不犯河水。具体而言，各自取得三个区域内出租车营运资格的营运者，只能在区域内经营，不可越界交叉经营。地盘虽然可圈定，但毕竟还有相当多的消费者需要出租车跨界服务。如被称作半部中国近代史的旅顺口区，拥有大连经济开发区及国家级风景名胜金石滩的金州区都是到大连旅游观光的消费者的必游之地。因此，大连市出租车管理部门又进一步规定，占据任何一个山头的诸侯，可以送客到其他诸侯的领地，但只能进不能出，如旅顺口区的出租车可往中心市区或金州区送客，但不能从中心市区或金州区往回拉客。此项规定的结果是使在区域之间营运的出租车由双向流动变成了单向流动，这项画地为牢的政策带来了一系列的问题。

一、资源的严重浪费

将出租车由双向营运变成单向营运，大大地提高了出租车的空载率。大连中心市区有出租车 8 000 多辆，旅顺口区加上金州区的出租车也有近 1 000 辆。这 9 000 多辆出租车若每天有 0.5 次跨区营运的概率，其营运里程按（30+40）/2=35（千米）计算，每天就有 0.5×35×9 000=157 500（千米）的空载。这要白烧多少油？空排多少尾气？会怎样无效地增加交通线路的拥挤？中山大学岭南学院的王则柯教授曾写文章回忆他在美国的一段经历，有一次他们一行五人准备租两辆出租车出游，而接电话的出租车公司职员力劝其乘坐一辆，以节约资源。美国许多州政府立法给予合伙搭乘者以免征过桥费和使用合伙乘车专用线之类的优惠，以激励消费者节约资源、减少环境污染及交通拥堵。相对于“富裕社会”中“老美”的斤斤计较，大连市这项“逆向激励”的政策，可谓是慷慨大方。尚属第三世界的我们，是否能持久地承受这奢侈的浪费？

二、造成了市场的混乱

有悖市场规律的诸侯割据政策自然遭到理性生产者的抵制。送客到另一诸侯所辖地后，出租车的所有成本均为固定成本，即此时其边际成本为零，只要边际收益为正，出租车营运者的理性选择均为扩大产量。通俗地讲，理论上只要乘客给付大于零的报酬，出租车营运者捎客就有利可图，因为这是“搂草打兔子”的额外收获。乘坐出租车从中心市区到旅顺口区的正常价格为 100 元左右，从中心市区到金州开发区的正常价格为 80 元左右，可见违规捎客有很大的价格下浮空间。由此，出租车市场出现了破坏原有价格标准化游戏规则的现象。坐出租车可以砍价，对当地信息了解较充分的精明消费者会到两地交界的路口等捎客的出租车。游戏规则的混乱，无疑扰乱了市场公平竞争的秩序，加大了交易成本。违规的营运者毕竟底气不足，在与消费者讨价还价的博弈中不占优势，其结果是违规捎客的市场均衡价格降至10元左右。与正常的价格相去甚远，如此“薄利”，生产者提高总收益的策略只能是“多销”，即非但不空载还要满载，而能否满载的关键是能否搜寻到众多的购买跨区服务的消费者，因此，票价在 10 元左右的跨区营运大客、中巴始发车站便成了回程出租车的聚集地。东北财经大学所在地黑石礁便有一个从中心市区到旅顺口区的大客、中巴始发站，一段时间内经常可以看见旅顺口区的出租车排成长龙等待捎客，一车四人索价 40 元，虽不足正常价格的一半，但毕竟是说得过去的补偿。出租车快捷舒适、送客到门，同样的价格大客、中巴自然不是对手。违规出租车这种掠夺性的定价策略，冲击了循规营运的出租车及正常营运的大客、中巴市场，整个跨区营运的公交市场出现了混乱。

三、社会总福利的降低

被冲击的出租车替代品大客、中巴的营运者岂能坐以待毙，他们形成压力集团，游说政府讨还公道。以管理出租车市场严格而闻名的有关部门也不会任由出租车违规行为如此泛滥，于是它们投入了大量的监管资源去规范出租车市场。交警、巡警、公交管理部门协同对出租车的违规行为进行综合治理。惩罚的措施除罚款几百或上千元外，还要扣缴营运执照及办学习班等。为了做到严防死守，常有一批综合治理人员装扮成乘客，神出鬼没地对出租车暗察，引蛇出洞，更有甚者不允许出租车停靠在各诸侯交界处，换言之，有违规行为受罚，有违规嫌疑也受罚。

违规的收益在理性消费者的讨价还价后本不丰厚，再加上违规的风险加大，出租车营运者的策略由违规转为拒载。显然，理性的营运者对单向且需缴纳过路费的跨界营运兴趣不大。拒载的受害者首先是消费者，2002 年 4 月，我陪老父亲去市中心与旅顺口区之间的龙王塘看樱花。看罢樱花，老父已是精疲力竭，我先后挡阻两辆出租车并提出由我付过路费均被拒载，最后我以状告其拒载行为相胁迫，才有一位出租车司机就范。一路上，该司机抱怨道："这叫什么事？挣钱得拉，不挣钱也得拉"，又博得我的同情。最终出租车将我们送至回市区的中巴车站，我与老父转乘中巴返回中心市区。这种"挣钱得拉，不挣钱也得拉"的政策具有计划经济色彩，它剥夺了生产者选择的自由，降低了生产者剩余价值。显然，出租车市场的"诸侯割据"政策是一场负和博弈，它使生产者、消费者、政府管理部门三方受损，社会总福利大大降低。

综上所述，我按照经济学逻辑给出租车市场分割政策派上种种"不是"。

在不怀疑政策制定者的动机与智力的前提下，让我们逆向思维，探寻什么是这一政策出台的依据，看看它有没有令人信服的道理。

在我向有关部门私访后得到了两条制定该政策的依据：一是避免出租车市场过度竞争；二是出租车牌照在各区域价格相差很大，入门费不同，自然应该有不同价格的租金。这两条看似有理的依据一点儿不符合市场经济的规律。

第一，经济学原理告诉我们，当市场出现过度竞争时，整个行业供给大于需求，其经济利润为零甚至为负，而现在出租车营运的利润明显高于社会平均利润，尚有众多潜在的进入者愿意花近 20 万元的大价钱购买入门证，这个市场是过度竞争还是竞争不足？

第二，中心市区、旅顺口区及金州区的出租车牌照价格确有很大的差距，中心市区的出租车牌照价格为 18 万元左右，是其他两地出租车牌照价格的两倍以上。入门费的不同究竟是市场分割的原因？还是市场分割的结果？如果统一了大连市出租车市场，还会存在这种差距吗？市场分割政策出台的根本原因恐怕是有关部门难以启齿的出租车税费缴纳问题。各诸侯领地的出租车税费交给各区地税分局及区出租车管理部门，各个利益主体均有“肥水不流外人田”及“挖他人墙脚”的激励，各方利益主体博弈的结果是分离均衡、诸侯割据。至此，解决这一市场分割现象的思路简单明了——那就是统一出租车的税费管理。

大连市出租车市场分割现象警示我们，建立社会主义市场经济的道路还很漫长，任务还很艰巨，总有根深蒂固的计划经济情结挥之不去。各级政府在非常辛苦地用“看得见的手”协调市场发展时，是否冷落了那只“看不见的手”，它往往更具效率。

公汽月票不可废除

常闻月票乘客遭公汽司乘人员歧视，如何解决这一问题众说不一。有人从伦理学角度谴责司乘人员的行为不符合职业道德，认为应对司乘人员加强教育与监督；有人从经济学角度论证这一现象是由于信息不对称导致的，认为废除月票方为治本之道（见 1998 年 12 月 25 日《经济学消息报》第 4 版）。依我所见，公汽月票断不可废除，废除月票将导致公汽市场“稀薄”和社会福利降低，应采取有别于废除月票的措施来解决司乘人员歧视月票乘客的问题。

一、信息不对称的假设成立吗

废除月票支持者的理论是建立在两个信息不对称的假设之上的：一是公交公司相对于乘客对月票乘客的乘车次数、乘坐里程的信息不对称，由此产生乘车次数多，乘坐里程长的乘客购买月票的逆向选择，其结果使月票乘客支付的价格大大低于零售票价格，从而降低公交公司的总收入。二是公交公司相对于司乘人员对于每组车次接待多少月票乘客的信息不对称，从而难以做到奖勤罚懒，多劳多得，由此产生司乘人员歧视月票乘客的现象就不足为怪。然而，这两个信息不对称的假设在现实生活中很难成立，原因有二：首先，公交公司推出月票制度时非常清楚购买月票者多为乘车次数多，乘坐里程长的上班族乘客，公交公司是在心甘情愿地给予这部分消费者以价格数量折扣，而并非产生于信息不对称。其次，公交公司对于哪条线路月票乘客较多，哪组司乘人员工作量较大也心知肚明，公交公司完全可以根据所掌握的各线路的忙闲状况给予司乘人员以不同的报酬，或将各线路的司乘人员定期轮换以解决公平问题。

二、月票制度是公交公司理性的选择

公交公司明知购买月票的多是些乘坐次数、乘坐里程均超过平均水平的消费者，却仍然广泛地使用这种价格策略，必然有其道理。其一，月票的定价与消费者的收入相适应。假设上班族月工资在 600 ～ 800 元（更高收入的上班族往往不是公共汽车的消费者），以大连公交公司的月票价格为例，一般为 40 元左右，月票支出占消费者月收入的 5% ～ 7%。如果废除月票，一般零售票的价格为 1 元左右，假设每天上班支付交通费平均为 4 元（中间换乘一次），则每月的交通费为 80 元左右，占其月收入的 10% ～ 13%，这个支出比例相对于收入水平明显偏高。公共汽车的零售票价格超过了上班族消费者的意愿价格与承受能力，而较低的月票价格与消费者的收入水平相适应。其二，月票制度有助于降低交易成本。月票多由消费者所在单位统一支付，是对上班路途远的职工的一种补贴，属于消费者的隐性收入。月票制度的推出使公共汽车服务由零星购买变为批量购买，由多次购买变为一次性购买，减少了司乘人员卖票、撕票、找零等工作量，降低了交易成本，方便了消费者，同时也减少了消费者所在单位对交通补贴的监督成本，避免了非月票需求者搭便车的现象。其三，从长期看，公交车的需求价格弹性较大。废除月票支持者认为公交车的需求价格弹性小，废除月票会增加零售票的需求量，从而提高公交公司的总收入。商品和劳务的需求价格弹性的大小，一般主要取决于两个因素：一是是否有替代品以及替代程度如何；二是该商品支出占总支出的比例。具有替代品，替代程度较高，且对该商品的支出占总支出的比例较大，则其需求价格弹性就较大。从长期看，公共汽车的替代品很多，私家车、出租车、小巴、班车、自行车、步行都是公共汽车的替代品，零售票的支出又占消费总支出的比例较高，因此，废除月票必然会在长期内迫使一部分消费者另谋他路，从而造成公共汽车市场“稀薄”，导致公交公司总收入的降低。这也是为什么更注重追求利润最大化的西方国家也广泛推行公交车月票制度的原因。其四，如何进行收益成本比较。公共汽车的成本多为固定成本，具有明显的规模经济特征，公共汽车还具有“准公共品”的特征，如具有非竞争性，在一定的消费者数量内，多增加一个消费者不影响其他消费者的消费，即月票乘客的边际成本趋于零。由此可见，月票的边际贡献恒为正，月票收入可以看作是公交公司“搂草打兔子”捎带的收入，它使公交公司成功地分离了不同的消费者，采用合理的价格歧视策略而扩大的生产者剩余价值，岂可一废了之。

通过以上分析我们可以看到，月票制度的推出是公交公司追求利润最大化的理性选择，废除月票不仅会降低公共汽车服务的需求，减少公交公司的总收入，而且还会对公交车这种节约能源、减少交通堵塞、发展高效率的交通方式起到制约作用，从而降低社会福利。

三、如何解决歧视问题

我认为司乘人员歧视月票乘客的根本原因是“门难进，脸难看”的短缺经济遗风，解决的办法是加大对公交设施的投入，增加公交线路和车次，同时大力发展私家车、出租车、小巴等替代品，强化竞争，使公共汽车的卖方市场转化为买方市场。在激烈的市场竞争中，当公共汽车的司乘人员认识到长期稳定的月票乘客也是关系到他们饭碗的“上帝”时，歧视必然会转化为礼遇。此外，制度创新也可以解决这一问题，如大连市推出的公汽无人售票制度，很自然地达到了无人歧视的境界。

谁锻造了“马路杀手”

伴随着轿车进入家庭，购车、学车已经成了一种时尚风潮。在这种风潮中，除居民忍受交通堵塞、空气污染等负外部性外，危害居民生命及财产安全的交通事故也时有发生。造成交通事故的原因非常复杂，从“新手即杀手”的说法中我们知道，追求利润最大化的驾校不负责任地将没有掌握基本驾驶技术的学员过早、过多地推向社会，是交通事故频发的重要原因之一，我们认为正是驾校的机会主义行为锻造了诸多的“马路杀手”，而政府有关部门对驾校的服务质量监管不力也难辞其咎。

目前，在驾校市场上主要存在着如下两个问题。

其一是出现了竞相压价的过度竞争。近几年，伴随着学车需求的旺盛，各种规模的驾校如雨后春笋，迅速在各个城市发展起来。培训驾驶员的驾校及其相关服务已经成了一种新兴产业。以大连市为例，短短的几年，驾校已经从 4 家发展为 40 多家。市场竞争激烈，特别是规模小的驾校其营销策略便是以廉取胜，驾校之间的竞相压价，使该行业的利润日趋微薄。表 2-1 是大连某大型驾校的收费清单。

表 2–1　大连某大型驾校的收费清单　　单位：元

车型	学费	交通队报考费	交通局窗口收费	体检费	照相费	总收费
增客 A1	2 344	630	2	17	10	3 003
大货 B2	2 606	680	178	17	10	3 491
小货 C1	2 220	580	178	17	10	3 005
轿车（手动）	2 520	580	178	17	10	3 305
轿车（自动）	2 720	530	178	17	10	3 455
三轮 D	600	220	8	17	10	855
两轮 E	520	220	8	17	10	775
轻骑 F	393	220	8	17	10	648
陪练	手动 48 元 / 小时，自动 50 元 / 小时					

由此收费清单可以看出，消费者比较集中的主打业务——手动轿车及自动轿车收费标准分别是 2 520 元及 2 720 元。若是小型驾校，其收费标准更低，有的中小城市学员学车的费用只有 1 700 元。按照正常的教学计划，每个学员驾车的时数应不低于 60 小时，每小时驾驶里程为 50 千米，而每百千米耗油按 10 升算，总耗油为 300 升，若每升汽油按时价 5 元计算，耗油的费用为 1 500 元，再加上教练工资、场地费、管理费及车辆折旧费，严格遵守教学规范的驾校只能亏损经营。

其二是驾校的服务质量低劣。因为学员所交的学车费用不足以弥补正常驾校教学的成本，追求利润最大化的驾校只好在降低服务质量上下足功夫。

2007 年 3 月 1—13 日，搜狐汽车频道联合北京零点前进策略咨询公司进行了网上调查“汽车消费中，您最头痛的问题是什么？”短短几天时间，共收到来自全国的 2 630 份有效问卷，调查对象年龄在 18 ～ 60 岁。

通过对调查结果的专业分析，得出学车过程中抱怨最多的是：

（1）学不到真技术;

（2）吃、拿、卡、要;

（3）指导水平差;

（4）练习时间缩短。

这四项抱怨中，有的责任源于驾校的道德风险。许多学员与驾校签约后，驾校将学员的学习时间严重缩短。学车的学员大都有这样的经历：辛辛苦苦乘坐公交车，耗费一两个小时，在场地又耗费两个小时，真正上车驾驶的时间仅有半个小时。对学员的时间不尊重，学车的时间效率低是驾校的通病。

这四项抱怨中，还有的责任源于司机的偷懒行为。教练员的工作多为良心活，教练员教多教少，认真不认真是一种很难准确度量的不对称信息。要让教练员努力工作需要制度约束与激励。目前驾校通行制度的约束与激励均不足，教练员的偷懒行为屡见不鲜。从激励机制看，现行的教练员收入普遍偏低。以大连一家著名的驾校为例，教练员没有底薪，每个学员毕业，教练员获得 300 元收入，如此“计件”工薪，使教练员只想着怎样能让学员早日毕业，而不是想着怎样让学员更多、更扎实地掌握驾驶技术。该驾校一天一车配学员八个，隔日换人，正常两个月毕业。两个月的教练工作非常辛苦，每天早 7：00 至晚 5：00 工作，每周只休息一天，两个月的工资仅有 4 800 元，即平均每月工资才 2 400 元，这还得在每个学员都能按时“出栏”的前提下，即学员按时通过各项考核。教练员要忍受风吹日晒，酷暑严寒，而其报酬与其付出不对称，所以教练员吃、拿、卡、要及态度恶劣的现象就很难杜绝，教练员本身也不珍惜这个“残破的饭碗”。

然而，教练员的偷懒行为会造成三个恶劣的后果：一是学车令人生畏，在消费者是上帝的买方市场，学车市场使消费者在交易中除付出货币外还要付出尊严。“没人性的学车生涯”“伤自尊的学车经历”是学车博客中常见的感叹。二是学员学不到关乎自己及他人生命财产安全的驾驶技术，其后果是灾难性的。三是驾驶技术的考核困难。驾校低劣的服务质量，本来有一个约束，即政府的监管，至少学员驾驶技术是否合格是由政府的交管部门而非驾校来认定的。然而，交管部门在监管过程中又面临两个困难：一是对学生驾驶技术的考核。学员的驾驶技术是全方位的，特别是在实际驾驶环境中的应变能力，这很难在考场上模拟出来，而且驾校实施的是应试教育，例如，电子桩、电子路后，驾校讲授的内容均是以点、线为参照物的机械模拟操作，离开固定的点、线，学员一片茫然。而非常重要的汽车养护知识，由于不在考核之内，大多数驾校根本不提。二是无法杜绝监管中的腐败行为。驾校长年与政府交管部门打交道，自然而然地建立起自己的关系网。在考核过程中睁一眼、闭一眼，简化考核程序及考核内容的现象不足为奇。追逐利润最大化的驾校有两个选择：一种选择是实施寻利行为，即树立品牌形象，认真传授驾驶技术，在培养出合格的驾校学生的同时为自己获得利润。驾校的寻利行为是有利于自己，有利于学员，有利于社会的多赢行为。这样的驾校获得的利润越多，社会的利益越大。另一种选择是实施寻租行为，即由钱权交易，用利益“俘获”交管人员，让他们放松监管，让不合格的学员过关。这种寻租行为虽有利于驾校，却有害于学员，有害于社会。而在目前的环境下，驾校收费低，油价飞涨，靠走第一条路获利困难重重，多数驾校不同程度地选择了第二条路。因此，驾校与交管部门放松监管，在考试过程中弄虚作假现象屡见不鲜，“马路杀手”冲出最后的关口，走向了害人害己的不归之路。

购买驾驶技术的交易毕竟不同于一般的商品交易，它是与生命及财产息息相关的特殊商品。必须想方设法杜绝“马路杀手”的出笼，以保证人们生命及财产的安全。

笔者认为，应采取如下的措施来规范学车市场。

第一，转换驾校的体制，将其企业化的性质转变为事业化、公益化。驾校也是学校，学校是培养人的地方，它追求的不应是本单位的利润最大化，而是社会利益的最大化，况且驾校还不同于一般的学校，它培养出的学生合格与否事关重大。因此，应该将驾校纳入教育体系，由政府出资资助，淡化其利润最大化的动机。

第二，加强教练员的资格认定，提高教练员的待遇。目前在驾校中传授驾驶技术的教练员素质普遍不高，进入教练员行业的门槛过低，很多出租车司机，没有接受过任何专业培训，便从事教练工作。传授驾驶技术是一项非常复杂的工作，它不仅要求教练员有高起点的驾驶技术，而且还需要有丰富的教学经验及教育学、心理学的知识。因此，应该将教练员队伍的选拔、培训及资格认定工作重视起来，将驾校的教练员纳入教师体系进行管理。同时，提高教练员的待遇，以吸引优秀的人才从事传授驾驶技术的工作。

第三，通过技术创新，强化学车过程的监管。众所周知，学习时间的长短与驾驶技术的熟练程度息息相关，针对各驾校普遍实施的学习时间缩水现象，政府有关部门应强化对学习时间的监管。例如，深圳机动车培训行业协会的负责人表示，目前已经在深圳、上海等地实施的IC卡制度，未来会在所有的驾校广泛使用。每位学员学车的时候，教练员与学员必须同时刷卡，通过IC卡清晰地记录每个学员的学习时间及教练员的教学时间，利用系统车载机实时记录培训的全过程。IC卡学车计时系统改变了传统学车模糊学时的教学模式，通过信息技术保障和监督驾校的教学时间，杜绝了驾校在驾驶培训过程中偷减学时的现象。

此外，整顿交管部门的工作作风，杜绝驾照考试过程的腐败行为，以及提高车辆使用成本，发展公交系统，放缓汽车进入家庭的步伐等都是减少“马路杀手”的有效途径。

总之，生命是宝贵的，就社会福利而言，追求利润最大化的结果，若以牺牲生命为代价实在是得不偿失。

除了抓阄，我们还能做什么

据大众网2005年1月1日报道，东方航空公司经营的北京飞往上海的MU5126次航班，因上海突降大雪被迫在济南降落。之后机上的40名旅客只能有30名旅客优先搭乘另一架飞机飞往上海。需要再次登机的乘客为40名，可供先行启程的座位仅有30个，班机座位的供求出现明显的不平衡。在40名旅客中筛选出30名旅客先行，东航采用了抓阄的办法。

用抓阄来解决供求不平衡的短缺资源配置问题历史悠久，它能够长期普遍的采用是因为这种方式操作简单并容易被大多数人认同，当人们不愿意将自己的命运交给他们不信任的人与机构时，宁愿将命运交给“上帝”。在不确定性存在的前提下，机会均等便被看作一种公平，因为上帝不会作弊。所以，尽管时代在进步，各种资源配置的手段不断出现，但抓阄这种原始的资源配置方式仍被频繁地使用。

用抓阄的办法来解决短缺的资源配置问题，牺牲了资源配置的效率。乘坐飞机的旅客购买的服务主要是快捷，航班遭遇不可抗力停航，乘客的心情自然十分焦急，人们都希望自己早点登上飞机，前往目的地。但是不同的消费者对快捷的需求强度有一定的差别，乘客的焦虑也有轻重缓急之分。同样的商务旅行，前去上海考察与前去上海签约显然有很大的不同。同样是回家，一般的探亲与探望病重的亲朋也有很大的差距。不同的年龄、不同的性别、不同的个性，遭遇突变的心理承受力明显不同。东方航空采取抓阄的做法忽略了旅客之间的种种差异。在抓阄规则下，有幸获得先行权的乘客大有可能并非最迫切需要先行的乘客。在看似公平的操作中掩盖了实际的不公平。那么，当遇见物品或服务出现供不应求、短缺困惑时，除了求助于上帝那只看不见的手，我们还能做什么呢？笔者认为有以下几种方法来配置短缺的资源。

首先，我们可以求助于价格。哪些乘客真正迫切地需要先行在航空公司与乘客之间属于不对称信息。乘客个人心知肚明，航空公司并不了解。由于乘客人人发出非常焦急的信号，所以航空公司很难通过询问与观察获取真实的信息。但是，航空公司可以设计出让乘客说出真话的制度，该制度可以让乘客自我选择，自觉地传递真实的信息。例如，东方航空公司可以贴出告示，表示可以给予自愿延迟登机的旅客一定的补偿，那么很自然地将轻重缓急不同的旅客进行了分离均衡。补偿制度甄别出的优先登机者自然是最急迫的乘客，它提高了短缺座位配置的效率。如果东方航空公司不愿意支付这笔费用，那么也可以进行优先登机权的拍卖，或组织乘客之间进行“产权”交易，让优先登机者给予延迟登机者一定的补偿。若延迟登机者由此得到的补偿超过其待机的时间成本，此产权交易便是一种帕累托改进，达到了双赢的目的。这几种价格机制都可以将短缺的资源配置给最急需的旅客。当然，拍卖与产权交易容易引起乘客反感，交易成本过高；让中途停飞的旅客支付额外的费用也有一定的困难。那么，第一种价格机制，即由航空公司给予延迟登机者一定的补贴最容易操作。航空公司在设计票价时可将这一补偿风险考虑进去，用风险基金解决这一问题。

其次，我们可以求助于道德与信仰。在我们历史悠久的文明国度里，应该制定出公认的道德规范来解决这一问题。当世界海难史上最有名的“泰坦尼克号”即将沉没时，生命受到最严酷的威胁，不同的人有不同的表现，混乱中船长的“妇女儿童先下”的命令很快成了一种共识。人们井然有序地将生还的可能让给了妇女和儿童，甚至船上的乐队在生死攸关的时刻坚持演奏乐曲，以安慰慌乱的人群。在此次停航的MU5126次航班的乘客中，自然有男有女，有老人儿童，有病者弱者。若有一种道德认同，让老人、儿童、妇女、病弱者先行，虽然不如求助于价格那么有效率，但是在资源配置中体现出文明、爱心和温暖，胜过抓阄中的冷漠与死板。良好的道德规范是市场交易的润滑剂，它可以减少纷争，重整秩序，节约交易成本。

最后，40名乘客中有以为人民服务为宗旨的政府公务人员、共产党员、共青团员，还有甘于奉献的青年志愿者。东方航空公司可以将目前的困境向乘客说明，号召信奉后天下之乐而乐的乘客将方便让给他人，自愿选择延迟登机。延迟登机者在奉献的过程中，得到了他人的尊重，实现了自己信仰的价值，其时间上的损失可以由社会的尊重与对信仰的忠诚加以补偿，这种显性的让人称赞的奉献较隐性的在抓阄中自认倒霉的乘客而言，其对待机者更为公平。

东方航空公司在有多条路可走的情况下，选择了抓阄，除其不愿为提高社会利益将自己的操作复杂化之外，是否还有制度匮乏、道德失范及信仰危机的局限？若是后者，那么抓阄游戏中上演的悲喜剧还将不断地在我们的生活中一幕一幕地表演下去。如果资源配置与收入分配更多地依赖极其原始的“抓阄”与“一刀切”等简单制度，那是人类智慧与文明的悲哀。

自然自发的拼车制度

“公交太挤，打的太贵，买车太远，不如和人‘拼个车’。”[①] 近几年，一种几个人搭伙“拼”私家车以降低开销的出行方式在国内大城市悄然流行，花较低的价钱就能享受到“专车”的待遇吸引了很多市民。有人已经把“拼车”称作继自驾车、乘公交车和搭出租车后的“第四种交通方式”。

据东北新闻网报道，家住大连市联合路附近的王女士的“拼车”经历快

① 东北新闻网2010年11月24日讯。

有四个月了。一年前，王女士搬至新家，当时每天上班都要换一趟公交车才能到达单位，每个月的交通费大概要 120 ～ 130 元。一次偶然的机会，王女士得知一位开私家车上下班的邻居的工作单位离自己工作的单位很近，于是便萌发了“拼车”的想法。两人一拍即合，王女士每个月付给邻居 200 元的“油钱”，每天上下班只需十几分钟。“这样就不用挤公交车了，并且也没多花几个钱。”王女士对于自己的“专车”感到很满意。

眼下有很多市民正在进行各式各样的“拼车”。在一些位置偏远、交通不便利的小区，“拼车”就更不鲜见。由于油价上涨等因素使得养车成本攀高，越来越多的私家车加入“拼车大军”。

当自发的拼车制度在供需两种力量的推动下走进百姓的生活时，也听到很多责难的声音。例如，《大连日报》2010 年 11 月 25 日登载了大连市车管部门一位负责人的谈话。他说:“私家车‘拼车出行’，如果存在金钱交易，根据《辽宁省道路运输管理条例》的规定，属于非法营运，应予以处罚。”此外，拼车影响国家税收，冲击出租车及公交市场，其安全性难以保证的说法也跃然纸上。

依我所见，拼车制度生动地演绎了市场这只看不见的手的魔力，这种自发产生的制度很有生命力。

首先，拼车实现了供需双方的帕累托改进，为消费者带来巨大的利益。方便、省时、实惠是拼车消费者的感受，在上下班高峰期，公交车如同“沙丁鱼罐头”一样，塞满了人。每月多花几十元拼车，免除候车、挤车、转车的劳顿，享受门到门的服务，且能节省很多时间，何乐而不为？笔者曾与另外三个家长为四个读高中的孩子拼了一辆出租车，此项规模经济，不但节约了货币支出，还能让孩子在“黑色的高中”时代每天多睡半小时。拼车消费者每月仅 200 元左右的支出，明显低于购车及养车的费用，在拼车优于购车的激励下，这会延缓许多私家车潜在购买者的购车行为。少花钱，多办事，有利于节约型社会的构建。

供给者也在“搂草打兔子”的过程中节约了私家车的养护成本。私家车车主在轿车进入家庭后面临的主要问题就是昂贵的养车费用。拼车的特点是：供求双方行车起点及行车路线一致，多一个乘客引发的边际成本几乎为零，拼车得到的收入是在不影响自己行车方便的前提下的意外所得，不用说这使供给者的福利增加。拼车供求双方在该制度下，生产者剩余和消费者剩余均有大幅度增加，制度实现了帕累托改进。

其次，拼车的风险及交易成本较低。拼车的交易成本主要是搜寻信息的成本。在众多的供给者与需求者之间，信息的沟通成为关键。在城市钢筋水泥的堡垒中，邻里之间很少往来，搜寻起点一致、路线相容的交易对象原本非常困难，但计算机网络的出现大大降低了信息沟通的成本。例如，大连市就有拼车网站，上面有成千上万条拼车信息。通过网络达成拼车交易非常方便，其价格也较一对一的谈判更加合理，可见网络技术是拼车制度的催化剂。然而，有人认为由于拼车的信息多来自网络，不小心会“引狼入室”，会给自己的生命与财产带来隐患。依我所见，这种担忧大可不必。没有拼车照样有人在网上受骗，拼车制度所缔结的是长期合约，而经济学告诉我们，签订长期合约的双方当事人更倾向于诚信。一般拼车交易双方当事人满足住所较近、单位相隔不远的特点，只要供需衔接，就很容易摸清对方的底细，基本上是“跑了和尚跑不了庙”。至于熟人之间的拼车，更能规避拼车的风险。

再次，拼车对公交车及出租车的冲击也不大。拼车的消费者多为上班族，原本就是公交车而非出租车的客户。而在上下班高峰期，公交车难以满足乘客的需要，拼车族的出现，只是分流了部分公交车原本不能满足的乘客需求，并不能使公交车在高峰期空载。高峰期乘客的分流，还能节约公交公司为满足高峰期乘客需求所增加的仅在高峰期运营的车辆购置费用，降低了公交公司的运行成本。

最后，拼车制度促进了社会总福利的增加。汽车是典型的具有负外部性的产品，私家车的出现，除购车者付出的购车费、养路费、燃油费、停车费外，造成的空气污染及交通拥挤是购车带来的额外社会成本。这个成本由城市的全体居民及外地游客共同承担。目前交通堵塞、汽车尾气污染已经成了严重的城市病。经济学界、社会学界就该不该倡导汽车进入家庭屡有争议。私家车拼车制度出现前，跑在路上的私家车基本上都是空载，出租车也少见满载，不用说，这是资源的极大浪费。同样的社会成本，我们当然要追求最大收益。拼车制度对整合现有车的运量，提高车辆利用率，缓解交通紧张，减少污染等方面均有积极作用。政府非但不应限制，还应该采取措施，鼓励、规范私家车的拼车行为。应该学习美国、德国、新加坡等国政府的做法，推出高峰期空车罚款及规定载人多的车走快行道等相关政策。

至于责难这种自发的交易是一种违法行为，导致国家税收的减少，也属无稽之谈。政府监督及判定是否拼车、是否有现金交易的费用很昂贵。在双赢的市场交易中，哪里有人有激励去举报自己拼车？由第三方举报的证据何在？即使拼车交易的私人信息被披露，供求双方也有足够的智慧，将现金交易演化为非现金交易。因此，政府监管拼车行为只能劳民伤财，一无所获。此外，国家税收的目的是什么？“取之于民，用之于民”的税收制度主要是用纳税的方式，为居民提供包括交通、环境在内的公共品。而拼车制度中流失的少许税收，由其缓解交通及净化空气所补偿，这种内生的公共利益的改进较政府的操作更有效率。

自发的拼车制度有广阔的发展空间，它并非出于政府要员及经济学家的设计谋划，而源于一些普通市民的逐利动机。其带来的社会总福利的提高，超出了许多力图改进社会福利的精英们所设计的制度。在此，我们不得不敬畏市场的力量，叹服亚当·斯密及哈耶克自发的制度最有效率的断言。

出租车合约的变迁：减租优于涨价

2006 年，关于出租车服务涨价的声音在全国各大城市传播甚广。北京市发展和改革委员会已在 2006 年 4 月 26 日举行价格听证会，对北京市运输管理局《关于调整本市出租车租价的申请》进行公开听证。该方案拟定将出租车的租价由 1.60 元 / 千米调整为 2.00 元 / 千米。调价幅度达 25%。笔者所在的大连市也在积极筹划出租车调价方案，拟将原 1.20 元 / 千米及单程加收 0.60 元 / 千米的空载费，调整为 2.00 元 / 千米，而且增加了原出租车合约没有的待时费，价格为 2.00 元 /5 分钟，两项加价使得出租车的价格调整幅度达 20% 以上。

全国各大城市积极酝酿的出租车涨价风波主要的触发点是燃油价格的频

繁上涨。例如，1998 年 6 月 1 日，北京市 93# 汽油的价格为 2.32 元 / 升，到 2006 年 3 月 26 日，该价格已上涨为 4.65 元 / 升，涨幅达 100.4%，燃油价格持续上涨，出租车合约环境发生了重大的改变，作为对生产要素价格上涨的正常反应，出租车服务价格上涨似乎在情理之中。可是以涨价方式改变出租车合约的做法却引起很大的争议。政府、出租车公司、末端承包者及消费者这四方当事人由于在出租车涨价合约变迁中各自付出的代价不同，其立场及观点差异很大。支持者有之，反对者也有之。出租车合约变迁构成了一个令人瞩目的议题。作为经济学者，笔者有必要运用经济学理论，从效率及公平角度对这一亟待解决的现实问题进行理性的分析。

一、出租车合约变迁势在必行

出租车合约属于中长期合约，出租车承运者无论是从政府还是从出租车公司购买出租车营运的产权，其期限一般为 5 ～ 10 年，而且出租车的价格属于管制价格，营运者做不到自由定价、随行就市。一般而言，出租车合约比较稳定，当合约环境发生变化时，合约的反应比较迟缓。

目前出租车合约变迁的条件已经成熟。其原因有三：第一，燃油费涨价的幅度太高，营运成本的上升超出了最终出租车承包者的承受力。第二，政府控制的出租车营运许可证不断增加。以大连市为例，每年出租车营运许可证以 15% 左右快速增加，供给增加，价格不变，只能使出租车空载的里程增加。据调查，北京市出租车有效里程比率为 56%，而大连市仅达 50% 左右，出租车满大街空跑找活司空见惯。第三，公交车的完善、私家车的进入及黑车的冲击，使出租车最终承包者的收入大幅度降低。据中国经济时报记者王克勤的调查，“37 岁的杨师傅是北京首汽股份公司的出租车司机。他目前开的是旧富康三厢出租车，单班，每月给公司上交 4 800 元的‘车份钱’”。这位“公司司机”的收支账是这样的：

（1）收入：他的月营业收入是每月 9 000 元。

（2）支出：①“车份钱”每月 4 800 元；② 燃油费每月平均 2 790 元（每百千米油耗 8 升，每升 4.65 元，每日跑 250 千米，每日燃油费 93 元，93 元 / 天 ×30 天＝ 2 790 元）；③ 修理费每月 400 元；④ 每月车上用餐费 300 元（以每日 10 元计）；⑤ 应付罚款等其他开支每月 100 元；⑥ 每年的出租车车辆、计价器年检费等费用合计每月平摊 55 元；⑦ 个人收入调节税每月 75 元。合计每月支出 8 520 元。

（3）月收入：9 000 元 −8 520 元 + 油补 520 元 + 公司发的工资 500 元 = 1 500 元。

笔者也调查了大连市出租车司机的收入，每周七个工作日，每天工作十几个小时的出租车司机，月收入不到 3 000 元。劳动经济学告诉我们：风险大、趣味弱、专注力要求高的行业较风险小、趣味强、专注力要求低的行业应该有一定的贴水工资。若考虑出租车行业本该有的时间贴水、风险贴水、单调贴水及专注力贴水，出租车司机的收入应该大大高于全社会平均工资水平。该分配不公的原因主要是出租车司机大多为下岗职工，出租车司机的后备军庞大，其时间的机会成本低。除了开车，其他人力资本含金量较少，因此他们被锁定在出租车行业中。大量的出租车司机尽管收入一再降低，但仍然别无选择。出租车末端承包者收入中超过其机会成本的可占用租金，大部分被拥有特权的出租车公司所剥夺。此外，分散的出租车末端承包者构成的利益集团由于搭便车的激励，其集体行为难以实现，在与出租车公司的讨价还价中处于弱势。

总之，原有的出租车合约，在合约环境发生如此重大变化的情况下，将环境变化风险成本全部转移给拥有剩余索取权的出租车承包者，违背了公平交易的原则，是强势群体与弱势群体签订的霸王合约，现有的出租车合约大大地损害了出租车服务生产者的利益，合约的改变势在必行。

二、出租车涨价的社会成本

出租车合约的改变势不可当，各方当事人在合约变迁的博弈过程中所处的地位不同，其影响力与控制力也不尽相同。拥有垄断权的出租车营运公司及政府管理部门，利用它们在博弈中占据的有利地位，控制、诱导博弈结果向有利它们的方向发展，因此，尽管出租车司机及消费者群体反对涨价的声音此起彼伏，全国各大城市出租车涨价的方案仍然无法抗拒地纷纷出台。

我认为以涨价的方式改变出租车营运的困境的办法很难奏效。出租车涨价未必能增加出租车司机的收入。根据经济学原理，只有需求价格弹性小的商品涨价，才能增加生产者的总收益，而需求价格弹性的大小主要取决于消费者的收入及商品的可替代程度。出租车乘客未必如北京市运输管理局申请调价报告中所言的他们是月收入 4 500 元以上的高收入群体。在城市交通系统中，真正的高收入阶层多为私家车或公用专车拥有者。出租车用户中相当多的是需求价格敏感的当地中低收入阶层。换言之，出租车已经不是城市贵族的专用品。出租车服务的普及化、平民化，使这种交通工具已经进入了普通百姓的生活。简而言之，大多数中低收入的出租车乘客，并非对涨幅 20% 以上的“小钱”不在乎。

此外，随着公交系统的完善，公交车对出租车的替代越来越充分。大连市公交系统的口号是：居民小区盖到哪儿，公交车就通到哪儿。物美价廉、方便舒适的公交车是出租车无法比拟的替代品。可见出租车服务的需求价格弹性很大，以廉取胜才是其不二法门。违背了经济规律的涨价方案只能使中低收入者远离出租车市场，从而导致出租车司机的收入进一步减少。这是一场生产者剩余和消费者剩余同时减少的负和博弈。对于这样双输的结局，信息充分的出租车司机早有预期。据《中国经济时报》记者王克勤报道，2006 年 4 月 22 日和 23 日，北京出租车司机在国贸大厦、大慧寺、北京站等地调查了 143 名出租车司机，反对涨价者达 96.61%。他们认为如果涨价，30% 的乘客会流失，空驶率也会增加 20%。看似提高出租车司机福利的涨价方案，遭遇大多数出租车司机的反对，其理由不言而喻。

当然，出租车服务消费者的减少所导致的社会福利减少，出租车高价刺激的出租车黑市泛滥及空驶率增加造成的资源浪费，也是出租车涨价所引发的社会成本。

三、减租是合约变迁的根本路径

笔者认为，大幅度降低政府出租车管制租金及出租车公司的垄断租金是解决出租车营运困境的根本出路。

众所周知，出租车市场是政府严格规管的对象。其出租车营运的资格由政府独家审批。除出租车市场刚刚兴起时，政府免费发放较少部分出租车牌照外，绝大多数营运牌照由政府通过拍卖的形式向出租车营运公司发放。随着出租车营运需求的增加，其拍卖价格一涨再涨。以大连市为例，一张营运期为十年的出租车牌照，价格在 30 万元以上。政府在出租车营运过程中，除正常的税费收入外，其出售出租车营运权的收入构成了巨额的行政监管租金。目前，出租车已经纳入普通民众的消费选择体系内。出租车服务是牵扯到千家万户出行是否方便的正常商品，且末端承包者多是为改革开放中做出牺牲的下岗职工。政府不应该在这种具有部分公共事业产品性质的行业中获取太多的租金。毕竟除公交车外出租车也是政府应该大力提倡、积极扶持的高效节约的交通模式。此外，出租车营运的困难也有政府牌照发放过多的原因。出租车牌照“掺水”后，签订长期合约的出租车最终营运者不可避免地掉入暂时性收益陷阱（即购买出租车牌照时无法预料收入减少）中。由此可见，获利颇丰的政府在出租车合约变迁的过程中应该有所担当。

另一位出租车合约的当事人——出租车营运公司，在出租车合约变迁过程中也要承担相应的责任。在油价上涨即出租车市场供求发生变化时，除少数城市如北京，在 2006 年 4 月由政府及几家大型出租车营运公司发放部分燃油补贴外，绝大多数城市政府与出租车营运公司均无动于衷。现代赋税原理中有一句名言:“最沉重的负担应该落在最宽阔的肩膀上。”财大气粗的出租车营运公司没有任何风险地“坐收渔利”，而让弱势群体去承担所有的风险有失公平。根据美国经济学家塔洛克的寻租理论，企业获得的由政府赋予的垄断权带来的垄断利润被称为垄断租金。垄断租金给寻租成功者带来利益的同时，给他人造成损失，而且损失超过了利益。出租车公司无须发明创造，无须精打细算，无须承担风险，仅靠政府赋予的垄断权便可坐收巨额垄断租金，它还算企业吗？这与高风险、高收益的市场规则相符吗？

出租车公司暴利有三个来源：其一，通过寻租活动，以尽可能低的代价获取营运出租车的资格。特别是在早期免费获取永久出租车营运权的出租车营运公司，一权在手，垄断租金便源源不断。其二，利用垄断地位与众多弱小的出租车最终承包者签订霸王条约。以大连市为例，每日出租车司机要交份子钱 130 元，而出租车公司不为出租车司机提供任何福利待遇。“每天早晨一睁眼就欠公司 130 元”，这是许多出租车司机的抱怨。其三，依赖买方垄断地位，压低车辆的购置成本。出租车公司是汽车厂家的重要大宗客户，享受团购批发优惠价格。例如，北京市场伊兰特车零售价为 10 万元，而北京市出租车公司可以 8 万元的价格团购。一家有 1 000 辆伊兰特车的出租车公司仅此一项便可节约 2 000 万元的购置成本。

总之，出租车营运公司将风险全部转嫁给出租车最终承包者及广大消费者后，存在着很大的利润空间。在北京市出租车涨价听证会上，记者看到银建公司党委成员人均月工资 21 544 元，而凤凰出租车公司现有管理人员 9 人，2005 年 1—6 月发生的管理费用达 103.3 万元，即半年期间人均管理费用为 11.5 万元。显而易见，出租车公司拥有较强的抗风险能力，高风险、高收益是市场经济的游戏规则。出租车公司一方面依据政府赋予的垄断权获取高额的垄断利润；另一方面，以强凌弱利用霸王条款转移市场风险，既不符合市场经济的规则，也不利于和谐社会的构建。具有远见的出租车公司应该积极地分担市场风险，适当地降低本企业的垄断租金，支持减租的出租车合约变迁方案，以促进出租车行业的正常发展。一味追求短期利润最大化的企业难逃囚徒两难的博弈结果。当众多的消费者放弃购买出租车服务时，倒霉的将不只是出租车司机。

第三篇

消费的思考

理性消费的典范——“三八”节的礼物

“三八”节是全中国女性的节日。因为年年过“三八”，所以岁岁不新鲜，无非是评个先进（几乎成了轮流坐庄）、吃顿大餐或发点小钱。单位以前总爱发床单、枕巾之类的实物，后来因无法满足女性的不同偏好，都已退出了历史舞台。一句话，过“三八”节的传统方式，因为“年年岁岁花相似”而边际效用递减。

2003 年“三八”节，东北财经大学经济学院为女教师准备的节日礼物极具创意，方案一出，便得到全体女教师的一致赞同。该方案在现有活动经费的约束下，少花钱、多办事，实现了效用最大化，让女教师们过了一个满意、新鲜的节日，属于理性消费的典范。

这新奇的礼物首先是做美容，经济学院的女教师除了一位刚留校的辅导员之外，年龄多在 35 ～ 45 岁，青春不再，风韵犹存。中年女性具有强烈的美容欲望，可以说，经济学院绝大多数女教师原本就是美容院的潜在客户，况且，身居“皓首穷经”的理论经济学的阵地，以博士占多数的经济学院女教师们，除了个别新潮人物外，多数人尚不知美容为何物。美容服务的供给，不但能满足女教师们对美貌的需求，而且由于稀缺，消费该商品的边际效用畸高。

“三八”节前夕，女教师们分两批集聚在一家美容院中，如同刘姥姥进了大观园，因为新奇、兴奋，女教师们一阵喧哗，惹得正在做美容的“贵夫人”们侧目，视这群高等学府的“呆教授”“傻博士”如村野农妇。

从美容院出来，女士们个个“一脸光鲜”地接到经济学院赠送的第二个礼物——照相。照相虽然不新鲜，然而全体女教师面貌一新地在照相馆内照相，在经济学院的历史上史无前例，此项投入仅 48 元，却锁定了女士们那瞬间的灿烂，留下一个持久的纪念。

经济学院为女教师们准备的第三个礼物是请女教师吃顿便餐。女士们挟着美容、照相的余兴来到一家台湾人开办的小吃店。离开导师们的视野，避开了男性的目光，女教师们淋漓尽致地释放着自己的食欲，你要一屉小笼包，她要两张鸡蛋饼，这个来半碗稀饭，那个要一碗豆浆，吃得满意，笑得开心。结账时女士们目瞪口呆，便餐的支出仅为70余元。至此，女博士们悟出一个深刻的经济学道理：原来女士们长期惨遭男性同事的“暗算”，系里会餐的花费动辄几百上千元，饭菜的安排多是依据男士的偏好，满足男士的需求，费用却男女均摊，凝结在集体产品中的经济租金，竟在无形中被男士们剥削了大半。“三八”节使女士们想到了女权：“今后我们和他们分开，他们喝酒吃菜，我们做美容吃便餐。”呜呼，幸亏一年只有一个“三八”节，若月月有今天，那么“三八”节定会蜕变为男女间的“三八线”。

吃饭如此省钱，女士们自然于心不甘，经济学院送给女教师们的最后一个礼物是看电影。在情侣主宰天下的影剧院，突然出现少有的结伴而行的一群女士，冷清的影院顿时热闹了许多。女士们一起欣赏蒋雯丽、梁家辉主演的《刮痧》，被中西文化差异和剧中人物命运感动得热泪盈眶。物质满足之后又有精神上的洗礼，这个“三八”节让女士们幸福无比。

经济学院为女士们准备的“三八”节礼物近乎完美，其费用仅为一桌酒席钱。这高效经济的礼物不仅给我们带来节日的欢乐，还具有长期的效应。

长期效应一，引发了我们对理性消费的思考。（1）理性消费是指在支出一定的条件下追求到了最大的效用。理性消费首先要求被消费的商品必须满足消费者的偏好，消费偏好是一种心理活动，它既受消费者的价值观左右，也受商家的诱惑及相关群体的示范影响。经济系的“三八”节礼物备受欢迎，是因为该礼物调动起女教师们潜在的消费欲望，契合了女士们的消费偏好。（2）理性消费奉行稀缺规律。“物以稀为贵”，某种商品的消费能较大地提升总效用，往往在于该项消费的不寻常，在照相馆照相，到电影院看电影，如今已不常见，偶尔为之，自然效用大增。（3）理性消费在于消费的多样性。边际效用递减及无差异曲线凸向原点的特征，均提示了消费的多样性及个性化。“三八”节礼物总计四样，充分反映了消费的多样性，而且四样礼物均体现了女性（特别是知识女性）消费的特征，因此备受欢迎。（4）理性消费的关键是“少花钱，多办事”，争取较高的产出投入比。高投入不等于高产出，高消费不等于高效用。同样的 1 000 元支出既可以平平常常吃顿大餐，又可以潇潇洒洒地吃、美、玩、乐，真可谓“钱不在多，会花才行”。因此，消费理念的更新，消费方式的改变，在理性消费中显得尤为重要。

长期效应二，为我们这些久居书屋的书生展现出生活的另一个侧面。例如，听罢美容师的讲授，我们才知道自己是怎样地虐待了那张脸。原来美容是一个系统工程，涂眼用眼霜，抹唇用唇膏；洗脸不能搓，只能揉；润肤霜不能抹，只能拍；表情不能太丰富，笑不露齿具有美容功效；不能贪黑熬夜，睡眠不足是美容的大敌。如此这般，让我们眼界大开，恐怕还有美容心切的伙伴被此项活动套牢，登上了美容院的“贼船”。从美容院归来，我也开始善待自己那张脸，但坚持三天后便恢复了常态，仍旧笑口常开，仍旧点灯熬夜，仍旧素面朝天。依我的偏好，美容的机会成本太高，它不但要有钱、有闲，还剥夺了人太多的自由。经济学原理告诉我：美容是一种正外部性很强的产品，让我花费巨大的私人成本，供他人赏心悦目，在我还没有高尚到以他人幸福作为自己最大幸福之前，理性的选择是少干这种事。根据私人边际成本等于私人边际收益确定的那个利润最大化的美容产量，其资源投入必然是低于全社会的效率均衡点。

退货的不满意

前些年，学校在经商热中办了一家中型商场，财经类院校在高校云集的地段开办商场具有相当的比较优势：其一，不乏内行的高级管理人员，而且能为教师和学生提供一个理论与实践相结合的基地；其二，方便学生教工购物，且有较大的发展潜力；其三，商场的收入还能贴补教职员工的缺米之炊。校办商场开张之初，送给全校教职员工一句颇令人心动的广告词：“一样购物，为何不到自家的商场？”在该广告词的感召下，我几乎将所有日常用品的货币选票都投给了自家的商场。尽管不久校办商场便患上“国企病”，其商品的价格、质量及服务与周边商场相比均无优势可言，但毕竟有我等痴心不改的“上帝”，商场在竞争的风暴中尚能维系。

某日儿子过生日，我在自家商场购得一个大蛋糕。晚上当儿子兴高采烈地吹灭蜡烛，切开蛋糕时，发现蛋糕早已发霉。惊诧、气愤及一种被欺骗的感觉顿生。霉蛋糕将儿子生日的祥和与快乐破坏殆尽，蛋糕上赫然标明的生产日期告诉我，这欺骗是故意而绝非过失。

第二天当我义愤填膺地去找商场理论时，发现对方早有防范，售货员小姐满脸堆笑地询问我是退货还是换货，并言明“包您满意”。包我满意？此时此刻无论是退货还是换货，我都不可能满意！

不满之一是因为同一商品因时、因地、因人不同具有不同的效用。生日蛋糕的价值主要是庆贺生日，在城里它几乎成了孩子过生日不可或缺的礼物，今天纵然给我十个蛋糕，也无法和昨天那一个蛋糕的价值相比。这是一种无法弥补的损害，无论如何，我不能将孩子的生日换个日期。

不满之二是因为购买蛋糕使我付出了两类成本：一是支付的货币，二是所花费的时间。今天蛋糕的价值对我来说已降到其价格之下，原价退货仅仅是我的财产状况恢复了原状，却没有人弥补我支付的时间损失，毫无过错的消费者却分摊了商家欺骗行为的成本。

不满之三是因为退货无法弥补我一家人的精神磨损，在众多商家中我选择了自家商场，那是一份信任和真情，而自家商场欺骗自家人，如同亲人背弃，其伤害尤甚。退货如何能抚慰一个孩子在生日里的沮丧？退货如何能挽回一个母亲上当受骗后的气愤和懊悔？

消费者在购买经验商品（即只有消费后才能确知产品质量的商品）时具有不完全信息。“包退包换”原本是商家在信息不完全的条件下，向消费者发出的一种信号，其目的是使其与经营假冒伪劣商品的商家实现分离均衡。“包退包换”这一承诺的精髓在于不退不换，是商家确信其商品能使消费者满意才实施的一种行为。

而我们这个校办商场，知道商品变质后，在扔掉和卖出之间做了一个理性的选择，扔掉变质商品收益为零，而卖出变质商品，只要消费者退换的概率小于 1，就有正的收益。如此精明的短期理性行为，却大大地败坏了商场的信誉。退货后我从此在自家商场的门前却步，每次在周边购物，我都怀有“宁赠友邦，不与家奴”的心境。

年复一年，校办商场每况愈下，不但开店的初衷一件未果，还逐渐沦为学校的心腹之患，经过承包、租赁等一系列折腾，校办商场依然亏损。最后，学校终于痛下决心，关门闭店，另谋他路。

宽待“天下第一”

2003 年 8 月 25 日中央电视台《实话实说》节目，以“天下第一”的话题讨论了中国人挑战吉尼斯世界纪录的问题。节目除了向观众展示例如某人 5 分钟能吃下 200 个辣椒，还有人能原地旋转长达 4 个小时以上等特殊技能外，还对三个企业的行为展开了讨论。一是浙江某老板用 7 张牛皮做了一只长 82.5 米，宽 63 米，可供身高 33 米的巨人穿的大皮鞋。二是沙河王牌酒厂的老板花费几十万元人民币制作了一个巨大的大白鲨模型。三是一姓周的香港商人花了 3 800 万港币，用 1 万多两黄金做了一个黄金厕所。上述三个企业的做法的确不同寻常，它引起了参加《实话实说》节目的专家与观众的众说纷纭。赞成者认为：吉尼斯世界纪录是百姓的奥运会，中国人应该积极参与。追逐吉尼斯世界纪录体现了一种文化，打破吉尼斯世界纪录体现了一种文化、一种乐趣，它能够给个人和企业带来一定的声誉。反对者认为：企业的功夫应该下在提高产品质量、搞好售后服务等有利于社会的活动中去，不应用稀缺的资源去搞纯粹的作秀，甚至有一名观众还提议做黄金厕所的那个香港老板应该将那笔经费捐助贫困地区办教育。

我认为应该宽待个人和企业追逐“天下第一”的行为。首先，市场经济的精髓就在于将选择权交给了个人，即自然人或法人有权在法律的规范下自由地处置属于自己的资源。长期计划经济与统一思想的教育，使我们的思维形成一种定式，有了固定的价值观，因此，看到一些不符合传统的价值判断标准的东西往往就会反感。市场经济要求我们转变观念，包括对“异类”行为的宽待与尊重。将自己的价值判断标准强加于人是与市场经济的内涵相悖的。那位香港老板说道:“如果企业获得的利润不能由企业主自由支配，而必须捐赠，那么企业会丧失获利的激励。毕竟多数人办企业的目的不是使别人生活得更美好。”

其次，这三个企业的行为具有相当的理性。三个企业之所以花巨资追逐“天下第一”，绝非仅仅满足作秀的虚荣心。在目前的环境下，其获得了很高的广告效应，是一项收益大于成本的理性投资。目前，我们进入了信息时代，相对于近乎泛滥的各类信息，消费者的注意力尤为稀缺，所谓“眼球经济”就是形容企业要想方设法吸引消费者的注意力。在信息爆炸的时代，“酒香不怕巷子深”这句话也不再正确。企业之间的竞争策略已经由价格竞争转化为非价格竞争，其中广告竞争尤为激烈。上述三个企业独辟蹊径，创造出这“天下第一”，不但在视觉、听觉上出奇制胜，而且上了收视率很高的中央电视台《实话实说》节目，不用说，其广告效应超过了它们最初的预期。在此番眼球经济中，上述三个企业成了大赢家，比做普通广告，其产出投入比大大提升。

再次，企业在创造“天下第一”的过程中，向消费者传递了企业实力雄厚的信号。试想一个朝不保夕、濒临破产的企业，绝无闲钱和闲心创造所谓的“天下第一”。企业有能力花费几十万、几百万甚至几千万元投资于“天下第一”，不用说，该企业目前的经营状况良好，具有相当的经济实力。至于企业是否能将更多的工夫花在提高产品质量、搞好售后服务等行为上去，我想在一个竞争的社会里，任何理性的企业都不可能仅仅将精力集中在单纯地追逐“天下第一”上。企业信誉、产品及服务质量是企业的生命线，“天下第一”仅仅起到了广告的作用，如果众多的消费者由于“天下第一”对该企业产品产生兴趣，单一轮消费后便惊呼上当受骗，那么数额巨大的广告投入便如泥牛入海。因此，理性的企业敢于花巨资从事“眼球经济”，必然是对其产品的质量及服务有一定的底气。只有套住长期的顾客才能与其巨额的广告投入相匹配，否则得不偿失。

最后，我们不必担忧资源过度滥用。目前这三个企业的行为能够吸引消费者的眼球，成功地实施了出奇制胜的策略，其原因是当前这种行为十分稀缺。若有众多的企业纷纷效仿，奇招怪招泛滥，那么消费者就会见怪不怪了。眼球被分散这种行为也就不经济了。此招若不灵验，在竞争的市场上，企业势必改变策略，因此我们不必担心追逐“天下第一”的行为泛滥。市场经济内敛性的约束总会使企业的行为遵循效率的逻辑。此外，吉尼斯世界纪录毕竟是世界性的纪录，中国人有能力、有兴趣参与其中，可以向世人展示中华民族的智慧、财富及多元化的生活情趣，因此也不能轻易认为此种行为没有社会效益。在长期的短缺经济中，我们养成了偏重于商品使用价值的习惯。似乎资源只有配置在看得见、摸得着的吃、穿、用等方面，才算物尽其用。随着生产力的发展，资源的配置除满足消费者的物质需求外，逐渐开始满足其精神需求。人们在关心生命健康的同时，也开始慰藉自己的心灵，只要对社会、对他人没有负外部性，没有违背法律及道德规范，各种“怪异”的行为均应有其施展的空间，这才能体现出我们社会的进步与文明。

北京寻医

“挨宰”通常是用来形容消费者在信息不对称的情况下，被生产者的机会主义行为蒙骗，购买某种商品或服务时，所付出的价格高于正常合理的水平。伸头“挨宰”的消费者至少被认为不那么精明，决策时缺乏明察秋毫和最大化自己利益的理性。在商业信用薄弱，市场上暗藏着陷阱的社会环境中，每个消费者均或多或少地尝过“挨宰”的滋味。依我所见，在许多情况下，消费者“挨宰”时，并非缺少自我保护的意识或反应迟钝。实在是一系列的约束条件制约着消费者的决策，使他们自主地选择“挨宰”，因为在当时的环境下选择“挨宰”具有理性。2002 年 5 月，我陪老父亲去北京寻医，在首都北京我连续遭遇这种无奈的理性。

父亲近年来所患的心脏病日益严重，半年之内三次住院且多次在家里急救。老家所在的小城因财政困难，外出就医受到严格控制，虽然父亲危在旦夕，竟被多次诊断为没有大病，不同意转院治疗。当然，留置患者使医院日进千元，那也是医院的理性。因母亲曾在这种诊断中过世，失去母亲的代价使我无论如何不相信当地医生的诊断。经多方收集信息，又考虑到人际关系的禀赋，我决定将父亲送至位于沈阳的陆军总院诊治，一则因为沈阳比大连离老家较近，而且有朋友帮助联系；二则因该医院是全军闻名的心脏病专科医院，老父与我从心底对人民子弟兵拥有一种信赖。医疗过程由于专业的制约，绝对的信息不对称，医院的声誉在消费者决策中起到关键性的作用。当我托朋友到陆军总医院联系好医生并且安排好床位后，老家来信说，千方百计动用一切关系好不容易获准同意老父转院，却附带一个条件——只能转往北京。物美价廉、有关系、有信誉的陆军总院被排除在选择之外。仅此一举，老父的医疗费用就上升了 2 万～ 3 万元。垄断的存在使我与国家均付出了更高的代价（虽然老父是离休干部，但自费比例不低），这一“刀”至少“宰”去我家上万元人民币。然而毕竟生命无价，我与家人又重新筹划北京之行。此前付出的搜寻及人际关系的成本均付诸东流。

接下来的两“刀”来自北京的出租车市场。因为教学任务繁忙，我与家人商定，我与老父兵分两路在北京汇合，即弟弟与父亲从老家出发，我从大连出发，分别在某日直达北京。我在北京站下车的时间为早晨 6 点，老父一行是早晨 7 点左右在北京南站下车。我仅从地图上知道北京南站大致的方位，且留给我的时间仅有一小时，老父长途坐车状况如何又让我非常担忧。因此，在北京站下车后，打车去北京南站是理性的选择。

对北京的出租车服务我心有余悸。2002 年 4 月我曾到位于建国门内大街的中国社科院办事，明知该院地址离北京站很近，但为了节约搜寻成本，我选择了打车，结果咫尺可达的距离，让司机绕来绕去跑了十几千米，钱没有省下，还白白浪费了时间。此次接老父的关键是节约时间，因此，在北京站与出租车司机讨价还价定下 60 元之后，我再三强调走最短的路线（正常打表走，遭遇到数个司机的拒载）。出租车风驰电掣，十几分钟便到了北京南站，我知道车价至少多要了一倍，但因我购买的主要是快捷，因此也没有怨言。可恶的是司机将我拉到离北京南站较远的路边停下，指着一个写有北京南站的路牌说到了。结果，我下车后又在胡同里走了相当一段路才找到北京南站。花大价钱购买如此的服务，不免心中有些抱怨。

接到老父后还有乘坐出租车的问题。在等待老父的时候，我就开始了解出租车的行情。北京南站附近的一个胡同里有七八辆出租车待客。我分别与他们讨价还价，回答均是从北京南站到北京阜外医院的价格为 40 元，看来他们已经形成了价格联盟。我明知这里的价格有诈，但是将病弱的老父弄到一里地以外的胡同口再打车绝对是不理性的，因此，我只好与老父等人坐上了开往阜外医院的出租车。一路上我要求司机打表，并给司机讲述了刚刚亲历的遭遇，而且表明准备举报此类行为。可是我的软硬兼施毫无效果，司机面不改色地索要了 40 元钱，给我的发票竟然是昨天和前天的两张票据（这也成为不可推翻的违规证据，茫茫人海，我不可能在两天内恰好乘坐同一辆出租车，且有我当日刚到北京的火车票附证）。到医院一打听，北京南站到阜外医院的出租车价格不会超过 25 元。

如此连续地“挨宰”真是欺人太甚，“不是挨宰者太傻，而实在是宰人者太狡猾”。他们占尽天时地利，让人防不胜防。我进而思考，首都的出租车市场这么混乱，在北京举办奥运，岂不把国人的脸面丢尽？早已被文明礼貌、秩序井然的大连市出租车服务宠成“上帝”的我，愈发气愤难平，在父亲做完心脏手术后，我便在北京开始了举报行动。我先是按出租车票上写的举报电话号码给有关部门打了一个电话，对方说，必须书面举报才能奏效。一听此言，我立即明白此项目制度的设计具有相当的合理性。出租车纠纷非常频繁，有限的督察资源无法做到对所有的纠纷一一处理。提高举报者的举报成本具有筛选功能，它可以将稀缺的资源配置到情节较为严重的违规事件上去。试想，若不是“苦大仇深”，如何能将老父留在医院，自己打车去邮局购买信纸、信封、邮票，然后再字斟句酌地写举报信？

举报信发出后一个月，我在大连接到了北京方面的答复，我第一次乘坐的出租车是黑车，无法处理。第二次所乘的出租车公司的副经理亲自打电话道歉，退回车款 40 元。言明司机错误有三：其一，不打表行车；其二，有价格欺诈行为；其三，受害人是病人及家属，且刚刚遭遇了出租车欺诈。该经理又几次打电话询问我是否满意，若满意请写一封信传真给他们。我请同事代为传真过去，没有收到，重新再传。麻烦远远超过了退回的 40 元钱。至此我明白了北京出租车违规现象严重的原因，由于举报的成本太高，如果不考虑社会收益，理性的选择是沉默。因为个人抵制行为的成本太高，收益太低。美国经济学家奥尔森在其所著《集体行动逻辑》中早就将消费者整体定义为忍气吞声集团。在现行的制度下，消费者不堪忍受自我保护之累，维持市场秩序应该是政府的职能。同时，我对第一个答复不满意，北京火车站附近的黑车唾手可得，放任不管是政府不作为之举。

北京之行“挨宰”的经历远没有结束，例如阜外医院的普通病房短缺，高干病房过剩，但医院不做调整，害得我以每日 500 元的价格为老父谋得一间病房。人命关天，病人对医院提供的产品及服务的需求价格弹性几乎为零。当然优价优质，老父在阜外医院得到了一流的服务，10 万元的医疗费用使老父获得了新生。

看见老父在高科技与医生的妙手共同作用下，变得面色红润、神闲气定，我在北京遭遇的所有不快一扫而尽。尽管价格昂贵，但我认为这是我平生获益最大的交易。儿女能有机会为父母买命，简直是上天的恩赐，其消费者剩余近乎无穷。

从死神之手挣脱出来的父亲，逢人便讲是女儿和高科技给了他第二次生命。某日陪老父散步，有邻居问:“这就是那个大连的女儿吗？”“对，这是我的投资，现在用上了。”老父的回答让学经济学的女儿目瞪口呆。

云南之旅的经济学思考

2003 年 1 月，东北财经大学经济学院的教职员工，在完成一学期繁忙沉重的教学科研任务之后，有机会到四季如春的云南度过一周难忘的旅游休闲时光。美丽的西双版纳、著名的世界文化遗产丽江、五朵金花的故乡大理及蜚声中外的石林，以它们绚丽的自然景观、多姿多彩的民俗民风和扣人心弦的少数民族歌舞，为久居书斋的老师们带来了心灵上的愉悦。云南之旅，我们仿佛走进了现代桃花源。

作为经济学人，在寄情于山水、动情于民俗之余，云南之旅的所见所闻常常引发我的思考。

一、模糊的企业边界

云南之旅，首先给我的感觉是国内旅游公司之间的分工合作合理，组织性很强。我们本来是向大连的旅游公司付费，但一下飞机，便有昆明旅游公司的职员负责安排我们的食宿及行程。之后，大理、丽江、西双版纳，每到一个地方，便有当地的导游适时迎接我们。这些身着美丽的少数民族服装的姑娘和小伙儿，热情周到，导游水平都很高。在大理，我们称导游为金花；在石林，我们称导游为阿诗玛；在丽江，我们称导游小伙子为胖金哥；在西双版纳，那个头插新花、身着傣裙的导游小姑娘让我们称她为“骚多丽儿”。大理的苍山洱海、神奇的大小石林、古城丽江和美丽的西双版纳，因这些年轻的职业导游而变得多姿多彩。一路上吃住得当，井然有序。

异地旅游公司联手合作在旅游市场已成惯例。这种组织结构属于何种类型？是不是水平的组织结构？显然不是。我们只与大连旅游公司签订了一张合约，一张合约替代一系列合约是企业的特征。那么，是纵向的组织结构？显然也不是。大连旅行社与云南旅行社之间没有纵向的隶属关系，任何一方都不拥有另一方合约之外的剩余控制权。这种既非市场又非企业的组织安排很有效率。首先，这种组织结构能够实现规模经济。我们的云南之旅是四飞八日，食宿、门票全包的服务。价格为每人 4 800 元。若是消费者在市场上单独购买，4 800 元尚不足支付四飞的机票，消费者剩余与生产者剩余由于规模经济的实现大大提升。其次，这种组织结构有利于降低市场交易成本。这里的交易成本主要是信息搜寻、讨价还价、签订合约及监督合约实施的成本。如果我们来到云南后分别在昆明、大理、丽江、西双版纳等地的旅行社购买服务，不用说交易成本很高，还要承担供求不能衔接、行程中断的风险。最后，这种组织结构实现了合理的分工，获得了比较利益。如果由大连旅行社派导游跟踪服务，暂且不说成本高昂，还不一定能实现优质的导游服务。任何一个全能型的导游都不如身着本民族服装、信息对称，对家乡充满感情的本地导游具有更多的比较优势。这些热情靓丽的金花、阿诗玛、胖金哥们与那片青山秀水融为一体，为旅游者展现了一幅动人的画卷。

从科斯开始，不断有人探索企业的边界。科斯认为当市场交易成本较高时，企业配置资源具有效率；当企业的组织成本较高时，市场配置资源具有效率。在企业的边界上，市场交易成本等于企业组织成本。今天，国内旅游业的合约安排让我们看到了一个市场与企业边界模糊且效率很高的组织结构。

二、理石产品的价格悖论

从昆明坐火车去大理，我对当地琳琅满目的理石装饰产品产生了兴趣。那鬼斧神工的天然理石画不逊于名家之手。色彩斑斓、细腻如玉的理石被打磨成各式各样的灯具、花瓶、鸟兽等。大理不愧是大理石的家乡。

到大理的第一站我们被安排到了一家著名的理石加工厂参观购物。这个前店后厂的企业的确很有规模，门前挂着旅游产品定点生产的牌匾。按理说这是产地的加工厂，其价格一定不高。因此我经过认真地讨价还价，以 150 元的价格购买了一对被称作孔雀石的理石花瓶。从理石加工厂出来之后，我们又来到了美丽的蝴蝶泉边。撇开导游，我和同事在周边卖旅游纪念品的摊位上闲逛。我发现这里的理石产品比理石加工厂的还要便宜。一对标价 300 元的玛瑙色花瓶（质量及色彩均优于我已经买到的），我随口还价 100 元，没想到摊主毫不犹豫地卖给了我。他说："如果导游跟随，我们要给导游 40% 的回扣，没有导游我挣 10 元也可以卖。"因为在出发前，我们受过与少数民族兄弟做生意不买不要随意还价的教育，我只好遵守诺言花 100 元钱再购买一对理石花瓶，随身携带的行李立即沉重了许多。

重新回到大理火车站，时间尚有剩余，我在火车站候车室临时的售货架前徘徊，发现这里的理石产品价格更低，同样质量和样式的花瓶 80 元钱便可买下。按常理，火车站、飞机场等人流密集的地点其商品的售价应该较高，而生产厂家因节约了流通费用其商品价格应该最低，普通商贩的商品价格应该介乎两者之间，但我看到的大理地区的理石产品价格出现了悖论。作为经济学人我感到这是一个值得分析的问题。

大理地区的理石产品价格悖论有以下几个原因：其一，出厂价昂贵是因为导游有较高的回扣。在云南，旅游定点厂家为了获取长期利润与导游签订了长期的正式合约。高额的回扣（据一位云南朋友讲，是销售额的 30%）使价格居高不下。其二，摊位商品价格较低是因为摊贩给导游回扣合约的执行成本太高。分散的摊贩与导游虽然有40%的回扣行规，但由于游客在露天市场四处游走，导游很难收集并统计购物数量及价格的信息，且摊贩本身不如定点厂家那么稳定，容易出现违背行规的道德风险。所以，在导游的视线范围之外，有较大的降价空间。其三，火车站的理石产品价格低首先是购买者多是“流出”而不是“流入”的游客。火车站有“流入”与“流出”两类游客。“流入”的游客，因为信息不对称要货比三家并且为了节约携带成本一般不急于购物，而“流出”者经过游玩大理地区，对理石产品的价格有了比较充分的信息，而且也许像我一样已经购买了若干理石产品，根据边际效用递减规律，再让他们购买只能降价。此外，火车站人员杂乱，导游回扣的合约难以签订，而且候车室的货摊比较简陋，成本的降低也能支持较低的理石产品价格。

三、冲动型购买何其多

在云南之旅中，我们一行20多人，几乎百分之百地经历了冲动型购买，其中一位老先生，仅药物支出就达近万元。我也落得个囊中空空而归。

按理说，我们这些成年人，对旅游过程中容易被诱发冲动型购买早有心理预期，况且这群研究以理性人为假设的经济学学者比一般消费者在诱惑面前应该有更多定力。但是冲动型购买让这些冷静刻板的学者乱了方寸，心甘情愿地掏出货币选票去选择那些本已过剩或可有可无的商品，而且非常辛苦地千里迢迢带回，然后将其束之高阁。

冲动型购买现象的泛滥有如下几个原因。

1. 信息的不对称

到云南旅游的消费者，绝大多数是初次踏上这块土地，对当地旅游产品的质量及价格不甚了解。此外，我们来自以物价昂贵闻名全国的滨城大连，心理的价格参照系自然不低。在有限的旅游时间内，我们的目的主要是观光游览，物品的购买只是游山玩水的一个副产品，不可能花费更多的时间及精力去刻意搜寻商品信息。信息的不对称难免出现机会主义，对这些收入层次较高的一次性购买的消费者，当地的生产者及经营者缺乏诚信的激励，其价格“掺水”深不见底。在世博园门前，我的一位同事遇到一位卖眼镜的商贩，每副眼镜索价100元，同事开玩笑地还价5元钱，结果那个商贩竟尾随同事非要以 5 元钱的价格卖给他不可。云南是药材之乡，是全国最大的玉石加工地，人们对当地的药材与玉石质量有很高的预期，但识别药材及玉石的品质需要非常多的专业知识。普通的消费者掌握这些知识因成本太高得不偿失。这些具有“无知理性”的消费者容易被“国家定点生产厂”“云南省消费者信得过单位”等声誉所诱惑，况且多数旅游产品的效用是纪念而非实用，消费者购买的多是一种心理感受，更容易忽略对商品的品质信号加以甄别。

2.“煽情”的营销手段

旅游产业是云南省的支柱产业。1998 年乘世博会的东风，云南省已经将旅游产业做得很有规模。许多企业因旅游而生存发展，许多百姓因旅游而脱贫致富。独特的地理及人文景观，使他们在旅游市场具有相当的垄断力量。我不仅对云南旅游基础设施完善、组织体系合理有效、旅游产品丰富多样感慨不已，还认为具体从事旅游产品经营的企业及个人花样翻新的营销手段是导致消费者冲动型购买形成的重要原因。

将云南之旅所见到的企业及个人的营销手段用两个字概括便是“煽情”。以情动人，用情操作，往往是掏空消费者钱袋的法宝。例如，卖玉石的不推销玉石而是给你讲玉石形成的过程及识别玉石品质的技术；卖茶的先不宣传茶的价格便宜及功效，而是清茶一碗滋润你已经干渴的喉咙；一天疲劳下来，被送到一家有祖传绝活的医院，有人免费为你做足部按摩，并提供泡脚的中药；更有那具有民族特色的结婚仪式、入洞房等游戏，被红线套住的临时新郎，面对如花似玉的“异族新娘”，众目睽睽之下，付小费时哪里还有捂住钱袋的定力。在一个少数民族山寨，我们看见，为了销售酒水，竟有一个非常可爱的小姑娘频频地与游客喝交杯酒。款款深情、徐徐清风，清醒后的消费者蓦然回首，却发现钱袋已空。

3. 导游的引导及示范效应

导游是冲动型购买的形成因素之一。云南之旅我们先后亲历了五位导游的服务。除了热情周到、业务娴熟外，他们无一例外都积极地将游客带到购物的场所。归来后，一位云南的朋友告诉我，在云南旅游公司非但不给导游工资，导游还须向旅游公司付费购买导游权。导游的报酬主要是小费及游客购物的回扣，而且回扣是购买额的 30%。如果朋友所言在云南具有一般性，那么旅游公司与导游之间的合约安排是值得深入研究的经济学课题。30%的回扣是寻租的收益，它足以激励导游付较高的价格获取租金丰厚的导游权。据为我们提供服务的导游言，他们月薪300元左右，游客在定点厂商购物，导游可得3%的回扣。3%与30%哪个是真？我们不得而知，但一路上导游巧舌如簧，将游客稀缺的游览时间缩短，千方百计地往购物场所拉游客是不争的事实。直到我们临上车前，昆明的导游还将我们拉到据说是昆明人经常购买日用品的场所，好让我们“打尽最后一粒子弹”。那家商场门庭冷落，物价普遍昂贵，我们知道这又是导游能拿较多回扣的定点商店。回顾云南之旅，导游带游客去购物场所的频率高于去游玩场所的频率，从这种舍本求末的做法及我们日益沉重的行囊，可以折射出导游引导的魔力。

4. 冲动型购买有时源于示范效应

由于我们被太多次带进玉石、药品及茶叶的商店，店家的商品已经激不起我们太多的购买欲望，而且手中的货币日趋紧张，购买能力也受到了限制，出现了边际消费倾向递减的现象（这一规律也使率先接触游客的导游容易掘出第一桶“金”）。这时，有位德高望重的老先生购买了两把用牦牛骨制成的筷子，立刻引起示范效应，骨筷的购买上升为十几把。导游深谙此道，一路上他们很明显地重点培养购买倾向大的“头羊”。

当然，冲动购买不等于错误购买，它的对应词是“计划购买”。冲动购买是指超出事先计划、受现场气氛及他人行为的左右而引发的购买。云南之旅除个别购买属于上当受骗外，多数购买还是创造了很大的消费者剩余价值。

从云南归来已有数月，案头那对漂亮的大理石花瓶不时让我想起，在祖国的西南，有一片四季如春、如诗如画的土地。

旅游贷款水土不服

随着社会生产力的发展，人民生活水平的提高，旅游消费这个在计划经济时期很陌生的字眼，逐渐走进了平民百姓的生活。旅游产业方兴未艾，已经成为我国许多地区的支柱产业，它在提高总需求、拉动经济增长方面，起到了非常重要的作用。据统计，“五一”“十一”黄金周，全国旅游收入可达1 500亿元人民币。这是一块潜力很大，值得人们关注的大蛋糕。然而，制约旅游业进一步发展的因素有很多，如消费者的收入、旅游服务的水平、休假制度的改革以及消费观念的转变等。这些问题不解决必将妨碍我国旅游业的进一步发展。在采取各种克服困难将旅游业做大做好的措施中，旅游贷款这一举措的效果不尽如人意。据中新社报道，2001年北京市商业银行推出的旅游贷款只办成了三笔。上海是国内旅游服务需求最强的城市之一，据上海一家商业银行统计，2001年一季度办理旅游消费贷款不到10笔，金额只有数万元，而在前年就推出旅游贷款项目的武汉工行江岸支行至今无人问津旅游贷款。

这项旨在放松旅游货币约束的措施为何雷声大雨点小？为何国人对这个在国外很受欢迎的贷款项目无动于衷？旅游贷款水土不服的原因何在？我认为旅游贷款受到如下几个因素的制约。

1. 消费预期的悲观

贷款消费是典型的超前消费，是在花未来的钱。经济学中的边际效用递减原理告诉我们，消费者若要追求一生的总效用最大，最好的办法是平衡消费，即不应集中在某一段时间多消费而在另一段时间内少消费。将消费密集时段的消费向消费稀缺时段转移，能够在总支出不变的条件下，提高消费者的满足程度。然而，消费者的消费状况受消费者收入的制约，一生收入的起伏往往也导致了其消费的起伏。消费是收入的增函数，收入多时，消费自然坚挺；收入少时，消费也会随之疲软。社会信贷制度的出现，为消费的跨期平衡提供了可能。收入少时，可以通过贷款保持消费水平不变；收入多时，可以通过储蓄以便货币保值及增值。因此，当消费者贷款消费时，一定是预期自己未来的收入高于目前的收入，即预期乐观。而目前由于经济增长速度放缓，社会保障体系的不完善及教育、医疗、住房等制度的改革，人们的消费信心不足。一个前途未卜、预期支出很大的消费者，理性的做法是节俭，以便有备无患，谁敢轻易花未来的钱？

2. 消费观念的陈旧

消费观念的陈旧是旅游贷款不畅的第二个原因。旅游产品属于奢侈品，奢侈品的消费必须和消费者较高的收入相匹配。东亚民族的传统观念是崇俭抑奢，他们在“量入为出、略有盈余”及“无债一身轻”的居家理念中，对贷款有一种反感甚至恐惧，不到万不得已不愿借钱。贷款上学、治病、买房、结婚尚可理解，贷款旅游，超前消费看不见、摸不着的奢侈品，在很多人眼里是“败家子”的作风，很难为多数人所接受。因此，目前我国已有的国内外旅游消费的主体均为有较高收入的消费者群体，这些有钱有闲的群体有能力即期消费，没有必要贷款。另外，国内旅游产品的品种及服务均有待提高，用余钱消费后尚有“花钱买罪受”的抱怨，如何能激励人们借钱进行这种“物无所值”的旅游消费呢？

3. 个人信用制度的缺失

众所周知，借贷的前提在于信用，它的实质是进行一种信用交易。存款人将钱存入银行是对银行的信任，银行贷款给借款人，是相信借款人有能力、有信誉按时还款付息。目前我国社会信用度较差，特别是缺乏一整套甄别个人信用水平的体系，况且旅游贷款，消费者购买的是无形产品，其产品特征是购买与消费同步进行，产品不能存储及抵押，做不到像住房贷款那样“跑了和尚跑不了庙”，因此旅游贷款的风险更大。为了规避旅游风险，银行对贷款人资格及抵押、质押、保证状况的审查非常严格，借贷双方履行的手续也很复杂，被称作耗费时间和精力的手续长征。例如，下面是某商业银行关于旅游贷款的有关规定。

贷款申请：

申请度假旅游消费贷款时，借款人应向贷款人提出书面申请，并提供以下资料。

（1）度假旅游消费贷款申请书；

（2）出示有效身份证件原件（指居民身份证、户口簿和其他有效居留身份等）并提供其复印件；

（3）用于抵押、质押的财产清单或第三人同意做连带责任保证的承诺函；

（4）与旅游公司签订的有关协议；

（5）贷款人要求提供的其他证明文件或资料。

贷款担保：

借款人向贷款人申请度假旅游消费贷款，必须提供有效担保，担保方式有保证、抵押和质押三种。

（1）借款人以保证方式申请贷款的，在获得贷款前，必须由保证人与贷款人签订《保证合同》，该项保证必须明确是连带责任保证。

（2）借款人以抵押方式申请贷款的，应由抵押人与贷款人签订《抵押合同》。依法律、法规必须办理抵押物登记手续的，应在获得贷款之前办妥。

（3）借款人以质押方式申请贷款的，应由质押人与贷款人签订《质押合同》。若贷款人认为必须办理质物登记手续的，则应在获得贷款之前办妥。借款人以债券或存款单等设定质权的，不必办理质物登记手续。

旅游贷款属于小额贷款，一般为几千元或几万元，原则上不超过度假旅游消费总额的 70%，最多不能超过 10 万元，贷款期限为 1 ～ 3 年。付出繁重的交易成本而换来的是时间短、额度低的贷款，购买的又是可有可无的奢侈品，这使大多数消费者感到得不偿失，从而望而却步。

总之，旅游贷款这一在西方国家运行完好的信用制度在我国却因水土不服而只开花不结果。若要让这一优良的引进品种在我国同样茁壮成长，当务之急是创造一个适合它生长的环境。除了宏观经济的改善和社会保障体系的建立给消费者以足够的消费信心外，社会信用程度的提高、个人信用制度的建立以及消费观念的改变都是一项长期、艰巨的任务。任何不顾国情民情，盲目引进或模仿西方现成的制度，其结果免不了掉进欲速则不达，甚至南辕北辙的陷阱中。

热切的心情，冷静的头脑
——评学费差别定价

《经济学消息报》第 406 期刊载了唐建伟、田银华的题为《学费应该差别定价》的文章，旨在解决目前高校收费过高、低收入家庭难以承受的问题。这篇文章提出的建议是差别定价，指出高校对于不同的消费者群体应收取不同的费用，具体来讲就是采用逆弹性法则，对需求价格弹性小的高收入家庭采用高价策略，对需求价格弹性大的低收入家庭采用低价策略。文章认为，高等教育市场符合生产者具有垄断势力、市场可以分隔及消费者具有不同的需求价格弹性这三个差别定价的前提条件。该文章还认为高校收费实施差别定价策略后，可以向所有家庭提供教育机会，而且学校能得到更多的收入。这篇文章被审稿人点评为表现了知识分子的良知。它让我想起保罗·萨缪尔森（Paul A. Samuelson）所著《经济学》第 1 章的一个小标题是："热切的心情，冷静的头脑。"在这个题目下有如下一段话："千百年的人类历史告诉我们，仅靠热心并不能解决饥饿或治愈疾病，制定经济进程的最佳路径需要冷静的头脑，它可以客观地评估不同方法的成本和收益，尽人类最大可能保持分析的独立性，不受一厢情愿的空想干扰。"基于此，我得出的结论是，在信息与监督问题无法解决或解决的成本太高时，差别定价策略既无助于低收入家庭子女接受高等教育，也不可能增加高校的经济收入，该策略弊大于利。

1. 无法解决的信息问题

差别定价除《学费应该差别定价》这篇文章所列出的三个前提外，还隐含着两个假设，即需求曲线显性及企业定价成本为零。需求曲线显性是指实施差别定价的生产者，对消费者意愿价格具有完全的信息，对不同消费者愿意并可能为高等教育付出的费用了如指掌。只有这样才能将其意愿价格确定为实际价格，以实施差别定价策略。消费者的意愿价格包含了两层含义：一是愿意，即消费者具有消费欲望；二是可能，即消费者具有相应的购买能力。消费者的愿意比较容易推断，在"万般皆下品，唯有读书高"的传统文化氛围中，中国的父母十有八九愿意让其子女接受高等教育。消费者购买高等教育的意愿价格主要受制于消费者的购买力，而购买力的大小，从长期看取决于家庭收入。改革开放后，由于隐性收入的增加，居民的家庭实际收入已成为无法厘定的不对称的私人信息，换言之，高校无法用指标来甄别学生的家庭年收入的高低。大连市在发放居民困难补贴时，由同居一地的街道居民委员会实施尚出现信息不对称的现象，搜寻散布在全国各地的学生家庭年收入信息更是一个无法解决的问题。即使让学生原居住地的街道或乡镇有关部门协查，所开出的家庭收入证明在如今的社会风气中恐怕也不足为据。

2. 高昂的监督成本

信息的不对称难免会产生机会主义，用多价制代替一价制，自然会激励人们竞相追求低档次的付费标准。况且，具体标准由各高校有关人员执行，这又涉及一个监督实施者的成本问题。目前，各高校拥有 120% 的学生录取选择权，经常上演一幕幕逆向选择及设租、寻租的悲喜剧（见《经济学消息报》第 404 期于左的文章），如果高校再拥有差别收费的权力，在缺乏完善监督体系的状况下，没人知道追逐私利的理性人会演绎出怎样的权钱交易闹剧。不过有一点可以断定，在金钱角逐、关系角逐的寻租博弈中，惨败的必定是差别定价策略原本要保护的贫家子弟。

3. 高校能否扩大收入

《学费应该差别定价》指出，学费实施差别定价后，学校能得到更多的学费收入，其依据可能是经济学教科书中关于价格歧视能增加垄断企业利润的原理。然而，经济学教科书中阐述的实施价格歧视策略的企业是出于无奈，因为企业按垄断价格定价后，必然导致交易量的降低，即价高量低。此时尚有相当多的消费者意愿价格高于成本却得不到满足，在不影响垄断产量以垄断价格交易的情况下，降低价格吸引意愿价格低的消费者，自然会增加企业的利润；若企业价高时量不低，垄断企业幻想以高价出售所有的产品，根本就不必实施价格歧视策略了。高校在提高价格的同时伴随着产量的扩大，即价高量也高，提高收费的标准并未降低招生的数量，甚至还扩大了招生的数量。不要说产量扩大，即使产量是常数，价格越高，总收入越大也是毋庸置疑的。在供不应求的高等教育市场上，价格下行（以目前的收费标准为价格上限）的差别定价能够提高高校学费总收入的结论已是明日黄花。

美国经济学家曼昆（N. Gregory Mankiw）在其所著的《经济学原理》中阐述了经济学十大原理，其原理四是“人们会对激励做出反应”。仅凭热切的心情设计出的制度安排往往造成与其初衷相悖的后果。我们厌恶僵硬，渴望切合实际的灵活，岂不知解决不了信息与监督的灵活比僵硬更可怕。在制度改进过程中不可忽略成本收益分析，制度改进引发的风险成本狂潮，一不小心就会吞没刚刚凸现的制度收益。

零团费中的价格欺诈

2004 年寒假，在结束一学期紧张繁忙的教学科研工作后，东北财经大学经济学院组织教职员工寒假去海南一游，希望身心疲惫的教师们能借此机会得以放松。从万木萧条、寒风凛冽的东北出发，数小时后飞达阳光明媚、鲜花盛开、碧海蓝天的海南。神奇地实现从隆冬到盛夏的转换，让我们这些久居书斋的书生感到既兴奋又享受。

还让我们感到安慰的是此游物超所值。双飞六日游，除从大连到海南来回的机票 2 200 元外，我们只交 360 元的食宿费及 400 元的门票费。整个行程住三星级酒店，正餐八菜一汤。若不加额外的项目，全部计划内行程每人不足 3 000 元人民币，非常便宜。因为仅大连至海南的单程全额机票便达 2 400 元，看来，激烈竞争的旅游市场让旅客获得了很大的消费者剩余。

同机飞抵海南的除了经济学院的老师外，还有其他散客。在深圳转机时，我们和散客被分为两组待机，与散客闲聊时，我们发现他们也是同一家旅行社组织的游客，同样的双飞六日游，他们的付费是 2 200 元，比我们少交了近 800 元。2 200 元仅仅是我们手中打五折的机票钱，那是实实在在要交给航空公司的。散客称他们也是住三星级酒店，正餐八菜一汤，也有海南旅行社的导游在海南全程服务。遭遇如此价格歧视，让我们陷入困惑，我们整团旅游的费用已经很低，散客机票外的费用由谁埋单？大连旅行社和海南旅行社靠什么赚钱？一系列的疑问让笃信世界上没有免费午餐的我开始留心这种被称作零团费的旅游制度。

对零团费制度的关注，验证了我曾经听到的两个传闻。一个是来自昆明的学生曾对我说过，云南的旅行社与导游的关系非常奇怪，旅行社不但不给导游工资，反而向导游收费，让其购买导游权。此次听海南的导游讲，海南的旅行社根据不同的地区、不同的游客结构、按人头索价几十元甚至上百元向导游出售导游权，这在行内被称作“卖团”。“卖团”的费用及像我们这样纯玩团的景点门票的回扣由两家旅行社均分。大连旅行社派出的全陪导游感叹，现在全国旅行社的日子均不太好过，太多的人争夺有限的旅游资源。过去我们能从每个游客赚300～500元，现在每个游客能赚100元已经不容易了。对于大连周边的短途旅行团，每个游客我们仅赚10元钱，甚至不挣钱也做，为的是走量。因为每年不达到接团5万人次，旅行社会被取消营运资格。

海南之行还验证了导游收取巨额回扣的事实。海南的导游除对零团费散客按人头付费购买导游权外，还负责预先支付游客在海南期间的全部食宿费用。由于长期合作，导游可以支付较低的住宿及餐费，但几十人五六天的食宿花费，实在是不小的开支。导游无奈地说：“我们就是在赌，心理压力非常大。”海南的导游一般均有固定合作的司机。司机自带大客车，负责客车运营费用。导游与司机的收入，完全依赖游客购物的回扣及自行开发景点（在旅行社规定的景点之外）的门票回扣。零团费的制度能得以维持，靠的就是巨额回扣。例如潜水项目，实际价格为60元，而向游客索取的价格为300元。新浪网报道，坐缆车的单价为15元，回扣是5元。豪华潜水单价为580元，回扣竟高达420元。一般门票、购物，其回扣均达30%～50%。一路上我一直疑惑在游人如织的混乱环境里，商家如何甄别不同团队的游客。回扣如何被精确地测度与准确地支付。经过仔细观察，我发现巨额的回扣在海南经过长期重复博弈已经成为相当完善的潜规则。进店后，不同的团队分发不同颜色的塑料牌子，或印有不同号码的商品宣传单，这都是商家实现游客分离均衡的有效手段。最后一站，我们被带到果园买水果，为水果打包者在收取购物小票时，询问游客所乘坐的车号。车号、牌号及色彩均成了区分不同团队的有效信息。因为商家需要与导游长期合作，一般都能信守回扣的合约，不在购物数量上做手脚。零团费就是靠这种价格欺诈的形式实现博弈双方赢利的目的，在消费者不知不觉中被巧妙地实现了“羊毛出在羊身上”，甚至是花大价钱买了劣质的商品或服务。

海南零团费制度的观察，让我十分忧虑。如此发展国内的旅游产业属不正当竞争，它至少存在如下两个弊端。

其一，侵犯了消费者的知情权，降低了旅游产品的质量。零团费打着低价格的幌子暗箱操作，消费者成了被愚弄的玩偶。游客购买的是服务，在信息不对称的状况下，游客所购买的服务质量与数量完全依赖于目的地的导游。可以想象，一个先投入很大的成本，之后处心积虑地思考如何能收回成本，赚到利润的导游能给游客带来什么服务。油水大的地方多去，油水小的地方少去或不去。购物时间长，游玩时间短成了铁定的规则。海南一行，游客真正的需求是当地美丽的自然风光，理性的导游只能让游客在这种地方走马观花，跟团旅游常常很难尽兴。此外，当游客购买自费景点不足以弥补导游先期的投入时，导游很难有微笑服务。大连导游向我讲述了他们旅行社曾经组织的零团费去泰国的事。当时，由于游客购物不足，被当地导游扔在没有电话信号的地方，她的同事领着游客步行几十分钟，才找到电话报警。由于导游的风险太大，导游的收入无法保证等原因，海南导游罢工闹事也时有发生。

其二，败坏了社会风气，影响了海南形象。由于导游承担了巨大的风险，免不了采取欺骗的手段误导游客。例如在天涯海角和南山寺，为了让我们乘坐缆车，导游将 2 千米的路程夸张为 7 千米。在神秘谷，为了让我们买 120 元的门票，他称:“这群野人以吃土为生，男人住在树上，女人住在地上。你们可以看到几千年前的人类怎样生活。”结果只是几个异族男女表演低级的歌舞。为了防止游客了解真实的商品信息及游客货币的“肥水外流”，导游过分地诋毁海南的治安。在听过导游不断地警告我们“不许私自外出”后，我的同事说:“难道我们入了虎狼之境？”由于回扣潜规则的泛滥，社会诚信度大打折扣，坐出租车时你会发现商家给出租车司机两包烟；吃海鲜你会发现价格高得离谱；高价购买的“芒果王”其实是木瓜。我们有两个晚餐加了 4 盘家常菜，其价格竟超过了那八菜一汤。在海南的旅游景点购物，30 秒内摊主可以报出三个价格，“25 元、20 元、15 元，要不要？”这让人十分不舒服。更有一个卖珍珠项链的妇女，报价从 500 元开始跟我走了两里路，最后 20 元卖给我。如此飘忽不定的索价方式及野蛮的死缠烂打式的强卖，与美丽如画的海南风光极不相称。

零团费或负团费是旅游市场过度竞争使然，以大连为例，正式挂牌的旅行社有300多家，还有众多挂靠的小旅行社。在僧多粥少的恶性竞争中，出现了类似倾销的价格战。此外，目前流行的导游与旅行社的松散关系，使旅行社对导游的所作所为失控，而急于收回成本的导游也没有激励来关心旅行社的长期利益。在信息不对称的条件下，消费者可以在低价低质中上当。随着旅游市场巨额回扣内幕的揭开，这种价格欺诈制度会由于游客的理性选择而失去它存在的根基。

我期望政府能够尽快地规范旅游市场，结束零团费的游戏。诚实守信，有序竞争才是旅游市场可持续发展、长期兴旺发达的保证。在现代消费理念中，人们除在意所购买的商品与服务的质量之外，还在意购买过程的体验与感受。没有人愿意在欺诈中付费，哪怕它的价格比较低廉。明码标价、货真价实是对消费者起码的尊重。

过度开放的口腔诊疗市场

在垄断程度较高的医疗市场，口腔诊疗出现了与整个医疗行业相悖的过度竞争状况。以大连市为例，几乎所有的主街道，每隔数百米，便能看到口腔诊所的招牌。市内四区竟有200多家各类口腔诊所。据大连市口腔医学行业协会统计，目前大连市内四区每2 000人便有一个牙医，远远超过了每8 000～10 000人应有一个牙医的合理水平。其恶性竞争的态势已经形成。

目前恶性竞争的主要手段是打价格战。辽宁省2003年3月颁布的收费标准中，洗牙的步骤包括龈上洁治、龈下刮治、抛光、上药四个环节，四个环节全牙处理的价格超过200元，但某些个体诊所将洗牙的价格确定为不到40元。收费标准中明文规定，需经过60～70道工序，历时7～10天才能够做好的烤瓷牙，收费标准为340元/颗，而某些个体诊所每颗只要100元甚至几十元便可以做下来。

如此价格大战，产生了逆向选择。给遵守医疗规范的正规医疗机构带来了冲击。“牙科市场若长期打价格战，以廉取胜，那么，率先倒闭的是规模大、遵守医疗规范的大医疗机构。”一位医学院附属医院的牙科主任这样说。

个体牙医诊所能降低数倍的价格为消费者治疗，其秘诀自然是利用医疗市场信息不对称的特点。偷工减料、以次充好，例如，烤瓷牙材料有很多种，除了微毒性、致敏性、放射性的金属外还有回收的劣质金属，它们可能导致牙龈发黑及其他不良反应。收费低廉的个体诊所在消费者不知情的情况下使用劣质材料，给消费者造成无法弥补的损害。

口腔诊所压低成本的另一个不为消费者所知的做法便是不消毒或假消毒。北京是国内少有的限制个体牙医诊所经营权的城市（北京、上海市政府对个体牙医诊所的设立一度没有限制，但经过短期实践后，又做了谨慎调整）。2004 年 3 月 23 日北京口腔医务工作者协会发出第一号警报，在对现有 1 300 多家口腔治疗机构的调查中发现，只有不足 20% 的治疗机构能够对牙医治疗设备进行正确的高压、高温消毒，其余将近 80% 的治疗机构根本不消毒或假消毒。正如 2004 年 10 月 16 日《沈阳晚报》记者贾咏的文章标题——“牙钻头不消毒，钻完甲嘴钻乙嘴”——一样。在记者的暗访中，牙医诊所不消毒，一钻到底的现象，令人触目惊心。

个体诊所不消毒或假消毒的目的是压低治疗成本，以适应低廉的价格。一台较好的预真空消毒机需4万元左右，一个国产的牙钻价格为1 000～2 000元，进口的牙钻需要 4 000 ～ 5 000 元，牙钻必须在合格的消毒机中彻底消毒，而反复消毒又会大大缩短牙钻的使用寿命。一般牙钻可以使用 3 年，正规消毒的牙钻使用寿命仅为 1 年。消费者在不知不觉中成了“缩减成本”的受害者。北京口腔医务工作者协会在 2004 年的第一号警报中透露，在对北京 100 家口腔治疗机构送来的消毒后的钻头进行检测中，发现 3% 的钻头为澳抗阳性，存在乙肝感染的威胁。按每天有 1 万人在各类口腔医疗机构中就诊计算，北京每年因口腔治疗途径感染乙肝的患者就达 11 万人。考虑到北京市是对口腔医疗市场管理相对严格的地区，情况尚且如此，全国其他城市或地区，特别是中小城市的状况更是令人担忧。

造成上述令人恐惧状况的主要原因有如下几点。

其一为口腔诊疗市场利润大、风险小。口腔诊疗市场容量非常大，由于以往国人对牙齿的保健重视不够，患有牙疾的病人较其他病人多。而口腔治疗是技术密集型活动，设备的投入较少，能够隐蔽地降低成本，所以这一行业的毛利率很高。据业内人士估计，一家不正规的个体诊所的毛利润一般一年为几十万元。此外，口腔治疗风险较小，不容易出人命关天的大事，况且口腔治疗的效果有相当长的滞后性，出现问题容易推脱。

其二为进入障碍太低。一个口腔主治医师，可以轻而易举获得个体诊所的经营权。个体诊所投入资金的规模较小，不到 10 万元的资本便可开办个体诊所。政府有关部门对口腔治疗基本设施的要求门槛过低，如对一把治疗椅的占地面积只要求 3 平方米，根本无法满足安放现代口腔诊治设施对占地面积的要求。

其三为人力资本过早地私人化。培养一个合格的牙医需要十年时间——五年的大学学习和五年的工作实践，在这期间国家投入了大量的资金。某医学院附属医院的口腔主任抱怨道:“我们几乎成了培训班。五年成熟一批，走一批。再培训一批又走一批。现在我们非常困惑，不让年轻人去学新知识、新技术，患者得不到良好的服务，医院花钱让他们去学习，掌握了新技术，五年合同期一过，他们刚好成熟了，一个接一个地走了。”因为离开本岗位，几乎不需要交纳培训费，另外，与此相伴发生的现象是某些离职的牙医恶意带走原医疗机构的患者。牙医人力资本产权轻易地全部归属于个人，造成口腔诊所泛滥及隐性的国有资产流失。

其四为监督管理体系不健全。申领营业执照的有关人员，无信誉指标考查，只需持有主治医师资格证即可；要想取得主治医师资格证，工作一定年限后，只要经过口内、口外、口修或正畸专业考试就能获得。虽然每年要求从业人员达到一定的教育学分才能通过年检，但专业考试内容比较简单，构不成进入门槛，而且教育学分要求 20 ～ 25 分，并未严格限定专业学习范围，口腔以外专业的人员也可以达到要求。此外，日常监管不力。一旦发现问题，医疗主管部门的处罚力度较小，医疗主管部门的监管往往被“上有政策，下有对策”抵消了。再加上口腔医疗事故多为小事故，且有相当的滞后性，就算出现纠纷，消费者与诊所多倾向于“私了”，司法监督很难涉足。

改革开放后，我们的任务是实现两个转变。其中之一是将计划经济转化为市场经济。于是开放与竞争往往成了搞活经济、提高效率的主要措施。殊不知，开放与竞争并不是包治百病的良药。对于某些消费者无法自行甄别产品质量、无法自我保护的市场，政府监管显得尤为关键。过早开放、过度竞争会造成更大的公害，由不适当的竞争与开放导致的社会福利下降同样触目惊心。

为眼镜直通车现象叫好

作为以教书写字为生的高校教师，我与眼镜为伴已有近三十年的历史了。出于对眼睛的珍视，我一般不敢在街边小店轻易地配眼镜，因为经常耳闻某家街边小店或以次充好，或测度不准，伤害消费者视力的报道。然而去名店配镜，其价格往往高出小店的数倍，几百元、几千元的配镜费用屡见不鲜。消费者在信息不对称的状况下面临两难的选择，安全与货币成了鱼和熊掌不能兼得。

所幸的是大连配镜业出了一个肖圣富。这个在大连做了16年多眼镜生意、拥有8家连锁店的明镜廊老板，将其经营的连锁店做成“直通车”，为消费者提供物美价廉的产品，而且石破天惊地将眼镜业长期存在的暴利内幕公布于众。据肖圣富讲，一副眼镜店售价在800～900元的纯钛镜架，其进价仅为300～400元，而明镜廊用现金直接从厂家批量进货的进价只需100元左右，直通车眼镜的零售价可在200元以内。一副板材镜架的市场批发价在80～90元，而在一般眼镜店的正常售价则为300多元。中日合资的“佐佐木”镜架，在明镜廊眼镜直通车的售价为80～150元，而在一般眼镜店的售价却高达280～550元。

与镜架相比，镜片的进销差价更大，折射率1.56的国产加膜镜片，其市场售价为140～150元，而在明镜廊眼镜直通车只卖50～60元；防辐射镜片的市场价为200～300元，而明镜廊眼镜直通车只卖80～90元；折射率为1.56的非球面镜片其市场价为240～350元，而明镜廊眼镜直通车只卖90～100元。肖圣富坦言，以直通车的价格销售，他仍有30%的利润。

明镜廊眼镜直通车的低价连锁经营模式及肖圣富揭秘眼镜高价内幕的行为引发了大连眼镜业的震动。“行业叛徒”“行业败类”的骂声不绝于耳，甚至供货商在大连其他知名零售商的压力下强烈要求撤货。肖圣富称他过上了“非人的日子”，不知道能不能挺过来。

我认为媒体、消费者及有良知的眼镜业内经营者均应该为直通车现象叫好，我赞赏肖圣富敢讲真话的勇气。

首先，消费者在低价连锁经营模式中获得了巨大的利益。由于眼镜业的从业人员多是师傅带徒弟，亲戚带亲戚，老乡带老乡，从而形成行业信息不透明，价格联盟的行规。眼镜业的成本、收益、利润均是消费者无从知晓的黑匣子。由于眼镜是特殊商品，消费者自我保护意识强烈，为了保证自己所购买的眼镜质量不至于损害眼睛，消费者唯一可识别的信息便是名家名店，名家名店令人望而生畏的眼镜价格是消费者付出的代价。若有多个渠道让消费者获取真实的信息，无疑可以降低消费识别成本。在明镜廊眼镜直通车这种连锁店的业态下，消费者在保持对明镜廊这家品牌店的信任的同时，又拥有了很高的价格折扣，可以放心地获取物美价廉的眼镜，这无疑是眼镜消费者的福音。

其次，生产者有自由选择经营模式的权利。在市场经济中，个人拥有较充分的选择权。作为长期经营眼镜的明镜廊老板肖圣富，他有自主的决策权，有权选择他认为合适的业态及价位。同行其他企业及供货商的打压行为均属于不正当竞争行为，隐瞒真实信息，形成有碍竞争的价格联盟，应该受到法律及政府的制裁。政府有关部门应采取措施维护消费者的知情权及生产者的自主决策权。

最后，明镜廊眼镜直通车的经营模式符合经济规律。传统的旺铺旺店销售业态，被称为“三分眼镜七分费用”，在大连商业中心开店其租金少则十几万元，多则数百万元。再加上眼镜的销售是典型的产品加服务模式，验光、配镜、加工需要专门的仪器及专业人员。因此，导致名店眼镜售价过高，路边小店的产品质量又难以保证这样的尴尬局面。低价连锁模式既有品牌效应，又有规模经济，批量采购及将店址选在消费者集中的非商业中心，大大地节约了经营费用，厂商与消费者在薄利多销中达到双赢。在市场经济条件下，竞争越来越激烈，任何暗箱操作、价格虚高的经营模式都会被越来越理性的消费者摒弃。经济学的基本原理是需求定理，即在其他条件不变的前提下，价格越低，需求量越高。在获取信息的成本越来越低的环境下，暴利经营定将日暮穷途，只有诚信为本，充分考虑消费者利益的企业才能在激烈的市场竞争中发展壮大，而低价连锁经营正是这样一种业态。

目前，药品连锁、食品连锁及各种以廉取胜的超市业态如雨后春笋，而与百姓生活息息相关，消费者群体如此庞大的眼镜业，故步自封地坚持传统的暴利模式必将在激烈的竞争中举步维艰。

准商品住宅购买中的公平悖论

近几年，国内大中型城市的商品房价格如脱缰野马，一路暴涨。尽管“国六条”“国八条”“国十六条”等一系列产业规管政策相继出台，却无法有效地遏制令人目瞪口呆的商品房价格。消费者、开发商、政府及经济学业内人士，站在不同的角度，对商品房价格居高不下的原因有着不同的解释，见仁见智，各有千秋。然而，一个不争的事实是目前的商品房价格与居民的一般收入水平难以匹配。且不说下岗职工、离退休人员只能“望房兴叹”，即使是有着体面工作的工薪阶层，面对一年工薪不吃不喝也买不到 5 平方米住宅的困境，也是无能为力。“我想有个家”是许多在城市打拼的青年人很难实现的梦想。

为了解决商品房价格与居民的可支配收入不匹配的矛盾，经济适用房及集资建房等准商品房市场应运而生。不用说，经济适用房及集资建房的初衷是解决城市中低收入家庭的住房困难。如果商品房的配置奉行的是“价高者得”的效率原则，那么准商品房的配置奉行的应该是公平原则，经济适用房与政府补贴等转移支付手段有异曲同工之妙。

由于集资建房及经济适用房的配置权限掌握在各级政府手中，再加上居民收入是私人信息，中低收入家庭的信号识别有很大的困难。因此，旨在解决公平问题的准商品房交易反而创造出新的不公平。一叶知秋，下面就两个案例来分析准商品房交易中的公平悖论。

一、被冷落的经济适用房

我所居住的海滨城市大连，2006 年居民平均年收入水平为 12 000 元左右，而同期商品房价格直奔 7 000 元 / 平方米，且其上涨的势头依然强劲，“居不易”是摆在大连市民面前一大难题。房价过高是大连市民最大的民怨，2006 年大连政府推出经济适用房、廉租房等惠民政策，目的是解决中低收入家庭住房困难。首批经济适用房是位于大连市甘井子区泡崖新区的康顺园，数量为 3 688 套，价格为 3 000 元 / 平方米。与周边同档次商品房相比，每平方米价格低 2 000 元左右。此外，市政府还将在甘井子区的石门山和泉水小区推出第二批经济适用房 8 000 多套。两期经济适用房可解决 11 688 多户居民的住房问题。大连市政府承诺，今后每年都将推出 10 000 套左右的经济适用房，力争在 5 ～ 6 年解决中低收入家庭的住房问题。

购买经济适用房，需经严格的资格审查，同时符合如下三个条件才有购买经济适用房的资格：其一，家庭年人均收入低于 12 000 元；其二，有市内四区户口，并且居住满 5 年以上；其三，现有住宅人均使用面积在 12 平方米以下或建筑面积在 17 平方米以下。此外，未婚、丧偶及离异未再婚者组成的单人家庭，年龄须在 30 岁以上，同时符合以上三个条件者，才有资格申请。

经过严格的申请、公示、审批程序，大连市首批有 2 万多户居民取得了购买经济适用房的资格。2006 年 10 月 22 日，以电视直播的形式公开摇号确定 3 688 套经济适用房的入围家庭。2 万多户有资格的家庭，仅有不足 20% 的家庭由“上帝”那只看不见的手眷顾。取得即期购房资格的 3 688 户家庭的喜悦之情可想而知，但接下来的选房结果却令人大跌眼镜。首批入围的家庭，有 470 户放弃了选择权（弃权者一年之内不得参与选号）；接下来由补充的 400 户家庭选房，结果是又有 298 套小户型经济适用房无人问津。大连市廉租和经济适用房管理人员表示，剩下的 298 套房源，下一步将在“申购表”中注明购买小户型、参加泡崖新区康顺园经济适用房摇号但未入围的家庭中分配，而能否分配下去仍然令人担忧。

国内经济适用房的配置过程中，经常演绎的是排队几天几夜尚一房难求的悲剧，而大连市首批推出的经济适用房价格低、质量好，却出现屡次无人问津的局面究竟是为什么呢？

我认为大连市经济适用房分配的政策有如下两个问题。

首先，经济适用房的面积差异太大。位于泡崖新区的康顺园，最大的面积是 130 平方米，最小的面积是 40 平方米。以每平方米 2 000 元之差价计算，大户型购买者实际上享受了政府暗补 26 万元，而小户型的购买者只享受了 8 万元。这三倍多的差距完全由随机摇号确定，如何能让人心服口服。康顺园所余 298 套房源中 60 ～ 70 平方米的住房有 63 套，以阁楼为主；50 ～ 59 平方米的住房有 55 套，仍以阁楼为主；37 ～ 49 平方米的住房有 180 套，以双南向小户型为主。可见剩下的房源都是小户型或阁楼，但购买经济适用房的机会只有一次，因此许多家庭在巨大的利益差距面前放弃了入围资格而宁愿等待一年。

其次，对经济适用房的转卖限制太少。政府推出的经济适用房，价格较低，主要是政府免费提供了土地，对经济适用房的转让应该有所限制。目前的政策是经济适用房取得房屋所有权证一年后即可出售，出售时需缴纳 1% 的土地出让金的政策太宽泛。在目前居民隐性收入较多的情况下，家庭年人均收入在 12 000 元以下这个信息基本失灵。在康顺园经济适用房的出售中大家发现有 15% 的购买者一次性付全款竞相抢购大户型，种种信号表明，经济适用房的购买者处于混同均衡状态。再加上转售的成本较低，经济适用房不可避免地就会成为一部分人套利的工具。

基于大连市首批经济适用房配置工作中出现的问题，我认为，在政府制定经济适用房的政策时，应该明确如下两点。

第一，现阶段经济适用房的购买对象是弱势群体。经济适用房就是对中低收入家庭的补贴。根据人均年收入 12 000 元以下，人均居住面积在 12 平方米以下的标准，大连市只有 3 万～ 4 万户符合条件。因此，目前经济适用房被称作解困房更符合实际。一般的工薪家庭尚不能享受经济适用房的待遇。既然经济适用房是对弱势群体的补贴，它就应该体现公平、节俭两个准则。康顺园的经济适用房最大户型为 130 平方米，还带有车库，对此，经济适用房的开发商解释要有发展的眼光，现在买不起车的人将来也许能买得起。岂不知，如果居民达到能购买较大户型住宅而且买得起车的收入水平，他就脱离了需要政府补贴的范围。在市场经济体制下，政府要把握自己能做什么、不能做什么、该做什么和不该做什么的界限。现阶段，政府的责任仅仅是让弱势群体有安身之地，应该根据自己的财力，提供 60 ～ 80 平方米户型的经济适用房，并且将家庭人口数作为选择户型的主要依据，以减少分配中的不公平。目前大连市首批经济适用房的分配政策，显然违反公平、节俭这两个准则。

第二，验证经济适用房购买者的资格存在信息不对称。在市场经济条件下，居民的收入情况很难识别。换言之，尽管经过严格的申请、公示、审批程序，政府也很难做到将稀缺的经济适用房配置给真正符合条件的人。骗购、转手套利是难以杜绝的现象。因此，提高经济适用房的交易成本或推出政府回购经济适用房的制度就显得非常重要。经济适用房原本是政府对低收入者的补贴或转移支付，转售经济适用房，再去购买商品房，说明房主已经脱离了低收入阶层，已经没有资格享受政府的转移支付，剥夺经济适用房购买者的转让权，完全在情理之中。

萨缪尔森在《经济学》教科书中用了“热切的心情，冷静的头脑”这样的标题。政府怀有“热切的心情”推出旨在解决收入差距过大，弱势群体衣、食、住、行难以保障的社会问题时，应多开动“冷静的头脑”，以避免在解决分配不公的问题时创造出新的分配不公。

二、集资建房中的产权纠纷

我的家乡在内蒙古通辽市。在经济转轨的阵痛中，家乡的许多亲友虽然失去了计划经济特有的铁饭碗，但好在家乡的物价一直比较低，千儿八百元维系一家三口一个月的生计，基本上没有什么问题。2003 年以前，商品住宅的价格每平方米在 1 000 元左右，与我所在的以物价高闻名全国的大连市相比平均物价低 50% 以上。特别是家乡的房价仅是大连的 1/3。每次故乡之行，我都感叹家乡的物价之低。这也激励了我向家乡的亲人转移支付。在大连挣钱，到家乡消费，提高了货币的真实购买力。

2004年回家，偶然听到家乡的某局集资建房，其价格为每平方米700元左右。家中的亲属有三人是该局的职工，却没有一个人参与集资建房。其中一人将指标送给了朋友，另一人将集资权以10 000元的价格转让他人，还有一个是我们参加工作不久的外甥女，因遵守非本单位职工不得参与集资建房的正式规则而放弃了集资权。

700元/平方米的住宅，在我看来岂不是白送？况且该局的集资建房，其质量之高，容积率之低，均好于一般的开发商所开发的商品住宅小区。"如此物美价廉的好事，你们怎么放弃？"我和先生向家人问道。回答是："我们都在市中心有很好的住房，去市郊居住上班太远。"我立即批评家人没有投资头脑，反复向他们讲解住宅的购买不属于消费，而属于投资。集资房坐落在辽河岸边，空气景色均好，骑自行车上班仅有20多分钟的车程，如何算远？况且市政府正规划搬迁到辽河对岸，集资房所在地将是未来的中心地带。

然而，这番事后诸葛亮的抱怨已经不起任何作用。在该局"睁一只眼，闭一只眼"的集资建房的过程中，集资房的真正投资者80%为局外之人。长期的计划经济、劳动价值论的教育，让我家乡的亲友很难建立购买住宅是投资的理念。

集资建房历时两年之久，这期间故乡的房价一路上扬。2006年年初，当集资房交付使用时，家乡的商品房价格已经翻倍，直逼2 000元/平方米，面积为150平方米的集资房两年后由10万元左右上升为20万元以上。

面对这巨大的利益，该局下发红头文件，严令已将产权转让的职工收回集资房，否则开除公职加上没收集资房。有此尚方宝剑，多数后悔不已将产权转让的职工纷纷撕毁合约，借机收回集资房。由于集资房的产权可以私人秘密交易，转让与否完全是私人信息，名义投资人与实际投资人完全有足够的智慧、有效的方法去规避单位的管制。因为集资房短期内不得转让，但没有规定不能赠与，没有规定不能出租或借用，所以双方当事人完全有可能以上述方法规避单位的规管。此项组织补充的规定，只是给本单位职工提供了违背私人合约的借口。与此同时，该局这项补发的强制性规定又引发了新的矛盾：首先，实际集资人的利益受到很大的侵犯。集资房顾名思义是由集资人集资建设起来的，该局并没有任何资金的投入。今将实际集资人一脚踢开，于情于理都说不过去。其次，当年实际集资人投入的资金有很高的机会成本。当年如果不参加集资，他们可以在市场上以 1 000 元 / 平方米左右的价格购买商品房。面对上涨到 2 000 元 / 平方米左右的现实房价，谁来弥补他们的损失？一时间，产权纠纷在很大的范围内此起彼伏。哭的、闹的、打官司的屡见不鲜。多年的友情，甚至亲情，在巨大的利益面前变得非常脆弱。最后，这种做法具有显著的“老实人吃亏”的特点。当年集资时，不准备参与集资的职工有两个选择：一是遵守单位集资的规则，放弃集资权；二是违背规则，以 10 000 元左右的价格将集资权转让他人。当年违规的职工，现又在该局的支持下违背集资权转让的私人合约，双重违约的人却得到十几万元的利益，而遵守规则、诚信的职工却一无所获。显然，该局执行的是“逆向激励”的政策，如此下去，谁还会遵纪守法？

依我所见，按照市场经济的思维，该局为其职工集资建房，可以理解为给职工谋福利。若将集资权理解为职工的福利，那么货币化是最好的选择。在集资之初，该局就应该明文规定职工可以自由支配集资权，可以自行转让，给遵守规则的“老实人”一个公平，也给实际出资人一个公道。此外，集资房的产权终将归个人所有，在私人产权受到保护的市场化进程中，以方便职工上班、小区内不能住非职工住户为借口，干扰、阻碍自由转让权很难持久。住在什么地方对职工更有利属于私人信息，职工为了方便孩子上学、爱人上班，可能有其他选择。所属单位以组织名义剥夺职工的选择自由，用集体的选择替代个人的选择，实在是计划经济的思维。况且，今非昔比，集资房毕竟是私人的产权，不允许转让终究是权宜之计。

家乡的某局，在房价大幅上涨的条件下，补发了集资之初没有的严令，其性质是机会主义行为。恐怕是制定政策者为自己及所属利益集团谋利的举措。如果房价一路下跌，我相信该局断不会如此这般。当然，若将集资建房理解为为职工谋福利，政府拥有歧视性集资建房的审批权就是在创造新的分配不公。而政府这只看得见的手又倾向于将集资建房权转赠给工商、税务、银行、政府机关等“财大气粗”的部门，政府这一举措岂不是在实施“逆向补贴”？这与政府维持公平、稳定的职责明显相悖。

市场失灵中的药品同城同价

浙江省发改委、财政厅、卫生厅、社会保障局等部门，与杭州市相关部门，于2004年11月联合成立了省市药品联合集中招标、采购协调小组，统一组织实施药品集中公开招标工作。坐落在杭州市内的13家省级医院、73家市级医院全部纳入药品集中招标参与单位。招标药品涵盖了15 000多种规格。上述86家医院全部的常用药和年用量在10万元以上的药品均进入集中招标范围。据浙江省杭州市体改办透露，自2005年3月1日起，患者在杭州市86家医院中的任何一家医院就诊，购买的同一药品均是同一价格。

这种大规模的实现医院药品“同城同价”的做法，改革开放后在全国尚属首次。“同城同价”的举措具有浓厚的计划与行政干预的色彩，引起各方人士的关注与争论，见仁见智各有不同。

我认为杭州省市医院实行药品“同城同价”的做法利大于弊。这是对药品市场过度开放的矫正行为，在保护患者权益、降低社会成本等方面有着积极的意义。

首先，“同城同价”保护了药品消费者的权益。在医药市场上，消费者处于弱势地位。由于专业与信息的障碍，在这个市场中，消费者无法自行甄别产品的质量，无法实施自我保护，而且由于“性命攸关”，消费者的药品需求价格弹性很小。因此，如果自由竞争，消费者将深受药品价格虚高、药品质量低下及过度治疗等医药行业常见的道德风险的侵害。许多医院在利益驱动下，让消费者在遭遇患病天灾后再承受不良医德导致的人祸。明显与居民收入不相称的高额医药负担，让许多家庭坠入贫困的陷阱。杭州市药品“统一招标、集中采购”的政策，有效地抑制了药价虚高及药品以次充好的问题。此次集中招标，大批量订购15 000多种药品，巨大的批量使药品的采购方拥有相当的买方垄断势力，其讨价还价的能力大大加强。集中采购压低的价格，可以使广大患者受益，能在某种程度上缓解平民百姓就医难的问题。杭州市集中招标采购小组称，它们所采购的药品分高、中、低三档，所有中标的药品均由专家鉴定。没有中标的药品，杭州市的 86 家医院不能使用。这就方便了消费者对药品档次的选择，杜绝了假冒伪劣药品的进入，提高了医院的声誉。

其次，“同城同价”制约了药品销售中的寻租腐败行为。在以往的药品销售与采购中，寻租腐败现象非常严重。在患者难以承受的高昂医药费用中，有相当大的一部分作为药品的销售费用流入个人手中。药品回扣已经成了众人皆知的潜规则。由于各家医院拥有独立的药品采购权，在其权利行使过程中，政府很难控制与监督。缺乏监督与自律的权利主体难免不以权谋私，白衣天使的形象大打折扣。杭州市药品采取统一招标，集中采购的做法，从根本上杜绝了寻租腐败的可能。发改委、财政厅、卫生厅、社会保障局等九个部门互相制约，将过去暗箱操作的药品采购过程放置在光天化日之下，从制度上保证了药品采购过程的公开、公正。

最后，“同城同价”降低了交易成本，激励了公平竞争。以往省市医院分别举行招标活动，投标的制药企业需重复进行报名、报价、议价等程序，增加了企业的投标成本，而且由于不同医院同一种药品的价格有很大的差异，也加大了患者的比较与搜索信息的成本。在非公开招标环节，制药企业往往采取特殊营销手段，制药企业之间的竞争往往不是靠质量、靠价格，而是靠手段，以致制药企业往往依赖庞大的销售队伍和高昂的销售费用赚取利润。杭州市公开招标、集中采购筛选出的制药企业必然是产品优良、生产效率高的企业，有助于制药企业的竞争走向规范。

杭州市 86 家省市医院实行同城同价的做法虽有上述好处，但作为新生事物也有令人担忧之处。我认为主要有两个方面值得警惕：其一是政府行政干预色彩太浓。这样容易让人产生倒退回计划经济的错觉。省市国有医院虽然是非营利组织，但毕竟是独立的法人单位，政府越俎代庖，容易侵犯医院独立经营的权益。特别是今后医药市场开放度加大，对外资与民营医院显然不适合强行剥夺其自主采购药品的权利；可以考虑通过加强医药行业协会的作用，由其替代政府完成类似的职能。其二是药品同城同价的合理性值得斟酌。

86 家省市医院的医疗环境、医疗设施及医疗水平不尽相同，让 86 家医院采取统一的价格，犹如让不同档次的酒店对同一品牌的酒水收取同样的价格，破坏了价格的调节机制，模糊了不同档次医院的差别。不同档次的医院，药价有所差别，只要是在合理的范围内，消费者完全可以接受，严格地实行药品“同城同价”有矫枉过正之嫌。

总之，医药市场的完善尚有很长的路要走，让消费者获取更多的知情权，让消费者有更多的就医选择权，深化医药分家的制度改革及对医疗行业这一关系百姓性命的特殊行业进行严格监管还有许多问题亟待解决，“同城同价”并非一蹴而就。但愿有一个良好的制度能保证我们的医疗服务更加人性化、平民化。药品本该是所有的社会公民均有能力消费的一般消费品，千万不可演变为只有少数人才能支付得起的奢侈品。

第四篇

法律与合约

法律上的“笑话”与经济学的不公

1999年12月14日，中央电视台在第四套节目中以“法律上的‘笑话’”为题，报道了湖南一农民以8 000元人民币向本地一农场购得数头“长大杂”仔猪，其目的是将仔猪养大作为母猪，然后再繁殖仔猪销售。而那家农场却以“杜长大”仔猪充当“长大杂”仔猪卖给这位农民。据专家介绍，这两种仔猪在50千克以内从外形上很难区分，而农民购得的仔猪均在40千克左右，所以该农民在信息不对称的情况下将“杜长大”当作“长大杂”买回家中。

“长大杂”的品种优于“杜长大”，“长大杂”仔猪的价格与“杜长大”仔猪的价格相差4倍。因此，该农民在得知仔猪的品种被调包后，14次与农场交涉，而该农场以种种借口推诿，这期间该农民所养的仔猪已长成母猪，母猪又生仔猪，而“杜长大”的仔猪到后来即使是比“长大杂”仔猪价格便宜3/4，也无人问津，农民只好忍痛杀掉，此项投资亏损近5万元。

无奈之中，该农民拿起法律武器状告农场的欺诈行为，提出索赔5万元的法律要求，而被告认为这种要求纯属无稽之谈。当初农民与农场的仔猪交易总额才8 000元，8 000元的交易额索赔5万元简直是天方夜谭，是法律上的“笑话”。

然而法律无情，经过大量的调查，当地法院判决如下：其一，原告购买仔猪是要购买“长大杂”，无论“杜长大”是否可以做种猪，以“杜长大”替代“长大杂”违背了购买者的意愿，属欺诈行为。其二，被告赔偿原告实际损失5万元。

至此，被告如梦方醒，法律上的“笑话”成了实实在在的赔偿。原告及其亲友、新闻工作者均认为法律伸张了正义，可谓抑恶扬善，各得其所。然而从经济学的角度来审视这个法律上的“笑话”，却得出了另外的结论，即该项判决明显不公，受害者得到的赔偿相当不完全。

其一，该判决没有赔偿该农民的全部真实的损失。5 万元的损失是指农民按外显成本核算的损失，外显成本是指对他人的生产要素支付的报酬，在本案例中主要是指购买仔猪、饲料等生产费用。而农民的实际损失除外显成本损失外还有内含成本的损失，例如，农民付出的劳动、猪栏使用费及所投入资金的利息等没有得到补偿。

其二，没有赔偿农民的预期利益。当初农民购买“长大杂”仔猪时，自然预期饲养“长大杂”有丰厚的利润回报，若没有农场违约，该农民的期望利润为正（一般来说，期望利润的计算已经考虑了经营风险）。即使农民遭受的损失得到完全赔偿，农场的欺诈行为也使农民的期望利润由正变零，降低了农民的福利。预期利润赔偿，目的是保护违约受害人的利益，此目的一旦达到，那么无论履约还是违约（有赔偿），都会对违约受害人有益。显然，上诉判决没有达到这一目的。

其三，没有赔偿该农民的精神磨损。该农民在整个事件中精神受到了极大的损害。14 次与农场交涉，其间的辛酸不难想象，“很多次，兜里已经没有一分钱”，提起往事，七尺高的汉子仍然热泪盈眶，可见其伤害之深。亏损近 5 万元，对一名普通农民心灵的打击有多大，打官司告状怎样地劳心费神，恐怕很难用语言描述，而该判决没有补偿原告巨大的精神磨损。

美国经济学家罗伯特·考特（Robert Cooter）及托马斯·尤伦（Thomas Ulen）在其所著《法律经济学》（*Law And Economics*）中提出的五种违约赔偿额的计算方法，对解决此类问题很有启发。

（1）按替代价格赔偿。当合同一方违约时，违约的受害方可能用一个新的履行办法来代替原有承诺的履行。替代价格是指受害人采取新的履行办法代替原有承诺履行所花的成本。例如，该农民在发现仔猪品种不对时，卖掉“杜长大”仔猪，买进同等数量、同样大小的“长大杂”仔猪，违约方应赔偿“长大杂”替代“杜长大”的所有转换成本。

（2）按损失盈余赔偿。当事人从某项经济合同中预期得到的收益与实际付出的成本之差称为盈余。损失盈余赔偿就是违约方负责赔偿受害方预期得到的盈余。若执行这一规则，上例中农场不仅要赔偿农民实际付出的成本损失，还应赔偿该农民的预期利润。

（3）按机会成本赔偿。订立一个合同就失去了订立另一合同的机会，机会成本规则用于裁定在签订了别的更好合同而不是被违约合同时，受害人本可以得到的最大收益。例如，该农民当年付出的购买仔猪和饲料的资金；饲养仔猪付出的劳动及占用的土地，本可以有其他的用途，这些其他用途中最好用途的收益即为该违约合同的机会成本。显然，本案例中受害人的机会成本远远高于 5 万元。

（4）按预算外开支赔偿。预算外开支是指基于合同产生的行为可能涉及某项投资，而该投资无法在违约情况下全部收回。预算外开支规则是违约方必须补偿受害人基于对合同的信任在违约前支出的成本和违约后靠这些成本实现价值的差额。例如，若该农民为了饲养“长大杂”投入了一部分资金建猪栏，当发现“长大杂”被调包后，决定不再养猪就要处理掉仔猪和猪栏，那么违约的农场在补偿该农民买卖仔猪的损失后还需赔偿该农民兴建猪栏的损失。

（5）按减少的价值赔偿。当合同不完全履行时，依合同所得到的价值将是低于承诺的价值。减少价值规则是指违约方需赔偿受害方在违约后按合同得到的收益，以及合同被适当履行时本应该得到的收益之间的差额。例如，如果该农场守约，购买“长大杂”仔猪的农民本可以得到两万元的收益，但由于对方违约使该农民亏损 5 万元，该农场按减少价值规则需赔偿的赔偿金：2-（-5）=7（万元）。

用经济学方法研究法律问题是经济学“帝国主义”倾向的表征之一，通过以上分析不难看出：当经济学涉入法律领域后，其法律依据更加充分，其法律判罚更加合理，并能给人以全新的思维去透析我们身边正在发生的合理或不合理的事件与问题。如果经济学能够帮助淳朴善良、地位尴尬的农民兄弟讨回一些他们自己尚未意识到的公道，那么，我国的法律是否也应该敞开大门引进经济学这个“帝国主义”呢？

理性的索酬举报

在大连市发行量颇大的《半岛晨报》2000年7月3日第九版中，以《“丢脸”的举报》为题，报道了一位农民因举报索酬被警方拘留，后虽无罪释放，但遭到村民唾弃、亲人反目，最终流落他乡的故事，继而引发了举报索酬该不该的讨论。

故事是这样的，家住辽宁省葫芦岛市连山区老官堡乡的村民王国香，在回家的途中被一辆货车撞死，肇事的司机趁天黑逃逸。受害人的家属在警方多日排查，却没有线索的情况下，贴出悬赏10 000元的告示。某日邻村村民孔凡孺来到受害人家中声称自己是知情者，索酬15 000元，并要求预付7 000元后方肯吐露实情。来者不露姓名、乔装打扮，而且再三叮嘱受害人家属为其保密。受害者家属怀疑该人是诈骗犯，在约定交钱面谈的时间后报了警。第二天举报人如约而至，收受受害人家属7 000元之后讲出实情，原来施害人是举报人同村邻居，肇事的过程被其偶然发现。受害人一家对举报人自然感激涕零，但早已埋伏好的刑警将举报人以敲诈罪刑拘，酬金7 000元作为赃款没收。十余天后孔凡孺虽被无罪释放，但其图钱举报的消息早已在村里传开。民风淳朴的村民认为孔凡孺违背了“兔子不吃窝边草”的古训，在威胁恐吓及冷嘲热讽中其家人承受着巨大的压力，老父反目、妻子斥责，孔凡孺被迫连夜离家出走，如今事过半年仍旧有家难归，举报人自己及家人也认为“这脸是没处搁了”。

该农民沦落到如此悲惨的境地，主要是其行为既不符合正义原则，又有悖民风，于情于理均说不过去。按理讲举报违法犯罪行为是公民的义务，义务岂可索酬，扬善抑恶、伸张正义如果染上铜臭的气味，就玷污了道德的纯正，而且向受害人家属索酬无异于趁火打劫，不是仁义之举。按情讲“远亲不如近邻”“多一事不如少一事”“各扫门前雪，不管他人瓦上霜”是相当多的村民的处世哲学。举报人的目的仅仅是图钱，有“出卖乡亲邻里”之嫌，岂能不遭人唾弃？

然而这种索酬举报的行为，却能在经济学的框架中找到理论的根基，或许经济学能帮助这位“丢脸”的农民找到其行为的理性依据。在经济学的框架下，孔凡孺的索酬举报属于出售独占的信息，它非常符合经济学的理性逻辑，对其分析如下。

（1）举报人独占的信息具有很高的市场价值。首先，受害人家属对该信息评价极高。一家之主惨死路边，受害人家属除悲痛欲绝外还有对肇事者的极端愤恨，有强烈地将其绳之以法的欲望。王国香的妻子多次表示“即使砸锅卖铁也要凑钱酬谢”，并发誓“宁可将车祸的赔偿金全部送给举报人”。最终公告的价格 10 000 元远远低于其意愿价格，即受害人家属在此信息交易中可获得相当大的消费者剩余（破案后的实际赔偿金为 60 000 元）。

其次，该信息可以大大地降低警方的破案成本，若无人举报，警方刑侦工作如同大海里捞针，布下天罗地网需要大量的人力、物力投入，还存在着相当大的劳民伤财后一无所获的风险。因此对于警方而言，购买信息比搜寻信息更加经济，况且此项购买由受害人家属自愿支付，将本该无偿享用的公共品私人化，更使警方获益多多，但令人不解的是警方享用免费午餐后却对举报人如此“忘恩负义”（破案后警方还拘留举报人十余天）。

最后，该信息有助于提高社会净福利。司机肇事后逃逸，其犯罪性质已超过过失杀人，如果不能将其绳之以法，无疑亵渎了法律的公正。举报人提供的信息不但有助于净化社会风气，而且有益于提高社会的净福利。

（2）遵循了利润最大化的原则。举报人若想在出卖信息的交易中获得最大的利润，其策略不外乎提高收益与降低成本。由于举报人更接近经济人的假设，所以在该信息交易中其收益仅仅是信息的交易价格（其社会收益属于正外部性，并非举报人的追求）。举报人由于独占信息资源，具备垄断的条件，自然不甘心充当价格被动的接受者，因此就产生了举报人讨价还价的行为。受害人家属张贴悬赏告示本身就是市场化的要约行为，既然是市场行为，哪有允许买，不允许卖；可以讨价，不可以还价的道理？只要签订买卖信息口头契约的过程是你情我愿，没有欺诈与胁迫，不损害社会利益的，那么，所签订的就是一张平等自愿、等价有偿的契约，应该得到法律的保护而非惩罚，妨碍自由贸易无疑会降低买卖双方的福利。举报人降低信息交易成本的策略主要是规避举报的风险。理论上信息的搜寻、整理加工、贮藏及传播均可能产生成本，但由于该信息是举报人偶然所得，上述成本可以忽略不计，举报人出卖信息的代价主要是惧怕打击报复及舆论谴责。因此便可以理解，举报人为什么隐姓埋名、乔装打扮及行为诡秘，不过超出举报人预期的警方刑拘成本，最终却使孔凡孺落得个收不抵支的结局。

（3）信息交易中的制度创新。举报人的理性还充分反映在“先拿钱后举报”的制度安排上。信息商品交易的最大困难是信用危机，由于信息商品的不可展示性，交易双方容易陷入“麻秆儿打狼，两头害怕”的境地。卖者先交货、后收款，害怕买者失去了付费的激励；买者先付款、后取货也害怕商品的质量有问题。举报人提出预付 7 000 元，且将付款的地点设在买方占据地盘优势的买方家中，其余 8 000 元等抓到罪犯后再付的方案，规避了信用风险，促成了这笔信息交易。

从以上分析可以看出，举报人在追逐利润最大化的过程中，遵循了经济学的逻辑，而且没有负外部性及机会主义发生，除了犯罪分子外没有损害任何人的利益。虽然其行为与仁义道德、情操规范相背离，但毕竟他的索酬举报比无酬不报对社会更有意义。

诚然，我们可以加大思想教育的投入，培养社会人正义的偏好，积累意识形态资本，激励社会精英以弘扬正气为己任，不计酬劳甘于贡献，然而如何激励更接近经济人的平民百姓，在追逐私利的过程中，达到有利于他人、有利于社会的目标，同样十分重要。因此，我们应该宽待这类信息交易市场，理解图钱举报的行为。若能设计一个让举报人追逐私人利益的动机与实现社会目标行为相一致的完善制度，并给举报人以足够的保护，让图钱举报者能图出个受害人家属感激涕零，图出个犯罪分子无处藏身，图出个节约警方人力物力，图出个伸张正义、国泰民安，这市场化的图钱举报不就理直气壮了吗？在市场化的经济社会里，有偿举报比无偿举报，更显公平、更具效率。

超市罚款——市场经济中政府行为的局限一瞥

《半岛晨报》2001 年 1 月 16 日以《顾客偷窃超市可不可以罚款》为标题，报道了家居大连的张先生在某超市购物时，因一念之差往兜里揣了一包售价 6.5 元的口香糖，结果被超市的保安人员在出口处拦住，并对其处以 20 倍罚款，张先生因惧怕影响扩大只好受罚。事后张先生打电话给《半岛晨报》询问超市有没有权力对其偷窃行为进行罚款。记者为此咨询了大连市消费者协会的孔同志及大连市北方律师事务所的刘律师，得到的回答是超市的做法损害了该消费者的权益。超市发现顾客偷窃后，应将他送至有关执法机关，由执法机关对他进行处罚，超市的内部规章及店堂告示对于消费者不发生效力，超市没有权力对消费者进行罚款。该报道告诉我们，在现行的制度下，超市不可以对偷窃者进行处罚。

超市偷窃事件屡见不鲜，可以说失窃已经成为超市这种现代商品零售业的最大交易成本，能否有效地防范偷窃行为关系到超市的绩效甚至生存，而现行的防范制度明显低效。该超市负责人对记者抱怨:“以前工作人员抓到偷窃者只是将东西留下，没有任何惩罚，结果有一个人半个月偷了 5 次。”抓住偷窃者后按规定送至派出所：一方面加大了超市的成本，在超市人员紧张且偷窃行为较频繁时，实在是费时费力；另一方面，因为与派出所利益并不相关，处罚的激励不足，公安人员往往是根据《中华人民共和国治安管理处罚条例》把偷窃者教训一番后放人。总之，现行的处罚制度具有明显的缺陷，实施结果是使超市里的偷窃行为屡禁不止，防不胜防。

1. 偷窃行为引发的社会成本没有内化

偷窃是典型的侵犯他人财产权利的行为。偷窃行为不仅仅是转移财富，而且引发了高昂的社会成本。美国经济学家塔洛克在《关税、垄断和偷窃的福利成本》一文中，对偷窃引发的社会成本做出如下论述："尽管偷窃活动只涉及转移，但实现偷窃与反偷窃投资均衡成本却非常高，对社会来说，这种成本就是进行偷窃活动和防止偷窃活动所投入的资本与劳务。""偷窃本身是一种纯粹的转移，并没有福利成本，但只要存在潜在的偷窃活动，就会有大量资源被转移到实际会相互抵销，且不增加任何产出的活动上。因此，收入转移问题不是收入转移直接带来的福利损失，而是收入转移引发人们使用资源竭力获取或阻止这种转移。"可见一次成功的超市偷窃将激发潜在的窃贼付出更多的努力，也促使超市安装更加先进的保护装置，增加新的保安人员，由偷窃行为带来的社会成本是非常巨大的，而目前的制度明显地对偷窃者的惩罚不力，偷窃者只承担了部分社会成本从而激励了偷窃行为。

2. 超市的预期损失没有得到充分补偿

偷窃行为侵犯了超市经营者的利益，理应得到合理的补偿。即使再严密的防范措施也不可能杜绝偷窃，在现实生活中，偷窃成功的概率并不低，犯罪经济学警示我们，只要偷窃行为被发现的概率较低（偷窃行为成功的概率较高）或对偷窃处罚力度较轻，使偷窃者的预期收益大于偷窃的预期成本，理性的偷窃者就会实施其偷窃行为。偷窃行为侵犯他人财产权，属故意过错，其行为者明知自己的行为会发生侵犯他人财产权的事实，而故意为之。因此，偷窃者除负赔偿责任外，还应对其实施惩罚性的制裁。当然，由于超市偷窃者绝大多数达不到刑事处罚的起点，履行赔偿和惩罚的方式应以经济处罚为主，根据其所偷窃物品的价值数倍罚款，然后将罚没的款项由第三方派出所转移给受害人超市的经营者，这样才会比较公平，否则超市的预期损失将无法补偿。

3. 超市罚款制度是对原制度的帕累托改进

超市罚款制度目前虽然没有合法地位，但较原制度具有明显的效率优势，其表现如下：其一，维护了超市经营者的利益。在消费者主权优先，保护消费者利益的呼声甚高的今天，经营者的利益往往被忽视。其实，消费者与经营者是一份合约的两个平等的主体，其地位应该平等。其二，降低了处罚偷窃行为的社会成本。将偷窃者转送给执法部门处罚，实质是将横向的超市经营者与违规消费者的关系转化为纵向的政府与违法的公民之间的关系，只有前者交易成本高于后者的组织成本时，转移才是有效率的。换言之，在一个契约型的市民社会中，只有那些私人干不了或干不好的事情才有政府介入的必要。超市偷窃具有事实清楚、发生频繁及价值较低的特点，由超市经营者对偷窃实施罚款处罚效率更高。事实上，大多数违约事件都是当事人自行解决的，真正能让执法部门仲裁或判决的不足违约事件的千分之一。当然，政府应对超市罚款的力度及范围加以规范，以防止其滥用罚款权。其三，改善了偷窃者的境地。超市偷窃者有两类：一类为一念之差，顺手牵羊的偶然偷窃者；另一类为屡教不改的惯犯。他们共有的特征是货币的边际效用大，而且货币的边际效用递增（风险偏好者），因此严厉的经济处罚，能够大大地降低他们的福利，从而削弱他们的偷窃动机，达到威慑的效果。同时，除少数惯犯外，偷窃者一般不愿意将事闹大，在“认打认罚”中表现为“认罚”。可见罚款制度对偷窃者也是一个“给出路”“留后路”的制度。此外，超市经营者对偷窃者进行罚款也符合民间规范，在老百姓的眼里偷窃者挨罚如同欠债还钱一样天经地义。

不过，超市经营者对偷窃者进行处罚时应有一个度的把握，过度的惩罚与过度的防范均可能损害商家的信誉，从而失去“上帝”的恩宠。同时，超市这种商品零售业态的出现是建立在信用及法制基础之上的，它与公民道德水准的提高、经济发展的阶段及信用制度的完善息息相关。超市偷窃这种现象的出现具有复杂的社会背景，不可指望“一罚了之”。

“公厕风波”与政府诚信

风波的源头：

城市公厕配置问题是城市建设规划中一个不可忽略的问题。有人讲，城市公厕的多少及卫生状况最能反映一个城市的文明程度。我国多数城市公厕数量少、卫生程度低是不争的事实，它已经成了城市精神文明、物质文明建设中一个必须清除的死角。作为东北旅游热点地区，大连市在解决公厕配置问题上想出了一个方法，即在游客集中的地段安置流动公厕。由于市政府环卫部门资金投入的困难及经营管理低效，政府决定将流动公厕的经营权让渡给企业。

生产城市流动公厕的金水设备厂，于1997年11月与大连市城建局下属的大连市环卫处签订了一份《流动公厕管理协议》，其中规定：甲方环卫处的城肥处理场负责办理市内繁华地区流动公厕设置地点和收费标准等有关手续；检查流动公厕管理、服务、收费情况；管理过程中不承担任何经济责任，但有偿提供专用的一台吸粪车和两台翻斗车，便于流动公厕的流动和管理。乙方金水设备厂按甲方要求和安排，保质、保量地将流动公厕及时调运到指定地点并服务到位；接受甲方的管理和监督；流动公厕实行有偿服务、自主经营、自负盈亏，未经甲方同意不得转租；每个流动公厕每年上交环卫处管理费2 000元；承包期暂定5年。

据当时和现在的大连市环卫处的几位干部介绍，上述协议虽然是以环卫处城肥处理场的名义签订的，但此事经过当时环卫处领导班子的认真讨论和大连市城建局城管处的准许。环卫处这样做的原因，一是环卫处是城市公厕（包括城市流动公厕）的主管部门；二是让金水设备厂经营城市流动公厕，不仅政府减少了流动公厕的投入，减少了城市公厕的用人成本和其他开支，环卫部门还可收取一定的管理费。因此，签订这项协议被人们看作是城市建设和公厕管理的一项改革与创新。金水设备厂根据协议和大连市城建局城管处现场办公的意见，先后在大连市环卫处指定的繁华地段设置了15个流动公厕，金水设备厂派专人管理流动公厕。经过几年苦心经营，每年每个公厕的赢利在10万元左右。

2000年1月，大连市城建局以擅自占道、无占道许可证等为由，下达《违章通知书》，限定金水设备厂在3日内将其所经营的城市流动公厕拆除。金水设备厂认为大连市城建局这种行政行为不合法，故拒不拆除。3日后，大连市城建局用吊车将金水设备厂经营了两年多的15个流动公厕强行拆除并没收，同时，在同一位置换上了另一公司经营的流动公厕，金水设备厂的经济损失达近百万元。

金水设备厂对大连市城建局的做法依法提起行政诉讼，然而却在一审、二审中先后败诉。金水设备厂始终认为，这是一起政府行政机关滥用权力的违法行政案件。在过去两年内，它们不断向大连市领导以及上级有关部门申诉，强烈要求法院依法纠正，但是至今没有结果。

风波的启示：

启示之一，是政府部门“政出多门”，朝令夕改，不能取信于民。城建局拆除金水设备厂所经营的流动厕所的理由属于“欲加之罪，何患无辞”。3年前，它们将公厕经营权让渡出去时，附带的是指定地点经营，在被合约界定的地点，金水设备厂经营两年多后突然又变成了违法占道。难道合约中的那个可以经营的地点是要求将公厕安置在空中？“政出多门”互相矛盾，给百姓的生产及生活造成种种困难。同在城建局管辖的范围，朝令夕改以势压人，让企业何去何从？合约一经签订便具有法律约束力，如果城建局认为经营公厕的企业除交付获得经营权的费用外，还应该加一项占地费用，那也得等合约到期后再做更改，如此出尔反尔如何取信于民？

启示之二，是对司法部门公正性的怀疑。金水设备厂经营公厕的权利被剥夺后，向大连市西岗区人民法院提起行政诉讼，一审败诉，而后又上诉到大连市中级人民法院，二审又败诉。其依据是国务院《城市道路管理条例》和辽宁省《城市市容管理办法》等规定。法院的判决不能令人信服的原因有二：其一，国务院及辽宁省的有关文件无非是规定不能非法占道。企业按照与政府有关部门签订的合同在指定地点经营便获得了合法的资格，若说违法，是政府有关部门违法在先，是它们将无权转让的权利转让出去。其二，剥夺金水设备厂的公厕经营权后，在同一地点又允许另一个企业经营流动公厕，难道这就不违法了？

启示之三，是政府行政管理权限的模糊不清。大连市城建局取消金水设备厂公厕经营权的另一个理由是大连市城建局环卫处无权与企业签订经营公厕的合同，此合同因主体资格的非法而无效。我们从中明显地看到政府部门内部权限划分的混乱。企业和居民对政府有一种天然的信任，让他们在和政府某一部门打交道时先去分辨政府这个部门是否有此权限成本太高。金水设备厂所安置的流动公厕，其地点或在闹市或在景点，目标显著信息对称，为何让这个主体资格不合法的合同执行了近三年才发现其违法的性质呢？

公厕风波让我们进一步思考的是公厕这种产品到底是公共产品还是私人产品，若具有公共品性质而且政府无力经营，其经营权的让渡是以透明公正的形式让渡还是暗箱操作来实现，政府的权限划分及行为的规范是否应该清楚明白，我们的司法部门能否摆正法律正义的天平？

在激烈的市场竞争下，企业举步维艰，而政府行为的随意混乱超出了企业的预期，使它们难上加难。我们希望企业不要急功近利，要考虑长期的效益；我们呼吁社会诚信，否则人人都没有好日子过，但这一切都需要我们拥有一个行为规范、诚信守约的政府，因为政府诚信是社会诚信的根本。

润物细无声——听熊秉元教授讲授法律经济学

台湾大学的熊秉元教授一直是我非常仰慕的经济学家。2002 年前后社会科学文献出版社出版了熊秉元教授的系列经济学散文集——《寻找心中那把尺》《灯塔的故事》《大家都站着》等。读熊教授的经济学散文，有种如沐春风的感觉。他徐徐道来，没有激情澎湃，没有刀光剑影，却能润物细无声地走进你的心灵。例如，在《寻找心中那把尺》一文中，他分析了台湾一所大学，宿舍分配委员会将原来“夫妻合并计点”改为单人计点。这所大学原来规定：夫妻双方在一个学校工作，以点数多的为主，另一方工作满两年后点数打个四折，夫妻两个人的点数加在一起合计参与获取宿舍的竞争。但后来宿舍分配委员会认为，合并计点的制度，可能让一对刚进校不久的年轻夫妇比在学校工作十余年的单职工或者单身同事提前获得住房，这并不合理。熊教授表示质疑，“如果夫妻分开计点是不是慢慢熬出来可以分到两间宿舍呢？宿舍分配委员会的构成，是一个学院选一个代表，任期一年。他们有权修改影响老师权益的根本大法吗？如果委员会成员都是夫妻档，众志成城地将‘1.4’改成‘2.0’怎么办？学校更多见的是非夫妻档，若用更民主的公民投票，用多数人剥夺少数人怎么办？这样的结果好吗？程序恰当吗？”最后熊教授总结：处理公众事物时，由于其复杂性，没有一把客观的、绝对的尺，拿出来一比画就一清二楚。就算有，谁在保管这把尺，尺上的刻度怎么决定，都有很大的问题。熊教授就是这样寥寥几百个字，引发我们思考所谓“人民利益”“社会利益”“民主进程”“社会公平”等耳熟能详的概念，但在实际的操作层面上又有诸多的困难。

给我印象深刻的是，熊教授在《经济学消息报》上发表了一篇文章，讲述是关于老师给学生写推荐信是否应该收费的问题。澳大利亚莫纳什大学的黄有光教授马上在《经济学消息报》上发表了商榷的文章，他称熊秉元教授为“熊大侠”，认为给学生写推荐信不应该再收费，因为教授的薪酬中已经包括了。接下来张五常教授撰文，称“熊大侠”倡导的应该收费，和“黄大侠”倡导的不应该收费都不准确。合理的做法是值得写的学生，教授就写得比较用心，不值得写的学生，就写得比较马虎，用非收费的办法区别两种状况。三位侠客都是武林高手，分别来自中国的台湾大学、香港大学和海外知名大学。《经济学消息报》连续几期刊载三位大侠的文章，风云变幻，精彩纷呈。非常幸运的是，当时我和其中两位大侠——黄有光教授和张五常教授都有比较深入的接触，并由我出面分别邀请两位大侠到东北财经大学讲学，他们带来的校园冲击波至今令人难忘。张五常教授和黄有光教授均有鲜明的大侠气质，我看到过正当盛年的两位大侠，张教授是手起刀落、直指要害、快意恩仇；黄教授则是个性鲜明、不落俗套、率真快乐。一个要把经济学全部重写，一个是政府只要开征汽油税就喝酒庆贺。那份纵横天下、无拘无束的侠客风范与使命感沉重的中国大陆经济学家迥然相异。非常遗憾的是，三侠之中的熊秉元大侠我一直无缘相识，在熊秉元教授的字里行间我读到的是“雅”，而不是“侠”。我开始怀疑熊大侠这个称号的出处，当然我不知道有没有“儒侠”这个说法。

2016 年 7 月 8 日，东北财经大学在滨城大连召开高端经济学研讨会，听说可以邀请到已经被浙江大学以“千人计划”引进的熊秉元教授参会，我非常期待。当我打电话邀请复旦大学的韦森教授和中山大学的王则柯教授来参加会议时，告知他们台湾大学熊秉元教授能够参加会议，这两位教授也非常高兴。韦森教授说，一直没有和熊秉元教授见过面，期待与他探讨问题。

“熊大侠”如期到会，人如其文，平静如水，风度翩翩。在大会发言时，他不用PPT，一支笔在白板上简单写写，清晰、准确、温和地将他的主题“法律经济学的前沿问题”讲述完毕。在研讨会上他很少讲话，默默地听着，席间饭后一支烟斗在手，沉稳谦和。王则柯教授在会上提到熊秉元教授曾给他的学生回信，抬头结尾非常礼貌、耐心。熊教授回答，那是标准的书信格式。会议结束后第二天得知熊秉元教授要为东北财经大学骨干青年教师培训班讲课，尽管早已超过了三十五岁，我还是意犹未尽地走进了熊教授的讲堂。

熊教授早早来到教室，不用任何现代化教学设备，在黑板的一边用英文写下了本次讲授法律经济学的四个准则：一是先了解社会，再了解法律；二是让证据说话；三是法律不是解决公平，而是解决价值的冲突；四是将除弊改为兴利。在黑板的另一边写下本次讲授用到的案例的名字，例如美女与野兽、性、果实、生命等简单的名词。中间留下大部分黑板空白供讲课时使用。熊教授走上讲台，依旧是平和、儒雅、谦和。在介绍完自己和简单阐述上述四个原则后，他讲道：“目前法律的现状是法律工作者经常知其然，不知其所以然，而案例分析要回答两个问题：你的判断是什么？为什么？经济学在回答被法律工作者忽略的‘为什么’问题时有自己的优势。”接下来熊教授开始了案例分析。在美女与野兽的案例分析中，熊教授先交代了故事的背景。苏联解体后一个马戏团到中国台湾演出，用一个笼子装了只老虎，而且贴上了危险的告示，走到十字路口红灯亮了，在停车的瞬间一位过路的38岁的美女用手去摸这只可爱的老虎，结果被老虎咬伤。美女诉讼到法院，熊教授问大家法院应该怎么判？为什么？接下来熊教授组织了很好的课堂讨论，有的老师认为马戏团应该承担100%的责任，有的老师认为马戏团应该承担50%的责任，有的老师认为马戏团不应该承担责任。在每个人回答后，熊老师都要问一句：为什么？有人说要考虑运输方的责任，熊老师的回答是把运输者和马戏团看作一方，把美女看作另一方。熊老师在黑板上把大家的讨论总结为四个答案：马戏团承担100%的责任、马戏团的责任大于50%、马戏团的责任小于50%和马戏团不承担责任，然后让所有的老师表决。结果选择马戏团的责任大于 50% 的人最多。熊老师感慨，法律工作者的选择往往是马戏团的责任小于 50%，因为他们认为美女已经 38 岁了，应该知道危险，而且马戏团已经贴上了危险的告示。熊教授接下来讲了法律的两个准则：一是不能把极端的危险带到普通人的生活中；二是最小防范成本。老虎伤人事件中有四个时间点，即装笼、路口、伤人、打官司。在装笼时，若考虑到老虎可能伤人，轻易就可以防范了。而危险有两种：一种是模糊危险，另一种是精确危险。美女也有责任，她应该知道老虎可能伤人，最后的判决是马戏团负 85% ～ 95% 的责任。熊教授这第一个案例分析，就将课堂气氛带动起来。每当有人发表意见，熊教授都给予鼓励。

在体现“先了解社会，再了解法律”的原则时，熊教授用了一个性骚扰的案例。上级对下级的性骚扰有两种情况：一种是对直接下属的骚扰；另一种是对另一个部门下属的骚扰。熊教授问，法律在判决两类性骚扰案件时，哪一类应该重罚，为什么？在经过一番讨论后，熊教授总结道：“同部门性骚扰应该重罚是因为同部门下属防范性骚扰的成本高，居于上级的加害方可以轻易用谈工作的缘由让下属很难拒绝。”熊教授转述了一位法律界泰斗的名言，“法律是一个点，真实的世界是线，是面，是立体的。”因此，法律工作者要先了解社会，再了解法律，靠生活经验去践行最小防范成本的原则。

在“让证据说话”的案例中，熊教授问道：“到钱塘江观潮的过程中，经常有人被潮水卷走，那么被潮水卷走的人中，是当地人居多还是外地人居多？”在讨论过程中，多数人认为当然是外地人居多。也有一位老师认为是当地人居多。理由是淹死的都是会水的，当地人自忖熟悉地形，而潮水又有不确定性，因此淹死的当地人居多。熊教授讲，让证据说话，相关资料的统计数据告诉我们在观潮过程中不幸去世的人，外地人居多。原因是潮水的风险对当地人是“精确的风险”，而对外地人是“模糊的风险”，后者的危害重于前者。

在“法律不是解决公平，而是解决价值冲突”的案例分析中，熊教授给出的案例是目前热议的“同命同价”问题。他问道：“在一场车祸中同时死去的两个人，是不是应该获得一样的赔偿？”这次讨论中年轻老师的回答多数都是应该获得一样的赔偿，为什么？回答是生命具有同样的价值，熊教授问道：“谁告诉你的生命具有同样的价值？住在市中心的小孩得病和住在郊区的小孩得病，获得的救助是不一样的。不要从道德的视角分析问题，要从社会整体的角度去思考。假如在车祸中被撞的一个是民工，月收入2 000元;另一个是律师，月收入 30 000 元。如果同命同价，按什么标准赔偿？按 30 000 元给民工赔偿，民工家庭一下子就发达了；按 2 000 元给律师赔偿，律师的家庭一下子就陷入了困境，生活难以为继。一般的做法是考虑受害人的预期收入，或在保持原来效用不变的前提下按当地平均工资计算到受害人 65 岁为止。同命同价是一种价值观，而法律需要平衡不同的价值观，要以对社会震动最小为标准。”

在“除弊改为兴利”的案例中，熊教授讲了我们熟知的故事，一个人从纽约到喜马拉雅山摄影后回到美国，一到家就去冲洗店洗照片，结果冲洗店将底片冲坏了。这个人状告冲洗店要求它们赔偿他去喜马拉雅山的直接成本 5 万美元，而冲洗店收取的费用仅 100 美元，显然不愿支付这 5 万美元的赔偿。此时，熊教授提出了出现问题后，有“向前看”和“向后看”两种做法。具体来说，“向后看”是利益分割，即“分饼”，而“向前看”是把利益做大，即“把饼做大”。处理过去，是为了着眼未来，所以要考虑激励问题。如果赔偿 5 万美元，冲洗店估计会立刻倒闭。最终法律的判决是赔偿 200 美元，这样冲洗店可以继续经营，而摄影家仅获得 200 美元的赔偿，但以后会更加小心，会选择更有保障的冲洗店。由摄影者承担防范风险的责任也符合成本最小化原则。进而熊教授讲，我国优步和支付宝的出现，造成的纠纷都可以从兴利好于除弊的角度去思考。

我认为最有趣的案例是熊教授给出的相邻两家，其中一家果树越过墙头，果实掉到邻居的家里，这时果实的产权归属问题。讨论中有些年轻老师认为私有财产不可侵犯，因此果实的归属应该归果树所有者。熊教授让大家举手表决，我投了果实归邻居所有。熊教授总结说，财产权固然重要，其他价值也重要。如果落到我院子的果实归果树所有者所有，他会经常到我院子来打扰我的生活，我的隐私权也很重要。接着他又延伸到如果楼上房客晒衣服，落到楼下的院落，第一次可以来捡，第二次也可以，第三次或更多次后，楼下的主人可以直接把衣服撕成抹布，因为根据最小防范成本原则，楼上的人只要夹个夹子就可以避免衣服掉落。有个学法律的人曾经不同意这个说法，他说如果我的妻子走错门了，那怎么办？熊教授回答:“你怎么知道你妻子是走错了门？”课堂内一片笑声。在轻松、愉悦、新奇、有趣的讲授中三个小时很快就过去了。走出教室，熊教授对我说：“我想和青年教师展示一下如何掌控课堂。”是的，我也是东北财经大学首届教学名师之一，在课堂上纵横30年，有一定的掌控课堂的经验，但是我还是由衷地钦佩熊教授举重若轻、润物细无声的台风。

浙江大学真是划算，除了引进一位杰出经济学家之外，还引进了同样杰出的经济学教师。熊教授称自己是信差，是经济学思想的传播者，是体育老师，专门训练学生脑力运动。听了熊教授半天的讲授，我感到熊教授实至名归，在我们的课堂上和学术界，太多的慷慨激昂、拍案而起、铁肩道义、信仰情怀，这使我们丢失了从容和平和。美国经济学家曼昆在《经济学原理》一书中，将经济学家定义为科学家，而不是决策者。经济学家研究的是“是什么”“为什么”，他们的使命是认识世界，揭示规律。“热切的心情，冷静的头脑”告诉我们应该尽量抑制热切的心情，开动冷静的头脑，不要掺杂太多的感情色彩，尽量排除意识形态的干扰，客观、冷静、理性地分析才是经济学者的职责。在如今浮躁喧嚣的经济学界，经常有人语不惊人死不休，轻易就给出北京市房价应该80万元/平方米的结论，或者不等听明白别人说什么就拿起棍子乱打，熊教授的风范更显得难能可贵。听熊教授的发言及讲座，一句“有理不在声高”的俗语始终萦绕在我的脑海。在我们的意识形态教育中，有太多关于横眉冷对、博学济世、仗义执言、笑傲江湖等指向鲜明的渲染。什么时候我们也能平心静气、不带偏见地进行经济学研究及传播工作，科学与理性就可以在祖国大地上开花结果了。

为此，我感谢熊秉元教授。

荒唐的地方政府行为

我的家乡位于内蒙古东部，是一个拥有城市居民50万人口的地级市。改革开放后，家乡的变化日新月异，高楼林立，道路宽阔，只是当地的经济发展缓慢，在激烈的市场竞争中，原本具有比较优势的毛纺、玻璃、酿酒、化肥等支柱行业均日落西山，大量的下岗职工生活非常困难。家乡城建的繁荣与居民收入的低下形成反差，每次喜忧交织的家乡之行我都试图去寻找这繁荣中贫困的原因。

2006 年寒假我仅在家乡停留了一周，看到当地政府三个匪夷所思的举措，从其近乎荒唐的政府行为后面可以窥视出繁荣中贫困的根由。

一、强行集资，推行“三个代表”

由于当地企业纷纷破产，政府机关及事业单位工作人员成了当地人眼红的职业，月收入千把元的政府公务员及事业单位人员成了家乡的高薪收入阶层。因此，当地政府财政困难或打算搞项目时经常打他们的主意。2003 年，政府推行了强制摊派，处长 10 000 元，科长 5 000 元，科员 3 000 元，集资支持农民养牛项目，名曰搞“三个代表”。我的远房姐姐，一家三口便被征去 13 000 元。姐姐说:“不交不行，不交就下岗。”当地政府大范围地推行这种强制摊派行为搞得当地民怨沸腾，上访的、告状的，惹来很多新闻媒体关注此事。无奈之中，政府将摊派费转成银行存款，集资人将手中的白条换成存款凭证，三年后由农业银行偿还。

当地政府的荒唐之处在于：首先，侵犯了公民的财产权，强制摊派违背个人意愿。“三个代表”应在法制约束下实施，违背个人意愿地强行集资侵犯了人权。其次，集资款能否提高农民的收入值得怀疑。所集款项由谁支配，谁来监督贷款的用项，养牛大户还是养牛小户能获得该支持款项，都不得而知。这巨额的资金增加了政府官员的权限，必然引来寻租、设租行为。最后，养牛存在着相当的风险，对于“要钱没有，要命一条的贷款人”，无疑增加了银行的不良贷款，引发新的财政黑洞。

总之，政府强行集资搞“三个代表”的做法是典型的政企不分，在效率与公平上均存在问题。

二、商品化的低保支付

由于家乡下岗职工太多，而且再就业的门路有限，相当多的居民生活在贫困线下。当地最低生活水平被确定为每月 140 元，对收入不足 140 元的贫困人口，政府每月一律补贴 30 元（无力补足至 140 元 / 月）。这 30 元救命钱在当地贫困居民眼里非常珍贵。我亲眼所见我的舅母因晚得了 3 个月低保，哭得死来活去。30 元的免费午餐来之不易，要经过个人申请、街道测评、有关部门查访，每月还得参加公益劳动，一旦有闪失，被举报，这 30 元就有可能被取消。然而，这来之不易的 30 元钱，发到个人手中的不是货币，而是质量低劣的大米，有人在赚下岗职工低保补贴中的黑心钱。

经济学告诉我们，政府补贴的货币化比商品化更能提高被补贴者的福利。每个生活在贫困线下的下岗职工，其困难的原因是不同的，有的是因为患病，有的是因为孩子上学。货币是一般商品等价物，下岗职工所有的困难都可以归结在两个字上——“缺钱”。货币在手怎么花最值，当事人自己最清楚，政府不应越俎代庖，分配给居民大米以充抵低保支付，况且我的家乡已经没有国有粮食供给部门，所有的粮店都民营化了。

三、条块分割中被遗忘的老干部

近几年，由于行政管理体制的改革，条条与块块之间经常转化。父亲所在的标准计量局就由原有的块块管理划为条条管理。在条块全新分割中，关于离退休的老干部的待遇做法不一。地区级跟着条条上划，市区级的归口于块块，即老干部与原单位脱钩，归当地政府管理，但是一年过去了，这些老干部至今无人问津。父亲工资在社会保险局领取，医药费到医疗保险局报销。除此之外，这些老干部就没有人管了。“革命一辈子，工作一辈子，咋成了没单位的人了呢？”父亲愤愤不平。“差什么待遇？”我问道。妹妹说只是差一报一刊和一年两次体检。妹妹多次奉命去市老干部局询问，每次得到的答复都是“不就一报一刊，三百多元钱吗”。此次在家乡我也多次安慰老人，“这是小事，那一报一刊和体检费我给不就行了吗？”父亲非常激动，一再强调“这不是小事，是大事，是对老干部的态度与感情的事”。曾经出生入死，临老了没人管了，父亲很伤心。全地区与父亲情况类似的有上千人。

随着改革的深入，地方政府面临的困难很多，财政问题、失业问题、三农问题均受大环境所限不能在一朝一夕内解决。但是一些能够解决的事情地方政府应该切实解决好，比如这些老干部的“一报一刊”问题。常听到“情为民所系，权为民所用”这样的政府口号，但愿它不仅仅是宣传标语。

家乡之行，免不了和当地的政府官员打交道，家乡很多高官都是我的好朋友。这些朋友不乏智慧、豁达及才干。我经常困惑，由这些聪明精干的官员个体组合而成的整体怎么就制造出这么多匪夷所思的荒谬之事？个人的理性怎么就转化为集体的非理性？为什么在荒唐的政府行为中民众只剩下无奈？

慎用诉辩交易

2002 年 4 月 19 日，《法制日报》以《国内诉辩交易第一案》为题，报道了牡丹江铁路运输法院首次使用“诉辩交易”的审理方式，仅用 25 分钟就将一起长达 15 个月未能结案的故意伤害案审结的案例。其后，此案例被中央电视台《新闻调查》栏目深入报道。一时间，“诉辩交易”这一融合了法学与经济学味道的新名词进入了人们的视线。

一、诉辩交易的起源

诉辩交易是指在法院开庭审理刑事案件之前，检察官因为掌握被告人犯罪的证据较少，并且收集证据比较困难或代价高昂，为了避免所指控的犯罪不能成立或为了节约诉讼成本、提高诉讼效率，以做出较轻的指控、许诺代向法官求情为代价，换取被告人认罪的供述，与被告人辩护律师在法庭之外讨价还价后达成协议的一种制度。诉辩交易的主体是检察官与被告人的辩护律师，其讨价还价的交易有两个：一是控罪方面的交易，即被告人承认犯罪，检察官减少对其指控的罪状；二是判刑方面的交易，即被告人的认罪换来检察官向法官提出对被告人施行较轻量刑的建议。

诉辩交易起源于美国。第二次世界大战以后，由于种种社会原因，美国的犯罪率居高不下。为了以有限的人力、物力解决日益增多的案件，一些大城市的检察官开始用协议和交易的方式换取被告人的认罪答辩。由于这种结案方式灵活而且节省诉讼时间，因而在联邦法院和各州法院得到了广泛应用。1970年，美国联邦最高法院正式确认了诉辩交易的合法性。1974年，修订施行的《联邦刑事诉讼规则》明确将诉辩交易作为一种诉讼制度确立下来，但诉辩交易制度的确立和发展在理论界引起了广泛争论。1973年，阿拉斯加州检察长命令全州所有检察官停止施行诉辩交易。当然，诉辩交易并没有停止，目前联邦法院和各州法院90%的案件以诉辩交易的方式结案。

在美国，检察官在决定对某一被告提起公诉以后，通常有两条路可供选择：一是直接提交法院进行审判；二是与辩护人进行诉辩交易。实施诉辩交易在美国被认为有三点好处：第一，诉辩交易可以在对其他更重要的犯罪嫌疑人的起诉中，获得被告人的通力合作；第二，诉辩交易可以避免指控方因有罪证据不足而败诉的危险；第三，诉辩交易可以大大地减少工作量，节省国家的诉讼开支，从而使检察官和法官能集中精力处理好那些更为复杂、社会影响更大的案件。

二、我国诉辩交易第一案的始末

2000年12月18日，黑龙江省绥芬河市的孟广虎驾车赴朋友的酒宴。连续不断的催促电话使孟广虎加快了车速。忽然间，孟广虎发现前方一辆卸货的吊车挡住了去路，孟广虎当即要求吊车司机王玉杰让路，但王玉杰坚持要等卸完货才能让路，随即双方发生了激烈的争吵。孟广虎打电话给自己的朋友请求帮忙，朋友们闻讯赶来，双方大打出手。吊车司机王玉杰被打成重伤，经医院诊断为锁骨骨折、肝脏破裂。案发后，除孟广虎外，其他6名同案犯罪嫌疑人均潜逃外地。虽然公安机关出动了大量的警力、花费了相当多的经费抓捕其他犯罪嫌疑人，但仍然一无所获。与此同时，犯罪嫌疑人孟广虎已经在看守所被羁押长达15个月之久。被害人王玉杰是一位56岁的农民，举债买车经营后被迫停止又遭遇冗长的诉讼程序之折磨，生活无着落，看病又没钱，已陷入绝境。2002年3月20日，牡丹江铁路运输检察院以被告人孟广虎犯故意伤害罪向牡丹江铁路运输法院提起公诉，在开庭前，被告人孟广虎的辩护律师提出，尽管是被告人孟广虎找人对被害人王玉杰进行殴打并造成了重伤的后果，但由于本案其他犯罪嫌疑人在逃，无法确定被害人王玉杰的重伤具体是何人所为。所以辩护律师认定被告人孟广虎承担具体的重伤责任事实不清、证据不足。而牡丹江铁路运输检察院认为，本案因其他犯罪嫌疑人在逃无法判定被害人重伤后果具体是何人所为，如继续追逃需要大量时间、人力和物力，而且由于本案多人混战的特殊背景，证据收集也困难重重，但此案系一起共同犯罪案件，被告人孟广虎找人行凶造成被害人王玉杰重伤后果理应承担全部责任。双方意见发生严重分歧，案情陷入僵局。

此时，黑龙江省法院系统正在进行审判方式改革的探索，诉辩交易也被列为重点研究课题。牡丹江铁路运输检察院与辩护律师丁云品协商此案是否进行诉辩交易。辩护律师丁云品在征得被告人孟广虎的同意后，向牡丹江铁路运输检察院提出了诉辩交易申请。而后控辩双方进行了协商，达成协议。诉辩交易的协议内容如下：第一，辩方放弃本案是谁、使用什么凶器造成被害人重伤的辩点，同意控方的指控。第二，辩控双方一致认为，被告人孟广虎作为共同犯罪已构成故意伤害罪，但考虑到被告人孟广虎积极赔偿被害人王玉杰的经济损失，并已经实际履行，根据法律规定和被害人王玉杰的要求，公诉机关认为可以从轻处罚，适用缓刑。牡丹江铁路运输法院在接到诉辩交易的申请后组成合议庭，对他们双方达成的诉辩交易进行了程序性的审查，认为该诉辩交易协议及申请文本内容齐全，签字、印鉴清晰，格式规范，并定于 2002 年 4 月 11 日，公开审理这起全国第一例诉辩交易的案件。法院认为，控辩双方达成的诉辩交易是双方在自由意志支配下的真实意思表达，与法律规定并不相悖，法院予以确认。被告人孟广虎犯故意伤害罪，判处有期徒刑 3 年，缓刑 3 年，被告人孟广虎赔偿被害人王玉杰经济损失 4 万元整。至此，孟广虎故意伤人案全部审结，从开庭到宣判，仅仅用了 25 分钟。事后，被告人孟广虎表示他不再上诉，被害人王玉杰也一再表示，对这样的结果非常满意。

三、诉辩交易的经济学思考

牡丹江铁路运输法院此项“国内诉辩交易第一案”的审理，涉及自由与公正之间的交易，引发的关注与反响远远超出了刑法的范围，它开创了我国司法改革的先河。社会各界人士对这一案件展开了激烈的讨论，见仁见智，众说纷纭。从经济学的角度分析该案例能给我们利弊两个方面的启迪。

该案例有利之处表现为三个方面：其一，提高了诉讼效率，节约了司法资源。长期以来，困扰法律界的问题之一是诉讼成本太高，由于法律的严肃性及涉及人们的自由甚至生命，因此每个案件的司法过程均比较缓慢。事实的认定、证据的取得及量刑的大小，均需花费大量的人力、物力和财力，而有限的司法资源相对于大量的犯罪事实十分稀缺。诉辩交易这项制度是检察院以犯罪人认罪为条件，部分地放弃公诉请求，缩减司法程序上的消耗和节约司法资源，迅速地将当事人双方从久拖不决的诉讼陷阱中解脱出来，使令人恐惧的司法周期大大缩短，它无疑提高了诉讼的效率。其二，实现了当事人双方的帕累托改进。由于诉辩交易是一项建立在当事人双方自愿基础之上的自由交易，它提高了双方当事人的福利。受害人一方在漫长的诉讼周期中蒙受着巨大的精神和经济损失，由于案情复杂或证据不足，受害人还承担着较高的败诉风险。“赔了夫人又折兵”，倾家荡产打官司后，落得个竹篮打水一场空的受害人屡见不鲜。受害人在成本收益的比较中选择了具有部分“私了”性质的诉辩交易，着眼于经济补偿，符合理性的逻辑。而被告方花钱免灾，尽早地解脱牢狱之苦，也增加了自己的福利。其三，该项制度的创新具有法律依据。诉辩交易的实行，虽然在我国属于首例，但在我国刑法“坦白从宽，抗拒从严”的原则中，不难发现诉辩交易的痕迹。另外，我国《刑事诉讼法》第 174 条规定，人民法院对依法可判三年以下有期徒刑、拘役、管制，单处罚金的公诉案件，如果事实清楚，证据充分，人民检察院建议或同意运用简易程序的，可以使用简易程序。诉辩交易是将隐性的“坦白从宽，抗拒从严”和简易程序显性化，将以往司法部门灵活的暗箱操作公开化、制度化，它的实施具有一定的法律基础。

诉辩交易虽有上述优点，但它的弊端也不容忽视。我认为，在我国现行的法律和市场环境下，实施诉辩交易弊大于利，其理由有如下三点。

（1）诉辩交易混淆了经济学逻辑与法学逻辑。众所周知，经济学的逻辑是效率，法学的逻辑是公平。市场经济奉行的是有效率的逻辑，而刑法奉行的是公平的逻辑。任何一个社会都不可能只要效率不讲公平，或反之，只讲公平不要效率。效率公平是一对矛盾的统一体，在不同的领域，它们各自的份额有不同的侧重点。对于一般的私人产品交易，当然是效率优先兼顾公平。在维护社会秩序以及保护人身及财产安全的司法公共品领域，应该奉行公平优先兼顾效率的原则，而效率优先兼顾公平的诉辩交易显然违背了上述逻辑。

（2）诉辩交易加大了司法长期成本。诉辩交易排斥了传统司法的“绝对公正”，追求公诉方、被害方及被告方三方满意的相对公正，在短期内获得三赢的结果，降低了司法成本，但它的存在在某种程度上损害了法律的尊严，导致了罪刑不符及重罪轻罚的后果，在某种程度上使法律的威慑作用降低。诉辩交易将法律的惩罚性更多地转化为赔偿性，降低其杀一儆百的效应，从长期看反而加大了司法成本。美国经济学家曼昆在其所著的《经济学原理》中指出，“人们总是对激励做出反应”。诉辩交易的制度激励令人惶恐不安。

（3）诉辩交易可以导致寻租活动的盛行。长期以来，我国司法奉行的一个原则是“以事实为依据，以法律为准绳”，但是由于法律这个准绳具有相当的弹性，因此难免发生司法腐败。诉辩交易使诉辩之间的讨价还价名正言顺，给腐败者及犯罪分子提供了寻租土壤。因此这项制度有可能成为司法腐败新的“黑洞”，对依法治国方略的实施产生负面的影响。此外，我国与美国的司法环境有很大的不同，东西方世界在文化、立法、公民心理承受力等方面的反差很大，若在我国照搬美国的司法制度，难免造成水土不服。

总之，我认为，在我国法律制度不完善、市场交易规则混乱、腐败现象较严重的大环境下，应严格控制诉辩交易这一制度实施的范围，以维护我国法律的庄严，不要让那柄凝结着正义与公平的法律之剑因裹上效率的外衣而丧失了它的利刃。

中国做对了什么——解读《中国经济制度》

2009 年 10 月中信出版社出版了张五常教授撰写的《中国经济制度》一书。可以说此书创造了学术著作发行的纪录，一年之内卖出了 80 000 多册，还有很多年轻人从网上直接下载电子版，也有大学将其作为研究中国经济制度的经典教材。是什么让一篇学术著作如同畅销小说一样受到如此追捧，在什么背景下年逾古稀的张五常教授写下了这鸿篇巨制？

一、两位老人的情怀

2008年，美国芝加哥大学诺贝尔经济学奖得主，97岁的科斯教授决定拿出自己的诺贝尔奖奖金，在美国召开中国经济改革学术研讨会。这位新制度经济学的创始人，长期以来对中国充满了感情。他言道，从小读马可·波罗，对神秘的中国充满了好奇心，中国在唐宋元时代所拥有的财富世界第一，到了近代突然衰落。改革开放30多年来中国经济又创造了人类历史上的奇迹，这种大起大落让他看不明白，因此决定在美国召开中国经济改革研讨会，并希望张五常教授撰写一篇论文作为会议开场文章，该研讨会同时邀请了两位诺贝尔经济学奖得主作为该文章的评论者。张五常教授决定“舍命陪君子”。他首先写下了11篇系列文章——《经济学的缺环》作为前期准备。然后在2007年7月动笔，一口气写了3个星期。他不分昼夜、足不出户，体重减了2千克多，终于写出《中国经济制度》的初稿。然后几经修改写出了被科斯与蒙代尔这两位诺贝尔经济学奖获得者称作“威力无比”的《中国经济制度》一文。这篇被科斯称作“完全符合我的要求”的鸿篇巨制，在大会上引起与会人员的强烈反响。

中国经济体制改革经过30多年的历程，建立了拥有鲜明中国特色的体制。这个人口众多、资源匮乏、国民经济落后的国家，脱掉贫穷落后的帽子，走向民族复兴、国力强盛，无疑是人类历史上的奇迹。如果能成功地破解中国奇迹的密码，是对人类知识积累及历史进步的一个贡献。张五常教授称有机会以这篇文章结束自己40多年的学术著作生涯，是上天的恩赐，大呼“天助我也”。

在美国召开中国经济改革研讨会时，科斯这位世纪老人出席了会议，在开幕式和闭幕式均发表了精彩的讲话。当他说道，“为中国奋斗，就是为世界奋斗”“我将长眠，祝福中国”时，许多与会者都流下了眼泪。年近百岁的科斯教授与张五常教授一样，都是在为中国“舍命”。

二、从合约角度审视中国制度

在众多中国经济制度解释的文章中，张五常教授的《中国经济制度》有着足够的分量。他是产权大师阿尔钦的高徒，是交易费用创始人科斯几十年的朋友，自己又创立了现代合约理论，所以他具备解释中国经济制度所需的理论基础。此外，他了解中国历史，能用中英文撰写文章，而且自1982年以来，张五常教授一直跟踪研究中国经济制度的变迁，又对自己的祖国充满了感情，对中国发生了什么有切身的感受。因此，由张五常教授撰写的《中国经济制度》一文，自然就不同凡响、独树一帜。

在《中国经济制度》的开篇，张五常教授用非常激昂的文字，列举了中国发生的翻天覆地的变化后指出，“这种持续30年的高速增长，发生在人口众多、环境复杂的中国，近乎于不可置信”。尽管这个国家有种种不尽如人意的地方，但是“一个跳高的人，专家认为他不懂得跳，他走得蹒跚，姿势拙劣，却能跳2.44米高，创造了世界纪录，这个人一定是做对了什么”。“中国做对了什么”是《中国经济制度》这篇文章的灵魂。

解释中国经济制度，张五常教授采用的是合约的视角。被誉为现代合约理论创始人的张五常教授，从博士论文《佃农理论》开始，40多年来一直坚持以合约的角度审视真实的世界。他曾说道:“我对经济学的贡献只有合约理论，没有其他，也不应该有其他。”他认为忽略了合约理论，我们就无法理解经济学的两大主题——资源配置与收入分配。《经济学消息报》的主编高小勇曾问过张五常教授，“什么是合约？”教授回答，“同意，一个相互的同意。”在《中国经济制度》一文中，他采纳科斯的意见，用“合约的一般概念”为题，详尽地阐述了合约理论。他写道:“任何社会只要有稀缺，就必然有竞争。而竞争没有约束，租值的耗散会使人类无法生存，而合约便是约束竞争的局限条件。因为约束竞争包含着相互同意的行为，或明或暗，或自愿或强迫，这就意味着合约的存在。”张五常教授认为合约具有一般性。宪法、私有产权、等级制度、法律管制、风俗宗教、家庭婚姻，都可以看成合约。

张五常教授说，在计划经济时代制度成本非常高，人们没有被饿死，也是因为有约束竞争的合约安排，那就是按等级界定权力的合约。他写道:

“1979年，在广州，见到不同职业的等级细微划分使我震撼。某级别的同志可以享有一部汽车，或隔一天可以分到一个鸡蛋，或有权到市场买鱼但不需要排队，这些现象很有启发性。我最初的解释是人天生是不平等的，如果在一个无产的社会中每个人都平等地无产，人权一定要不平等社会才能得到均衡。”中国经济制度的变迁是将按等级界定权力的合约向按资产界定权力的合约转变。由此降低的交易成本，即减少的租值耗散必然会促进财富的积累。关于这点的论述，在1981年张五常教授写下的《中国会走向资本主义的道路吗？》就有清晰的论述。中国30多年改革开放的历史，清晰地验证了张五常教授的推测。中国经济体制改革的实践，给了近距离观察它的张教授许多精彩的碎片，他用现代合约理论将其织成了一幅绚丽的画卷。

三、破解中国奇迹的密码

从以等级界定权力的合约，向以资产界定权力的合约转变，中国走的是农村包围城市的路线。农业的土地承包制度，也有一个演进的过程。为了减少饥寒交迫，人民公社引进了一连串的修改措施。首先是工分制；接着是生产大队核算制；最后又将大队核算改为小队核算。到了1978年，土地承包合约开始实施。20世纪90年代，农产品价格管制被取消，2005年，全面取消了农业税。政府逐步减少了对农业的控制，土地承包制度的实施功效非常显著。

但这一制度引用到工业领域却出现了很大的问题，主要的困难是资产要折旧，维护保养与再投资的责任归属不清，政府与企业之间经常有争吵。承包合约引用到地区竞争制度中才是中国创造奇迹的密码。1997年，张教授到昆山去考察，地区之间竞争的激烈程度让教授感到震撼，直到2005年，张教授才解通这一制度的密码。张五常教授写道：“经济权力越大，地区竞争越激烈。今天的中国，主要的经济权力不在村、不在镇、不在市、不在省，也不在北京，而是在县的手上。理由是决定使用土地的权力在县政府之手。”“一个发展中的国家，决定土地使用的权力很重要。没有土地就没有什么可发展。土地得到有效率的运用最重要，其他皆次要。如果在竞争下土地的租值上升，经济就在增长。科技的改进、资产及知识的积累当然重要，然而如果人民吃不饱，科技和投资是没有什么作用的。处理好土地的使用，经济会因为有储蓄、投资与科技改进的支持而上升。”

县与县之间竞争为什么如此激烈，在合约结构中，哪些因素促进了地区之间的竞争？张五常认为是1994年开始实施的税收分成制。张五常教授认为这种制度是明显的佃农分成制。一方面是投资者与县政府的分成；另一方面是县政府与中央政府的分成。《中国经济制度》的写作过程中有一个困难，困扰了张教授几个月，当年他的博士论文《佃农理论》推翻了传统经济学关于分成制是低效率的观点，其依据是地主之间有竞争，农户之间也有竞争，分成的比例是可变的。竞争的结果是有效率的比率一定会出现，但是中国的增值税分成，分成的比率全国是统一的，怎么可能有效率呢？后来张五常教授突然想到，地区之间可以通过灵活的土地价格来展开竞争。理论上土地的价格可以为负，即县政府收取的土地出让金可能无法抵销政府开发土地的成本。土地的价格可以为负，地方政府就有了无限的调整机能，地区之间的竞争就会非常激烈。

为了更好地理解地区之间的竞争，张五常教授采用了一个生动的比喻，“一个县可以看作一个庞大的购物商场，由一家企业管理。县的投资者可以看作租用这家商场的客户。商场的租客交固定的租金（等于投资者付固定的地价），加分成租金（等于政府收的增值税），而我们知道，因为有分成，商场的大业主会小心地选择租客，多方面为租客提供服务。也正如商场给予有号召力的客户不少优惠条件，县政府对有号召力的投资者也提供不少优惠。如果整个国家满是这样的购物商场，做类同的生意，但每个商场是独立经营的，它们之间的竞争之激烈可以断言。”接下来张教授生动地描述了这种竞争，“需要一个商业牌照吗？县政府会派人带你奔走。要建筑许可证吗？县政府给你担保。不喜欢那不洁的小溪流过你的场地吗？它可能给你建造一个小湖。它会帮你找设计师，找建筑商，而当你准备投产时，它会协助你聘请员工，收费也是合理的。的确如此，县政府有招工队，替投资者招工。它会向你推销它的廉价电力，推销它的公园与娱乐，推销它的方便交通、水电供应、光辉历史，甚至它的女孩子有多漂亮——我没有夸张！”

此外，张教授认为激烈的地方政府之间的竞争对于促进中外合资企业的发展、加速产业集聚、约束腐败、促进国企改制也有辅助的作用。因为没有投资者愿意在服务不佳、处处“卡油”的地方投资，而且有了土地出售收入可以遣散国企职工，县政府自然关心企业的效率，也关心分成收入。因此，促进产业集聚及配套也在地方政府的考虑之中。最后，张五常教授在文章中指出，中国经济制度是被人口众多、资源匮乏的环境逼出来的，换一个自然资源丰富的国家采用中国经济制度不一定有好的效果。这样的远见卓识像珍珠一样散落在文章的各个角落。

拜读《中国经济制度》，我们除感受到思想巨人举重若轻、不同凡响的真知灼见以外，我们还能感受到张五常教授激情澎湃的赤子之心。他曾在《中国前途》一书中写道：“因为我曾经和中国同胞一起挨饥抵饿，我感到我有责任借这篇文章向他们解释经济机制的运作；又因为血浓于水，我下笔就不能无动于衷。这种感情流露，应理解为我对同胞的至诚关切。”在《我也有一个梦》一文中，他写道：“除了思想，我从来不认为自己对社会有什么影响力。最高的期望，是把经济分析的文字，多篇陈列在思想市场上，执政者要选购，可能选中一些。”“一艘比泰坦尼克还要巨大的邮轮，在风雨中航行，一个孩子站在船头，看得清到处是冰山、礁石，船行得快，孩子不禁大声疾呼，不断呐喊。明知船长不会管，但当每次大船及时脱险，孩子就开心地想，难道船长真的听到了他的呼声？最后太阳出来了，见到汪洋一片，孩子更开心了，忘记了自己曾经大喊大叫。我也有一个梦，梦见一个孩子在风雨中站在船头，不断地呐喊——这个孩子是我。”是的，这位几十年如一日殚精竭虑，为中国经济改革不断呐喊的杰出经济学家，令人敬佩。

《经济解释》对传统经济学的继承与革新

浙江大学科斯经济研究中心协同香港大学金融学院、浙江大学社会科学部、浙江大学经济学院及中信出版社曾在西子湖畔召开张五常教授《经济解释》学术研讨会。

面对这部60万字，经过作者三次重大修改，意图把经济学全面革新的鸿篇巨制，笔者没有功力全面地评价它的学术价值。笔者仅就《经济解释》一书对传统经济学的继承与革新的视角，谈谈自己的体会。

张五常教授在《经济解释》一书中反复强调他对亚当·斯密的古典经济学及马歇尔新古典经济学的传承。笔者个人体会张五常教授对传统经济学的继承体现在以下两点。

其一，张五常教授继承传统经济学体现在坚持科学的传统上。

在《经济解释》第一卷中，张教授就用了“科学说需求”这个题目，开宗明义科学的要义。“科学不是求对，也不是求错，科学求的是可能被事实推翻。可能被事实推翻而没有推翻，就算是被证实了。”张教授认为如果经济学是科学，必须具有可证伪性。因此不难理解他将主流经济学中的大量无从观察、无法检验的概念统统剔除。如效用、机会主义、卸责、隐瞒、偷懒、恐吓、博弈这些传播甚广，影响很大的经济学词汇由于其看不到、验不着的特点，被张五常教授“多个香炉多个鬼”地当作泥沙清除了。

理论的检验离不开真实世界。当张五常教授于1969年回香港度假时，发现自己苦学的经济学理论大部分解释不了真实世界，就感到必须对以往所学的经济学理论进行修改，而修改必须有真实世界的现象作为支持。张教授倾尽一生所学，三次重大修改后的经济学就只剩下经济解释这一个功能了。坚持科学的传统就是不带成见地寻求自然或社会现象呈现出的规律。找到这个规律，我们就可以对已经发生的现象进行解释，对没有发生的现象进行推测。张五常教授在《经济解释》的第一卷“科学说需求”中讲道:“推测现象的发生与解释现象是同一回事。推测可能被现象推翻，但没有推翻，现象的发生证实了推测，那么这个现象就算是被解释了。”[①] 此外，重视局限条件的变化是《经济解释》的一个显著特征。关于局限条件，张五常教授讲了三点：首先，这个局限条件要来自真实的世界，经济学者要走进真实世界深入调查；其次，真实世界的局限条件多如牛毛，要梳理出主要的局限条件；最后，局限条件要有可能发生变化，但是变化后要有一定的稳定性。

其二，张五常教授继承传统经济学体现在重视经济学的三个基础上。

---

① 张五常. 经济解释［M］. 北京：中信出版社，2014.

第一个经济学的基础是需求定律。他用了一卷的篇幅详细阐述了这个经济学最重要的定理。“价格下降，需求量增加”这简单的规律竟花费了教授10万字的笔墨。在何为价，何为量的阐述上，他屡有创新。一条需求曲线在他的手里千变万化，五彩缤纷。例如，马路上有100块钱，没有风、没有警察，很快就没有了；学者用专项基金复印资料比用自己的货币复印更加舍得；香港进口的美国水果品质一等；女人求偶时不会将脸涂黑统统都是需求定律。张五常教授开玩笑说，他只要手握需求定律就可以纵横天下。

第二个经济学的基础是把成本的概念纳入了真实的世界。《经济解释》第一版的第二卷是《供应的行为》。第二版重修后将《供应的行为》分为上下两卷，题目为《收入与成本》及《受价与觅价》。从费雪的利息理论的继承到财富仓库理论的重建，从马歇尔“上头成本”的重提到碗形成本曲线的推敲。张五常教授在继承与变革中将成本的概念一步一步地厘清，推到一个全新的层面，使传统经济学中许多矛盾、冲突以及概念更加清晰准确。特别是将作为成本一部分的交易费用重新定义，将其与制度费用、合约费用及租值耗散的概念融合，是张五常教授的一个重大贡献。他将交易费用定义为生产费用以外的费用，是鲁滨逊世界不存在的费用。一个人的世界有生产费用、有信息费用，但是没有制度费用。张五常教授认为没有市场交易也有交易费用。交易费用降低，社会财富会上升。但长期困惑张五常教授的问题是，市场是一个奢侈品，搜寻信息、讨价还价、合约签订、合约执行及监督都有很高的费用。市场广泛存在一定是降低了制度费用，它降低了什么费用呢？张五常教授思考多年得出的结论是：市场是唯一不会导致租值耗散的合约安排。因此，租值耗散也是交易费用，即制度费用。

第三个经济学的基础是竞争的含义。在《经济解释》第一卷的第三章“缺乏与竞争”中，张五常教授将“有胜于无”定义为物品，它包括商品、服务、友情、声望、空气、幽静，甚至包括亲生的孩子、江上的清风、山间的明月。“多胜于少”被定义为经济物品，而经济物品必然是缺乏的，即“不足够”。由于经济物品供应不能满足人们的需要，只要是在社会中，竞争是不可避免的，而竞争需要游戏规则，否则不能确定谁输谁赢。产权制度就是竞争的游戏规则，也是约束竞争行为的一个局限条件。产权制度包括弱肉强食、论资排辈、排队、考试等，而唯一没有浪费的产权制度是完全竞争市场的价格制度，“价高者得是唯一促使人们增加生产来换取所需的准则。多尽一份力以生产赚钱，取胜的机会较大，而这种生产对社会是有贡献的”[①]。张五常教授就是这样层层递进地将物品、经济物品、缺乏、竞争、产权制度逻辑井然、丝丝入扣地呈现给我们，让读者对这些耳熟能详的经济学概念有了另一番通透的体会。

除了上述混合了革新的继承外，我认为《经济解释》对传统经济学的革新还包括如下几个方面。

第一个革新是弥补了亚当·斯密忽略了的自私可能有害于社会的那一面。古典经济学最重要的贡献是“看不见的手”的理论，指出在市场这只看不见的手的指引下，个人逐利的动机与服务社会、服务他人的结果很好地融合在一起，市场是激励相容的制度。张五常教授认为斯密忽略了人类的自私可能给社会带来危害，人类有自取灭亡的倾向。从竞争的约束，交易费用的视角可以分析推测出人类的自私对社会的危害。如何约束自私给社会带来的危害要从减少租值耗散这个角度来考虑，这也是制度设计者重点考虑的问题。

第二个革新是通过将交易费用、制度费用和租值耗散三个概念进行统一，得出市场是唯一没有租值耗散的产权制度。科斯创造了交易费用的概念，他认为企业存在是因为市场有交易费用。当搜寻信息、讨价还价、合约签订、合约执行这些交易费用很高时，企业的存在就有效率了。当张五常教授将交易费用、制度费用、合约费用合为一体时，他认为市场存在也是因为交易费用。既然维持市场存在的交易费用很高，市场为什么还持久广泛地存在，因为它节约的是租值耗散的费用，所以租值的耗散也是交易费用。

第三个革新是简化了经济学的功能。张五常教授对经济解释这个概念情有独钟。1982 年，张五常教授回港大任职演讲时，他使用了“经济解释”作为演讲题目。2000 年，商务出版社出版他的文集，也采用了“经济解释”作为书名。第三次使用这个名字是这部他历时 14 年撰写的鸿篇巨制。“顾名思义，经济解释是以经济学的角度，用科学的方法来解释现象或人的行为。在科学的范畴内，问题来来去去只有一条：为什么。是的，怎么办是工程学的

① 张五常. 经济解释 [M]. 北京：中信出版社，2014.

问题；好不好则是伦理上的问题了。科学不问怎么办，也不问好不好。”① 由此看来，他将经济学的功能简化为解释世界，而不是改造世界。经济学家是科学家，而不是决策者，是思想产品的供给者，而不是政策方案的选择者。此外，经济解释重在局限条件的调查，交易费用的分析，这就使经济学走向了真实世界，成为科斯教授倡导的“好的经济学”。

第四个革新是构建了价格管制理论。该书否认了短缺及过剩等非均衡现象。张五常教授与科斯教授一样，对均衡和非均衡这个真实世界不存在的概念有很大的疑问。因为需求量和供给量与交易量不同，是意图购买和意图出售的商品数量，属于看不见、验不着的空中楼阁，所以，张五常教授对马歇尔让需求曲线和供给曲线相交就得出均衡价格和均衡交易量，而没有解释这剪刀的两刃如何剪和为什么剪，非常不认同。张五常教授认为：“先不谈价格管制，假设价格莫名其妙地在市价之下，那么依据传统的剪刀观点，市场的需求量就会大于市场的供应量。这两者的差距叫作短缺。短缺与缺乏不同，前者是指需求量大于供应量，后者是指某物品的需求使代价或价格高于零。从剪刀的观点看，市场需求量大于供给量不均衡的情况出现，短缺的压力会使价格上升，达到市价的均衡点而止。然而压力是什么？说需求量大于供应量等于没说。”②“正确的分析是如果价格被管制在市价之下，需求的一方见到自己的边际效用值高于价格，竞争抢购不获，逼着要付出金钱价格之外的其他代价作补充而争取。这些其他的补充准则可能是排队轮购，可能是论资排辈、武力解决、政治手法、人际关系等。只要知道哪一种补充金钱价格的准则会被采用，或哪几种准则的合并会被采用，我们就知道这些补充准则的代价，加上金钱之价，会等于边际效用值。于是，我们会有另一种均衡，不会有短缺，而竞争就会被解决了。短缺是因为经济学者的思想有所短缺而产生的。”③

第五个革新是坚持合约的视角，弥补了经济学的缺环。在《经济解释》的第四卷“制度的选择”开篇，张五常教授写下了如下的文字：“竞争一定要

① 张五常．经济解释［M］．北京：中信出版社，2014.

② 张五常．经济解释［M］．北京：中信出版社，2014.

③ 张五常．经济解释［M］．北京：中信出版社，2014.

受到约束，而这些约束可以堪为合约的安排。私有产权、论资排辈、管制规则、风俗宗教等，皆可以看作广义的合约安排。因为这些约束是社会中人与人之间需要互相遵守的规则，无论是自愿的还是被迫接受的。合约的存在不一定要有市场交易。从合约的角度看约束竞争很重要，因为产权的理念往往抽象，相比起来，合约的角度更加直接。"[①] 早在 2007 年张教授就以《经济学的缺环》为题目发表了一系列文章。他认为传统经济学将资源配置和收入分配的分析称作"微观"，关于失业、货币、通货膨胀的分析称作"宏观"，而合约的安排被长期忽略了，成为一个重要的缺环。如果不引进合约分析，就无法深入地理解资源使用与收入分配，也无法理解失业、通货膨胀等现象。"严格说来，漠视合约这个重要的环节，我们不容易从资源使用和收入分配理论基础解释些什么。"[②] 其实，笔者认为从 20 世纪 60 年代张五常教授的博士论文《佃农理论》开始，到 80 年代的《中国会走向资本主义的道路吗？》，90 年代的《企业的合约性质》，一直到 2008 年的《中国经济制度》，张五常教授所有的有影响的经济学论文和著作均坚持了合约安排这条主线。在《经济解释》这部著作中他更是浓墨重彩地构建了合约的一般理论，弥补了经济学的合约缺环。他将合约费用、制度费用、交易费用画上等号，不但能使经济学走向真实世界，而且能够帮助人们从合约费用转变的角度去理解国家制度的选择、家庭伦理的确定，资源配置与收入分配也有了明显的边界。

此外，《经济解释》还展现出一种有别于传统经济学的全新的写作方法及艺术表现。60 万字的《经济解释》除了给读者耳目一新的理论贡献之外，它化繁为简，形象生动的表现手法使读者在感受经济学理论奥妙无穷、逻辑井然的同时有一种如沐春风的艺术享受。例如，张教授用"横看成岭侧成峰"形容每种产品都兼有公用品和私人产品的属性，关键在于能够隔离收费。他写道："一个貌美如花的女人让我拉着她的手一起招摇过市，我老人家当然开心过瘾，但她却不让你拉。她的美貌你也可以看，属共用，我和她皆难以把你隔离而收费。然而，她的美貌价值传到我拉着她的手，就胜了一筹，我请她进膳肯定不会是汉堡包，这就是隔离收费。说不定，明天该美人会拉着

① 张五常．经济解释［M］．北京：中信出版社，2014.

② 张五常．经济解释［M］．北京：中信出版社，2014.

你的手，把我隔离而收你的费。这类现象在我们生活的社会无处不在，天天有。”[1] 用这样的语言撰写经济学著作舍张五常其谁？

从合约安排审视真实的世界

张五常教授被称作现代合约理论的创始人，自 1968 年出版其博士论文《佃农理论》以来，张教授始终坚持从合约安排的视角，审视真实的世界，无论是 1983 年撰写的《企业的合约本质》，还是近期完成的《中国经济制度》；大到国家的宪法（见张教授《还不是修宪的时候》），小到电影院门票的价格，张教授始终坚持一个独特的经济学视角，即从这个被传统经济学忽略的合约安排去透析纷繁复杂的真实世界，并经常得出挑战传统、富有创见的思想，尤其是对中国经济改革所走的道路，解释之精辟，推测之准确，无人可及，显示出现代合约理论的丰富内涵及鲜活的生命力。张五常教授所创立的现代合约理论，对现代经济学的发展做出了杰出的贡献。张五常教授说：“安排——合约安排——数十年来，我认为这是经济学的重心所在……今天不少人认为我是新制度经济学的创始人，在我来说，我的贡献只不过是合约安排的分析。没有其他，也不应该有其他。”（见《经济学的缺环》）时至今日，没有人否认合约理论的重要性，那么是什么机缘启发了张五常教授，使其毕生的研究专注于合约安排呢？

一、现代合约理论的开山之作——《佃农理论》

《佃农理论》是张五常教授在美国洛杉矶加州大学所撰写的博士论文。1966 年张五常教授在加州大学图书馆找到一份关于中国台湾农业的资料。资料表明，中国台湾 1949 年进行了土地改革，对农民和地主的农产品分成比例加以规管，规定地主的分成比例不能高于 37.5%，这个约束使中国台湾的农产品数量剧增。传统经济学理论告诉我们，政府管制会牺牲效率。为什么中

① 张五常. 经济解释［M］. 北京：中信出版社，2014.

国台湾的农业产出在政府管制下不降反升呢？这奇怪的现象引发了张五常教授的好奇心，并决定将其作为博士论文的选题。

张五常教授的分析遵循三个原则：其一是意识到私产的重要，土地是地主的私产，劳动是农民的私产，要从私产的局限入手；其二是佃农分成是一种合约，其条件由双方议定；其三是地主之间有竞争，农民之间有竞争，所以合约的内容，包括分成的比例，是受私产和竞争约束的。在这三个原则下，张五常教授得出一个挑战传统经济学理论的结论，即分成合约与固定租金一样具有效率。（传统经济学认为，地主收取农民固定的租金，付租后的全部剩余归农民所有，因此，农民有努力工作的激励；而分成合约由于地主和农民分享收益，农民努力工作的积极性会下降，因而分成合约缺乏效率。）张五常教授接着解释中国台湾农业产出在政府管制下急升的原因是政府管制下的地主分成低于市场决定的分成，因此激发了农民的生产积极性，使中国台湾的总产出有了长足的发展。张五常教授这篇极富创新性的博士论文还没有完成，便引起了美国经济学界的重视。美国芝加哥大学出版社决定出版其博士论文，同时美国芝加哥大学将一年一个的博士后奖金给了张五常，从此开始了他与科斯、弗里德曼等经济学大师为伍的岁月。

《佃农理论》的撰写，开创了张五常教授学术生涯中首次对合约安排的关注。只有农民的劳动与地主的土地结合在一起，才能展开农业生产活动，劳动与土地这两种要素的结合有不同的组织方式，土地承包制、雇佣农民工制及分成制都是可以选择的组织形式。张五常教授曾说过，土地承包制有地租，雇佣农民工制有工资，地租与工资都是显性的价格，而佃农分成制，没有一个明显的价格，只有一个分成的比例，这就让张五常教授的思维集中到合约的结构上了。《佃农理论》的第四章“交易费用，风险的避免与合约的选择”，在这里张五常教授从节约交易费用的角度，去解释为什么农民与地主在诸多劳动与土地匹配的合约中选择了分成合约安排，这使张五常教授在继承科斯和阿尔钦交易费用与产权理论的基础上，又有自己的合约安排视角，使其在经济学界成为独步天下的离群之马。

二、传世的经典之作——《企业的合约本质》

发表于 1983 年的《企业的合约本质》是张五常教授引以为傲的代表作。

这篇著作，教授前后思考了十多年，文章写完，教授拍案而起，仰天大笑，确认这是一篇可以传世的经典之作。美国芝加哥学派的掌门人之一，以口授捆绑销售而闻名（张五常多次讲述捆绑销售启发了他的合约理论）的戴维德教授读过该文后说，关于企业是什么的争议，到张五常这可以结束了。

1937 年，科斯发表了《企业的性质》这篇被称作新制度经济学的开山之作的文章。在《企业的性质》中，科斯发出了石破天惊的两问：企业为什么存在？企业的边界在哪儿？由此引发了经济学界对制度问题的关注。科斯解释，企业的存在是因为市场交易有成本，在市场上搜寻信息，讨价还价，签订合约，合约的执行及监督都需要成本。当市场交易成本太高时，以企业形式去配置资源就有效率了，企业的存在是为了降低交易成本。当然，企业也不提供“免费的午餐”，企业内部配置资源需要组织协调。当企业组织协调成本高于市场交易成本时，用市场去配置资源更有效率。企业的边界是市场交易成本等于企业组织协调的成本。科斯认为，市场与企业都是资源的配置机构。市场是以价格为信号的横向的交易，而企业是运用指挥命令的纵向方式去配置资源。张五常教授认为，科斯关于企业存在是为了节约交易费用的观点是错的。因为企业的组织协调费用也是交易费用，企业内部是生产要素之间的交易。正确的看法是，不是企业替代了市场，而是一种合约替代了另一种合约，因为零星的生产贡献多而复杂，市场定价费用繁杂，市场就由其他合约代替了。这个替代的合约，不直接度量生产贡献，而是以一个委托量定价来处理。委托一个经理人，由他监督指导团队生产活动较市场交易更有效率。

在《企业合约本质》中，张五常教授提出“不知企业为何物”这一惊人的结论，即从生产合约选择的角度，我们不能在真实世界指出一家企业从哪里起，到哪里止，为此，张五常教授引入了既有企业特征又有市场特征的件工合约。

张五常教授认为从生产组织角度看，具备以下三点才能界定企业的边界。其一，产品经理把产品的买断权卖给顾客；其二，经理只以工资合约或租金合约与要素拥有者成交；其三，经理与经理之间，没有任何合约关系。然而真实世界中企业之间的合作，企业经理人与劳动者之间的分配方式可谓五花八门。在企业内部，企业之间的合约多种多样，而这样合约的存在与科斯解释企业存在的原因一样，都是为了降低交易成本。虽然张五常教授认为科斯之企业存在是为了降低交易成本的观点是错的，但是并不影响科斯的伟大，闲谈中他不止一次地对我们说:“科斯很伟大，单就提出交易费用就足够伟大，在科斯之前，从来没有人提及它。”“好羡慕科斯，文章一出，便像丰碑一样地屹立在那里。”在学术生涯中对张五常影响最大的当属科斯。然而，他没囿于科斯的交易费用传统，而是创造性地将交易费用拓展为社会费用或制度费用，并借此对中国经济制度的变革进行跟踪研究，其真知灼见在整个经济学界独领风骚。

三、《中国经济制度》做对了什么

早在 1980 年，英国的经济事物学社邀请张五常教授用五百字对“中国会走向资本主义的道路吗？”这个题目发表意见，结果张五常教授将原定五百字的短文写成两万多字的文章。1982 年发表时，张五常教授写了一段感人肺腑的序言:“因为我曾经和中国同胞一起挨饥抵饿，我感到有责任借这篇文章向他们解释经济制度的运作，又因为血浓于水，我下笔就不能无动于衷，这丝感情的流露，应该理解为我对同胞至诚的关注。”学者的责任加上对骨肉同胞的关切之心，激发张五常教授用熟知产权交易费用的理论，从合约变迁的视角，对中国制度改革的走向进行了深入分析及精准推测:“我推断中国假以时日将会采纳一种近似私有产权的产权结构……在未来，劳工、生产工具、机器、建筑物，甚至土地将会有若干程度的私有使用权及转让权。”要知道，张五常教授做出这个推测的时间是在 1982 年，那时国内的理论界还在讨论生产资料是不是商品，经济体制还是以计划经济为主，市场经济为辅。几乎所有读过这篇文章的美国经济学大家，都认为张五常教授的推测过分乐观。科斯说，他当时虽然同意张五常的推测，但需要的时间是 100 年，张教授的推测绝非主观臆断，它建立在坚实的理论基础之上。今天我们重读这篇文章，仍然为它所涵盖的理论及逻辑所折服。在其第三章“制度转变的经济理论”的大标题下，张五常教授用“从经济效率看制度”“忽略了局限条件”“产权与交易费用”“交易费用的范围”“科斯定律与经济制度”“交易费用决定制度安排”这些小标题，环环相扣，剥茧抽丝般地分析让我们看到理论及逻辑的力量，张五常教授对经济学理论的把握与运用达到了得心应手、炉火纯青的层面。

从1982年以来，张五常教授用中文写下了大量的分析文章，不断地为推进中国经济体制改革进行呐喊。在《我也有一个梦》这篇文章中，张教授说："除了思想，我从来不认为自己对社会有什么影响力。最高的期望，是把经济分析的文字，多篇陈列在思想市场上，执政者要选购，可能选中一些。"2008年7月，98岁的科斯要在美国举办中国经济体制改革30年的研讨会，力邀张教授写出会议核心文章。张五常教授殚精竭虑，写出了洋洋三万多字的《中国经济制度》，该文被诺斯评价为"对中国经济体制改革最具魅力、最有力量的解释文章"。

2009年5月初，江西财经大学托我邀请张五常教授到南昌讲学。当我时隔半年在江西财经大学又见到张五常教授时，明显地感到他的消瘦及疲惫。几易其稿，日思夜想透支了这位年过古稀老人的健康。在江西财经大学，他做了两个报告：其一是《中国经济体制改革三十年》，其二是《新制度经济学的发展与展望》。张五常教授谈到中国体制改革时说："一个人跑得很难看，姿势全不对，却一跳8尺高，创造了世界纪录，那他一定是做对了什么。"他那篇为科斯写的《中国经济制度》主要是分析总结中国做对了什么。张五常教授说道："不要告诉我什么不对，我可以在一星期内写一本厚厚的批评中国的书，然而在有那么多不利的困境下，中国高速增长持续了那么久，历史上从来没有出现过，中国一定是做了非常对的事，才创造了我们见到的奇迹。那是什么呢？这才是真正的问题。"张五常教授在《中国经济制度》中再次强调，中国经济改革的重点是把以等级界定权利转变到以资产界定权利的制度上去，因为这是租值耗散最少或交易成本较低的制度，也就是约束竞争的合约安排要改变。中国改革初期，农村土地承包合约的出现非常成功。国家通过土地租约，授予农民私有产权。国家没有放弃土地使用权。但农民拥有土地的使用权、收益权，也拥有一定的转租权。土地承包制，使农业总产出迅速增加，解决了农民的温饱问题，但当承包合约引用到工业时，就出现了问题。主要的困难是工业资产的折旧、维护和再投资的责任很难划分，政府与企业之间经常出现纷争，国有资产的损坏流失现象难以杜绝。真正导致中国经济长期高速增加的原因，张五常教授认为是中国独有的地区与地区之间的竞争。在如今的中国，经济权力由县政府所有，因为它们拥有土地的使用权。在县与县的竞争中，竞争的内容除提供优质服务外，还有一个重要的内容即土地价格，为了引进好的项目，很多县土地的价格是负值。张五常教授言道：“说到负地价，我的意思是当一个投资者到一个县考虑投资产出，这个县不仅免费提供土地，还可以免费为投资者建造工厂，或把若干年从投资者那里收取的增值税，县里分成的一部分返还给投资者。”而在农用土地非农化的过程中，工业投资者要付 17% 的产品增值税，县政府分成此税的 1/4。张五常教授认为这是典型的分成合约。在这种制度下，不同地区或相同地区不同层次地段的竞争就非常激烈，县政府成了一个商品机构。性质相同的商业机构必然存在激烈的竞争。需要一个商业牌照吗？县政府会派人代办、奔走。要建筑许可证吗？县政府给提供担保，不喜欢那不洁的小溪流过你的场地吗？县政府可能给你建造一个小湖。县政府帮助你找设计师、找建筑商，而准备投产时，会帮助你招工且收费合理。张五常教授认为县与县之间的竞争还有如下三个好处：第一，有助于工业类聚，因为县政府要顾及投资者与地区原有行业的契合；第二，有助于国企的私有化，因为地区政府有钱补偿国企职工从而降低了国企的退出障碍；第三，有助于减少官员的贪污，如果有条件在类似的地区选择，投资者会选择贿赂成本最低的地区去投资。总之，张五常教授认为中国独有的、新式的类似佃农分成合约的制度，导致了中国经济长久持续的高速增长。张五常教授在《佃农理论》中认为分成的比例在竞争中是变动的参数，是交易者可以讨价还价的合约内容，而他在《中国经济制度》中认为分成的比例是固定的，但土地的价格是交易双方可以讨价还价的合约内容。弹性很大的土地价格保证这个固定比例的分成合约同样实现了效率的目标。

时隔 40 年，张五常教授始终坚守从分成合约的视角审视庞大复杂、不断变化的中国经济制度，这充分验证了他的理念，他认为世界是复杂的，用复杂的理论去分析复杂的世界，其成功的概率是零，复杂的世界要用简单的理论去分析。

张五常教授所创立的现代合约理论，弥补了传统经济学的一个空白，在

《经济学缺环》一文中，他指出传统的经济学，只研究资源配置与收入分配，漠视了合约安排。此安排可以小到捆绑销售，也可以大到整个地球的制度运作。在资源稀缺的条件下，人与人存在竞争。人与人之间的竞争要约束，没有约束的竞争会将租值全部耗散，制度成本高到毁灭人类的地步，而合约安排就是竞争的约束，以产权界定使用权、以等级排列权力、以法律约束行为或以风俗习惯约束行为都是合约安排，不同的合约安排有不同的资源配置与收入分配，有不同的制度费用或不同的租值耗散。不研究合约安排及其变迁，我们怎么能用经济学去解释现象或推测行为呢？因此，张五常教授在合约理论中做出的贡献是不可或缺的。此外，中国经济体制的改革走了一条独具特色的道路并创造了中国奇迹，挖掘提炼中国做对了什么，对人类知识的积累及人类历史的发展均有重大意义。因此，张五常教授的工作让人肃然起敬。

第五篇

制度的成本

吸烟·产权·制度变迁

吸烟具有典型的负外部性，即污染空气。由于空气是共有产权，所以在公共场所（如会议室内）允许吸烟还是不允许吸烟，从经济学的角度分析很难说清。若允许吸烟，侵犯了不吸烟者的利益；若不允许吸烟，又侵犯了吸烟者的利益（尽管吸烟有害健康，但吸烟者认为吸烟带来的满足程度超过了损害健康的成本）。因此，在空气产权共有的前提下，允许吸烟与不允许吸烟都是帕累托最优。因为在两种情况下能够增加一部分人的利益而又不损害另一部分人利益的状况已不存在。

若要提高社会总福利水平，其方法之一是重新界定空气的产权。如可以将空气清洁的产权授予不吸烟者，吸烟者可以以低于不吸烟成本的价格向不吸烟者购买污染空气的产权，即吸烟者给予不吸烟者适当的补偿。当不吸烟者从吸烟者那里得到的补偿超过忍受空气污染的成本时，则该产权交易提高了交易双方的福利。买卖双方均在交易中得到了剩余价值，社会总福利实现了帕累托改进。当然，也可以将空气污染的产权授予吸烟者，然后由不吸烟者向吸烟者购买空气清洁的产权，其产权交易的结果也能增进社会总福利。两种产权的分配都可以使资源的配置达到最优，这正是科斯定理给我们的启迪。

但是科斯定理存在的前提是产权明晰及交易成本为零。在现实生活中，空气产权不清以及交易成本非零使得科斯先生设想的那种可以提高社会总福利的产权交易难以实施。会议室内从来没有出现过谁出 2 元钱购买吸烟权的事件，尽管这也许是可以成交的价格。

会议室内若没有强制性规范，那么允许吸烟还是不允许吸烟，关键在于吸烟集团与不吸烟集团的讨价还价能力。一般来说，不吸烟集团的人数多于吸烟集团的人数。以东北财经大学经济系为例，20 余名教师中仅有 4 名吸烟者。然而，在两大集团的对抗中，多数人集团并无优势。吸烟者集团虽然人数少，但组织成本低，每个成员为集团利益行动后所分得的收益超过成本，而且吸烟者的偏好具有相当的刚性，在“饭可以不吃，烟不可不吸”的理念下，吸烟者集团统一行动的凝聚力很大。不吸烟者集团虽然人数多，但组织松散，由于不吸烟者集团内个体间对吸烟的厌恶程度差异很大，所以集团很难采取统一行动，这也加大了组织成本。另外，由于不吸烟者集团通过对抗行为获得的清洁空气是公共品，这就对不吸烟者集团成员产生了“搭便车”（既不付成本却能够享受清洁空气）的激励。

两大集团对抗的结果是小集团战胜了大集团，自然演进的制度安排是允许吸烟。当然，多数人集团并不甘心忍受空气污浊的侵害，经常有个别成员发出种种不满的信号，如推开窗户，调换座位或直言抗议，但由于单个成员的行为没有形成集团的合力，构不成对吸烟者集团的足够威慑。即使吸烟者集团的成员有几分歉疚，终因吸烟的收益高于歉疚的成本，吸烟者理性的选择仍是视而不见，照吸不误。

随着全球性保护环境的浪潮兴起，公共场所禁止吸烟在许多地区及行业已成惯例，虽然学校没有明文规定会议室内不允许吸烟，但制度变迁的环境已悄然到来。不吸烟者集团抓住了一次机遇，加快了制度变迁的步伐。此机遇是经济系会议室搬迁。某个周三下午，当全系教师走进焕然一新的会议室时，只见黑板上非常醒目地写了几个漂亮的美术字（绝非信手涂鸦）“无烟会议室”。在会议开始前，一位系领导（不吸烟者）用半开玩笑的口吻谈道:“因原会议室地毯被烟头烧坏多处，故新会议室不允许吸烟。”于是，会议室不允许吸烟的制度打着维护公共财产的旗号，在半正式、半玩笑中诞生了。会议室的空气由此变得清新，此项制度变迁立刻得到多数人的拥护。

目前，新制度的实施不容乐观，由于缺乏“硬约束”，新制度的实施主要靠自律及领导人物的示范效应，即靠人治而不是法治。若有一天，系主任在会议室内有意或无意间点燃一支香烟，那么脆弱的不允许吸烟的制度马上土崩瓦解，允许吸烟的旧制度必然死灰复燃。

当然，不允许吸烟的制度是否一定能提高社会福利，“多数原则”是否一定合理都值得思考。如东北财经大学经济系的四位吸烟者恰是四位博士，学校的大腕级人物。这关键的少数在烟雾缭绕中迸发出的智慧火花绝非我们这些次要的多数可比，而且烟草行业本是利税大户，禁止吸烟减少的财政收入也是不可忽略的制度变迁成本。

“土楼”对“暖楼”的替代——分析一项制度帕累托改退的案例

某日老父亲来电，言及妹妹家发生了一件变故。妹妹家所居住的是原外贸公司的家属楼，外贸公司破产后，家属楼的供暖设备转让给私人经营。年复一年，不缴纳供暖费的居民递增，供暖者多次上门索要无果，最终愤然停止对原外贸公司家属楼的供暖，由此，妹妹一家居住多年的原外贸公司家属楼在初冬蜕变为“土楼”（当地人称没有集中供暖设施的居民楼为“土楼”）。

“土楼”对“暖楼”的替代，这一出乎意料的变故使整个原外贸公司家属楼受到了巨大的冲击，其居民的福利大大降低，居民在寒气逼人的初冬有两种选择：其一是搬家，即卖掉“土楼”，购买“暖楼”。这是企业破产后，在自谋职业的竞争中取得一定成功的人士的选择。然而“暖楼”蜕变为“土楼”后，其楼房的价值下跌了 1/3。居民若想保持原有的居住条件不变，免不了要贴进几万元，还要承受购房、装修及搬家的劳民伤财之苦。其二是多数生活窘迫的居民，花上数千元安装家庭分散供暖设施。因这类居民本是收入弱势群体，自然与空调、电暖器等供暖设施无缘，但又不可能在没有取暖设备的情况下度过那滴水成冰的寒冬。因此，大多数居民和妹妹一样，花上 2 000 余元，在自己的家中各自安上了烧煤取暖的土暖气。不难想象，那是一种怎样的倒退。集中供暖较分散供暖具有规模经济，而且供暖的社会化方便了居民，使居民感受到城市化、现代化的气息。

城市居民已经习惯了的供暖、供水、供电，它们犹如太阳东升西落一样自然，突然来了一个大逆转，居民的心理承受着巨大的打击。居民在本不宽裕的居住空间不仅要安置炉灶、存放煤炭，还要承受煤气中毒的风险，三更夜半如果不起来添煤，就是一夜的清冷。如此忙乱，却并未省钱，以目前燃煤的价格，5 个月的取暖期，其费用超过了集体供暖每户所需缴纳的 1 000 元。由于燃煤在城市的需求已近绝迹，买煤的搜寻成本大大提升。妹妹来电话说，“干活不怕，麻烦不怕，怕的是没处买煤”。

综上所述，“土楼”对“暖楼”的替代，使搬家的居民和坚守的居民均承受着巨大的损失及不便。而那位购买供暖设施的经营者，由于相当多的居民不交供暖费，几年惨淡经营无利可图，被迫停止供暖。因其购买的设备为专用资产，其数万元的投入均化为沉没成本，付诸东流了。

不用说，“土楼”对“暖楼”的替代是一种制度的帕累托改退。是什么原因导致了这种畸形的逆向选择呢，又是什么魔力造成了这样不堪的结局？

从经济学的角度，透析从“暖楼”到“土楼”的制度变迁，我认为有如下原因。

（1）居民搭便车的动机是这场变故的源头。表面上看此次变故的缘由是原外贸公司家属楼的居民多为下岗职工，其收入水平低，缴纳供暖费有困难，导致供暖经营者收不抵支，停止了供暖。但其内在的原因并非如此，下岗职工生活困难是不争的事实，在有限的收入中，他愿意为吃饭付费，愿意为穿衣付费，愿意为孩子上学付费，却不愿意为供暖付费，这是为什么？其实供暖与吃饭、穿衣并无区别，都是生活必需品，居民付费意愿的差距源于私人产品与公共产品性质上的区别。

吃饭、穿衣，从来就是私人产品，即使在计划经济时代，人们也都是掏钱吃饭。私人产品的竞争性、排他性，使人们在观念上、习惯上都接受了消费与付费这种天经地义的联系，而供暖却具有公共产品的性质。

从观念上看，以前原外贸公司家属楼的供暖一直作为福利，由单位为其职工提供（无偿或象征性收费）。居民习惯了免费的午餐，突然间让他们自己掏腰包付费，有一种本能的抗拒心理。此外，统一的家属楼供暖做不到谁付费谁消费，很难将不付费者排除在消费之外。这种非竞争性、非排他性的公共品性质，对理性的居民产生了搭便车的激励，即收入不高的居民自然产生了一种享受公共品收益，而不为公共品生产付费的念头。

（2）示范效应使个人理性演变为集体非理性。搭便车对消费公共产品的个人是理性的选择，享受公共产品的收益，而不为其付费无疑能增加这部分人的利益。在原外贸公司家属楼中，信息容易对称，个别人搭便车的信息会很快在家属楼内传播，并由此产生一种示范效应。家属楼中的居民面临着囚徒困境的选择，当别人都付费时，我不付费，不会影响公共产品的生产；当别人都不付费时，我付费，就算我是傻瓜甘愿付费也不足以生产出公共产品。因此，居民之间博弈的占优策略就是不付费。当不付费的群体达到一定数量，公共产品的生产便收不抵支，个人的理性导致了集体的非理性。当人们认识到公共产品的丢失对他们是如此重要时，那个利益攸关的公共产品却很难挽回了。

（3）交易成本过高使交易崩溃。原外贸公司家属楼的居民与供暖经营者之间存在一种长期的商品交易合约，即供暖经营者按时、按量为居民供暖，居民按时、按价付费。由于这是一项长期合约，其信息搜寻及讨价还价的成本很低。监督合约的实施成本是此项交易的主要交易成本。由于此项交易主体是一对多，生产者的行为容易监督，而消费者人多势众，单凭感觉就能衡量生产者供暖的质量及数量，所以生产者在一对多的合约中处于劣势。当居民不按合约付费时，须逐门逐户地讨要，不用说“费鞋底”的成本很高。此外，由于这片居民集体下岗，没有统一的单位，无法实施类似在工资里扣除等有效措施。个别居民不缴供暖费的行为按理说应该承受名誉上的损失，但这种惩罚不但对“要钱没有，要命一条”的收入弱势群体效果不大（衣食足而后知荣辱），而且舆论对这些下岗职工尚存在一些理解和同情。当违约的群体达到一定数量后，名誉上的损失也“法不责众”了。

因为无法对不守信用的消费者进行经济及道义上的惩罚，所以合约执行的交易成本过高，最终使这项交易惠利非常大的交易走向了崩溃。

透析从“暖楼”到“土楼”的制度变迁，给我们如下启迪。

其一，诚信的重要性。市场经济就是诚信经济。诚信是降低交易成本、增进交易惠利的重要一环，若诚信崩溃，则市场崩溃，小聪明换来的是大灾难。

其二，个人的理性可能导致制度的改退。从亚当·斯密起，经济学家就注意到个人自私自利行为具有正外部性。在古典经济学及新古典经济学中我们看到的是个人的自利行为导致的制度改进。然而从以上的案例中我们可以看到，个人的自利行为大有可能导致制度的改退。个人自利行为如不加以约束，其后果将不堪设想。

其三，转变观念，充分认识市场经济的残酷性。在此项制度改退的过程中，违约的消费者始终抱有一个幻想，即供暖经营不可能停止供暖，因为“社会主义不会饿死人、冻死人”。若能想到供暖者能断然停止供暖，违约的消费者就不会为区区小利而使自己陷入如此难堪的境地。市场经济是残酷的，依赖政府、依赖他人的念头往往会落空。

其四，尽量将公共产品转化为私人产品。在此项制度的改退过程中，受害最大的是那些守约的消费者。供暖的公共产品性质使其与违约的消费者“一损俱损”，因此，应该采取措施，例如分户供暖、一户一表等，将公共产品私人化，拒绝搭便车的激励，这样才能保护守约的消费者不受违约者的负外部性影响。

其五，政府的作用。从“暖楼”退化为“土楼”严重地影响了居民的生活，原本就艰难度日的下岗职工，怎堪承受如此沉重一击。当“看不见的手”无法发挥作用、个人的理性导致制度的退化时，政府有责任改变行为主体的约束条件，阻止这种退化。除宣传教育外，政府还可以采取一些具体措施。例如，首先，通过再分配，给下岗职工一定的取暖补贴，以减轻收入弱势群体的取暖负担；其次，政府可以通过法律程序，强制合约执行（现在司法成本太高，使交易者不愿通过法律程序保护自己）；最后，政府还可以促进更大规模的集中供暖，以规模经济弥补合约中的风险。

总之，面对楼外那横七竖八的烟囱，面对制度的改退，面对居民束手无策的困境，政府岂可作壁上观？生活在社会底层的下岗职工，需要政府这只看得见的手拉他们一把。

校园经济学

十余年置身校园环境中，我的命运早和它的荣辱兴衰息息相关。某日，出于专业习惯，我戴上理性的眼镜，在经济学的框架中观察校园，竟发现了它的另一面。

一、级差地租与收入再分配

因为校园内各院系和部门的教职工收入、福利待遇不同，所以各院系和部门被戏称为“发达国家”、“发展中国家”及“亚洲四小龙”。其中，第一世界与第三世界的福利之差竟有10倍之多。这巨大的福利差额也许和各院系及部门的领导是否生财有道有点关系（更多的是没有关系），但对于广大搭便车的教师而言，则完全属于级差地租。级差地租是指由于土地的肥沃程度或所处地段不同而造成的地租差别，它的大小与劳动投入的多少不完全相关。换句话说，校园若有幸坐落在肥沃的土地上，则少许的劳动就可以衣食无忧；而坐落在贫瘠的土地上，即使出大力、流大汗也很难温饱。同一校园内级差地租如此悬殊明显不公，这既不符合社会主义按劳分配的原则（同工不同酬），也不符合市场经济按生产要素分配的原则，因为级差地租并没有落入土地所有者之手。解决分配不公的办法是劫富济贫、抽肥补瘦，由学校实施税收和转移支付政策以解决公平问题。当然，收入再分配难免会损失效率，如果学校抽取的税赋太重，使各部门丧失了致富的激励，结果导致无富可劫、无肥可抽，难免又吃上贫穷等于社会主义的大锅饭。看来校园内也面临着效率与公平很难两全的经济学困境。

二、当官与做学问，替代乎？互补乎？

校园内常见很有成就的学者在纯行政部门做官，虽然有“吃不到葡萄说葡萄酸”的嫌疑，但还是从心里为其惋惜。依我所见，当官与做学问很难兼顾，一天只有二十四个小时，一个人只有一个脑袋，如何能在八小时之外再将学问做深、做透？当官与做学问是一种替代，牺牲了做学问的时间当行政官员，其机会成本太高，而且有些学者的比较优势并不是当官。

某日和同事胡侃替代理论，同事说：“你这替代理论虽有道理却不全面。当官与做学问不仅仅是替代还有互补，从时间上来看是替代，从机会上来看是互补。难道不是当官才有更多的机会进行学术交流？难道不是当官才更容易让项目中标及著书立说？在职称评聘中，如果你和当官者同属边际人物，是你优先？还是当官者优先？”

我和同事各执一词，当官与做学问，替代乎？互补乎？检验真理的标准是实践。如果校园内官本位现象严重，学者对当官趋之若鹜，则可能是互补效应大于替代效应；如果校园内许多学者弃官从教，珍惜教师这个饭碗，那么就有可能是替代效应大于互补效应。当然，学者当官有很大的正外部性，如果学者是从社会成本与社会收益之间寻找出当官的均衡点，是否遵循了另外的逻辑？

三、下海与上岸，沉浮相对价格

前些年校园内刮起一股下海风，一些相当优秀的教师，因其懂经营、会管理，走出校园的象牙塔，成了商海中的弄潮儿。有一段时间，刚毕业的硕士（尤其是男性）不愿意从教，教师地位下降，成了“好汉不愿干，懒汉干不了”的职业。

近几年这种状况有了令人欣慰的改观，一些下海者纷纷上岸，在高校任教也成了许多硕士、博士的首选职业。我认为这些不同选择和教师职业的贴水升水有关。当经商的收益大、“外面的世界很精彩”时，教师职业贴水，其相对价格下降，以致有人逃之夭夭或不屑一顾。当经商的收益小、“外面的世界很无奈”时，教师职业升水，其相对价格上涨，这对苦苦地在商海中拼搏或挣扎的人自然是一种诱惑。教师职业虽然货币收入不高，但有相当的非货币补偿，例如，有较多的闲暇（闲暇的经济学定义是不受约束，可以干自己喜欢干的事），有较自由民主的学术氛围，有比较充分的职业乐趣。美国年轻的经济学家格里高利・曼昆（N. Gregory Mankiw）在其所著的《经济学原理》中写道：“讲授经济学如此有趣，以致令人奇怪，经济学教授居然还赚钱。”显然，曼昆先生认为，讲授经济学所获得的乐趣足以补偿其机会成本，再赚钱就有经济利润了。在竞争的市场中，供求长期均衡点所对应的经济利润为零，有大于零的经济利润，就会诱惑其他行业的生产要素进入。因此，教师职业的实际价格不菲，让教师离开这个职业需要相当高的经济利润补偿，而且近年来经济不景气，经商的风险大，期望收益下降，下海者回头是岸自然在情理之中。下海与上岸均是理性的选择，不过聪明的弄潮儿在追逐相对价格的潮起潮落时，不可忽略高昂的职业转换成本。

四、实物与货币，计划与市场

伴随着计划经济向市场经济过渡，校园内一个明显的变化是各院系及部门的福利由实物分配向货币分配转化。实物分配具有浓厚的计划经济色彩，它是由各院系及部门的行政领导拍板，购进一些经济实惠的物品，然后按人头分配下去。这种分配方式无法满足教职员工的不同偏好，行政领导越俎代庖，强行配给个人，使消费者丧失了选择的自由。实物分配给不同的人带来或大或小、或正或负的效用，其配置效率低下。

货币分配体现着市场经济的特色，货币是广泛流通的一般商品等价物，人人乐于接受，而且消费者与行政官员相比，对自己稀缺什么商品有更充分的信息，更知道如何支配货币才能使自己的总效用最大。货币分配将选择权从行政官员手中转移给消费者，提高了社会总福利，显然它比实物分配具有更高的效率。

此外，货币分配节约交易成本，物品的挑选、购买、运输及分配都需花费一定的时间和精力，而且实物分配往往是"东西不多，动静不小"，因惧怕抽肥或渴望补瘦，各院系及部门均有"哭穷"激励。由于实物分配的对象均为利益相关的内部人，他们更容易闭上嘴巴，隐瞒福利分配的信息。正因为货币分配有以上诸多好处，不难理解进入20世纪90年代后，伴随着钱袋鼓鼓，实物分配的形式几乎销声匿迹了。

当然，实物分配也值得留恋，原因有二：其一是分配的实物往往物美价廉（一般低于市场价格）而且送货上门。若确是个人所需，能达到既增加货币购买力又方便消费者这两个目的。其二是货币分配与实物分配的心理感觉不对称。100元钱=2箱苹果，然而两箱苹果体积大、分量重、目标明确。先不说分配苹果时红红火火，这本身就体现着集体的温暖，分配后睹物思情，每次消费均重温着集体的恩泽。如此反复刺激，如何不增强集体的凝聚力？而分配的100元货币，一手进一手出，瞬间即逝，容易忘却它凝结着我的两本书，还是孩子的一双鞋？

看来计划经济的情结的确难以解脱，和市场经济的冰冷与严酷相比，它确有一份关爱与温馨。

“死亡指标”荒唐何在

媒体对“死亡指标”颇有争议，例如，许多人认为山西省2002年年初召开的煤矿安全监察工作会议，确定将2002年煤矿死亡的人数控制在400人以下不可思议，是对生命的漠视与不尊重。“第401个人是有生命的，那前400人就没有生命可言吗？”

死亡指标毕竟不是产品指标，将鲜活的生命用残酷的“死亡”两个字框住，而且冰冷地界定了一个指标，让人觉得指标之内的就是该死的，可以免除或减轻事故者的责任；指标之外的就是不该死的，要严格追查惩办。尽管长期的计划经济为我们留下了指标情结，但这种简单化处理生死问题的办法还是让人们感到近乎荒唐而且难以接受。

那么没有死亡指标又如何？没有指标就不死人吗？

死亡指标不是死亡的原因而是死亡的结果。世界上任何一个国家无论达到怎样的先进水平，都无法消除死亡事故。一来不确定性存在的“天灾”可能导致死亡；二来人们有限理性的“人祸”也可能导致死亡。同样从事具有一定风险的煤矿开采业，我们与工业发达国家相比其死亡率高的根本原因是我们的死亡风险价格低廉。在市场经济中，价格是由需求与供给共同决定的。煤矿工人是死亡风险的购买者，根据一般的经济规律，高风险伴随着高收益，但是因为贫困，他们的意愿价格不高，为了区区千儿八百元的收入，他们就前仆后继地“卖命”，“不挖煤难活，挖煤也难活”。但前一个“难活”具有确定性，后一个“难活”具有不确定性。“难活”是负效用，在此局限下当然是选择不确定性的“难活”负效用更小，贫穷使卖命成了一种理性。尽管生死未卜，明知挖煤是“四块石头夹块肉”，但愿意接受较低的价格、购买死亡风险的人成千上万。生命因贫穷而贬值。

死亡风险的供给者主要是那些地方乡镇煤矿的矿主，死亡供给曲线上意愿价格的高低依赖于死亡事故发生后矿主所负担的成本。一旦发生死亡事故，矿主的成本既有经济成本也有非经济成本（负有刑事和行政责任）。后一种成本由于小煤矿的开采是当地老百姓生活及地方财政的“命根子”，较多的可能是地方百姓、当地政府及矿主合谋，将死亡事故演化为内幕信息，从而轻易逃脱处罚。而一条人命一两万元就能打发，使矿主们在提供死亡风险时毫不手软。毕竟死亡事故仍算是小概率事件，降低死亡风险，提高安全性，对于那些追求利润最大化的矿主并不划算。

市场决定的死亡风险价格太低，这是导致事故死亡率居高不下的根本原因。可是毕竟生命不是商品，不应该容忍如此“以廉取胜”，于是我们想起那只看得见的手——政府。

政府可以在提高死亡风险价格上有所作为，方法有二：其一，提高死亡风险需求者的意愿价格，让生命的价格不再如此低廉。在马斯洛需求层次理论中，安全的需求建立在生存需求之上。政府若有能力完善社会保障体系，让数千万生活在贫困线以下的老百姓吃得上饭，那么他们还用廉价地卖命吗？毕竟一个人只有一条命。发展经济，创造较多的就业机会，提高社会弱势群体的谋生本领，均是降低死亡风险需求的良策。然而这是一张画出来的饼，短期内尚无法充饥。

其二，提高死亡风险供给者的成本，从而使死亡风险供给曲线左移，降低死亡风险的交易量，提高死亡风险的价格。其具体做法是加强对于风险行业的督察，关、停、并、转那些安全隐患非常大的小煤矿，加大对事故的监督惩办力度，对那些造成死亡事故的责任人处以重罚。政府能做到吗？关、停、并、转小煤矿的执行成本不高，但剥夺那么多老百姓赖以生存的煤矿，固然可以降低事故死亡率，但会不会让那些失业的矿工福利降低呢？政府在社会保障体系薄弱的前提下，轻易地剥夺老百姓及当地政府的饭碗于事无补。加大对事故的督察惩办力度也有两个问题：一是得不偿失的矿主会自动关闭煤矿，其结果如上所述；二是政府督察资源有限，现有资源不可能支持对每一次事故进行同样严格的调查及惩办。于是负有督察责任而且习惯于指标管理的政府自然而然地采取了“死亡指标”的管理办法。这种方法有如下优势：首先，死亡指标一目了然，便于横向、纵向地比较。某煤矿每百万吨采煤死亡 8 人，而另一个煤矿该项指标是 3 人，若两个矿区基本条件相似，就可以推出第二个煤矿比前一个煤矿的安全工作做得好。用指标说话容易令人信服。其次，有利于降低指标外的死亡率。死亡指标的下达一般是逐年下降，由于在指标内和指标外采取不同的惩罚力度，客观上产生了降低计划外死亡的激励。最后，有利于合理地配置督察资源。相对于频繁发生的事故，政府的督察资源稀缺，有效率的资源配置方法是对于一般零星的小事故放松管理，而对于重大事故加大督察力度。重大事故死亡人数多，容易突破死亡指标。政府对指标外的死亡重办重罚事实上就是将稀缺的资源重点配置给重大恶性事故。

当然，死亡指标也有弊端。首先，它的确定就缺乏科学基础。山西省 2002 年煤矿死亡 400 人的指标是根据 2001 年实际死亡 490 人的数据设定的。简单地根据历史数据设定指标实际上就是承认历史数据具有合理性。其次，它没有区别“天灾”与“人祸”，死亡指标与煤矿的安全努力相关度不高，奖罚缺乏公平。最后，它有可能提高计划内的死亡率。有了死亡指标，容易给人造成错觉，好像计划内的死亡在情理之中。在未达到死亡指标之前，基层管理者有放松管理的可能。由于死亡事故的复杂性，科学地设定死亡指标、准确地判定事故产生的原因、合理地测度煤矿的安全措施，均会产生昂贵的交易费用，使它们的实施面临障碍。因此，粗略的适应性死亡指标仍然是目前政府规管风险事故的一种有效方法。

我们呼唤对生命的关怀，每每看到《拯救大兵瑞恩》《垂直极限》等电影，我都为美国人不惜代价、关爱生命的精神所感染，但关爱生命不是免费的午餐，不摆脱贫穷落后，我们在关爱生命时往往面临着选择的艰难。

生命有价，它将随着经济的振兴而日趋昂贵。

质疑“非典”高考加分

一年一度的高考录取工作正在进行。2003 年的高考与往年相比有两个不同：其一是时间上的改变。考生难熬的“黑色 7 月”提前为“黑色 6 月”；其二是高考面临着“非典”的考验。虽然这个令人恐惧的恶魔在万众一心抗击“非典”的战役中时日不多，但其垂死的挣扎让我们不敢掉以轻心。

突如其来的“非典”让我们对以往熟视无睹的群体——医务人员肃然起敬。在没有硝烟的抗击“非典”战场上，他们用生命与看不见的病毒搏杀。媒体及国人毫不吝啬地将感激之情、赞美之情、崇敬之情向这些战斗在抗击“非典”第一线的战士抛洒。毋庸置疑，这些特殊时期舍生忘死的医务人员让我们由衷地感动。多少次，我在电视机前热泪盈眶，这些知难而进、尽职尽责的医务人员是病魔肆虐时期最可爱的人。这些白衣天使冒着生命危险拯救着更多的生命，他们的确伟大。

为了表达对白衣天使的感激及崇敬之情，人们想出很多的办法。各级领导的慰问、媒体的宣传、捐钱捐物提高医务人员的生活待遇及改善其工作环境，还有很多的志愿者去帮助照料他们无法顾及的家人。各大学也不甘落后，竞相推出抗击“非典”医务人员的子女优先录取的政策，以表达高等院校这个遭受“非典”威胁最大的群体对抗“非典”医务人员的一种补偿及敬意。这一切都来得非常自然，甚至此类补偿与奋战在生死之间医务人员的奉献相比微不足道。这是有情有义的中国人对英雄壮举的一种本能反应，而且这种做法具有“羊群效应”。一旦有人示范，便会引起他人身不由己的追随，因为理性的行为主体不愿意让社会公众认为自己对英雄壮举无动于衷。

然而，萨缪尔森在《经济学》的第一章使用了“热切的心情，冷静的头脑”这样醒目的标题，职业的冷静让我感到高等院校对抗击“非典”的医务人员子女在高考中优先录取及加分的做法有诸多问题。

第一，医务人员只是在尽自己的职责。社会化大生产产生的分工使每个人都有属于自己的岗位，所谓“人人为我，我为人人”是社会化大生产分工合作的游戏规则。医务人员的任务是救死扶伤，这是他们责无旁贷的社会职责。市场经济中决策的主体是个人，他们选择了医务行业，就选择了与死神相伴的风险。不确定性的存在，使这种风险时大时小。在生死攸关的时刻，他们还有另外一种选择，即实施签约后的机会主义——道德风险。临阵逃脱是个别职业道德不佳的医务人员的选择。我们对坚守阵地的医务人员表现出崇敬之情是因为他们对自己职业的忠诚，尽管信守合约的成本极其昂贵，但医务人员在“人人为我，我为人人”的规则中没有违约。

第二，天使各有颜色。“人人为我，我为人人”的分工合作制度安排，决定了天使有各种颜色。在不同的岗位尽职尽责的个人都是为他人谋幸福的天使。保家卫国的军人是绿色的天使；熊熊烈火中的消防人员是红色的天使；地下挖煤的工人是黑色的天使；面朝黄土、背朝天的农民是黄色的天使；传播知识、搞发明创造的教育及科技人员是蓝色的天使。未来的不确定性，使我们不知道何时何地突如其来的风险降临在哪一拨天使的头上。各行各业的工作者都有机会成为“最可爱的人”。我们为抗击“非典”的白衣天使子女高考加分，是否也应该为扑灭森林大火的消防人员子女加分？为遇难矿工的子女加分？为抗洪抢险的农民工子女加分？要知道他们都是在坚守自己的岗位，为他人谋福利时经受了生死的考验。为白衣天使的子女加分，不为同样承担生命风险的其他颜色天使的子女加分，是否有失公平？

第三，这种做法使生产者与消费者的地位不对称。在医疗市场上，医务人员是医疗服务的生产者，患者是医疗服务的消费者。突如其来的“非典”使生产者与消费者同时承担着死亡风险。医生是在预期之内，在其生产过程中，在谋生的岗位上承担了死亡的风险。消费者是在预期之外，在消费其他商品的过程中遭受了无妄之灾。特别是许多患者是在医院消费其他医疗服务时被感染上了“非典”。付费的消费者与收费的生产者相比，感染上“非典”更加倒霉。为奋战在抗击“非典”一线上的医务人员的子女加分，是否应该考虑为感染“非典”的患者子女加分，他们是公共卫生环境恶化，甚至是某家医院过失、过错的受害者。仅对遭遇风险的生产者实施特殊补偿是否对这些无辜受害的消费者不公平？

第四，界定抗击“非典”一线医务人员的费用昂贵。奋战在抗“非典”一线上的人员不仅限于医务工作者，120 救护车上的司机，在“非典”病区打扫卫生的工人承受着同样的风险。此外，一线与二线医务人员的界限并不清晰。高校在录取学生时信息不对称，让高校对散落在全国范围内的考生确认其家长是否是抗击“非典”一线的医务人员的信息收集及判定成本太高。例如，让北京的一所高校去了解远在甘肃某考生的家长的信息只能依赖学生的档案及相关部门的证明，这就留下很大的寻租空间。甄别边界清晰的考生，如民族、侨属及地区信息真伪尚有漏洞，准确地甄别边界模糊的考生家长是否为抗击“非典”一线医务人员的信息几乎不可能。信号甄别的困难会使制度产生变异，从而导致盲目为抗击“非典”的一线医务人员子女加分的不合理性。

第五，我们要反思高考制度的终极目标。高考制度的终极目标是制定一个标准，从而筛选出高等教育的合格对象。由于教育具有连续性及稀缺性，只有合格甚至优秀的高中生（或具有同等水平的人）才有资格及能力进入大学接受高等教育。因此，高考制度的核心测度标准只有两个：学生的品行及学识。由于中学生中品行不端者极其稀少，因此实际的测度标准只有一个，即学生的学识水平。尽管考分不能完全反映学生的学识水平，但毕竟两者之间有极大的相关性。为了节约考核学识水平的成本，制度选择了考核与学识水平高度相关的学分水平，所以现阶段考分仍然是传递学生学识水平最清晰、可靠的信号。如果说在市场经济中，商品交易的竞争准则是“价高者得”，那么高考的竞争准则就是“分高者得”。越来越多的与学生品行及学识无关的刚性辅助标准的掺入，削弱了高考制度的学识筛选功能。任何在高考中实施的政策均是为某类考生显性或隐性地加分。民族加分、体育加分、侨民加分、烈属加分，再加上地区障碍仍然是奉行“分高者得”的竞争准则，只不过是“此分”已非“彼分”，竞争准则变了味。类似抗“非典”医务人员的子女加分这种弹性较大的临时标准，使高考的竞争准则在噪声化的基础上又增加了变数，制度变数的增加扰乱了人们的预期，茫茫然失去了努力的方向。此外，由于“人们总是对激励做出反应”，高考中的优惠政策会激发人们展开学生品行及学识之外的竞争，那是一种负和博弈，社会将为其付出沉重的代价。近年来愈演愈烈的假民族、假华侨、假国家级的运动员及高考移民倾向是寻租及腐败的温床，受到污染的高等教育市场已不是一片净土。

我期望高考制度回归它成本最低的简单规则；我期待在高考面前能够最大限度地实现人人平等。

理性的光芒

有人说由于长期遭受封建制度的侵蚀，中国缺乏民主科学精神，愚昧及奴化即使在现代社会也常与我们相伴相随。依我看除此之外，长期的价值观教育使我们的民族缺乏理性，崇尚精神，偏好务虚而非务实。“不惜代价”“严防死守”，这些耳熟能详的口号暗含着为了完成某个目标，可以忽略成本收益的计算。

缺乏理性和缺乏民主科学精神一样都是我们走向民族昌盛、走向现代文明的路障，令人欣喜的是这种状况正在发生改变。付出昂贵的学费之后，我们也学会了成本收益比较。尽管头脑发热、激情涌动的事例仍然屡见不鲜，然而，留心近年来发生在我们身边的事，已不难看到理性的光芒。

一、《中小学生行为规范》中取消了“见义勇为”

小时候，我在学校里所学的东西，除毛主席语录外，最多的就是英雄主义的教育。刘文学是那个时代的少年英雄，这个戴着红领巾的少年，在与偷生产队辣椒的地主做斗争时，被地主活活砍死。在敬仰刘文学保卫集体财产、勇于与坏人坏事做斗争的革命精神时，少不谙事的我头脑里琢磨：若刘文学改变一下斗争策略，由斗勇变成斗智，岂不保全了自己的生命？但很快这种念头被“为人民而死”“虽死犹生”“人固有一死，或重于泰山，或轻于鸿毛”的教育所对冲。

新时期有一个叫赖宁的少年英雄。这个孩子在一次扑灭山火中献出了宝贵的生命。面对熊熊烈火，一个孩子手拿树枝冲了进去，这种以卵击石的做法很快得到媒体广泛的颂扬。见义勇为、公而忘私，拼命保护集体财产及与坏人坏事做斗争，经过多年的教化，已经融入了孩子们的大脑中，因此我们不时听到感人肺腑、令人扼腕痛惜的花季少年夭折的事迹。

诚然，我们这个社会需要见义勇为的行为，若人人在危险到来时都精于算计，就无法弘扬正气。见义勇为有很大的正外部性，它是净化社会风气，威慑坏人坏事的壮烈之举。可是，这个对成年人也只能提倡不能强求，需要较多牺牲个人利益的行为，我们怎能去要求孩子这个见义勇为中的弱势群体做到呢？孩子是祖国的花朵，让花朵经历暴风骤雨，除了一片狼藉还能剩下什么？让孩子在充满风险的重大事件中见义勇为，与其年龄及能力极不相称，这种见义勇为的行为成本太高而收益太低。

所幸的是我们走向了市场经济。在学会收益成本比较及效率分析后，我们开始对自己以前的价值观进行反思。将“见义勇为”从《中小学生行为规范》中剔除，教育孩子遇到突发事件首先自我保护。终于，我们的教育者学会了理性。

二、深圳的边防通行证

提起深圳的边防通行证，我总是义愤难平，它曾两次让我深受其害。

一次是2000年，我奉命去为南方证券的硕士研究生班授课，首次听说去深圳要办理边防通行证。办理边防通行证除须缴纳办证费，还需要有单位的介绍信及居民身份证。待我打车到数十里之外的大连边防总队去办证时，其工作人员说还须填一个表，表上要加盖单位的公章。我将手中的介绍信打开，指着上面的公章说:“这个不就是公章吗？盖在介绍信上或盖在表上有什么区别？无非就是个证明，你们既要在介绍信上又要在表上盖公章是一种重复。”工作人员言明这是规定，我也只好打道回府。第二天再去办理时，工作人员说今天是星期四，下午不办公。虽然我费时费力也只能自认倒霉，因为在表的后面确有用很小的字印有周四不办公的字样。倘若办公人员能够提醒或办公地点有明显的标识，此番无效劳动完全可以避免。第三天上午上完头两节课后，我急忙赶到大连边防总队，时间刚好是11点。工作人员说我们已经午休，下午再来。虽然我非常生气，但也只好忍气吞声，中午找个美发店做做头发打发了时间。下午再去时，那个工作人员说我们下午有事不能办公。说此话时，亲眼见我奔波数次的他脸上竟然露出一种耍弄人的笑容。如此三番，欺人太甚，况且我必须在本星期日启程，周五下午是最后的办证期限。在我要找大连边防总队领导理论的胁迫下，那个工作人员给我办了边防通行证。到了深圳，南方证券同仁去机场接我，安排住宿。那张让我跑了三次，辛辛苦苦办到的边防通行证如同废纸，毫无用处。回到大连，尽管还可以退回十几元钱，但我却立即将其扔进了垃圾箱。

另一次遭受深圳边防通行证之苦是 2002 年 10 月，张五常教授与我相约，去武汉华中科技大学参加张培刚教授的 90 寿诞庆典，随后去深圳，与周其仁、朱锡庆、薛兆丰等人座谈。由于办边防通行证让我心有余悸，况且上次的经历告诉我边防通行证根本没用，再加上同行者是名声显赫的张五常教授，我原想不办边防通行证，也会一路顺风。到深圳机场后，薛兆丰等人开着面包车到机场来接我们。通过边防检查站时，只有我一个人没有办边防通行证，但此检查站是必经之路，据说单位的轿车、旅游车可以免检。当众人下车过关时，我被安排躲在车的后面拉下窗帘混过关去。第二天，张五常教授建议带我们几个去苏东坡的流放地惠州游玩，此项建议因为我没有边防通行证怕回深圳时再惹麻烦而取消，不用说，集体的福利因选择了次优而降低。路上薛兆丰对我说:“王玉霞，写篇文章骂骂它。在一部电影中，老百姓对日本鬼子说‘这是我们中国的土地，我愿意去哪儿就去哪儿’，今天我们做不到了。”

人为分割地域的边防通行证，除养活一批闲人外，究竟有什么用？深圳当地的朋友说只是为了收钱。有的人在过关时，手执现金，将几十元钱拍给边检人员后立即过关。虽然这不是我亲眼所见，但政府的此番设租行为，必然有寻租者对此做出反应。

边防通行证除了给入境者带来一系列麻烦外，究竟能挡住多少非法入境者？在当今造假者能以假乱真的前提下，那张简陋粗糙的边防通行证挡住了哪个真心想进入深圳的歹徒？办理边防通行证的主要依据是居民身份证，伪造边防通行证的成本低于伪造居民身份证的成本。因此，用居民身份证验明身份较用边防通行证更加可靠。此外，市场经济的特征是生产要素的自由流动，任何阻碍统一市场形成的因素都会影响市场的效率。市场经济需要小政府、大社会，政府要维护市场秩序，设置社会保障体系，提供百姓所需要的公共产品。

“勾肩搭背”的社会成本

闲来浏览2003年3月14日的《半岛晨报》，为一篇《大学生当众亲昵碍眼吗？》的报道所吸引。报道言：“近日，上海一所高校出台规定：如果男女大学生当众拥抱亲吻，将被视作德育不良行为，记入档案。情节严重的学生还有毕不了业的可能，并且该校还专门成立了百余人的巡逻队，‘抓捕’拥抱亲吻者。”《半岛晨报》的这篇报道接着就上海高校的上述做法组织各方面人士进行了讨论，见仁见智各有不同。

自改革开放后，高校校园中男女大学生亲昵的现象屡见不鲜，国家教育部1994年出台的《普通高等学校管理规定》中明文规定：校园内“禁止勾肩搭背行为”。对于教育部的此项规定，各个学校执行时有三种做法：其一，严格执行。全国高校中“抓捕亲昵行为”的学校绝不局限于上海。其二，动口不动手，以宣传教育为主，对具体的个案不做认真处理。对校园内的亲昵行为除正面引导外，睁一只眼闭一只眼。其三，修改《大学生管理手册》，将“禁止勾肩搭背等行为”从大学生行为规范中删除。东北财经大学学生处认为，学生过火的行为虽然学校该管，但应以自律为主。

校园是读书的净土，男女学生在校园这个公共场所有过分的亲昵行为具有负外部性，即对他人造成负面影响。对该负外部性的处理方法大学之间差别很大，有严禁、容忍及宽待三种制度。哪种制度更有效率，更趋公平呢？

哪种制度更有效率依赖亲昵行为的负外部性的程度，即这种行为对他人、对社会的危害到底有多大。实施亲昵行为的主体必定具有私人收益，但在公共场所生产满足行为主体情感需求的私人产品时，造成了某种程度的环境污染，这种污染对他人产生的负面影响有多大依赖于社会伦理及道德观念。我曾就这一问题询问过我的学生，百分之百的年轻人表示可以理解和没必要大惊小怪。教师当中对不雅的亲昵行为虽然普遍反感，但对“抓捕”也大多认为是“杀鸡用了牛刀”。总之，随着思想的开放，观念的改变，多元的社会变得更加宽容，这种污染的负外部性正在不断降低。对看不惯的人与事，人们的承受力日益提高，见多识广使他们见怪不怪了。

从公平的角度讲，我们要分析校园亲昵行为的产生有没有法律依据。针对《半岛晨报》的这篇文章，一位法学博士认为:“大学生已经是成年人了，他们有表达自己情感的权利。”“上海的这所高校出台的禁止学生当众接吻的规定没有国家法律的支持。”校园内男女学生的亲昵行为是他们恋爱过程的副产品，在大学校园里的青年学生处在恋爱的黄金时代，面对一个竞争充分、信息对称的寻偶市场，他们不可能无动于衷。上大学期间禁止大学生谈恋爱既不人道，也践踏人权。罗密欧与朱丽叶、梁山伯与祝英台的故事告诉我们，人为地扑灭爱情的火焰，无异于抽刀断水。热恋中的男女青年，除个别修养极差，有当众表演个人隐私的偏好外，多数的亲昵行为是情不自禁的。后者选择的地点当然是比较僻静的树下或路边，光天化日之下过分的亲昵行为当属个案。学校组织巡逻队“抓捕”，必定是去搜寻那些在偏僻的角落行使恋爱权利的青年男女，在如此甜蜜时刻遭遇“抓捕”，承受训斥、罚款或行政处分，无疑为青年男女的恋爱蒙上很大的阴影，“抓捕”行为侵犯了青年学生恋爱的权利，这也是一种社会成本，毕竟爱情是一种很美好的感情。

我认为投入人力、物力去“抓捕”校园内男女学生亲昵行为的制度，缺乏效率与公平。学校的规章制度有禁止与倡导两种类型，对于青年学生校园内亲昵行为的约束，应该以倡导性的法规及学生自律为主，倡导学生文明恋爱，教育学生自尊自爱，树立良好的校园风气。即使做不到像东北财经大学那样删除不合时宜的法规内容，也最好选择“睁一只眼，闭一只眼”的中庸做法。

我们应该当心用一个错误去矫正另一个错误，我们更应该避免用社会成本高的大错误去矫正社会成本低的小错误。

故事中的经济学

经济学是资源配置的科学，是关于如何理性选择的科学，所以它既与一个国家的国民收入、经济增长、通货膨胀、失业等大事息息相关，也与企业的成本、利润、价格、产量密切相关。普通百姓的家长里短，生活琐事，也可以透过经济学的理性视角，显露出让人耳目一新的富有启发的新意。经济学的历史虽然仅有两百多年，但经济学的思想却源远流长。它起源于人类在适应自然、挑战自我过程中积累的经验与智慧。许多曾经发生过的故事，蕴含着深刻的经济学道理，而通过故事讲授经济学也是钟情于真实世界的经济学业内人士的拿手好戏。本文就这两个方面，各举一例，以便与读者一起感受经济学的魅力。

一、剥削：刘文彩 VS 周扒皮

在我儿时的记忆中，刘文彩与周扒皮是南北两地知名度最高的地主。他们的故事通过文艺作品的演绎与夸张，在那个年代家喻户晓，人人皆知。虽然都是欺压穷人的“阶级敌人”，刘文彩与周扒皮的方式却皆然不同。刘文彩是四川大邑县的大地主，良田万亩，而且城里有工商业。改革开放前，名扬全国的泥塑群雕《收租院》描述了刘文彩剥削农民采取“大斗进，小斗出”，即借粮与收租时使用不同的计量工具，克扣农民。此外，他还私立公堂，将交不起租的农民关进水牢。四川大邑县内的许多穷苦农民，被刘文彩搞得妻离子散，家破人亡。周扒皮的原型是小说《高玉宝》的作者高玉宝家乡——东北地区——的一个小地主。他剥削穷人的做法是“半夜鸡叫”，即夜半三更趴在鸡窝旁学鸡叫，目的是诱发真正的公鸡鸣叫，造成天明的虚假信号，以便他雇用的长工能延长下地干活的时间。

同为剥削穷人，为什么刘文彩与周扒皮的做法如此不同？作为地主，刘文彩与周扒皮在新中国成立前均拥有一定的土地所有权，除自耕外，他们还有三种制度可选择：其一是雇用长工，地主与长工签订购买劳动的合约，长工获得固定的收入，地主承担全部的耕种风险并拥有完整的剩余索取权。在这种制度下，长工理性的选择是偷懒，因为他努力的结果全部归属地主。在这种制度下地主有努力进行监督的激励，因为他百分之百占有努力监督的结果。其二是地主与农民签订土地承包合约，地主获得固定的收入，农民承担全部的耕种风险，并拥有全部的剩余索取权。如果土地由一户农民承担，则这户农民的劳动投入必然是有效率的投入。因为努力耕种的结果除上缴地主外，百分之百归承租土地的农民所有。家庭亲情的纽带，使租地的农民无须被监督便努力耕种。如果几户农民合伙租种同一块土地，则租地农民之间会相互监督，这比地主监督更有效率。总之，第二种合约较第一种合约对努力工作的激励更强，因而大大地节约了劳动的监督成本。其三是分成制，即地主与农民签订分成租地合约，地主将土地租给农民耕种，秋后算账的依据是合约中的规定。地主与农民按三七或四六等不同的比例获取不同的收益。地主与农民既分担了风险，也分享了收益。地主不用像第二种合约那样高枕无忧，也不用像第一种合约那样半夜鸡叫。他只要对农民的物资投入（如种子、肥料）及最终的产出进行监督即可，而农民的努力程度也介于第一种和第二种合约之间，因为他努力的结果只是部分地归自己所有。

面对三种合约的选择，为什么周扒皮选择了第一种合约，而刘文彩选择了第二种合约？假设周扒皮与刘文彩都有剥削的偏好，同样是理性的经济人。他们不同的选择必有其经济学的道理，现分析如下。

首先，周扒皮是北方的专职小地主，而刘文彩是南方的兼职大地主。小地主处于原始积累阶段。除雇用长工之外，周扒皮自己还想亲力亲为地提供一部分劳动，在与长工共同劳动中降低了监督成本。周扒皮是专职地主，没有城里的工商业需要打点，其监督的时间机会成本较低。此外，小地主雇用的长工数量较少，长工的劳动均在其有效监督的范围之中。而刘文彩则是进入享乐阶段的大地主，不可能亲力亲为地下地干活，而且他还有城里的工商业需要打点。同时，由于占有的土地太多，监督需要委托代理，其效率必然低下，所以刘文彩采取一租了之的方案。当周扒皮采用“半夜鸡叫”延长长工工作时间以增加总收入时，刘文彩则采用“大斗进，小斗出”的方式去盘剥农民。

其次，北方与南方有地域的差距。刘文彩地处天府之国的四川，其土地肥沃，自然灾难较少，即土地耕种的风险较少。因此，厌恶风险的农民有可能承担全部风险去接受承包土地的合约。而东北的土地虽然沃土千里，但自然气候的变化较大，灾年颗粒无收并不罕见，因此农民宁愿做长工也不愿去承担租地的风险。

最后，耕种品种的不同。南方多是水田及经济作物，而北方多为旱田及粮食作物。前者需要精耕细作，劳动投入比较复杂，监督成本也高。而后者旱田作物多采用粗放式耕作，劳动投入比较简单，监督成本较低，只要盯住种、铲、收几个环节便万事大吉。可见，刘文彩采取租地合约，周扒皮采取雇用长工合约与其所处的客观环境非常适应。

由此可以推断，采用分成制合约的地主与农民所处的环境必然介于刘文彩及周扒皮之间。

周扒皮的“半夜鸡叫”与刘文彩的“大斗进，小斗出”属于签约后的机会主义行为，此道德风险完全可以因为其他守约的地主存在而得以避免，例如农民可以与刘文彩、周扒皮以外的较为“诚信”的地主签约。但是由于刘文彩与周扒皮处于垄断地位，或天下乌鸦一般黑的地主集团采用了行为联盟，多而散的农民在讨价还价的博弈中处于劣势，因此受到了霸王合约的盘剥。只有剥削与被剥削者之间的矛盾积聚到一定程度，爆发了打土豪、分田地的革命，才能使贫苦的农民得以解脱。最终刘文彩、周扒皮为他们的短期理性行为——“大斗进，小斗出”及“半夜鸡叫”付出了沉重的代价。

二、鸡论：张维迎 VS 张五常

张维迎与张五常都是经济学大家，他们善于运用形象的比喻、生动的故事去解释绎复杂的经济学理论。许多复杂的经济学理论，经过他们的诠释立即变得自然清新、通俗易懂。张维迎的学生曾在《经济学家茶座》上撰文，称他是“经济学界的大白话家”。我曾多次为张维迎教授的经典比喻拍案叫绝，比如他将国企翻牌改制的做法比喻成在马身上画白道，硬充斑马。他还将企业多元化的做法比喻成老太太上火车——带太多的包看不过来。在讲到政府管制时，他形容道:“政府将市场机制这个猫打死了，于是耗子横行，政府又让人学猫叫吓唬耗子，无奈耗子越来越多，政府就认为学猫叫的人少了，派更多的人去学猫叫。”他指出政府管制有自我强化的功能，提出要像戒毒一样戒掉政府管制的瘾。

在2005年东北财经大学博士生考试的试卷中，有一道题是论述委托代理问题。考试后我的一个学生和我说起他是如何将委托代理中各种风险逐一描述分析的，如职业经理人的偷懒、灰色收入、在职消费、盲目扩张等。我对这个学生讲，委托代理问题你只答对了一半，若只有风险而没有收益，怎么会有委托代理关系长期存在？张维迎教授在《产权、信誉与政府》这本书中，用一只鸡将委托代理问题说得非常透彻。张维迎教授讲，为什么有委托代理，因为管理专业化有这样的优势，即假设一只鸡在你手里一天只下一个蛋，在人家手中一天能下两个蛋，那么最好把鸡交给别人养，但是委托别人养鸡又要防范这个人可能会偷偷地炒鸡蛋吃，若难以避免他要炒鸡蛋吃，也不要超过一个，否则还不如自己去养。

我去张五常教授家做客时，恰逢教授与复旦大学的几个博士生探讨如何撰写学术论文的问题，一只鸡到了张五常教授的手中又有了不同的意义。教授认为经济学主要的功能是解释现象，推测行为。例如有一家饭店，一元钱卖一只鸡，这个奇怪的现象就值得去解释。你要问:“他为什么要大大低于成本价来提供一只鸡？为什么这是一只鸡而不是一只鸭？同是招揽顾客，饭店为什么不普遍降价，而是采用了一元钱可以买一只鸡的做法？这两种不同的价格安排会有什么不同的激励？哪种安排更有效率？”教授接着讲:“在这家饭店，只吃鸡可不可以？购买10只鸡带回去可不可以？回答是不可以。一元钱可以买一只鸡只是广告，目的是连带销售其他商品，以争取较多的销售总额。”

为什么是一只鸡而不是一只鸭呢？恐怕是偏好吃鸡的消费者远远多于偏好吃鸭的消费者，用一只鸡做广告更有一般性。接下来张五常教授比较了普遍降价安排与一元钱可以买一只鸡的价格安排。直接降价的做法从全社会角度看资源配置效率高，能够做到消费者吃鸡的边际效用等于饭店提供鸡的边际成本。一元钱可以买一只鸡的价格安排，消费者消费一只鸡的效用只要高于一元钱，他就会继续消费，而饭店提供一只鸡的边际成本远远大于消费者的边际效用，出现了资源配置非效率的现象。张五常教授关于鸡的分析，讲到这里，被复旦大学博士们的其他询问打断了。

归来数日，我沿着张五常教授的思路继续分析，既然普遍降价的安排优于一种商品大幅降价的安排，为什么招揽定价现象在许多行业屡见不鲜？我的答案是，同样的让价额度，集中在一种商品上较分散在所有商品上更有视觉冲击力，更能吸引消费者的眼球，更有广告效应。一元钱可以买一只鸡既然是广告行为，它引发的成本收益变化必然不局限在鸡本身的交易中。虽然消费一只鸡的边际效用大大低于生产一只鸡的边际成本，但是它引发的其他商品消费量的增加所创造出的生产者剩余价值，足以弥补售鸡交易中边际成本高于边际效用的差额，否则实施一只鸡只卖一元钱的饭店岂能不关门大吉？

学科建设基金分配及使用的租值耗散

随着中国经济的发展及社会进步，人们越来越认识到教育的重要性。在国际经济一体化逐渐推进的今天，竞争说到底是拼知识、拼资源，而知识赋予人们的竞争力超过了资源。因此，肩负着创造知识、培养人才重任的大学教育，是今后中国核心竞争力的源泉。不难理解，政府及社会公众对教育寄予越来越多的期待。近几年，作为身处大学教育一线的教师，我也切实地感受到各级政府对教育投资的加大。以我所在的东北财经大学经济学院为例，仅产业经济学、西方经济学、劳动经济学等学科建设基金每年就有200万元之多。

这是我们盼望已久的，本该给大学更好地创造知识，培养人才带来福音的真金白银，却在其分配和使用过程中造成了巨大的浪费。世界上没有免费的午餐，我亲眼看见纳税人的血汗钱在分配和使用过程中出现巨大的漏斗效应，痛惜淹没了欣慰。毕竟我们是发展中国家，毕竟我们才刚刚达到温饱，钱没有花在刀刃上也是犯罪。

一、学科基金申请及分配中的寻租行为

“寻租”是经济学界近30年来使用频率最高的概念之一。广义的寻租是指一切非生产的寻利活动，例如战争与偷窃。狭义的寻租是指“投入资源到非生产领域，去获得一种权力。这种权力给自己带来收益的同时，会给别人带来损失，而且损失大于收益”。狭义的寻租特指向政府寻租，政府将权力赋予谁，谁就会因此而获得收益。寻租也被称作非生产寻利。它和生产性寻利的共同之处是都要投入资源及都有激烈的竞争。其不同之处在于生产性寻利是创造财富的行为，其结果是利己的同时实现了利他；而非生产性的寻利是转移财富的行为，其结果是损人利己，而且损人的损失大于利己的收益。因此，寻租这种负和博弈必须得到遏制。因为稀缺的资源非生产领域配置得多，生产领域配置得就少；巧取豪夺的人多了，发明创造的人就会少。

毋庸置疑的是政府行政部门在学科建设基金的配置过程中，必然引发大量的寻租活动，它引起的社会浪费表现在如下两个方面。

其一，设租的政府行政部门由于信息不对称造成的浪费。政府行政部门毕竟是游离在大学之外的外部人，它们对大学学科建设既缺乏专业知识，也没有可能获取每个大学具体学科的现状及优势的真实信息。政府行政部门也不是人才市场上利益相关的需求者，它们对人才需求的信号也不可能比市场更敏感，由它们决定哪些学科该重点发展，正如由政府来决定哪些产业该优先发展一样不可行。因此，我国大学学科建设也有类似光伏、钢铁产业般的热门专业产能过剩，盲目上马的现象。在思想创造领域，动用“看得见的手”去配置资源，其危害超过它在产品创造领域造成的弊端。

其二，寻租过程中产生的浪费。学科建设基金毕竟是一块不小的利益蛋糕，犹如美国农场主不去耕种土地，而去“耕种”政府一样，必然引起相关大学竞相投入资源去积极争取分割这块利益蛋糕。大学的校长、院长们，除了日常教学科研管理工作之外，还担负着“经营”项目的重任。工作在教学科研一线的教师，也难免卷入其中。身为东北财经大学经济学院西方教学部的主任，我组织老师们完成了《提升高校核心竞争力特色学科建设工程立项学科建设与发展规划（2014—2016）》的撰写工作。在撰写这项规划的过程

中，我的心情比项目的名称更沉闷。萦绕在我心头的只有俩字——胡编。项目基金有60万元，我要从人才培养、科学研究、团队建设、学术交流、条件建设五个方面去分配资金的用途，并且我被告知：首先不能虚写，必须具体到有量化指标，我的第一稿就因虚写被退回。其次，相关部门将按照我们申报的资金使用方向及数额去落实及监督。当我写道，2015年要引进高水平人才一名，2016年要完成高水平论文10篇、国家级项目2项时，实在受不了胡说八道的折磨，以致我对在场的院领导提出，这个部主任我不干了。俗话说，计划赶不上变化，面对不可控的未来，这种胡编的计划有价值吗？

胡编的申报、糊涂的审批，若匹配模糊的使用边界及弹性的监督，则造成的浪费和损失还能在局限条件下达到最少；若匹配上严格的使用限制及刻板的监督措施，其结果必然是灾难性的损失。

二、学科建设基金使用过程中的租值耗散

“租值耗散”是经济学家张五常教授使用最多的经济学概念之一。在张五常教授完成的四卷本《经济解释》一书中，他浓墨重彩的描述将交易费用、制度费用、租值耗散三者画上等号，这是他对经济学开创性的贡献。交易费用是美国经济学家，诺贝尔经济学奖得主科斯的贡献之一。1937年科斯发表了《企业性质》一文，文中科斯石破天惊地提出一问：“企业为什么存在？”回答是因为市场交易有费用。当市场交易费用很高时，组织企业就有效率，企业和市场是两种不同的资源配置机制。

科斯的贡献不在于成功地解释了企业为什么存在，而在于提出一个长期被经济学忽略的概念——交易费用。张五常教授的贡献是将交易费用定义为鲁滨逊世界不存在的费用。一个人的世界有生产费用，有信息费用，但是没有制度费用。张五常教授认为没有市场交易也有交易费用，如以前学习毛主席语录及走后门拉关系，都是交易费用。交易费用降低，社会财富会上升。但有一个长期困惑张五常教授的问题——市场是一个奢侈品，搜寻信息、讨价还价、签订合约、执行合约及监督合约都有很高的费用。市场广泛存在一定是降低了制度费用，它降低了什么费用呢？张五常教授思考多年得出的结论是：市场是唯一不会导致租值耗散的合约安排。因此，租值耗散也是交易费用，即制度费用。

租值耗散是指权利没有界定清晰时资源在竞争过程中导致的资源价值下降或消失。早在 1974 年，张五常教授在美国发表了《价格管制》一文，文中他研究了香港政府的租务管理。香港政府对租房市场的价格进行了政策干预，将房租的价格限定在市场价格以下。政府限价与市场价格的差距就形成了权利没有界定清晰的公共资源。在争取这部分公共资源的竞争中引发的损失便是租值的耗散，但只要房子的主人有变通的自由，个人理性的选择会将这种耗散降到最低水平。面对房租下降，需求量大于供给的卖方市场，房主可以提出许多附加条件以弥补租金的下降。例如，要求租房者高价买一把本不值钱的破椅子，或帮忙装修一下房屋，或租给一个美丽的女孩——用漂亮贴水弥补经济上的损失。这些措施，都会使租值耗散的程度降低。若香港政府进一步管制，堵住所有变通的道路，其充分竞争无主资源的结果必然是“公共牧地的悲哀”，即公共资源的价值被破坏殆尽。

大学学科建设基金是典型的产权界定模糊的转移支付。这种非市场的资源配置机制，导致的租值耗散会因为存在种种变通方式而使其浪费下降。尽管存在变通费用，将 100 万元变成了 80 万元或 60 万元，但残余的资金毕竟可以发挥它最大的价值。若用严格的审查、刻板的监督阻挠这种变通只会导致更大的租值耗散，它体现在如下几个方面。

其一，监督成本的提高。监督成本的提高首先表现在担负监督职责的机构进驻各个大学长达数周、数月从事费时、费力的监督工作，这会造成人力、物力的损耗。而随后引发的对监督的恐惧，导致各大学内部执行更加严苛的日常财务审批制度，会带来更多的麻烦。在上有政策、下有对策的博弈过程中，催化了花样百出的变通招数，如发票的票面价值不能过千元，我就多弄几张发票；发票号码不能连续，我就多找几家店开发票或多次报销；专家讲课费不能超过 3 000 元，我就将一次讲课费写成两次。玩这种无法阻断变通行为，只能提高变通费用的把戏有意思吗？政府相关部门对什么可以做到，什么无法做到没有起码的判断吗？

其二，引发为了花钱而花钱的行为。在各个大学里，不能否认有相当多的老师不愿或不屑做这种冒风险的变通，然而钱还得花，否则三年之后基金就被收回的警钟经常敲响。为了花钱而花钱的行为，体现在从事可有可无的调研，召开可开可不开的会议，甚至我们一位老师提议，干脆我们分散开来，几个人坐上飞机随便到一个地方打几天滚子（大连流行的纸牌游戏），将钱花了不就完事了吗？在气候宜人、景色秀丽的大连打滚子不是更好吗？去外地打滚子除了完成花钱这个任务，还要支付老师们舟车劳顿的艰辛，那不也是社会成本吗？在市场经济大潮中，尚存将花钱变成负担的制度，难道我们跟钱有仇，宁愿付出代价去虐待它？

其三，违背了实事求是及社会公平的准则。刻板的财务报销制度造成的社会损失，还包括它违背了实事求是及社会公平的准则。2013 年，我讲授的经济学被评为辽宁省视频精品课，项目资助 10 万元。除制作费用 5 万元外，其余 5 万元要求我在一定时间内按财务制度报销。我找到财务处长理论道："视频精品课用不着调研出差，除了制作费用就是劳务及我的知识产权的价值。我到哪儿去找那些根本不存在的票据报销？况且我的五个学生一字一句地将我讲授的内容编成文字，挂在视频里。如此辛苦难道不应该支付他们劳务费吗？"财务处长当然知道我说的在理，但财务制度不允许他通融。教条僵化至此，除了有理无处说的无奈，还能怎么办？

其四，导致灰心丧气的损失。扭曲的制度，搞得许多学者灰心丧气——"不玩了"，这是好多人的选择。我的一个朋友，也是博导，他说："我去年申请的社科基金有 40 万元，我不可能冒风险去搞那些票子报销。我只是劝自己权当没有申请到这个项目，今后我也不会再申请了。"另外一位老师，申请了国家社科基金重大项目，在组织团队调研过程中预支了许多劳务费，给了参加项目的学生。而根据财务制度，这笔劳务费无法报销。这位老师感叹："我最大的失误是申报了国家社科基金重大项目，更不幸的是居然还中了。"经济学十大原理中有一条：人们会对激励做出反应。灰心丧气、退出游戏是那些投机本领低、变通能力弱的学者的理性选择。

三、精神产品的特殊性及大学的功能

大学是以生产和传播知识为己任的组织机构，它为社会提供的是精神产品。无形的精神产品从投入到产出与有形的物质产品比较，有其特殊的属性。第一，精神产品生产周期更长，不确定性更大。知识的创造需要一个漫长的积累过程。虽说天道酬勤，但一个学者在其领域苦苦求索数十年，也没有什么令人称道的贡献，屡见不鲜。科斯曾讲过，学者只能埋头耕耘，有没有贡献要看你有幸踩中了什么。正是千千万万探索知识的个体，在漫漫长途中摸索前进，才会有人有幸找到打开知识大门的钥匙。我们不能只承认幸运者，而忽略更多默默无闻的探索者。因为探索者越多，踩中的可能性越大。因此，精神产品的生产者，需要更持久的耐力、更宽松的环境，更不能急功近利，不能用成果去抹杀过程。第二，精神产品具有公共品的属性，它导致市场度量失灵。若将传道、授业、解惑作为大学的宗旨，那么大学生产及传播的知识有两类，一类是与生产力关系密切的实用性知识，它可以通过学生在市场上表现出的生产力及报酬间接地度量出来。另一类是与生产力关系不密切，具有“道”性质的知识，是无法用量化的办法来考核及评价它的价值的。如何度量亚当·斯密“看不见的手”的理论给人类带来了多少财富？如何界定孔孟之道给社会带来了多少利益及损失？无形的精神产品具有非竞争性、非排他性的公共品属性。不收费及可共享令试图根据精神产品创造的价值去补偿精神产品创造者的市场机制，失去了资源配置及收入分配的功能。第三，精神产品生产中的投入模糊了生活资料及生产资料的界限。曾有学者反对经济学关于生活资料与生产资料的划分、消费与投资的区别。一餐饭是生产资料还是生活资料，是消费还是投资？若将人看作产品，它就是生产资料；若考虑人力资本，吃饭也是投资行为。而对于精神产品来说，这两者的界限就更模糊了。学科建设基金只能用于工作而不能用于生活，只能用于调研而不能用于探亲访友，只能用于项目而不能用于休闲的规定，是不切实际的教条。谁能说清读万卷书与行万里路哪个对思想创造更重要呢？谁能区别有目的的调研与从探亲访友中偶然获得的信息哪个更可靠呢？真实世界是经济学的试验室，强行区分原本模糊的边界只会给精神产品的创造带来更多的噪声。

正因为精神产品有以上特殊属性，千百年来人类逐渐摸索出用大学的功能去解决这类问题。学术思想自由、学者待遇丰厚、教授治校、同行评价，用一套有别于市场机制，有别于官僚体制的逻辑去治理精神产品生产者，实践证明这是行之有效的制度安排。任何干扰破坏大学功能的做法只能阻碍精神产品的创造及传播。

因此，我的建议是，短期内扩大学科建设基金使用的自由度，尽可能地减少租值耗散。给予大学更多的学科设置及调整权力，减少政府行政部门的规管。长期的措施应该提高大学教师的工资水平，变转移支付为初次分配。给知识生产及传播者提供宽松的、有尊严的生活条件，让他们能够心无旁骛、专心致志地生产知识产品，以确保影响中国未来竞争力的知识源泉能够源源不断、川流不息。

东北啊，东北

作为一个生于斯长于斯的东北人，写下这几个字时，我的内心波涛汹涌、五味杂陈。曾几何时，这片“肥得流油”的黑土地，用它宽大的怀抱温暖了几代饥寒交迫闯关东的游子。不须说，抗日战争中白山黑水的可歌可泣；不须说，解放战争中“得东北者得天下”。新中国建立之后，被称作共和国长子的也是东北，自豪与骄傲是东北人的标签。这块要资源有资源，要基础有基础，交通发达、铁路成网、民风淳朴的东北大地，近年来竟沦落为“中国梦”的拖累，连续几年人才、资金净流出，经济增长全国包尾。2016 年东北地区的经济大省辽宁竟以 −2.4% 的 GDP 增长速度居全国倒数第一。“投资不过山海关”“东北人诚信差”“东北计划经济色彩太重”等抹黑东北人的声音不绝于耳。中央多次召开振兴东北的会议，学者专家也从不同的角度解释所谓“东北现象”。2016 年 11—12 月，我和东北财经大学经济学院农村经济发展研究中心的几位老师来到了铁岭市昌图县，去调研农产品种植结构调整问题。之后，应吉林太平保险公司的邀请，我又在吉林省的 9 个地区进行了系列讲学。两个多月的所见所闻使我对东北现象有了切身的感受，我由衷地感到——观念陈旧、制度僵化、各自为政、政府“添乱”是东北经济衰败的根本原因。

一、成也玉米，败也玉米

昌图系蒙语“常突额尔克”前两个字的谐音，意为“绿色的草原”。昌图县位于辽宁省最北部，处于辽宁、吉林、内蒙古三省（区）交界处，区域面积 4 317 平方千米，下辖 39 个镇（场），有 425 个行政村，总人口 103 万，其中农业人口约 80 万，占全县总人口的 80%（摘自昌图县人民政府网）。

昌图县是玉米的主要产区，现有总耕地面积 489 万亩①，2016 年玉米种植面积为 358.9 万亩，占总耕地面积的 73%，除玉米之外，昌图县还出产花生、水稻、马铃薯、胡萝卜等农作物。2015 年昌图县粮食产量达到 54.86 亿斤②，占辽宁省粮食总产量的 1/8，占铁岭市粮食产量的 1/2。昌图县同时也是远近闻名的畜牧大县，全县畜牧产品年加工能力达到 16 万吨以上，其中肉鸡年加工能力为 1 亿只，生猪年加工能力达到 500 万头，占沈阳生猪市场的 1/3。

由于国家玉米临储政策的激励，昌图县玉米种植面积曾经占其全部耕地的 80% 以上，虽然政府不断地引导种植结构调整，但其玉米种植面积还是高达 70% 以上，农民称玉米是铁杆庄稼，从 2008 年以来，昌图县玉米种植面积不断增加主要有三个原因：其一是产量高。由于玉米种子的改良和化肥的使用，目前玉米的亩产量普遍高达 2 000 斤以上。其二是容易实现机器化、规模化生产。昌图县农民种植玉米基本上从种到收完全实现了机器化作业，还有农村合作社开展代种代收业务，只要农户每亩缴纳 450 元左右的代管费用，合作社就可以将粮食送到农户的家中。其三是风险低。2008 年以来，由于有了国家玉米临储政策，玉米的收购价格一涨再涨，每斤玉米的收购价格达到 1 元以上，中央、省、市各级粮库敞开收购，因为收购得越多，各级粮库从国家获得的补贴也就越多。

由于以上三个原因，在昌图县种植玉米成了农民的最佳选择。荒坡、荒地、盐碱地以及稻田、菜地都被改造成种植玉米的耕地，土地的流转价格也由每亩 200 元涨到 500 元左右。然而玉米价格的不断上涨带来了三个弊端：第一是生态系统的破坏。农业种植品种的选择必须与自然生态系统相契合才

① 1 亩≈ 666.67 平方米。

② 1 斤 =0.5 千克。

有发展的可持续性。在与科尔沁草原接壤的昌图县大量地种植玉米，带来了两个生态系统的破坏：首先是在沙梁地种植玉米需要使用大量的地下水浇地，这导致了地下水源的枯竭。老百姓讲到曾经挖地几米就能见到地下水的昌图县，现在由于过量使用地下水，挖地几十米都很难见到地下水。其次是过量使用化肥、农药破坏了土地的有机成分。第二是造成了严重的浪费。国家玉米临储政策造成了玉米高产量、高库存、高进口的畸形状态，已经有很多学者较为深入地剖析过。在铁岭市昌图县的调研中，我们走进了中储粮总公司辽宁分公司的辽宁昌图储备库，这个被称为全国粮食现代化建设的示范单位，质量和信用都达到 AAA 级水平的现代化粮库也面临着转型的困难。粮库主任和书记接待了我们，作为国家临储政策的利益集团，他们也反复强调国家玉米临储政策的危害。“浪费太严重了，玉米的收购价格加上存储费用一吨玉米达到 2 400 元人民币，这和国外玉米到岸价格 1 600 元一吨差距太大。市场根本就接受不了，粮食三年不卖，陈化就很严重了，拍卖出库一吨就赔 1 000 多元，谁能受得了。”第三是摧毁了玉米深加工和转化企业。在昌图县的调研过程中，我们走进了辽宁昌图大型农牧集团公司——曙光集团公司。曙光集团总部坐落在昌图县八面城工业园区，总资产 22 亿元，拥有 17 家全资子公司，现有员工 2 万人，企业注册资本 1.5 亿元，曙光集团以食用鸡为核心项目，从事肉鸡的种鸡选择、孵化、养殖、饲料、屠宰、食品加工等业务，年出栏肉鸡 2 500 万只，年屠宰肉鸡 1 亿只以上。

曙光集团董事长宋立新先生在介绍国家临储政策给他的企业带来的负面影响时说道：“从 2008 年开始的临储政策，使我们坐在苞米堆上却用着最高价的玉米，国家一年拿出 800 多亿元的补贴，造成巨大经济损失，而且摧毁了玉米深加工企业，摧毁了养殖业。”“农业部来座谈的时候，我说农业补贴最普惠的价值就是不补贴，啥也别补，这样就公平了。各行各业一补贴，给我们的企业家带来难题，要不要补贴？不要补贴，给他 400 元，我一分钱没有，我怎么能干过他？我要是想要补贴，成天就得围着领导转，办各种手续，我没有那么多精力。”“你看福建有圣农，广东有温氏，温氏现在市值 1 400 亿元，今年的全年利润超过 100 亿元。可是，大型的农牧企业应该诞生在哪里啊？应该诞生在粮食主产区啊！你看广东温度那么高，不是粮食主产区，一年又是台风又是下雨，反而最大的企业诞生在那里。我们作为粮食主产区却一个大型农牧企业诞生不了，原因何在？是我们不努力吗？我们用的是 2 420 元一吨的玉米，人家那边用的是 1 600 元一吨的进口玉米，还要我们的企业去跟人家拼，可能吗？你看折旧、利息、房产税、土地税、印花税、契税，这些跟你干不干没关系，但你必须得交。工人要有五险一金，所以你必须雇人哪怕留一个看大门的。你再看银行利息，人睡觉，利息不睡觉。”“取消玉米的临储政策，我认为给东北的畜牧业和玉米深加工企业带来了十年的黄金期。玉米的价格还会涨起来，因为市场有这个需求。虽然临储政策导致畜牧业到现在受到了 8 年的负面影响，但政府又给我们带来了十年的黄金期。因为政府在东北就扔了接近两亿吨的玉米，每当玉米要涨价的时候，政府就开卖，就会把价格砸下去。”

听了宋立新先生对玉米深加工和养殖业发展的展望，我感到玉米种植和加工转化产业依然有着光明的未来，我们期待着那一天。

二、荒谬的吉林省公路限速

吉林之行给我伤痛最深的是，整个吉林大地无论是国道还是省道莫名其妙地限速 40 千米 / 小时，我去白山市讲学，从长春到白山市由于有一半是高速公路，用了整整 4 个小时，讲学用了 1.5 个小时，下午 3：30 我从白山市返回长春准备乘晚上 9 点的高铁返回大连，以便赶上第二天的中级微观经济学大课。从白山市出来开始下雪，在崎岖难行的省道上，风雪兼程，一路上司机不断地担心高速公路可能会封闭。我认为不可能，因为雪下得并不大，轻易封路将正在行驶的汽车逼到更加危险的省道上去不是损失更大吗？晚上 7：30 我们来到高速路口，果然高速已经封闭，我们只好又重新回到颠簸泥泞的省道上去。一路上见到三起车祸，为了赶时间，我们风雪兼程根本不敢去吃饭和休息，更可怕的是到处都是限速 40 千米 / 小时。狭窄、崎岖、有危险的道路限速可以理解，进入宽阔的六排道公路也是限速 40 千米 / 小时。晚上 9 点以前赶到长春是不可能了，我期待着能赶上半夜 12 点的普通火车，能让我在第二天早上 8 点前站到讲台上就万幸了，但这荒谬的公路限速让我最后的希望也即将破灭。又累又饿的司机师傅用一块黑布把汽车的车牌遮住，终于在晚上 11：30 将我送到了长春火车站。规避了荒谬的公路限速，我经过七个多小时的颠簸、饥饿和焦虑，接过吉林省太平保险公司赵强先生给我买的食物，走进了火车的卧铺车厢。

荒谬的公路限速也坑了我的儿子。2014 年夏天儿子、儿媳约了另外一对夫妻去长白山自驾旅游。回到大连被告知去长白山的路上，儿子驾车来回都在某一地点超速 50% 以上。儿子是我家几个司机中开车最稳的，怎么可能两次在同一个地方超速 50%？具体一查，原来在那段高速公路上限速 60 千米 / 小时，儿子开的是 90 千米 / 小时，结果超速 50%。因为是异地处罚，大连市的交警怎么也想不明白，高速公路怎么会限速 60 千米 / 小时，争辩无用，申诉需要去吉林省，被扣 24 分，罚款几千元后，儿子、儿媳两个正在撰写博士论文的博士生万般无奈地走进了学习班。每天四次指纹打卡，要求非常苛刻，学习班的工作人员还明确地告诉他们，学习是次要的，惩罚是主要的。当儿媳抱怨受到不公平待遇时，儿子言道，“我们犯事了，犯人还要什么尊严和人权？”看见儿媳在微博发出吃“牢饭”的照片和 7 天学习班完成后发出的“自由了”的呼喊，我有一种哭笑不得的感慨。长白山高速公路这一段被人们称为“吸血鬼路”，因为其限速 60 千米 / 小时而且标志很不明显以致大家纷纷挨罚。2016 年 8 月在吉林省旅游局长的努力协调下有了明显的路标，限速也由原来的 60 千米 / 小时变为 100 千米 / 小时。东北财经大学工商管理学院的卢昌崇教授曾在星海论坛上讲道：“仔细观察我们身边发生的事，会发现计划经济的色彩依然浓厚，将这些事收集起来，加以分析会非常有意义。例如，违反交通规则我们除了罚款还有扣分和办学习班，这种既非经济又非法律的惩罚太有中国特色了。”在吉林省讲学的过程中，我有机会和某市的交警政委谈到“钓鱼执法”的问题，他竟然说这是一笔不小的财政收入。是的，哪辆私家车没有这样的遭遇，这笔收入的代价是加大了整个社会的运营成本。

四平市溢香阁酒店刘老板对我说：“为了保障质量，我的很多食材都是从南方进的，现在供货商都不愿意供货了，因为运输车辆一进入四平境内，先罚 200 元。后来，是我亲自到高速公路路口去接，交警们说‘这是刘老板的货，不罚了’。”在昌图调研期间，我们发现一到夜晚，火光四起，农民在焚烧放在地里的秸秆。由于昌图是种植玉米的大县，秸秆非常多，除了取暖，农民用不了那么多的秸秆，为了不影响第二年种地，夜半三更，一把火烧掉。因为污染空气，政府不容许这种现象发生，但面对满山遍野的秸秆，政府也无力有效监管。因而在东北玉米种植区，黑烟弥漫、火光闪闪已经是秋末冬初的常态了。难道秸秆就没有用了？它不能做饲料，不能发电吗？曙光集团老板回答道："秸秆怎么能没有用，能燃烧就说明有能量，就有用。只要政府放开，所有的秸秆我都要了。我的机器到地里花80元的成本将秸秆粉碎打包，马上就有人用200元来收购，这样的利润到哪儿去找，秸秆将来都能发展成订单农业。但是现在，一车秸秆交警一罚就是200元，这样就没有人来收了。"我们当然承认装满秸秆的车辆在狭窄的乡村公路上行驶有一定的交通隐患。但是，在特殊的时间段，开辟一条绿色通道使运输秸秆的车辆畅通无阻，总比现在污染空气、浪费能源、造成火患更好吧。这犹如高速公路为了规避责任就轻易关闭一样，各自为政，部门利益优先，不考虑社会整体利益的得失，是整个东北现象的特征之一。

三、荒唐的差旅费报销制度

去铁岭市昌图县调研，因为要深入最基层的村镇，甚至是农户，有辆车总是更方便吧。因此，尽管知道开车去调研汽油票和过路费是无法报销的，我还是决定开车去调研。从大连到铁岭昌图，油费、过路费超过了 1 000 元，再加上有一个地方限速 80 千米 / 小时我没有注意，超速了，在铁岭期间遇到一位贫困的老人我又捐了点小钱，铁岭一行我的预期损失不到 2 000 元。调研的最后一天，同事告诉我，因为你没有来回的火车票，你调研期间的交通和吃饭补贴——每天 180 元——没有了。这预期外的损失让我非常震惊。五天不到 1 000 元的补贴，损失固然不多，但制度的荒唐让我无法忍受。我们调研一共 7 人，每天我都用微信向经济学院没有来的同事现场直播调研现场。我在昌图调研是人证、物证，铁证如山的事实，就因为没有车票而取消了补贴，有这样的道理吗？同事说，你虽然开车来的，但应该买来回的火车票，然后把它废了就可以拿到补贴了。制度荒唐到如此地步，真是让人无语。因为调研损失了近 3 000 元，所以太平保险公司请我去讲学时，我的开价是每场 5 000 元，试图以此弥补调研的损失，但是为了讲授一个多小时的课，我来回十多个小时在风雪中奔波又是一个得不偿失的举措。

2016年11月16日，国务院印发了李克强总理签发的国发〔2016〕62号文件——《关于深入推进实施新一轮东北振兴战略，加快东北地区经济企稳向好若干重要举措的意见》，62号文件提出了14项振兴东北的举措。在计划经济色彩非常严重的东北，问题重重、积重难返。从哪里下手去破解这低水平均衡的束缚，见仁见智，莫衷一是。几番振兴收效甚微。依我所见，振兴东北除了中央给钱、给政策之外，解放思想、转变观念，引入公平的竞争环境更为重要。实在无从下手就从整治交通管制，容许各部门制定灵活的财务制度和约束政府破坏市场的行为开始吧！发挥市场作用，提供企业和居民创造财富的机会，激活黑土地自身的活力是东北的希望所在。

2016年11月25日，我参加了首届大连金融论坛。在《金融创新如何推动东北产业发展》这一论坛题目下，我进行了大会发言。最后，我讲了这样一段话："目前，是东北经济黎明前的黑暗，这块肥沃的黑土地，不会只有荒凉，没有希望。巴菲特的投资哲学是当别人乐观时我谨慎一点，当别人恐惧时我要乐观一点。希望有胆识的企业家、金融家到东北来投资，希望东北经济再现它的辉煌。"我由衷地希望，这一抹亮色早日出现在东北的大地上。

第六篇

借我一双慧眼

经济学的视角

2005 年 2 月 1 日《光明日报》在其理论周刊上发表了《经济学的边界》一文，作者程实列举了某些经济学家认为一些救助行为反而会给社会带来负效应。例如，海啸后的经济援助会从某种程度上提高受灾国对灾难的接受程度，使之降低对灾难的防范；所有的减少艾滋病痛苦的努力都是对预防艾滋病的负面激励；扩大贫富差距有利于经济增长，降低失业保险有助于充分就业。程实提出“经济学是一门以价格为中心轴的社会科学，这一本质属性决定了它的边界……纵容经济学对社会问题的肆意渗透，只能得出有悖于人之常情的冷酷”的结论。最后作者言道：“对另类经济学论断须保持清醒，经济学不是万能的，经济学家的论断不总能令人信服，没有边界的科学不是科学。”

我不知该文作者程实先生具有怎样的学术背景，以我对经济学的理解，恐怕程实先生文中的表达缘于其对经济学的误读。

现代经济学的概念已经从资源配置的科学转化为研究理性人行为的科学。正如马歇尔在其著作《经济学原理》开篇所言，“经济学是关于财富的科学，是关于人的科学”。前一句是讲明经济学是如何利用稀缺的资源有效率地创造财富的科学，第二句是指经济学是一门研究理性人行为的科学。理性人的行为不限于经济行为，它包括政治、法律及其他社会行为。因此，经济学为我们提供了一个独特的分析框架，给予我们一个全新的看世界的视角。从经济学提出一个崭新的角度看世界而言，经济学没有边界。一切社会现象均可放在效率的视野下重新审视。正如萨缪尔森所言：“一旦进入这个新奇的思想领域，你会发现世界与从前相比已大不相同。”经济学的生命力在于它能得出有悖常情的结论。若经济学得出的结论与常情无异，与从政治学、哲学、社会学的角度得出的结论类似，那么经济学没有存在的必要。

经济学的帝国主义倾向是指我们可以借助经济学这个独特的效率视角去重新审视早已熟知的世界，它会给你一种意料之外、情理之中的惊奇。著名经济学家萨缪尔森曾用“热切的心情，冷静的头脑”作为经济学教科书的题目，再三强调让我们要像经济学家一样去思考。“经济学节约了爱”这句戏言表明：经济学家的思考要抑制热切的心情，开动冷静的头脑。依据经济学效率、理性的逻辑，得出的结论可以透过温情的面纱直面事物的内在本质。例如，程实先生所列举的有悖常情的结论，都具有很鲜明的经济学特色。我们承认“经济学是一门以价格为中心轴的科学”，但对价格的理解是宽泛的，用代价去替代价格更准确。世界上没有免费的午餐，人类在选择时总是有得有失，任何所得与所失的比较与权衡均是经济学研究的范畴，包括程实先生认为经济学不能研究的生命。将生命的价格理解为为获得生命而付出的代价，我们可以看到许多实例。例如，上海人就测度出培养一个孩子直至大学毕业的费用为 40 多万元；我也曾用 10 万元的手术费挽救了父亲的生命。更有冒着生命危险，在设备陈旧的矿井下挖煤的农民工兄弟，因为贫穷，他们的生命廉价得令人心痛。此外，援助与救济可能造成对援助与救济的一种依赖也是不争的事实。北欧国家高福利养懒汉，影响了就业及经济增长有目共睹。扩大收入差距有利于经济增长也非奇谈怪论，但它是指相对于收入均等而言。适当地拉大收入差距有利于经济增长。扩大收入差距可能产生两个结果：一是产生个人努力的激励，使社会成员为了提供个人收入而艰苦奋斗，在追求个人利益的同时促进了经济增长。二是高收入往往有较高的储蓄倾向，从而有利于资本的积累。这也是“让一部分人先富起来”的原因。经济学的分析是实证分析，解决“是什么”和“为什么”的问题。能否用扩大收入差距这种方式去促进经济增长是政治家而不是经济学家的决策。正如曼昆在《经济学原理》教科书中所说的那样，经济学家是科学工作者而不是决策者。众所周知，目前分配领域的国情是两极分化严重，社会保障体系不健全，这已经构成了威胁社会稳定的主要因素。由于收入均等的社会环境已不复存在，有哪个经济学家敢建议政府在目前的条件下再用扩大收入差距的方法去推动经济增长呢？这样它的代价岂不是更大？离开环境的约束，任何经济理论都是空中楼阁。

当然，我们要充分认识经济学的局限性。经济学仅从效率的角度看世界难免片面，况且一个和谐的社会并不是仅仅以效率为唯一追求目标的，它还要兼顾效率与公平。因此，我们大可不必为经济学冷酷的结论所吓倒。为了公平，为了稳定，我们可以适当牺牲部分效率。有了经济学的分析框架，我们在牺牲时能够做到心知肚明，能够十分清醒地认识到什么是我们行动的代价。经济学可以帮助我们平衡理性与感情，找到一个效率与公平的融合点。正如萨缪尔森所言:“社会必须寻找市场规则与福利国家的慷慨二者之间的平衡点。只有在充满热情的同时保持冷静的头脑，经济科学才能发挥作用，社会繁荣和公正才能保证。”

不要惧怕经济学对社会问题的肆意渗透，“世界是你们的，也是我们的”。不同学科给予我们不同观察世界的角度。多角度、多方位地透析世界，不仅可以使我们少犯错误，而且会帮助我们更好地把握与享受复杂而多彩的生活。

经济学家与聪明人的区别

清华大学经济管理学院前院长钱颖一教授2008年曾到东北财经大学讲学，其内容是关于经济学教育问题。钱颖一教授讲学的一段话给我留下深刻的印象，那就是：经济学家与聪明人的区别是什么？钱颖一教授的答案是“经济学家与聪明人相比，头脑中有参照系，这个参照系便是经济学理论，比如说‘科斯定理’”。

我对钱颖一教授这番话的理解是：首先，经济学家应该有职业素养，即掌握经济学理论这个基本的分析工具，应该从效率理性这个视角透视纷繁复杂的世界。“经济学节约了爱”“经济学不讲道德”，不是我们这个世界不需要爱，不需要道德，而是经济学家不从博爱及道德的视角去分析问题。尽管随着科学的发展，知识的进步，各学科综合交叉不可避免，但经济学家毕竟有自己的职业分工，有自己独特的分析工具。经济学家分析问题、解释现象不用经济学工具，给我的感觉就好像“公鸡下蛋”，干了不属于自己的活。其次，当经济学理论融化在经济学家头脑中时，我们分析问题，研究事物，自然就有了方向。这犹如孙悟空跳不出如来佛的掌心一样，职业化的经济学分析，看起来千变万化，追根溯源，均没有脱离经济学理论的分析框架。经济学家头脑中的参照系，潜意识左右着我们的思维。

下面我就举出两个经济学的参照系，看看它们对我们的启发。

2008 年，大连市发生了水荒，为了解决淡水资源短缺问题，大连市政府实施了淡水价格双轨制的方法，居民每户月供应平价水 6 吨，超出 6 吨用水，价格上涨 10 倍；企业用水也界定了平价水的配额，超出配额用水，价格上涨 20 倍。在一次政府举行的参政议政会议上，我提出一个被政府官员称作“耳目一新”的方案。我认为，目前大连市的淡水配置政策缺乏效率。因为同样一吨水，有人可以创造 100 元的价值，有人可以创造 1 000 元的价值。有效率的配置方法是将短缺的淡水配置给创造价值最大的企业，因此我提出在政府明晰界定淡水的使用权后，在大连市成立一个淡水产权交易市场，即拥有淡水使用权的企业，既可以行使这个使用权，也可以出售这个使用权。产权交易的结果，一定是用同样的水创造价值最大的企业获得最终的淡水使用权。

北京大学光华管理学院的王建国教授曾将他的一篇文章发给我，内容是计划生育产权交易。他认为目前的计划生育政策存在很大的问题，城市居民少生，农村人口多生；汉族少生，少数民族多生；有文化的少生，没文化的多生。长期实施这种逆向选择的计划生育政策，我国国民的素质令人担忧。他提出的方案是计划生育产权交易，即在政府明确界定公民的生育指标后，再构建一个生育的产权交易市场。拥有生育权的行为人既可以行使产权，生育自己的子女，也可以出售产权，用出售生育产权的货币收入为自己养老谋生。至于产权的价格必然是由供求双方决定的。产权交易的结果一定是对生育子女偏好强的而且有相当收入的人拥有最终的生育产权。孩子多生在有爱心、有经济实力的家庭。我不知道王建国教授这篇惊世骇俗的宏论最终是由哪家刊物发表的，但他的文章及我的淡水分配政策建议可谓异曲同工，均源自著名的科斯定理。

另一个经济学的参照系是尊重个人的选择权。只要是无害于社会，无损于他人，个人选择自由度越大，越有益于实现个人及社会利益。从弗里德曼的《自由选择》到哈耶克的《自由宪章》，可以看出这两位获诺贝尔经济学奖的大师级人物对自由的渴望。市场经济与计划经济相比，就是选择权的归属不同。市场经济的捍卫者无一例外地强调赋予个人较充分的选择权。有了这个参照系，我们发现真实世界中有许多看似合理的做法却有诸多的问题。例如，美国经济学家难得一致地反对义务兵制度，主张雇佣兵制度，认为“义务兵”制度就是强制征兵，破坏了个人选择的自由，因此必须杜绝。下面是一位将军与弗里德曼的对话。将军说：“我不愿意指挥由一群唯利是图的士兵组成的军队。”弗里德曼说：“那么你愿意指挥由一群奴隶组成的军队吗？”将军说：“我反对你把我们的士兵比喻为奴隶。”弗里德曼说：“我也反对你把我们的士兵比喻为唯利是图，若士兵是唯利是图的士兵，你就是唯利是图的将军，我就是唯利是图的经济学家，给我们看病的是唯利是图的医生，我们吃的饭是由唯利是图的农民种出来的。”

一次我与一位地方税务局局长讨论集资建房的问题时，面对我询问为什么职工不能转让集资房的产权时，局长的回答是，“单位集资建房就在地税局办公楼附近，离得近方便职工上下班”。我反问道：“你怎么知道你的职工住在哪儿方便呢？有可能方便他自己上班，但不方便孩子上学、不方便妻子买菜，换言之，职工住在什么地方最方便，他自己最清楚，集资建房只是在给职工搞福利，因此货币化是最好的选择。从集资开始就给职工充分的选择权，可以居住，可以转让，可以赠与，可以出售，局长应该管的是上午 8：00 上班，职工必须准时到即可，至于他住哪里，是坐车还是步行，您就不必操心了（这位局长还曾实施职工买车补贴 2 万元，不买不补的制度）。”由于受传统的计划经济思维影响，我们许多管理者倾向于越俎代庖，用自己的选择替代别人的选择，其结果往往是良好的动机达不到良好的结果。

当然，经济学家用头脑中的参照系去分析问题时，需要对参照系本身有准确的把握，也就是对经济学理论有深入的、通透的理解。我们经常能看到对经济学理论错用、滥用的现象。例如，某次阅读某经济学杂志时，我被一篇《世界上真有免费的午餐》这个挑战经济学基本原理的题目吸引。读下去发现作者举出长沙岳麓山有一股清泉，常年不竭，便将它列为免费的午餐。其实在经济学概念中，费用、成本均是指代价，因此免费的东西不是免费的午餐。长沙人大多选择在市内买水，而不去岳麓山取水，是因为岳麓山的水不是免费的，而且费用太高。在讲授经济学机会成本的概念时，我经常与同学们开如下玩笑：“山间的清风，海边的明月，街头的美女，不看白不看，但也不是免费的，因为你的注意力是稀缺的，注意美女不注意车辆，麻烦就大了。我们买报纸，为什么如此便宜？五角钱一份，连纸钱都不够，那是因为我们付出了两个代价：一是货币；二是稀缺的注意力。只要是稀缺物，必然有价值。”

在同一份杂志中还有一位作者，将谈恋爱期间的投入比喻为沉没成本，他言道：“谈恋爱时若发现对方不投入只让你去买单，你就要考虑，和她谈还是不谈。”显然这位作者根本就不理解沉没成本这个概念。在经济学教科书中沉没成本只指一旦付出就无法收回的成本，对沉没成本的态度应该是忽略、忘记。有两句名言：其一是“沉没成本不是成本”；其二是“决策时不考虑沉没成本”。西方有句谚语，“打翻了牛奶不要哭泣”，原因是哭泣无用。那位作者将所有谈恋爱的投入看作沉没成本显然不对。若谈恋爱是婚姻的前奏，那么谈恋爱的投入是感情投资，其回报率非常高，许多在婚姻中发生矛盾的夫妻，回忆起谈恋爱的时光，仍能化解眼前的冲突。这是一项几年、几十年都很难完全折旧的投资，怎能就沉没了呢？当然，若所谈的恋爱没有走向婚姻，而是中途夭折，那么以前所付出的时间、金钱、感情才是沉没成本，理性的选择是忽略、忘记。若不理性地折磨自己，则是于事无补地追加成本，若再实施报复伤人，不但不能追回所逝去的一切，还要搭上自己的自由甚至生命。那位作者不分谈恋爱成功与否，通通将其投入看作沉没成本显然是犯了理解上的错误。此外，沉没成本的精髓在于它的存在不影响决策。“若对方只让你去买单，就要考虑这恋爱谈还是不谈”，显然是影响了决策，这与沉没成本的内涵完全相悖。

经济学是善事的利器，因此我们必须对这件利器有准确的把握，才能挥洒自如，纵横天下。如果对经济学理论这个参照系没有一个融会贯通的过程，便将只知其一不知其二、知其然不知其所以然的概念或规律付之应用，其分析结果必然是漏洞百出，南辕北辙。

经济学家与聪明人有何区别？经济学家拥有经济学理论装备的头脑，而聪明人往往囿于传统的智慧；经济学家的分析经常有“意料之外，情理之中”

的启发，而聪明人则容易陷入常识的误区。

随着经济学教育的普及和发展，让那些聪慧的年轻人掌握经济学的分析框架，在聪明的头脑中装备上经济学理论的参照系，杰出的经济学家在我们这块土地上就会越来越多。

效率与公平动态均衡

改革开放以来，我国社会沿着效率优先兼顾公平的路线不断地变革。为了综合国力的提高，为了国民生活质量的改善，社会必须寻找效率与公平的最佳组合点。

效率的一般定义是当投入一定时，追求最大的产出，或者反过来，产出一定时，使用了最小的投入。效率的概念主要的含义是利用现有的资源去最大限度地创造社会财富。我们知道，社会财富是生产的结果，而生产是一个投入产出的过程。投入的生产要素被称作资源，如果资源可以取之不尽，用之不竭，人类社会就没有必要去追求效率。如果我们拥有财富无限的源泉，我们没有必要节约，没有必要用最少的投入去争取最大的产出。

遗憾的是，我们面对的是经济资源。所谓经济资源是指相对于自由资源而言，它是有限的。用经济学术语讲它是稀缺的。稀缺的概念并不是指稀少和罕见，稀缺是指资源相对于人类的需求欲望而言不够用。人类需求欲望无限，资源有限，用有限的资源无法满足无限的欲望，资源配置时追求效率便是自然的选择。经济资源有多种用途，同样的资源既可以生产军用品也可以生产民用品，既可以生产消费品也可以生产投资品，资源的稀缺加上多种用途，就会使资源配置时产生机会成本。有所得必有所失，所失便是所得的机会成本。可见，资源配置时存在着鱼和熊掌不能兼得的困惑。资源一定时，多生产军用品，就得少生产民用品。同样，资源一定时，多生产消费品就得少生产投资品。生产的消费品越多，意味着今天更美好，生产的投资品越多，提高了社会创造财富的生产能力，它意味着明天更美好。那么当资源充分利用时，不可能做到今天美好，明天也美好，今天多消费与明天多消费也是不能两全。

无论生产什么产品，只要没有浪费，用最小的投入实现最大的产出，都是实现了有效率的配置资源。至于军用品多还是民用品多，投资品多还是消费品多，取决于决策者的偏好，与效率无关，只要资源配置在生产可能性边界上，均是有效率地使用了资源。不幸的是，在资源配置时存在着浪费现象，现有的资源没有合理使用。重复建设，偷懒卸责，甚至用稀缺的资源去从事不创造社会财富的非生产活动，这都导致了资源配置的低效率。其结果是军用品不多，民用品也不多；今天不美好，明天也不美好。

效率目标的实现依赖资源配置的制度，典型的制度有两种：其一为计划；其二为市场。在计划经济的背景下，资源配置依赖于中央计划。生产什么，生产多少，如何生产，均由庞大的行政计划部门决策，企业和个人没有决策权，只有服从权。这种资源配置方式加上收入分配的平均主义，导致企业和个人没有努力生产的积极性。此外，由于信息搜寻成本过高，官僚主义及产权不明晰，中央计划无法做到有效率地配置资源。在计划经济中，浪费及偷懒现象屡见不鲜。大量事实证明，实行计划经济的国家均陷入贫穷落后的陷阱。

完善的市场经济可以有效配置资源。市场经济背景下资源配置机制被称作看不见的手的价格机制。在市场经济的环境中，价格由商品的供求决定。价格是资源配置的信号，高价意味着利润较大，它引导着资源进入该领域。换言之，该行业商品价格高的原因是资源配置不足。相反，较低的价格反映出该行业无利可赚，甚至可能亏损。因此，过低的价格引导资源从该行业撤出，而该行业商品价格低的原因是资源配置过多。在一个完善的市场经济中，生产要素自由流动，信息充分完备，资源由价格信号引导流入流出的结果是全社会的资源在所有行业均赚取社会平均利润。既无暴利又无亏损时，全社会的资源得到了最佳配置。此外，市场经济有非常完善的约束与激励机制。利润的诱惑与破产的威胁就是企业与个人努力工作的胡萝卜与大棒。产权明晰、自由竞争、优胜劣汰及拥有较充分的选择权，均是能够调动个人潜能、激发人们创造财富的有利因素。

创造财富时我们追求效率的目标，犹如做蛋糕，我们的目标是将做蛋糕的生产要素配置合理，使蛋糕最大限度地做大。而在收入分配时，我们要追求公平的目标。至少要做到其分配的结果被社会绝大多数成员认同，不致因为分配不公产生争斗。因为争斗过程会将一部分社会财富白白地耗掉。

实行公平分配的困难涉及公平的概念属于伦理学的范畴而非科学的范畴，它受价值观的左右。何为公平有不同解释，例如，有人认为分配结果平均是公平，但干好干差一个样，干与不干一个样，显然不公平。有人认为机会均等是公平，但由于个人禀赋不同，有的人聪明，有的人比较迟钝，有人力气大，有的人力气小，机会相同，而把握机会的能力不同也难以实现社会公平。有人认为，自由竞争优胜劣汰是公平，有人认为最大限度地提高社会弱势群体的福利是公平。公平概念的多元及公平内涵的宽泛，使实现公平的收入分配缺乏统一的标准，只好依赖于绝大多数社会公众的认同。有一个收入分配的公平底线能够被大多数社会成员接受，那就是收入与贡献对称，社会弱势群体拥有起码的生存保障。收入与贡献对称，可以通过生产要素市场来决定，按生产要素分配，可以实现收入与贡献的对称。谁提供的生产要素多，谁拥有的生产要素对生产贡献大，谁就获得较多的货币收入。这种分配方式提高了创造财富的积极性，有助于把财富蛋糕做大。为社会弱势群体提供基本的生存保障，应由政府通过纳税，转移支付的方式来实现。为社会弱势群体提供必要的生存保障，不仅有人权道德伦理方面的意义，而且符合经济学原理。创造财富需要稳定的社会环境，关爱社会群体不仅对穷人有利，对富人也有利。在动乱的社会环境中，富人面临的社会风险大于穷人。

公平和效率存在互补关系，在以往的经济学研究中，学者大多注意它们矛盾的一面，如认为蛋糕分得太均匀蛋糕会变小，没有注意到绝大多数社会成员认同的公平收入分配，可以降低掠夺与反掠夺的成本，有助于财富的创造。我认为公平与效率存在着动态均衡，效率优先还是公平优先依赖于社会环境。若处于社会矛盾较小的环境下，我们当然强调创造财富，效率优先，兼顾公平。若处于社会矛盾大、收入分配明显不合理、弱势群体难以生存的环境下，公平与稳定的重要性超过了效率，因为在此环境下，蛋糕做得再大，也会被随后而来的社会动荡破坏殆尽。现阶段，我国社会处于上述两种环境之间，因此我认为在现阶段效率与公平同等重要，政府与市场应各司其职，逐步完善市场的功能，用看不见的手去解决效率问题；逐步规范政府的行为，用看得见的手去着重解决公平问题。政府与市场的界限不清及过多的越位，其结果必然是南辕北辙。

百姓与经济学

经济学被称作社会科学“皇冠上的明珠”。这一称谓使经济学蒙上了神秘、深奥的面纱。似乎经济学与世界银行的发展报告、政府的政策文件、大学里的教科书、博士或硕士的毕业论文相联系，而与百姓的生活相去甚远。再加上某些学者在经济学研究与探讨中自觉不自觉地采用了一些老百姓很难理解的抽象数理逻辑方法，更使经济学成为阳春白雪，和者盖寡。

其实经济学与百姓的生活息息相关，经济学的许多理论是取之于百姓的。经济学中的“经济”二字本身带有节约、理财的含义。可以说经济学就在我们身边，它来自于百姓生活，也能服务于百姓生活。

经济学产生于稀缺，稀缺是指社会资源相对人们欲望来说明显不足。稀缺是指有限而不是指缺乏，因此，不仅穷国有稀缺的问题，富国也有稀缺问题。有个经济学家这样定义稀缺资源：稀缺资源是指价格等于零时不能无限获得的资源。因为资源稀缺就产生了选择，在选择中又发生了机会成本。机会成本是指资源若用于其他用途时，最佳用途的收益。例如，上大学的机会成本就是不上大学而利用这个时间与货币从事其他工作可能带来的最大收益。经济学就是研究如何用有限的资源去更好地满足人们无限欲望的科学。经济学是资源配置的学问，是选择的学问。

我们日常生活面对着种种选择。作为消费者要选择在现有的收入水平下购买什么商品，每种商品购买多少才能使自己的效用最大化；作为生产者要选择如何降低成本，使生产的效率最高；作为企业家要选择如何投入生产要素，如何定价定产，才能使利润最大化；作为选民还要选择支持什么样的政府才能使自己的福利最大化。且不说结婚、交友、就业、投资都需要选择，就是一日三餐也得选择：是多花时间、少花钱，粗粮细作，还是多花钱、少费时间，购买方便食品。经济学家研究的是理性人的行为，即假设人们是在现有的约束条件（时间约束、货币约束等）下最大化自己的偏好，这和人们趋利避害的天性非常吻合。经济学理论能告诉我们许多意想不到的结论，如节约可能不是好事，丰收对农民也许是坏事，政府因为要保护劳动者权益实施了最低工资法，结果却使它的保护对象失去了工作。

学习经济学意味着将有更多的理性、更多的智慧，它有利于正确地选择，有利于对未来做出准确预测，有利于理解政府的宏观政策。萧伯纳说，“经济是充分利用人生的艺术”，经济学若和百姓生活交织在一起，经济学家与百姓都会从中得到较大的收益。愿经济学从学术的象牙塔中走出来，走进百姓的生活。

“成本”中的学问

1998年寒假我忙中偷闲回老家探望父母，此番家乡之行更多感受到了消费品市场的低迷。且不说国营大商场门庭冷落，买的没有卖的多，即使是散落在居民区中的日用杂品小店也是一家挨着一家，生意十分清淡。凭我的直觉，这种低水平的重复建设，必然会导致供大于求，小店辐射半径之短早应无利可图，在如此恶性竞争中，是什么维系着这些小店的生存？带着这个问题我去拜访了楼下的邻居老伯。

邻居老伯与老伴在自家的门头房中开的这家日杂小店已经两年有余。听罢我的问题，老伯答道：“虽说这两年生意难做，但收入尚可，一年下来，销售收入除去各种进货成本及税费尚有一万多元的剩余，两个年近花甲的老人，每月能有一千元左右的进项，很是知足。”老伯接着讲道：“不要听开小店的个个叫苦，其实人人都赚钱，生意人哪个没有一本外人所不知的真经。”

听罢老伯的成本收益分析我仍存疑虑，于是仔细询问起小店的各项投入，方知问题出在哪里。我对老伯直言，他的小店其实一分钱未赚且有亏损。在老伯的惊诧之中，我将算的细账罗列如下。

先说老伯的门头房坐落在批发市场附近，早就有人表示愿意承租这间门头房用作库房，支付的租金为每月 300 元。再说老伯开店所用的流动资金为 2 万余元，两年前若买成国库券每年稳得 10% 的利息，分摊到每月也有近 200 元的收入。最后计算老伯夫妇的劳动报酬，两位老人每日里起早贪黑，劳力费神，很是辛苦，即使是在劳动力价格低廉的这座小城，每人每月 300 元的工资收入也应该没问题，如此计算，老伯日杂小店的经营成本就有 1 100 元，与每月 1 000 余元的收入相抵，哪里还有剩余？且不说老伯需承受工商、税务、卫生、街道等各部门的检查，还需承担偷窃、诈骗、商品损坏变质及滞销积压等不确定性风险。

听罢我算的细账，老伯大跌眼镜，我趁热打铁与老伯大谈会计成本与经济成本的区别。会计成本也称外显成本，是指对他人劳动、资本及土地等生产要素支付的报酬，而经济成本既包括外显成本，也包括内含成本，内含成本是指对经营者自己劳动、自有资本及土地应付的报酬。经济成本远远大于会计成本，按会计成本计算出的利润很可能是经济成本中的内含成本。老伯计算盈亏，是用销售收入减去进货成本及税费等外显成本，而我计算盈亏是用销售收入减去外显成本再减去内含成本。计算的方法不同，得出的结论当然也就不同。

会计成本与经济成本哪个更合理不言而喻，理性的生产者在成本收益比较中，不但应该用经济成本替代会计成本，而且应该更多地使用机会成本。用于某种用途生产要素的机会成本是指这种生产要素在其他各种可供选择的用途中，最佳用途的收益。例如，老伯投入小店的 2 万元人民币，若不用作小店的流动资金，则可有炒股、购买债券、民间借贷及存入银行等多种用途，这诸多用途中最佳用途的收益即老伯开小店占用这 2 万元资金的机会成本。若用机会成本帮老伯算账，则小店的亏损会进一步增加。因此，我为老伯提出的建议是关门闭店，另谋他路。当然，若老伯开店主要是为了打发退休后的时光；是为了发挥余热，实现人生价值；是为了过一把当老板的瘾，则又另当别论。此外，如果老伯门头房难以出租，或老伯夫妇俩工作难寻，而且流动资金的机会成本降低，那么开这间杂货小店也不失为明智之举。

寒假过后，一日接到母亲的电话，谈到楼下的老伯，因听了我的一番“说服”有所触动，近日关了小店，去一家公司打更。门头房出租给他人，日杂店变成托儿所，每日里孩子们或莺歌燕舞，或吵闹哭叫，搅得父母难得安宁，而且阴天下雨购买日用杂货较过去多有不便。看来，学经济学的女儿账算得还是不精，在为老伯计算成本收益时，忽略了影响自家父母成本收益的外部性问题。

为“白捡钱”辩

2001 年 7 月奉命去辽宁省鞍山市讲学。讲学空闲，我翻阅了 7 月 14 日《千山晚报》，见上面以《近水楼台先得月，靠近考场白捡钱》为题谴责一部分靠近考点的居民，利用中考、高考之机，出租床位供学生午休，赚取外快之事。该文章认为这部分居民利用近水楼台，没有额外投入，却从正在中考、高考的孩子身上揩油，实在不该。这种行为与免费接送考生的某些出租汽车司机形成鲜明的对照，属投机取巧的自私自利行为。

读罢此文，我的感觉是该文的作者不了解孩子及家长被揩油时的感觉，那不是趁火打劫，而是雪中送炭。他们对揩油行为非但心甘情愿，而且心存感激，因为在此项交易中，学生及家长获得了预期的消费者剩余价值。

2001 年 6 月，恰逢我的儿子中考，让孩子以充沛的精力度过两天的考试时光，是家长的心愿。因此，在中考前夕我去指定的考场踩点，顺便安排孩子两天吃饭与休息的地方。儿子考试的地点距家较远，而且儿子还晕车，找一个合适的地方让孩子午休一个小时，成了我的一块心病。距离考场 5 分钟的路程有唯一的一家宾馆。我前去预订床位时，其价格是一小时 100 元。这种垄断性的天价让我目瞪口呆。走出宾馆我望着重重叠叠的居民楼，心中暗想：要是有个亲朋好友住在周围该有多好，若这一带的居民出租床位，这家宾馆断不敢如此欺行霸市，但不知是大连市政府有关部门管理严格还是邻近考场的居民对此商机反应迟钝，总之大连市没有出现考场周围居民出租床位的现象。无奈之下，学生及家长或伸头挨宰，或打车回家，或干脆露宿街头，与物美价廉的居民出租床位相比，其福利大大地降低。总之，中考、高考期间，存在着大量的邻近考场的午休场所的需求。

供给也并非免费的午餐。首先，出租床位的居民也有投入，尽管他们是近水楼台，没有额外的固定资产和流动资产的投入，但至少他们投入了“承受麻烦”，无法像过去那样“悠闲”。一般而言，人们总是厌恶“麻烦”而乐得“悠闲”。让居民用“麻烦”去代替“悠闲”，必须有足够的补偿，毕竟并非人人都能做到“助人为乐”。其次，出租床位可以部分地内化负外部性。居住考场周围的居民，每到中考或高考的时段必然会承受中考或高考的负外部性，如交通的拥挤（我和儿子第一天去考场，平常 20 分钟的行车路程，那天竟费时 1 个小时）、噪声的干扰及污物的增多。中考和高考破坏了考场周围居民生活的宁静和清洁。换言之，他们承受了中考或高考所带来的负外部性（一个经济主体对另一个经济主体的非市场影响），而在承受负外部性的同时，居民利用商机，搞点“考试经济”，将负外部性内化其中也算公平。

由此可见，考场周围居民出租床位，是一种既能满足消费者需求又能增加生产者收入，而且对社会没有任何妨碍的自发性市场行为。它给考生与家长带来了方便；分化了垄断势力；使居民闲置的资源得到了充分的利用。这种投机取巧行为有利于他人，无害于社会，而且投机的时段很短。对这种自然生成的交易，我们的政府管理部门及宣传媒体是否应该“网开一面”或“睁一只眼，闭一只眼”呢？

“看不见的手”的魔力

假如另一个星球上的生物能够俯瞰地球，他们可能会将人类活动比作一个巨大的蚂蚁王国，这个王国虽然复杂却井然有序。这些人蚁各有分工，有的负责警卫，有的喂养幼蚁，有的分配食物，有的人蚁还花费大量的时间摆弄纸张或敲打键盘，而另有一些人蚁在工厂做工或将物品从一处搬到另一处。所有这些活动是如何协调起来的？人们为什么能以合理的方式完成繁杂的社会分工？经济学的中心目标之一就是解释复杂的经济是如何运行的。为什么某些人做这些事，某些人做那些事？信息是如何在人群中交流的？决策又是如何做出的？这些问题涉及经济的协调机制。不同的经济社会有不同的协调机制，从而形成了不同的经济体制。

其中一种协调机制是计划经济体制，即由一个集中的中央官员体系发布行政命令，指挥经济的运行与协调。生产什么，如何生产，为谁生产的决策都由中央计划机构做出。每个居民和企业只能执行上级的命令。这种协调机制通过垂直的等级体系传达下去，各经济主体按上级的指令进行经济活动。计划经济体制具有很大的弊端：一是抑制经济主体的积极性；二是很难对成千上万种产品的供给与需求做出正确的计划；三是资源配置的效率低，政府官员权力过大，容易滋生腐败与寻租行为。

另一种协调机制是市场经济体制。它是在产权确定的条件下，由价格调节单个经济主体的决策。它像一个非常精巧的机构，通过价格和市场体系，无意识地协调着生产者及消费者的活动。它还是一部传达信息的机器，把千百万个经济主体的偏好和行为汇集在一起，很好地解决了生产什么、如何生产、为谁生产这些基本的经济问题。生产什么？在市场经济体制下，资源会自动流向获利最高的产业和产品，人们的逐利动机像经济雷达一样敏锐。如何生产？取决于生产者之间的竞争，为了在竞争中获利，生产者必然会选择效率最高的生产方式，把成本降到最低点。为谁生产？这取决于生产要素的供给与需求，要素市场决定于工资、地租、利率和利润的多少。谁享有生产的成果，谁获得较多的收入取决于谁掌握了较多的生产要素以及这些要素的稀缺程度。市场价格调节着商品的供求，而利润与亏损是胡萝卜加大棒，驱使企业有效率地生产出消费者满意的物品。

“看不见的手”这个比喻是现代经济学的开山鼻祖亚当·斯密提出的，它形容在价格机制起作用的情况下，追逐私利的人如何实现人与人之间的合作，从而使社会财富更加充裕。当然，政府在市场经济体制下也是大有可为的，如确定和保护产权，维护交易秩序，解决公平与效率的矛盾等。借助于这只“看不见的手”配置资源，效率高、成本低，政府只需保证市场机制正常运转，就可以获得产品充裕、生产者与消费者皆大欢喜的功效，何乐而不为呢？

解读温州企业家

温州故事多。这个偏居海隅、崇山阻隔、交通不便、资源贫乏的穷乡僻壤，给予我们太多的惊奇，温州创建了诸多的全国第一：兴建了第一个城乡小商品市场；发放了第一份个体工商执照；杜撰出第一个股份合作制企业；制定了第一个私营企业管理条例；第一个筹建合资铁路；第一个实现了城市建设市场化；创建了第一个农民城；第一个办起民间金融……进入21世纪，两次创业后的温州以崭新的面貌呈现在世人面前，中央财经领导小组及农业部产业政策与法规司的康仁健、陈良彪同志将当今温州经济总结为四个没想到：没想到个体私营经济的产品质量上来了；没想到个体私营经济的规模起来了；没想到个体私营经济的重复建设并不多；没想到个体私营经济也能带来社会的协调发展（见《改革》第4期）。“温州经济不疲软”“温州下岗职工静悄悄”。谜一样的温州诱惑着人们走近它去探索其中的奥秘。有人从历史的角度讲温州人有经商的系脉。早在南宋，以叶适为代表的所谓永嘉学派就提出了“功利与仁义并存”及“既无功利，则道义者乃无用之虚语”。这在“重义轻利，重本轻末”的传统合唱中，可谓是“孤独的声音”。有人从文化的角度讲，温州人是中国的犹太人，精明、讨巧、务实、肯干，天生就是经商的料。有人从地域的角度说，温州资源贫乏，生存环境恶劣，“温州模式”是贫穷逼出来的。

温州吸引我的是那片企业家丛林。在传统的计划经济体制下，没有真正意义上的企业，自然也就没有真正意义上的企业家。改革开放后，我国最为缺乏的资源恐怕就是企业家。是什么力量使温州的土地催生出如此众多的企业家？是何路神灵赋予他们以齐天大圣般的魔法，使之完成了从食不果腹的农民到百万、千万甚至亿万富翁的蜕变？他们的人生在哪里发生了转折？在哪座山头他们遇到了“芝麻开门”的阿里巴巴？

带着疑问，我走进了温州企业家丛林，并捡起几片枝叶，“一叶知秋”，让我们透过叶片去洞悉丛林的精彩与传奇。

一、原始积累与 13 个不眠之夜

苍南县曙光印业有限公司董事长朱诗力有着与其年龄（1962 年出生）不符的沧桑与练达。当提起他的第一笔生意时，这位久经商场、举重若轻的老总十分动情。和温州 90% 以上的老板一样，朱诗力也是购销员出身，1982 年第一次跑业务是出于无奈。家里 9 口人 4 亩地，父亲有重病。他第一次跑遍广东省用了 28 天才花费了 263 元钱，其中一多半是车费。就是这 263 元钱也让他心疼得一心一意只想赚回来。“当我站在广州市一家花园式的、有保安把守的企业门口时，只觉得两腿发抖，我对自己说进不去这个门，差旅费就白花了”，朱诗力费尽心机与周折找到业务科长却遭到了拒绝，“好不容易才进的这个门，不能轻易地走”，就是这个信念让这个不到 20 岁的农民大胆走进总经理的办公室。听罢朱诗力提出可以以低于供方 20% 的价格提供给该企业 15 个产品的外包装，并且 13 天就可以拿出样品时，那位总经理虽然口中答应但仍然认为这是“年轻人的轻狂”。朱诗力花 3 天的时间坐火车、汽车回家，连夜找朋友刻模子、制版，6 天搞定样品，第 10 天花了 41 元钱坐飞机飞到广州，“当我把15个样品摆在总经理的办公桌上时，老总和他的部下都看呆了”。因为按当时的生产技术条件，正常情况下制作 15 个样品大约需要半年左右的时间才能完成。看呆的老总醒过神的第一句话是询问极度疲惫的朱诗力几夜没睡了，得到的回答是 13 夜。“第二天这家公司和我签了 50 万元的合同，并主动给我 10 万元预付款，当时我激动得只想哭，因为 50 万元的业务额我能赚上一半的钱”。之后朱诗力每年与该公司的业务额达到 200 万元。后来朱诗力办起了企业，如今曙光印业的固定资产为 5 600 万元，1999 年的利税为 360 万元。昔日那个在花园式企业门口双腿发抖的青年农民如今已成为另一个颇具规模的花园式企业的主人。志向高远的朱诗力正忙于两权分离及异地办厂，他的目标是 5 年内实现企业集团化及股票公开上市。

朱诗力原始积累的故事给予我们许多经济学的启迪。其一是利用了先动者优势。温州率先尝试市场经济使温州人在市场竞争中掌握了先机。他们有空可钻、有机可投、有租可寻，没有这种先机，朱诗力不可能将半年的打样期缩短为10天，不可能比竞争对手索价低20%尚有50%的利润（可见国企效率之低）。其二是得益于供销员拥有剩余索取权的制度。在温州“小商品、大市场”年代，遍布全国各地的10万温州供销员地位举足轻重，他们是信息的搜寻者、生产的组织者、供需的衔接者，拥有挂户经营这种虚拟企业的剩余索取权。正是这完整的无人搭便车的剩余索取权，极大地调动了供销员的致富潜能，很难想象一个国企的购销员能为50万元的合同额如朱诗力般疲于奔命。购销员拥有剩余索取权的制度不但有益于资本的集中与扩大，还造就出一大批“干中学”的企业家。因为随着市场竞争的激烈、挂户经营这种生产组织方式难以适应市场对产品质量、供货时间的要求，即这种横向组织的成本超过了纵向组织的成本。有胆有识，了解市场信息并拥有一定原始资本的购销员们纷纷办起了企业，成了名副其实的企业家。

二、五彩的编织袋

走进苍南县温州顺发塑料厂那宽敞明亮的车间，呈现在我们面前的是一个五彩缤纷的世界。这个我国最大的彩色塑料编织袋生产厂家，拥有固定资产2 200万元，有13条特大型国内最先进的全自动编织袋生产线。其产品获得了中国进出口商品质量体系认证中心颁发的ISO 9002国际质量认证，国内几大饲料生产集团，例如希望集团、正大集团均是它的客户。这个企业发展壮大的秘诀源于一个极其朴素的创意。顺发塑料厂的老板蔡福集也是购销员出身，建厂初期，他的产品也是普通白色塑料编织袋，市场竞争的激烈使得一条编织袋只能赚3分钱，蔡老板受其他购销员的启发萌生了生产彩色塑料编织袋的念头，因为当时该产品的一个主要用途是做饲料的包装物。饲料的品种繁杂，猪、牛、羊、鸡、鸭、鹅所食用的饲料均源于不同的配方，区别不同饲料的方法是饲料包装物上的洋字码及汉字，这样的标识让一些识字不多的农民很伤脑筋，而且由于标识不明显，不同的饲料不能堆码在一起，也较多地占用了库房的面积。蔡老板等人的创意是使用色彩做标识（当然并没有废弃文字），红色的装猪饲料，绿色的装鸡饲料，黄色的装鸭饲料……不就方便识别、方便堆码了吗？识字不多的农民只要能识颜色，用色彩做标识就能提高识别的效率，多么朴实的创意！如果不是对农民有足够的了解和理解，怎能会有这般新奇的创意？彩色编织袋一经面世，便迅速地招揽了市场。其产值由 1996 年的 1 000 多万元发展到 1999 年的 6 800 万元。设备也由普通的铁轮机换成了全自动的 13 条生产线，为了解决颜色纯正和耐久的问题，该企业聘请了浙江大学的教授，采用先进的纳米技术。如今蔡老板的彩色编织袋具有相当的市场实力，独家生产 14 ～ 18 目的各种规格、各种颜色的塑料编织袋，产品畅销国内，并且出口到亚欧国家。利润由每个塑料编织袋 3 分钱提高到每个 7 角钱。难怪表情木讷的蔡老板谈起他的彩色编织袋马上就眉飞色舞、神采飞扬起来。

熊彼特将创新定义为企业家的特质。在激烈的市场竞争中，企业生存与发展的关键在于不断创新。只有“你无我有、你有我新、你新我特”才能赢得超额利润。温州企业家成功的故事中自然少不了创新，他们创新的共性是创新中渗透着精巧、实用与节约。温州企业创新不是追求技术的一流，而是追求效益的一流。由于产权明晰、精于计算以及对市场的准确把握，温州企业家在创新中很少有重复建设、贪大求洋及浪费蛮干的现象。正如周其仁先生所言：“恰恰是被传统中国和计划经济一致认为十分卑微的个人赢利动机，才是技术创新的微观基础，离开这个基础，要么对创新不敏感，要么对成本不在乎。”发生在温州顺发塑料厂的五彩编织袋故事，生动地演绎了“卑微”的个人逐利动机如何高效地解决了生产什么和怎样生产这两个基本的经济学问题。

三、一对非凡的父女

在温州吴桥路，有一个相当规模的挺宇集团公司，其产品是高精度的阀门与科技含量非常高的“在线分析系统”，除此之外，该公司还做出口贸易，在美国、意大利及中国香港均有分公司。年产值 3 亿元，固定资产 2.2 亿元。这么大规模的现代化、国际化集团公司，其公司的高级管理人员无一例外均来自一个家庭。父亲潘挺宇为董事长，大女儿潘佩聪为总经理，儿子潘叶雷为副总经理，二女儿潘佩芳为财务经理，二女婿林肖为销售经理，母亲徐文清为办公室主任。这个家庭中唯一没在挺宇集团公司任职的是大女婿吴楚帆，因为他是自己家父子公司的总经理，实在是分身乏术。这些企业职务与家庭角色交织在一起的管理者，职责分明、配合默契，令行禁止，既不两权分离，也没有引入职业经理，就像家庭过日子一样，将企业做大、做好。着实让那些断言家族式管理模式只适合中小企业，只适合企业初创期的理论家汗颜。挺宇集团能在不到 20 年的时间发展成具有相当竞争力的国际化集团公司，主要归功于潘家那一对非凡的父女。

1. 父亲——近乎文盲的发明家

父亲潘挺宇 10 岁便成了孤儿，只读过 3 年书，却是一个发明怪才，共有 27 项个人发明专利，其中有的还获得了国家科技进步二等奖，被收入《中国发明家词典》。潘挺宇搞研究开发的方法很奇特，往往是经过大脑构思后，直接在机器上做出实物，既不会画图也不懂公式定律的他，凭着做过木匠的功底和悟性硬是能做出一个个技术含量很高的产品。然后，他再让工程设计师照实物画图，批量生产。沈阳一名退休的高级工程师目睹了潘挺宇返璞归真的逆向开发过程，十分惊诧，连称不可思议又不服不行。用潘挺宇的话说，“这是市场逼出来的，有时我看着产品也纳闷，我潘挺宇怎么会做出这样的东西？”有人在形容温州人聪明时说：“温州人头发丝都是空的。”空头发丝形象地描述了潘挺宇式的聪明，聪明得玲珑剔透，聪明得不合常理。

发明怪才潘挺宇自 1981 年办厂以来，走过加工、制造、创造的过程，到了 1989 年企业的产值已由 5 万元发展为 360 万元，潘挺宇的企业已经像模像样了。1988 年温州政府要求企业产权明晰，潘挺宇的企业明确了私营的性质。“私人办企业，我不就成了资本家？”潘挺宇夫妇如同惊弓之鸟，1989 年在私营企业是社会主义绊脚石的论调中，他们丢下子女与企业，到欧洲教中国武术去了（发明怪才还是武术奇才）。

2. 女儿——18 岁的总经理

挺宇集团公司的总经理潘佩聪绝非等闲之辈，这个集美貌与智慧于一身的女孩，具有热情又冷静、坚毅加宽容的企业家秉性，是她将挺宇集团公司带上高科技、现代化、集团化的台阶。潘佩聪从小就边读书边跟着父亲办企业，16 岁时曾孤身一人赴上海金山乙烯厂为父母讨回 30 万元的“僵尸”货款。1989 年父母出走时，将企业托付给两个主管，当时管理财务的潘佩聪每天只见钱出不见钱进心里着急，她将自己任命为总经理，挑起企业和家庭的两个重担。一年后，父母从欧洲回来，发现 18 岁的女儿“夺权政变”后竟干得有声有色，后来，技术含量很高的“在线分析系统”就是她组织企业内外力量开发成功的，这种在大化工厂、大炼钢锻造厂车间现场对产品即时分析的系统涉及几百个仪表，横跨多门学科。潘佩聪一边在上海组织技术力量，一边自己学理论钻技术，硬是把这个项目攻了下来。这种国外进口要几百万美金的设备，是由这个女孩首先国产化的，售价仅为进口价的 1/10。企业在外地及国外的几项投资也都是由她成功运作的。她还利用管理挺宇集团北京公司的方便，在北京大学攻读 MBA，潜在的企业家天赋、特殊的人生经历及较好的知识结构使潘佩聪成为温州新一代民营企业家的杰出代表。

温州绝大多数企业都带有浓厚的家族色彩。尽管从理论上讲，家族企业有种种弊端，但依我所见，温州的家族企业不宜过早地退出历史舞台，其原因有三：其一，家族企业既适合东方人的“特殊主义”文化，也符合人们早已习惯了的“家长式”管理思维。这恐怕也是华人企业多带有家族色彩的原因。在传统文化土壤上，一下子移栽具有“普遍主义”文化及“资本民主”性质的现代企业制度，难免上演“橘逾淮北而为枳”的悲剧。其二，温州企业家地位难以替代。在和温州老板接触的过程中，我强烈地感到他们对人才的渴望，温州企业也有花大价钱聘美国 MBA 毕业生来管理企业的做法，但两权分离的成功率不高。我曾经对一位老板讲：“你们就是人才，你们是稀缺的、很难替代的人才。”正如和平年代很难造就真正意义上的将军一样，学校里很难培养出企业家。造就企业家最重要的因素有两点：一是禀赋，二是“干中学”。不经过商海的风浪，不在成功与失败中反复地摔打，不可能打造出真正的企业家。若论“干中学”，恐怕找不到比温州更好的企业家熔炉了。论资排辈的国企做不到，中规中矩的外企也做不到。从无到有，从小到大的温州民营企业才是企业家的摇篮。其三，我国缺乏完善的企业家市场，两权分离的代理风险大。没有充足的企业家数量，不可能有一个竞争的企业家市场，失去市场的筛选机制、监督机制，两权分离过程中既可能产生内部人控制的道德风险，也可能出现用人不当的逆向选择。斯蒂格勒在研究企业规模时，提出了“适应性企业规模”这一概念，他认为能长期存在的企业规模就是最佳的企业规模。不知是否也有“适应性企业制度”一说，我认为家族企业在一段不短的时期内是温州民营企业的“适应性制度”。

走进温州企业家丛林，我的心灵一直被激动、震撼、敬佩填满，我讲述的企业家故事仅仅是那片浩翰林海中的几朵最普通的浪花。温州还有捐款3 000多万元，被吉林省公主岭市聘为名誉市长的赵章汉；有从补鞋匠成为全国人大代表的亿万富翁南存辉；有红色大亨——“章光101”的创始人赵章光；有叱咤美国商海的叶康松；有“中国鞋王”王振滔；有“中国休闲服大王”周成健……他们成功的背后是一个个催人泪下、激人奋起的创业者故事。志向高远、有胆有识、艰苦奋斗、百折不挠的温州企业家精神，是我们民族的财富。

告别温州，恰是夏日的傍晚，我乘坐的是均瑶集团的“天龙包机”。当飞机驶入挂满彩霞的云天时，我恍然在梦中，透过薄纱般的云雾，凝视着若隐若现、换了人间的温州大地，我心中升腾起诸多感慨。这儿没有人才高地，没有外资涌入，没有资源优势，没有交通便利，农民却创造了人间奇迹。困扰我们已久的农民脱贫致富问题，城市化、工业化问题，国企改造问题，下岗职工再就业问题，在这块土地上好像通通不是问题，它总能低成本地排除各种干扰，使它的轨迹不偏离市场经济。目睹昔日挣扎在贫困线上的小木匠、小瓦匠、修鞋的、弹棉花的，如今神闲气定、目光炯炯，在自己的现代化企业里与专家学者同桌畅谈WTO、网络经济、改制上市及企业战略，我读懂了什么是富裕，什么是尊严，什么是当家做主，什么是扬眉吐气。在祈求摆脱落后、民族昌盛的灵丹妙药时，我们想到了资金、人才、教育、科技，还有一种力量能将生产可能性边界外推，能重振递减的边际收益，那就是制度的魔力。在一定条件下弗里德曼的“自下而上”、哈耶克的“自发秩序”理论释放出的生产力能量竟能超过高度现代化的科技。

感谢温州，让我们真切地看到了这种力量，有了温州，国人眼中的市场经济不再是“西洋镜”，不再是纸上谈兵。温州企业家们将这只“看不见的手”使用得淋漓尽致、出神入化。

拍卖购房选择权——兼论弘基奇迹中的制度缺陷

2001年12月13日，《半岛晨报》以《弘基·书香园再创销售奇迹》为题做了如下报道："12月9日下午2点多，离弘基·书香园正式开盘还有18个小时，售楼门外已经排起了长队，记者在现场看到，这时已经有七八十人，其中不乏老人和妇女，她们都穿着平日在街上不多见的厚厚的棉衣。天公不作美，仿佛要考验他们的诚心似的，此时气温降了下来。到了傍晚6点多，队伍扩大到100多人，人们缩手跺脚地在外面坚持。金弘基的工作人员怕外面的客户冻坏了，送来了热水和食物。因室内空间有限，又怕引起骚乱，工作人员不能把排队的人让进室内……记者在现场采访到了金弘基房地产的副总经理王禹，比较起一期的销售业绩，二期让消费者排两天队买房，不能不说是大连房地产销售史上的又一个奇迹。对此，王禹谦逊地一笑说，'我们只是尊重消费者，最先到的消费者就是要有最大的选择权。过去卖房都要把好房留给亲戚朋友，普通消费者要买特权者挑剩下的，这是对消费者极大的不尊重，也是一种落后的销售观念。我不敢说我们的销售方法是今后发展的趋势，但最起码目前是老百姓认可的方法'。"

总之，大连金弘基房地产公司所开发的弘基·书香园二期工程创造了房地产销售的奇迹，两天共预售400多套住房，占全部新开发住宅的50%。

作为弘基·书香园的一名客户，我目睹了弘基奇迹的创造过程。作为经济学人，"弘基奇迹"又引发了我的思考，我认为，弘基奇迹的出现有深层次的原因，而以排队方法分配购房选择权是一种低效率的资源配置手段。

一、弘基奇迹的成因

在房地产市场供过于求、住宅价格超过百姓收入承受力的今天，能出现数百人一哄而上在天寒地冻的隆冬排队 18 个小时购买住宅的红火场面，的确罕见。我认为弘基奇迹的出现有如下原因：第一，弘基·书香园二期工程占有独特的地理位置。它坐落在东北财经大学的西侧，而且距大连海事大学、大连理工大学及大连水产学院等高校很近，位居大连市城郊接合部的黑石礁，环境幽静，交通便利，生活设施齐全，书卷气很浓。因此，虽然房价不菲（每平方米 3 600 元左右），但仍有较多的客户。第二，结构性的供求不平衡，造成位置好的住宅短缺。弘基·书香园二期工程开发的住宅，因天时地利，其价格较弘基·书香园一期价格上涨近 20%，开发商为二期制定的市场价格不是供求平衡而是供过于求的高价。然而，由于居民住宅的定价手段比较单一，例如，各房地产开发商一般均按楼层不同定价，弘基·书香园二期的 3、4、5 楼层一个价，1、2、6 楼层分别定价。而在弘基·书香园二期的 16 栋多层住宅楼中，同一楼层，不同方位、不同朝向的住宅，实际价值相差很大。有可能好位置的住宅价格低于价值，位置不好的住宅价格高于价值。或者说客户购买到位置好的住宅，其获得的消费者剩余价值较大，客户购买到位置差的住宅，其获得的消费者剩余价值较小。只要消费者为索取购房选择权付出的代价低于两者之差，消费者索取购房选择权的行为就具有理性。换言之，由于住宅的差别定价，没有准确地反映不同住宅的效用之差，那么消费者必然会对索取购房选择权趋之若骛。

当然，弘基·书香园一期工程售后服务较好，广告投入大，消费者对未来房地产的价格看涨及购房按揭贷款制度，甚至消费者之间的示范效应都对弘基奇迹的创造起到了推波助澜的作用。

二、排队制度的缺陷

在结构性不平衡严重、位置好的住宅供不应求而且价格很难进行调整的前提下，弘基·书香园的销售采取排队、“先到先得”的方式分配短缺的优质住房。经济学的原理告诉我们，排队这种分配方式不能保证将短缺的商品分配给意愿价格高的消费者，而是分配给时间机会成本低的消费者。不用说，这是一种低效率的资源配置方法，纵观排队购房的过程，我认为它的弊端主要有如下三点。

1. 供需双方均为此制度付出了高昂的成本

首先，消费者付出了沉重的代价。在数九寒冬彻夜不眠排队 18 个小时，是一种近乎残酷的制度安排。改革开放后，我国经济从短缺过渡到过剩，在“用户是上帝”的呼声中消费者逐渐地尊贵起来。排队特别是整夜排队，已经沉没在消费者记忆的角落里，如今让“上帝”屈尊排队，不用说，人们已经不适应、不习惯了。其次，购房族一般均属收入较高的阶层，即使不是大富大贵，也都小康有余。他们的时间机会成本高，“遭罪”的承受力差，他们中的绝大多数人愿意花钱而不愿意“遭罪”。然而在现行制度中，选择权的分配是“遭罪”而不是花钱，这无疑会造成消费者福利大大降低。最后，从供给者的角度讲，供给者也需投入资源去维持排队的秩序，去照顾寒风中伫立的排队者，保安人员、服务人员也是彻夜未眠。

2. 委托代理风险大

由于绝大多数消费者愿意花钱而不是“遭罪”来获取优先购房的选择权，也总有时间机会成本低、货币边际效用高的低收入群体愿意用“遭罪”去挣钱。因此，一个自发的委托代理市场就形成了。相当多的外地民工和相当多的购房客户达成委托代理合约，即由民工代理客户去排队，通过讨价还价，此番委托代理的市场价格为 200 元。不用说这是一项双赢的贸易，消费者剩余价值与生产者剩余价值都很高。况且还有类似我家先生这样的消费者，为了减轻代理人的遭罪程度，雇用了两个民工，让他们轮流值班。民工一夜甚至半夜便有 200 元的收入，他们也乐此不疲。美中不足的是此项委托代理过程中存在着相当大的代理风险。例如，如何付费便面临着两难的困境，委托人先付费，怕代理人逃之夭夭；委托人后付费，则有“价高者得”的风险。有一位民工，就是先与一个委托人谈好价格，但天亮前，以 400 元的价格卖出排到的位置，然后踪迹全无。

解决此道德风险的办法有两个：一是留置民工的证件，二是寻找熟人。如我家就是通过学校的后勤部门找到知根知底的民工。不过即使是知根知底或有“把柄”在委托人手中的代理人，还有一项代理风险无法规避，那就是代理人只有排队的激励，没有监督的激励。若委托人自己排队，因为利益攸关，他会瞪大眼睛盯着前面的队伍，防止加塞儿，而代理人的利益与是否加塞儿毫不相关，他们对加塞儿不但置之不理，而且有出售加塞儿权的激励。我的一个朋友就是给一个排在前边的民工 100 元而让自己雇用的民工挤进队伍。我先生自己下午排队时排到 30 名，在第二天清晨去换民工时已经是 50 名开外，这多出的 20 名显然源于委托代理风险。

3. 寻租活动猖獗

用排队的方式解决稀缺房号配置问题，用该企业经理的话讲是一种进步，较过去将好房卖给特权阶层的暗箱操作有所改善。金弘基集团此举的目的是树立企业尊重消费者、办事公正的形象，然而公司的利益与公司员工的利益在购房选择权的分配中发生了冲突。由于选择权具有市场价值，理性的公司员工在信息不对称的具体操作中难免图私利，其具体做法是藏匿排队的号码。当清晨公司员工为排队者发号时，很快消费者就发现所发出的号码没有联号。如我先生是 52 号，紧跟着 53 号、54 号，之后就是 62 号。整整 8 个号码空缺，号码分完，排队的队伍便是一阵骂声，62 号是一对年逾花甲的夫妇，夫妇俩原本排在我先生的后面，一夜过去中间插了两个人，又在发号中倒退 8 名，其心情可想而知。紧接着就有人出售号码，要价 800 元。当然，更有一些人连号码也不用就能拥有优先选择权，因为在我和先生去签订购房合同时，我们的合同排序为 91，这中间多出的近 40 份合同显而易见是关系寻租和货币寻租的结果。

排队分配购房的选择权，由于信息不对称的内部人控制，非但没有为公司赢得声誉，反而在一定程度上影响了公司的形象。

三、解决的办法——拍卖购房选择权

如何出售金弘基集团公司所开发的居民住宅是企业的自主行为，外人不应干涉。然而，如果金弘基集团注重自己的企业形象，要在效率和公平两方面取得一定的平衡，我可以为其提供一个操作简单、既有经济效益又有社会效益的，同时也能兼顾效率与公平的良策——拍卖购房优先选择权。愿意付出一定的货币索取购房选择权的消费者数量并不多，最多 300 人左右。因此操作起来比排队简便。拍卖制度能保证把好房分配给意愿价格最高的消费者，这大大提升了消费者剩余价值，节约了并未创造社会财富的排队时间，杜绝了寻租的可能性，具有市场经济“价高者得”的特色，而且能增加房地产开发商的收益。一石多鸟，何乐而不为？

借我一双慧眼

《雾里看花》是几年前颇为流行的一首歌曲，其歌词中唱道：“借我借我一双慧眼吧，让我把这纷扰看个清清楚楚、明明白白、真真切切。”这首歌从耳边一过，职业的惯性立刻让我联想到经济学一个重要的功能——那便是借我一双慧眼。从效率及理性的视角去审视真实的世界，透过纷繁喧闹的尘埃及迷雾，直视它原来的面目。

北京大学光华管理学院的张维迎教授，在为曼昆《经济学原理》英文版（中国发行）所做的序中，最后一部分写的是为什么学经济学。他讲了如下四点：“有利于搞好个人决策；有利于了解周围的世界；有利于判断政府政策的优劣；有利于建立独特的思维。”这四个有利于在校内外传授经济学的讲台上，我不知道重复了多少回。人到中年，我的学术生涯已经过半。从助教到讲师，从教授到博导，我走过 20 多个耕耘与收获的轮回。午夜惊梦，回顾人生，我认为自己对社会的贡献唯有传授经济学。我走火入魔、不知疲倦、透支生命的目的，只是希望将经济学这个善事的利器介绍给更多的人，借他们一双慧眼。下面是我就张维迎教授所言的，学习经济学的第三个目的——“有利于判断政府政策的优劣”，所列举的几个例子，敬请读者分辨，是慧眼识珠还是信口雌黄。

一、荒唐的扶贫政策

2009 年 5 月，我应邀去辽宁省葫芦岛市讲学，正赶上葫芦岛市政府落实省政府下达的一项扶贫政策——走进千家万户。具体地说，就是每个政府公务员要承包一个农村的贫困户。8 月 31 日前至少要去帮扶 3 次，贫困户是否满意要有签字。对于此项省政府推行的强制性扶贫任务，绝大多数公务员非常抵触。有位公务员对我说:“机关里有人有车，有人没车，每次下乡我都是找人借车，非常麻烦，形式主义害死人。”

在讲课过程中，我从以下三个方面分析了这项举措的弊端。

其一，此项活动的定位应该是慈善事业，而慈善事业的原则是自愿和量力。政府雇员与政府签订的仅是劳务合约。政府没有权力支配雇员个人的资产。此外，每个公务员的个人状况不尽相同。有家有病人需要救治的，有亲属需要帮扶的绝非个别。每个人都有自由支配自己资产的权利。扶助谁，何时扶助，扶助不扶助应拥有完全的自由。政府无权对劳动合约外的事宜、对其雇员横加干涉。

其二，此项举措是临时性的权宜之计，根本无法解决弱势群体的保障问题。亚当·斯密在《国富论》当中将政府比喻为守夜人，政府的职责是维持秩序、保障安全。效率与公平是我们这个社会追求的两个目标。效率是指利用稀缺的资源去最大限度地创造财富，而公平是指分配财富时应该得到社会公众广泛的认同，从而最大限度地减少社会冲突。公平的定义与价值观息息相关，因此没有绝对的公平，但是有一种公平得到了社会广泛的认同，即弱势群体应该有起码的生存保障。弱势群体生存权的保障，责任在政府。政府可通过纳税转移支付的方式从制度上实现这一保障。社会及民众的慈善事业只是一种补充。政府推出强制性的扶贫政策是在推脱自己的职责。暂时性的、运动性的，多数人反感的“走进千家万户”活动，能帮助千家万户脱贫吗?

其三，这种做法产生了另外一种不公平。目前辽宁省社会弱势群体何止千家万户。政府雇员走进了千家万户，势必还有千家万户没有走进。这被救助的千家万户如何能公平地被筛选出来。此外，即使同为被走进的千家万户，其待遇也不尽相同。政府公务员的收入不同，偏好不同，决定了对帮扶对象的投入有很大的差距。据我了解，有的帮扶对象得到数百元的帮扶资金，有的得到数千元的帮扶资金，这不又是一种不公平吗？！

二、不动，是最大的贡献

长沙交通大学的朱锡庆教授是我的朋友，这个湖南的才子撰写了大量针砭时弊、发人深思的好文章。著名经济学家张五常教授称他是“土鳖”第一，即在本土培养的经济学家中，他是最好的。他在2009年写了一篇名为《不懂，就不要乱动》的文章，在文中讲到，儿时和母亲一起去赶集，临行时母亲叮咛，万一走散，站在原地不动，等她回去找，并警告若乱动就找不到了。母亲积累的知识使她有一种信息搜集和处理的能力。这一能力能帮她找回失散的孩子。幼小无知的孩子没有信息搜集和处理的能力，原地不动是最好的选择，否则会加大母亲找回孩子的难度。我们的社会经常处在重要的转折关头，面临着不知下一步该怎么走的问题。在信息搜集和处理方面，市场比政府更有优势。在困境中找出路，应该依赖市场中无数个体的努力。最终的出路一定是众多个体努力的结果。朱锡庆教授的分析，让我想到张维迎教授的一个经典比喻，他说到将正常人与精神病患者关在一起，要是知道这个患者什么时候犯病就好办了。例如，他夜里犯病，你就白天睡觉，夜里对付他。然而困难的是不知道他究竟什么时候犯病，所以你无所适从。张维迎教授认为，政府多变的宏观经济政策有时会扰乱企业的预期，加大企业决策的困难。

在为政府官员讲授经济学时，我从另一个角度解释了不动是最好的选择。在辽宁省兴城市，我非常欣喜地看到一段相当长的原始海岸线。改革开放30多年后，竟有这么长没有任何破坏及干扰的原始海岸，多么难得。在追求GDP的激励下，太多的政府行为造成了巨大的浪费。建建拆拆，今天建明天拆，多少财富浪费在这建建拆拆中。大连市的海之韵广场被许多游客誉为全国最美的公园，如今已不复存在。丹东的鸭绿江畔，曾建成一片档次不高却将江景挡住的所谓经济开发区，如今却一块一块地炸掉。经济学有一个破窗理论，即将玻璃安上后砸烂，再安再砸。GDP虽然在“安安砸砸”中上升了，财富却没有增加。如此折腾，不堪承受。

三、环境与功能，孰轻孰重

随着汽车进入家庭，以风光秀美、道路畅通闻名的滨城大连也日益陷入交通堵塞的困扰之中。大连市政府千方百计修路架桥以解决这一问题。有一次我在《大连晚报》上看到政府的一位官员提出“环境服从功能”的口号，并准备在星海公园及七贤岭之间铺设高架路以解决这一区段的交通瓶颈问题。这个高架路恰好在东北财经大学门前经过。在许多城市如广州，我曾为遮挡视线、破坏景观的高架路所吓住。广州之行，除了那几乎与居民楼零距离的高架路，我对广州没有其他印象，花城广州已被湮没在纵横交错的高架路下。难道大连也要变成广州？我殚精竭虑在许多参政议政的场所提出否定的意见。“环境服从功能”，难道环境就没有功能？扪心自问：“我们大连的核心竞争力除了环境还有什么？”修路容易拆路难，这是不可逆的决策。谁毁了我们引以为傲的环境，他就是历史的罪人。许多与我一样的区区小民，经过持续进言，事情出现了转机。市政府决定高架路不建了，改在海上建一条通道，既解决交通拥堵问题，又增加了一个海上观光的长廊。消息传来，我兴奋得久久难眠。

2009年3月，大连市甘井子区党校邀我去授课。甘井子党校的马校长前来接我，遭遇交通拥堵时马校长抱怨：“不是错时上下班了吗？怎么过了8点，交通还这么拥堵。”我说：“这是意料之内的事。”大连电视台及《半岛晨报》的记者曾经采访过我。问及错时上下班这一举措时，我回答，目前的问题是城市交通设施的供给无法满足公众对交通设施的需求。错时上下班是权宜之计，机关及事业单位把上班的时间从上午8点改为9点，使得早晨8点之前交通高峰时段的拥挤程度有所缓解，但代价是延长了拥堵持续的时间。此项举措只是将拥堵的程度与拥堵的持续时间进行了替代，没有从根本上解决交通设施供求失衡的问题。目前交通设施供不应求的状况已经非常严重，况且大连市每个工作日都会增加300辆私家车，恐怕不久的将来即使是9点之后我们也没有好日子过了。听罢我的分析，马校长问道：“你这番话是错时上下班之前还是之后对媒体讲的？”“当然是事前，这就是理论的力量。”我答道。马校长又问：“怎么解决？我们总不能被堵死吧。”我回答：“道路供不应求显然有两种办法可以解决：一是增加道路的供给，拓宽马路可以解决交通拥挤问题，但由于土地稀缺，增加地面道路的供给空间有限，目前有效的办法是抑制需求。二是大连市政府可以学习上海，提高私家车准入门槛，同时大力发展便捷、舒适、廉价的公共交通设施。不要倡导汽车进入家庭，中国人口太多。当然，我们也可以等待，当交通供求矛盾尖锐到一定程度后，私家车给人带来的将不是便利，而是麻烦，那时私家车也会自动减少。”我们的谈话，在马校长的不断肯定中结束了。

我曾在《经济学家与聪明人的区别》一文中指出一学家与聪明人的区别，

是经济学家拥有用经济学理论装备的头脑。经济学为我们提供了一个独特的观察世界的视角，透析真实的世界，需要经济学这双明亮的慧眼。

警惕节俭的负面效应

“节俭悖论”在现代经济学教科书中非常有名，它是讲个人理性如何导致集体非理性，也就是个人节俭的美德如何造成产品过剩、企业倒闭和失业的增加。例如，如果全国人民都提倡节俭，所谓“新三年，旧三年，缝缝补补又三年”，我国的服装业可能就无法生存了。

“节俭悖论”的前提是经济增长不是供给约束，而是需求约束。在计划经济时代，产品严重短缺需要配额，每个人每个月只能消费二两油和半斤肉。那个时候，国民经济的关键在于提高产品的供给，只要大量地生产产品和提供劳务，满足社会的基本需求就可以了。产品短缺的时代是解决“有没有”的问题，而不是解决“好不好”的问题。

我国经过40多年的改革开放，物质短缺的问题被大大地改善，如今产品极大丰富，企业竞争非常激烈。经济增长从供给约束变成需求约束。我国社会的主要矛盾已经发生了转变，“是人民日益增长的美好生活需要和不平衡不充分的发展之间的矛盾”。提高人民的消费水平，是解决社会主要矛盾、建设现代化国家的必经之路，较高的消费水平是现代化的体现。

在《就业、利息、货币通论》一书中，宏观经济学的鼻祖凯恩斯用大量的篇幅讲了“节俭悖论”。凯恩斯认为，预期对投资有重要的影响，如果市场活跃、消费强劲，就能让投资者对未来充满信心，从而增加当下的投资。他借用一首关于蜜蜂的寓言诗，描述了一个富裕的社会为了储蓄，该社会的公民放弃了舒适的生活，结果国家越来越贫穷，国防越来越差。凯恩斯写到，亚当·斯密曾经说过，资本通过节俭而得到增加，每个人的节俭都有利于社会，财富的增加取决于产品与消费量之间的差额。这些命题的正确性是值得怀疑的。如果把储蓄的原理扩大到过分的程度，它会摧毁生产动机。如果每个人都满足简单的食物、劣质的服装和最简陋的住房，那么可以肯定，好的食品、服装和住房就不会存在。

消费是人类通过消费品满足自身欲望的一种经济行为，消费水平的高低反映了居民生活水平的高低。消费行为不仅提高了个人的幸福指数，还产生了巨大的社会效益。我们国家目前实施的双循环战略，是指以国内大循环为主体、国内国际双循环相互促进的战略，而国内大循环是以消费为主的。用消费拉动经济与用投资、出口拉动经济相比更加安全。消费有惯性且比较稳定。当投资和出口这两驾马车比较乏力时，大力启动消费是正确的选择。根据经济学的乘数效应，当增加100元消费时，总需求增加的要远远大于100元。比如我们用100元买了一条裤子，卖裤子的商贩马上就增加了100元收入。而这个商贩用其中的80元去吃饭，餐饮店也就收入了80元。接下来开餐饮店的人用其中的80%去看病，医院又有了收入。如此下来，如果个人都将收入的80%用于消费，最后总需求增加的是500元。因此，消费者钱花得越多越快，乘数效应越显著。

当然，提高居民的消费水平，必须以提高居民的收入水平为前提。经济学的一个非常有名的定律是边际消费倾向递减，它是指随着人们收入的增加，最后增加的一单位收入在消费中所占的比重是越来越小的。比如对于高收入居民，给他们增加1000元的月收入，他们愿意用于消费的比例可能只有20%，即新增的1000元收入中，只有200元用于消费。如果给低收入的居民增加1000元月收入，他们用于消费的收入能达到800元。所以，高收入居民的边际消费倾向低，低收入居民的边际消费倾向高。

因此，启动消费的关键在于提高低收入居民的收入水平，这样才能保证他们有能力提高消费水平。目前，政府提出共同富裕，打造橄榄型社会结构，扩大中等收入群体的比例，是启动消费、增加总需求的关键所在。同时，要建立比较完善的社会保障制度，让居民在提高消费时没有后顾之忧。

当然，我们提倡消费，不是提倡浪费。社会资源毕竟有限，让有限的资源发挥最大的作用，既是效率的要求，也是公平的体现。作为发展中国家，我国居民的总体收入水平还是非常有限的。因此，启动消费时要反对穷奢极欲，避免无谓的资源浪费。

上海房产税政策的新解读

2021年1月28日，上海宣布继续作为试点城市征收房产税。这个消息一出，引起人们的广泛关注，房产税对控制房价和对租房市场起到怎样的作用？距离全面开征房产税还有多久？如果真的开征房产税，对哪些人有影响？许多问题引发了人们的思考。

1. 上海房产税的具体内容

上海和重庆于10年前就开始了房产税的试点。2019年公布的根据《上海市行政规范性文件管理规定》，规范性文件的有效期自施行之日起一般不超过5年，原《关于本市开展对部分个人住房征收房产税试点若干问题的通知》经评估需继续实施，这已经是继2016年后第二次延续实施该项政策。它是房产税试点工作的延续，而不是新推出的政策。

房产税的征收对象为上海市居民家庭在上海市新购且属于该居民家庭第二套及以上的住房，包括新购的二手存量住房和新建商品住房和非本市居民家庭在上海市新购的住房，适用税率为0.6%，具体税额是：应税总房款 ×70%×0.6%，应税住房每平方米市场交易价格低于上海市上年度新建商品住房平均销售价格2倍（含2倍）的，税率则为0.4%。关于部分个人住房的税收减免有以下三项。

第一，上海市居民每人有60平方米免税住房面积。

第二，上海市居民家庭因房屋征收或拆迁而购买或取得的住房。

第三，上海市农村居民通过宅基地置换试点政策取得的住房。

此外，政策指出新购两套以上房产是征税对象，政策出台之前购买的房子和居民刚性需求不在征税范围。

2. 房地产发展的两个效应

我国房地产几十年的发展，可以说是让人喜也让人忧，提起它往往让我们爱恨交加。改革开放以后房地产对我国的贡献有目共睹，三十年前城市居民一家几口人住在弹丸之地，拥挤、肮脏、泥泞，没有尊严，没有隐私。当今我国人均住房面积已经达到40平方米，超过了日本、英国，达到发达国家的水平。房地产市场让居民的居住环境发出了翻天覆地的变化。房地产的产业链比较长，上下游有上百个行业，它的发展拉动了GDP的增长，解决了大量的就业问题，做出了很大的税收贡献，这都是好的方面。

常言道“花无百日红”，房地产行业几十年高歌猛进，房价越来越高，也产生了如下负面影响。

第一是绑架了政府和百姓。我国许多地方政府都是土地财政，离开房地产几乎不能运转，目前还没有一个行业能替代房地产成为新的经济增长点。我国居民家庭的财富也几乎都投入房地产，缺乏多元化资产配置。

第二是影响拉动内需。面对非常复杂的国际环境，中央政府提出了以国内大循环为主体、国内国际双循环相互促进的战略。国内大循环主要以促进消费拉动内需为主要手段，由于房价太高，比如北京、上海、深圳这些一线城市，可能需要掏空一个家庭的家底儿才能买到房子，钱包如果已经被掏空，我们用什么来拉动消费呢？

第三是造成结构上的不平衡。结构不平衡首先表现为产业结构不平衡，房地产畸形发展，占有大量的土地和资金，城市的空间基本上都被房地产占领，没有了必要的土地储备，也影响了其他行业的发展。其次是造成的财富结构不平衡。各地区房价分化非常严重，级差地租非常大。一线城市和三线以下城市的居民，由于房价相差巨大，所以居民个人财富的差异也非常大。此外，同一地区购房和无力购房的人，财富差异也在扩大。

所以，房地产是一把双刃剑，为了保证房地产健康发展，确实应该加强政府调控，税收政策就是调控的手段之一。

3. 房产税对房价和房租的影响

从上海房产税试点十年经验来看，目前房产税的力度对房价上涨的抑制作用很有限。房价高低要看需求和供给。如果城市特别是核心城市无地可供，扩展房地产总量的可能性就不大了，那房价的高低就主要取决于需求。

需求有两种。一种是现实的需求，比如大连高新园区有腾飞软件园，有几十万人需要租房和买房，所以高新园区的房价一直相对比较高。另一种是财富安全的需求，改革开放以后居民有了财富。财富是收入减去支出后经年累月积累的结果，这笔财富要放在一个安全的地方，人们需要一个财富仓库。房地产几十年来都起到一个财富仓库的作用。现在还没有一个更好的财富仓库能够替代房地产帮助居民保障财富的安全，这也是房地产价格不断上涨的原因之一。

房产税对租房市场的影响依赖市场的考验。首先要看房产税的征收能否让拥有住房的居民愿意把他们的房子拿到市场上出租；其次要看政府是否能够推出大量经济实惠的廉租房。这两点就决定了租房者在市场上的讨价还价能力，决定了房子的出租者有没有可能把房产税转嫁给租房者。

4. 全国普遍推行房产税的困难

上海房产税试点的延续让很多人关心房产税什么时候能在全国开征。房产税的推出已经酝酿多年，但是为什么这个靴子迟迟没有落下呢？因为它的推出还有许多困难。

比如房价确定的困难。上海的政策是新购住房，新购房价很容易确定，如果是以往的房子，房价测度成本就很高。

再如房子的种类太多，有房改房、经济适用房、小产权房、商品房等，要考虑如何把它们统一起来，一起征税，否则也不公平。

所以房产税在全国推行的确需要理顺很多问题，短期内很难推出，当然也不是永远不出台，它主要是在释放信号。经济学有一个概念叫适应性预期，就是用过去推断现在，但是未来不一定是现在。居民把全部的财富都放在房地产这一个篮子里面有很大的风险。居民在考虑财富安全的时候，要考虑多元化配置。

另外，地方政府也不能过分依赖房地产，要发展其他产业，要搞创新和高科技。靠饮鸩止渴的模式经营城市是没有出路的。当然，房产税只是房地产宏观调控的手段之一，它需要经济发展地区差异的缩小，居民保障房的推出，银行信贷的管控等其他配套措施的完善，才能起到保证房地产健康有序发展的效果。

第七篇

我的经济学人缘

我从哪里来

“不要问我从哪里来，我的故乡在远方……”我不是三毛，缺乏她那份潇洒。我那实在一般化的名字，在国内经济学界或许有几人记得，而对普通读者来说，十有八九会问谁是王玉霞。因此，不和读者交代清楚，终有几分不忍。

一、童年时光

1956年10月1日，伴随着欢庆国庆的锣鼓，我来到了人间，妈妈常对我说:“你出生时，刚好欢庆国庆的队伍从家门走过。”踩着鼓点出生的我，总是多几分幸运。

在我出生前，我已经有两个姐姐，其中一个幼年夭折，我排行第二。不知是父母重男轻女，还是孩子太多（我下面还有两个妹妹和一个弟弟），出生后相当长一段时间，我没有名字，父母和家人称我为“崽”。“崽”不专属人类，更不专属我，妈妈和姥姥喊我“崽儿”或“小崽”。待到爸爸口中一声“小崽子”如炸雷般，让我苦不堪言。我这个无名的孩子，上学后因为姐姐叫“彩霞”，便顺成了“玉霞”。尽管我成绩极其优异，却始终有“把柄”在同伴手中。小学三年级赶上“文化大革命”，一群捣蛋男生和我发生冲突时，只要人家一二三齐喊“小崽子”，我便羞愧难当、败下阵来。

我不明白，天下的父母怎可以这么粗心，为什么不动动脑筋，给孩子起一个伴随他（她）一生一世，或文雅，或响亮，富有意蕴的名字呢？我的父亲完全有这个能力！

20世纪90年代末期，因寻找一位保姆，我来到父亲的老家，一进门，本家的婶子一声“崽儿来了”，竟让我泪水盈盈，多少年我没有听到这个乳名了，她让我想起彭丽媛唱的《父老乡亲》:“一声声，叫着我的乳名，多少疼爱、多少期待、多少开心……”或许父母是对这个女儿格外疼爱和怜惜（这是事实）才取名为“崽”？

待到中学时，我靠自己优异的成绩走出了名字的阴影。我的家乡是内蒙古自治区通辽市，我上学时同年级有 12 个班，每个班有 50 ～ 60 名学生，毫不夸张地说在七八百名学生中，我的功课门门全年级第一。在那个不寻常的年代，我几乎没学到什么（每周一、三、五上半天课，经常背毛主席语录）。从小学到中学我一共写过十几篇作文（是儿子两个多月的任务），在八股文盛行的时代，老师对我的文章篇篇爱不释手。记得语文老师周泽东这样朗诵我的一篇作文:“晚秋，天气越来越冷了”，然后抬起头来，对同学们说:“你们听听，她没有写‘当前国际国内形势一派大好’。”那个年代，有太多的文章是以歌功颂德为主。

我的数理化成绩也格外出色，无论教我的老师是谁，我的成绩多是年级里仅有的百分，有一次邻班的苏老师对我说:“我想把你的脑袋打开，看看里面装着什么？”从小学到中学，我都期待着考试，可惜这种让我卓尔不群的机会太少了。

我的学习成绩优异，不等于我受到了良好的教育。我没有弹过琴、画过画，没有学过地理、历史、哲学及书法。学校经常停课，而且有学工学农的任务。在那个苍白的岁月，只是东找西寻地多看了一些中外小说，算是比同龄人多了一点文学素养。从小学三年级开始“文化大革命”，劫数未尽，我高中毕业了。随着毛主席一声号令，我们又成了插队的知青。“青”是真的，“知”徒有虚名。

“文革”在我身上留下很深的烙痕，直至今天，我的天文、地理、自然、历史知识均在儿子之下，哲学、逻辑半懂不懂。当有人夸我经济学散文写得纯净时，我从心里苦笑，十八般武艺只会一种，焉能不纯。

我的童年，没有零食，没有玩具，父亲被关进牛棚，家里数次被抄。然而，对我而言，有那种鹤立鸡群的骄傲；有可以自由支配的时间；有老师对我由衷的喜爱；有可以一起疯跑的玩伴。我的童年，阳光灿烂。

二、知青岁月

我的知青生涯远没有同胞们听到或想到的那么可怕，我下乡时知青安排、知青的待遇已经有了定规，况且那时实行的是对口下乡，即以父母的单位组成下乡的单位。父亲当时任我们县的二轻局局长，为了避嫌，我随母亲的单位银行系统的子女来到离家仅 15 千米的木里图公社。

农村确实大有可为，原因是缺少文化。因此口齿伶俐，能舞文弄墨的我，立即派上了用场。那个年代，批林批孔，批儒扬法，批邓批宋江，今天总结，明天汇报，有的是文章让你写。再加上编快板，出墙报，赛诗会，处处能发挥我的长项。在那个广阔的天地中，我仍旧出色，仍旧风光。因此，我对知青生涯不但没有半点惧怕，反而还有几分留恋。当父亲一声令下召我回城准备考大学时，我竟犹豫再三。时至今日，我仍然有这个想法，如果那批知青不回城，中国的农村要大大好过今天。插队两年半，我深知那片文化的荒漠，是怎样地渴望知识的甘泉。

下乡插队的一个副产品，是我对农民的感情发生了巨变。不亲临农村，不和他们朝夕相处，如何能体会世世代代“面朝黄土背朝天”的农民经历了怎样的苦难。拔麦子，我累得无法起床；沤大麻，实际就是把自己浸泡在粪坑中。农民们如此劳作，食不果腹，社会地位却极其低下。下乡两年半，我经常被姥姥骂“败家”。姐姐下乡，粮是粮、钱是钱，使家里的财政发生了转变；妹妹下乡，无粮无钱，还要家里贴钱。原因是妹妹听从号召从富队转插到穷队，还经常倾其所有帮助他人。

我转插的穷队叫“郭家屯”，因为穷，公社领导对郭家屯伤透了脑筋，几番派能人，均无法改变一个劳动日只值几分钱的惨状。无奈之中号召知青报名，“解放”郭家屯。报名的场面十分感人，知青们摩拳擦掌，宣誓请战，万丈豪情。但待两个月后真正落实时，绝大多数知青退避三舍，止步不前了。因为这十多倍的收入差距对本身就不富裕的知青，账是不能不算的。我当然也不愿意去，但既然报了名，刀山火海也只好一闭眼“跳河”，和我一起“跳河”的还有一女两男。

最能说明郭家屯贫穷程度的是，30 岁以下的小伙子全是光棍。我在郭家屯任团支书，副手是一个当地青年。他不知用什么招数，从山东老家“拐”来个媳妇。有了零的突破，我们知青每人送他 20 元钱后，我又借给他 30 元钱，就因为这 30 元钱，他竟然在我临走时避而不见，30 元钱便买断了自尊和情谊，贫穷多么可怕！

与农民的感情融入我的血液，农村来的保姆、民工受到我由衷的礼待；对农村出身的同事，我格外敬重。在我撰写的《理性索酬举报》《法律上的笑话与经济学的不公》《解读温州企业家》的字里行间，渗透着我对中国农民的同情和感情。

家乡的农民——我的父兄，什么时候能让我了无牵挂？

知青生涯中有一段时间，我差点儿与文学结缘。由于我执笔的文艺节目在县里会演中获奖，1975 年年底，我作为农民文艺评论家去参与评论地区的专业文艺创作。我去报到的那天晚上，文人墨客正在联欢，一个诗人将全场的节目以诗串联，作家们人人能歌善舞，身手不凡。我坐在一个角落悄悄地观看，忽听那个诗人将我的名字编入诗中，由于我唱歌跳舞的天赋几乎为零，无奈之中，我只好拿出农村赛诗会的本事，不用纸笔，不讲平仄，顺嘴胡诌一首献上。我记得最后几句是这样的:“鲁班檐下怯弄斧，诗人面前吟诗难。今晚乘兴歌一首，不负期望待明天。”全场哗然，作家们议论，即使是朝思暮想，能写出切合时宜，具有哲理的“诗人面前吟诗难”尚属不易，怎么就从这个不到 20 岁的小姑娘嘴里溜出来了呢？第二天我荣升为诗歌组组长，领导着平均比我大 20 岁的作家们。我接下来的表现，使这些作家相信他们看见了一颗文坛新星。

时隔两年，这颗新星非但没有星光璀璨，反而莫名其妙地跑到一所不知名的大学，和与文坛风马牛不相及的数学符号打交道去了。

三、我的大学

我的大学除了在内蒙古，恐怕没有几个人耳闻其名。内蒙古民族师范学院（现为内蒙古民族大学）是我的母校。内蒙古往往让人感到偏僻落后，民族学院总得打点折扣，师范生更绝非优等生的选择，我何以“沦落”于此？

我是 77 级，即“文化大革命”后首批经过统一考试录取的大学生，十年没有高考，闸门一放，波涛汹涌。离高考相差十余天，我被父亲强令召回。如何报考，一头雾水。问老师，老师说："你能考上任何一所大学。"问父母，答曰"弄上一个就行"，因此我就报了一个最高的和一个最低的学校（当然离家最近）。至于专业，我最敬佩的语文老师周泽东，坚决反对我学文，他说文科以社会为课堂，不用在大学学。不是学文就是学理，而学理当然以数学为先。况且，我的数理化本来也是全年级第一（其实我也不知还有那么多的专业）。我高估了自己，毕竟中学学的东西太少，毕竟我在农村待了近三年。最终我以几分之差没考上最好的，剩下的就是最差的了。后来我有机会伫立在未名湖畔，泪光闪闪，梦断北大，那是我心中的圣地。

一入学，我便淡漠了怀才不遇的感觉。全班 40 余名学生，藏龙卧虎，高人云集。以后我虽然又在华中理工大学及东北财经大学求学与工作，但我见过的最优秀、最聪明的学生仍然是我在师院数学系的同学。班上近一半的学生已年过 30 岁，有相当多的天津、北京、浙江老三届知青。其中有个同学叫王世坤，从入学便被学校以月薪 40 元聘为教师（讲授复变函数），此君课可以不上，试绝不能不考，每到考试，他便拿张纸进门，无论考什么（包括教育学）均是全班第一。王老兄最后终在拓扑学中有所建树，在国内一流数学杂志上发表过论文。

有一次，我与另一位学兄雪中漫步。忽然他灵机一动说："咱们将古今中外关于雪的名句说一说，你一句，我一句，看谁先败。"于是乎，我挖空心思，先抢最容易的"忽如一夜春风来，千树万树梨花开""窗含西岭千秋雪，门泊东吴万里船"……到最后"燕山有雪大如席"，甚至连《红楼梦》"丰年好大雪（薛），珍珠如土金如铁"也说出来。整整半个多小时，居然没有决出胜负。那位老兄长叹一声："这么偏僻的地方还能生出你，"然后说，"你没什么了不起，仅是半径和我一般长，而我是个圆。"我是半径他是圆，虽然有点夸张，但在这些经过正规高中教育，琴棋书画、吹拉弹唱、文史哲、数理化，样样精通的才子（这些才子大多因出身不好，在内蒙古农村务农 10 年左右）面前，我再也没有中学时代那种一览众山小的骄傲。

数学系的教师同样学问不俗。我们学校建于 20 世纪 50 年代初，当时是内蒙古东部仅有的高校。其教师多是名牌大学毕业。系里又集中了最优秀的师资，对首届凭考试入学的学生精心培养。为77级数学系汉语班讲课的教师现已大多调往名校，因此虽然学校名气不大，我接受了四年严格的理论数学训练。这为我后来理解、讲授现代经济学大有裨益。内蒙古那黄沙飞扬的故土，是我永远的眷恋。

1982年春天，我被分配到吉林省省会长春，尽管毕业成绩优秀，但由于来自内蒙古，自然与高校无缘。我被分到一家中等专科学校，而且马上被派出学习。因此1982—1984年整整两年，我生活、学习在武汉华中工学院（现为华中科技大学）。大学，我不间断地读了6年。

在华中工学院管理工程系学习的两年，我有两个收获：其一，我所学的管理工程专业，是我日后迈向经济学的跳板，没有这个跳板，也许我会和数学终身为伴；其二，楚地悠久厚重的文化，华中工学院如诗如画的校园，以及著名教育家朱九思校长领导下的严谨校风、学风均让我获益匪浅。每逢节假日，我最喜欢的是与同学骑上自行车，沿磨山东湖兜圈。武大的古色古香；东湖的天水一色；春日菜花黄，秋天桂花香；古人的遗迹、民间的传说，都让我这个北方女孩儿感到格外的新鲜。

大学六年，我领略到北国的豪情和南国的浪漫，两座大学以其不同的校园文化滋润着我的心田。豪情与浪漫也无声地潜入我的笔端。

四、“创收”的快乐

从武汉归来一年后，我调入了东北财经大学物资管理系任教。20世纪80年代的大学教师囊中羞涩、生活悠闲，每周四节课便是多的。课教得怎么样，多教少教，教好教坏都没有人过问。更有相当多的教师是半年有课、半年闲，除周三下午到系里点卯，什么事儿都没有。当然，大学老师的工薪也是少得可怜，我与先生月收入均不足百元，近有小儿待哺，远有双亲要孝。囊中空空，很难生活得尊严体面。还记得那时我经常傍晚去菜场购买堆菜。两名大学教师养一个孩子，尚如此费劲，真羡慕当年李大钊先生，一人教书，夫人负责家务，养一群孩子，还有余款资助学生。

穷则思变，从20世纪80年代末开始，校园掀起“创收”的浪潮。学校领导解放思想、放宽政策，而市场经济对财经教育的需求更是经久不衰。因此，东北财经大学以办学为手段的“创收”大潮较其他院校更加波澜壮阔。在风口浪尖上摔打出的“创收精英”名声斐然。1998 年前，若有人到东北财经大学打听王玉霞，十有八九的回答是“能办班，擅赚钱”，后来干脆有人送我一个外号——“办班专业户”。1998 年经济系成立，系主任费尽口舌点名要我，其中主要的原因是我擅长“创收”，哪知道我已“金盆洗手”另谋他路了。

我来自内蒙古通辽市，在大连举目无亲，没有任何社会关系。办班赚钱与其他老师相比没有半点优势，有的就是行动——认真负责，诚实守信，吃苦耐劳，服务至上。而一旦登上这条办班的“贼船”，就像进入了一个自我强化的网络系统，学员源源不断，想抽身都难，很长时间我陷入办班这种“鸡肋”的困惑中。

我办学的秘诀之一是积极行动。我内心深处总有这样的理念：别人能做到的事，我也能做到。“世上无难事，只要肯登攀”，1994 年东北财经大学面临院系调整，物管系不再存在，因此人心惶惶。学校号召各系举办大专专业证书班的通知，无人过问。期限的最后一天，我拿起通知，先到大连市物资局找人签协议，讲好和他们三七分成，由他们招收学员，再给老师们做动员，介绍一个学员推荐费 200 元（通常为 100 元），此举一出，这种班我就办了整整 6 年。

我办学的秘诀之二是吃苦耐劳。我办学的足迹南至江西，北至满洲里。东北三省及山东更是不在话下。有一次我将学习班办到了呼伦贝尔市新巴尔虎右旗，从满洲里下火车，还要在草原上颠簸六七个小时才到目的地。这样的历程我重复了 4 次，当我将同事带到那儿时，系主任对我说：“这是什么鬼地方，遍地黄金我也不会来第二次了，你居然跑了这么多次。”

我办学的秘诀之三是看淡金钱。办班是为了赚钱，但要看淡金钱。我身边不乏因为看重金钱而弄得身败名裂的实例。应该说我是少有的长期办班，而且将我领导的教研室办成一个凝聚力非常强的集体的幸运者。办班离不开利益的分割，与合作伙伴有分成问题，对学员有服务的问题，对讲课教师有费用问题，对教研室成员也有秋后分红的问题。在这些问题面前我经受了考验。有很多的机会，我可以将钱放在自己的腰包却做了另外的选择。2000 年元旦，当时东北财经大学唯一的女性校领导穆青教授对我说：“王玉霞，你当年办班就是学者风范。”

办班的收益不止于钱，其副产品有如下几点：其一，了解社会。学校科研经费紧张，学者、教授难得有机会了解社会。办班集赚钱、社会调查于一体，收益良多。不到内蒙古你就不可能知道，还有一个县城连土路都不通；不到黑龙江你就不可能知道林区的工人因资源枯竭，不得不退林还田（逆向选择），而这些偏僻的地方，若没有我们这种游击队式的办学，他们注定是不会知道大学教师为何物的。其二，数年办班的实践锻炼了我市场开拓、内部管理及组织协调的能力。办班很难，上有教委、人事局及学校成教部门的规管，下有从南到北诸多学员的各种要求，我必须方方面面考虑周全。教室的租用、课程的安排、学员报名填表、资格验证、成绩上册、发放证书，十分烦琐。当我一个人将这本应 3 ～ 5 人承担的任务搞得井然有序时，心里也有一种成就感。其三，办班加深了我和同事间的感情。大学教书，属于自给自足的小生产，同事之间的接触十分有限。办班，特别是异地办班，拉出一个队伍，朝夕相伴，趣事不断，能够加深同事间的了解及感情。我们曾一起在内蒙古的达赉湖畔，穿着蒙古袍，和当地蒙古族人一起用湖水煮新鲜的羊肉，味道格外鲜美；我们曾一起走进原始森林，古树参天，野花遍地，空气格外清新。有一次到江西九江办学，我们教研室全体人马夜宿庐山，天降小雨，气温转寒。清晨，我起床跑到牯岭镇给每人买了一件腈纶毛衣，穿在身上，暖在心里。年近七旬的杨学琪教授振臂呼出“教研室主任万岁”。昔日的教研室虽早已解体，但其中 8 名成员有一人已当上东北财经大学的副校长，还有两人当了院长，另外有两人下海经商。每当我们欢聚一堂，回首往事时，均认为那段南征北战的创收岁月是最难忘、最开心的时光。而我的一个功绩，是带领他们富起来。

数载“创收”，殚精竭虑，这不多的原始积累加上它的繁衍孳息，使我的公婆临终得到良好的关怀；使我的父母搬进宽敞的楼房；使我的儿子受到良好的教育，甚至还有余钱资助我的一个堂弟、一个表弟读完中专。有钱可以做到出门打的、外出就餐从容不迫；有钱可以做到闭门读书、一心向学，心无杂念。

五、灵魂的家园

无论办班怎样快乐，我内心深处仍然对学问有着由衷的向往。“红袖添香夜读书”，我不敢奢望夜读，却设想自己做那个添香的红袖。于是我动员先生攻读博士学位。理由有三：其一，专业对口。先生原本就是东北财经大学的工业经济学硕士，继续读产业经济学博士非常自然。其二，导师同意。先生读硕士时的导师现为该专业的博导，对先生既了解又喜欢。其三，在高校任教，学位是必要的包装。况且在本校就读，机会成本不高。为了让先生动心，我提出两个优惠条件：如攻读博士学位，钱可以一分不赚，包括工资；家务活可以一点不干，包括洗袜子。如此诱惑，一根筋的先生却不为所动。他认为，他当时正在东北财经大学计算机中心主任的岗位上，乱事如麻，再去读书，必然是书读不好，工作也受影响（此君果真是丢掉七品芝麻官后才去读博士学位的）。

先生对我的劝学非但纹丝不动，反而倒打一耙，说：“我看你行，你读吧！”当时我的感觉是先生在说梦话。我读博士？岂不是天大的笑话。我出身不好（非名校毕业）、半路出家（转学管理），而且这么多年以创收为业，怎能和我心中的圣殿——经济学博士沾上边？然而，不知是哪根神经让先生坚信，他这个纤弱的老婆，注定是一匹千里马。此后，他席间枕畔，夜以继日地动员，认为我数学功底好、经济学娴熟、文笔又好，一定能成为一名优秀的经济学博士（后来他又有很多这样的先知先觉，多被他不幸言中）。

在先生的鼓动下，我试着去找导师张一民教授，当时我连一篇能代表我水平的论文都拿不出，没想到张教授竟然一口答应了。

很快考试的日子到了，我几乎没有时间复习。为了掩饰自己心中没底，我四处散布“我今年不上，只是比画比画”（事实证明这是个战略上的错误）。一进考场，我立即感到这个博士考试远没有我想象的那样可怕。五门课，我考了三个第一，数学不是第一，但我从心里不服气，而那个让我最悬心的英语，也仅有几分之差。成绩绝对真实，而且没有经过复习。原来，我真的不差！自己对自己也有不对称信息。那一年我委屈地在最后的录取平衡中名落孙山，但我的成绩已经在东北财经大学弄出了动静，为下一年做了很好的铺垫。第二年，我如愿以偿。

和经济学结缘始于20世纪80年代中期，学校组织助教进修班，由汪祥春教授为我们讲述经济学。汪老早年曾就读于美国芝加哥大学经济系，亲耳聆听过弗里德曼等名师的教诲。汪老是工业经济学（现为产业经济学）专业的博士生导师，但其培养博士的秘诀只有一个，讲授经济学。如今，东北财经大学有一部分中青年学者经济学功底较深，究其原因多是直系或旁系的汪氏门下。

我一接触经济学，便被这门博大精深、其妙无穷的学问迷住了。我呆呆傻傻地将萨缪尔森那本《经济学》第10版几乎翻烂。汪老给我们讲过课之后便退出了硕士研究生课堂，专心带博士。我又毫无目的、痴痴迷迷地跟另一位老师在硕士研究生课堂上旁听了三遍（张五常教授对我讲，他旁听阿尔钦及赫舒拉法的课达五六遍）。那位老师对我先生说："怎么回事，你家小王总跟我听课，她想讲这门课吗？"我先生答道："不是，她只是对经济学感兴趣。"20世纪80年代中期，高校没有任何压力，我当时讲授的是物资经济管理系的核心课——"物资计划"，但经济学却像磁铁一般，将我紧紧地吸住。其内容之广博、逻辑之精美、语言之生动、比喻之恰当，均让我五体投地。经济学将我带进一个崭新的天地，在经济学的框架下，我看到的世界与从前相比已大不相同。我无法用语言形容经济学对我心灵的震撼。

1989年，我做出一个当时看很愚蠢、现在看却很英明的决策：放弃讲授核心课"物资计划"，转教仅有40学时的选修课"西方经济学"。随着经济体制改革的深入，"西方经济学"由选修课变为必修课，课时也一增再增。到了20世纪90年代中期，当人人都认同经济学是一门有用之学，在教师和学生中掀起学经济学的风潮时，我已经将经济学教科书中的内容烂熟于心，开始为东北财经大学的硕士研究生讲授"中级微观经济学""中级宏观经济学"了。与那些多年耗费心血，研究讲授内容贫乏、逻辑不通、学生闻之欲睡课程的老师相比，我多么幸运！

考上博士生，我已过了不惑之年，多年办学，不务正业，心里发虚。这如同百米竞赛，对手已先行50米，我才刚刚起步，追是注定追不上了，快马加鞭，为的只是缩短距离。记得和导师第一次面谈时我说："为您争光是绝对做不到了，但我会尽力不给您丢脸。”

仅仅是为了不玷污博士的声誉，我开始了学问上的恶补。听不知音、食不知味、闭门谢客、六亲不认，我开始研读大师们的原著。每过一段时间我便在学校的书店抱回一堆书，书店视我为特殊顾客，设个人账单，签名拿书，过后算账。有一次，书店的徐老师惊讶地说：“王玉霞，你吃书啊，读得这么快。”是的，我在吃书，或囫囵吞枣，或细嚼慢咽。经济学的涵养流入我的血液，流出我的笔端。很快，我从原先的逞强好胜，变为拥有浓浓的兴趣。有人说：“读书是与高尚的人对话。”和我对话的有亚当·斯密、李嘉图、马歇尔、费雪、弗里德曼、阿尔钦、科斯、萨缪尔森等经济学大家。在这些大师的教诲下，我从内到外都发生了深刻的变化。生活充实，内心宁静，对当官发财漠然置之。

读书的三年，我生活的海洋屡有波澜，母亲、公婆相继离世，姐妹先后下岗，挚友聂春华突然病故。每每遭遇不幸，我都躲进经济学的天地，才能将那伤、那痛、那忧、那烦淡忘。有一次，我和过去的同事说，“经济学是医治我心灵创伤的灵丹妙药”，惹得对方一阵大笑。

读书如斯，文章便是水到渠成。我的文章多以经济学理论透析身边事，被《经济学消息报》的主编高小勇戏称为“婉约派”。也许是经济学界阳盛阴衰，也许是太多的人向往救国救民、慷尔慨之地大江东去，我那小桥流水般的婉约居然很有市场。很多人来信来函索要我的文章，全国有十几家报刊转载。1999 年，加拿大西安大略大学的徐滇庆教授到东北财经大学讲学期间提到我和我的文章。2000 年，澳大利亚社科院院士、澳大利亚莫纳什大学的黄有光教授致电《经济学消息报》，询问我的一篇文章登在何处。2001 年，世界著名经济学家张五常教授亲口对我说：“王玉霞，我将你的文章带到香港去出版，由我作序，取名为‘生活在经济中’，可以不可以呀？”那一刻，我恍然在梦中。

这是我吗？三年前我迈入博士门槛时，还忐忑不安，三年后我已成为在博士研究生开学典礼上展示科研实力的典范；三年前，我尚在办班的战场上叱咤风云，三年后我竟被经济系主任向客人介绍：“这是东北财经大学海内外最知名的学者”；三年前，我曾因自己的学识浅薄，替代那些博士、教授大干民主党派的杂乱之事（我曾是东北财经大学民盟委员会副主委），三年后我被破格晋升为正教授，创东北财经大学经济学专业女教师之先。

这是我吗？不待别人闲言碎语，我自己都惊诧这“摇身一变”。

这就是我，一个普通的女子，来自内蒙古那个沙丘环抱的小城，凭着努力和机缘，走到了你们的面前。

感谢上苍，竟有这样一门学问，能将我先天的禀赋与后天的优势、兴趣的满足与谋生的饭碗融为一体。

经济学的世界，天高地阔，五彩缤纷，扑朔迷离，灯火阑珊。

经济学——我灵魂的家园！

我的经济学人缘

一、出师偶遇高小勇

与《经济学消息报》主编高小勇相识极其偶然。1998 年，我考上了东北财经大学经济学博士研究生，在其位，谋其政，自然是想将精力转向学问。某日灵机一动，写了一篇《我的保姆经济学》，将文章投出后心里没底，就想到了我的同事卢昌崇教授。卢兄的学问我十分敬佩，他曾连续三年有文章登在《经济研究》上，其中一篇还被载入北京天则经济研究所的《中国经济学——1994》。这在东北财经大学是一个纪录。卢兄看了我的文章，大笔一挥写了一封推荐信，其评价之高——“文笔清新，更兼老辣，掩卷长思，含义隽永……”出乎我的意料。未待我将卢教授的推荐信寄出，《我的保姆经济学》已经刊载在《经济学消息报》的报眼上。

其后，我便接到了高小勇的电话，说我的文章刊出后，读者反应很好，北京社科院一些学者称看到了中国经济学的希望。之后，高小勇经常和我煲电话粥，一听是高小勇的声音，我的习惯动作是拖把椅子坐下，因为没有个把小时他不会善罢甘休。我还算幸运，朱锡庆说，有一次高小勇与他通电话整整打了3个小时，这个家伙多么可怕！

高小勇办报的诀窍是“少花钱、多费话”——联络感情，为作者提供非货币收入。（有一次我抱怨，每当接到《经济学消息报》的稿酬时，都很伤心。高小勇思考了一下说，那就攒起来一年一寄吧，很有点山西老客的味道。）高小勇常说，写文章需要有人喝彩，在此君的喝彩声中，我一连给他写了20多篇文章。记得有一次我在电话里和他侃《票贩子的效率》的构思，高小勇说他曾搞过文学创作，一个作家说过，如果口述一个故事，两分钟之后，对方不拍大腿，这个故事就别写了。言外之意，我那篇文章，他已经拍大腿了。

1999年年末，我邀请高小勇、黄有光及王建国教授到东北财经大学讲学。2000年8月，我应高小勇之约参加温州笔会。经过两番百闻不如一见，我对高小勇有了进一步的了解和理解。此君绝对是一个理想主义者，思维敏捷，设想大胆，20世纪90年代初他策划的《诺贝尔经济学奖获得者大追寻》曾让各媒体目瞪口呆，羡慕不已。高小勇十年办报，风风雨雨，百折不挠。在商业化气息日浓的今天，还能为读者送上这么一份很纯正的理论经济学报，实属难得。无论世人对高小勇是褒是贬，在中国经济学史册上都应该有其浓重的一笔。高小勇厌烦理论的枯燥，希望能够将经济学写成一个个经济学故事，能跌宕起伏，曲径通幽地道出点意料之外。他对我的文章很是偏爱，戏称是“婉约派”。偶尔我的文章被《经济学消息报》“枪毙”，我先生对我说，“一定是高小勇不在”，后来文章果真多由高小勇起死回生，有的还成了头版头条。

2000年年末，高小勇忙于办《经济学人网络》，其报纸有些江河日下。某日和高小勇通话，我在电话里喊出：“难道这份报纸你不要了？”情之切，心之急溢于言表。放下电话我问自己：“你吃了什么迷魂药，与那份报纸如此荣辱攸关、血肉相连？”

二、“生死之交”王建国

与新加坡国立大学教授王建国博士的交往最有戏剧性。1999年年末，他与黄有光教授同行到东北财经大学讲学，王博士精力充沛，才华横溢，经张五常、黄有光、杨小凯这三位华人经济学界的巨头点拨，如虎添翼，风头正劲。

讲学期间，我陪王博士游览大连著名的滨海路，时值初冬，万木萧条，但王博士说，他还是能看出滨城的秀美。车至滨海路中段十八盘停下，一边是悬崖下的大海，碧水蓝天；另一边是怪坡，山上装着一只神秘的眼睛，怪异地望着我们。

陪伴王博士的除了我和司机，还有我的师兄李笠农博士。车至十八盘，李博士和王博士下车方便，我与司机在车内等候。20分钟后不见他们回来，我便下车搜寻。两位博士升天入地般地踪迹全无。冬日冷风吹过海面，我是心寒齿寒。在没有人迹的树丛中一遍遍地喊“王建国……李笠农。李笠农……王建国。”一个小时后，我沙哑的呼唤中带着哭腔。天哪！难道两人一起掉下了悬崖？我有几个脑袋，将“一土一洋”两个博士弄丢？而校领导和黄有光教授等人，正在香格里拉等王博士就餐！那一刻我理解了什么是心急如焚。时间临近晚上6点，天色大黑，我所有的希望破灭，剩下只有一招——报警！突然间，一辆出租车从十八盘冲上怪坡，从车上下来王建国和李笠农，向我们询问（已经完全看不见了）：“是王玉霞吗？”师兄怒气冲冲，见我泪流满面才将声音放缓：“你到哪儿去了？”天地良心，这话应该我问，怎么轮到他了？

后来两人说方便后回头就找不到车了。怪坡就是怪，车根本就没动一步，他们以为车已经开走，这段景点是让他们步行观看，就一气走了10余里，跑到海之韵广场去了。在海之韵广场，他们又急又冷，推断我是连人带车被匪徒劫了。因为当时实在想不出还有其他可能。师兄打算打的返校，王建国建议再到原地看看，才有我们会师怪坡。之后，我和师兄开始争论。他言道：“车内若只有一个司机也罢，还有一个博士懂什么博弈论，居然不知道车找人还是人找车哪个更节约成本。”我认为，路不止一条，三岔路口，你让我到哪儿去找，原地是唯一的公共信息，如果不坚守阵地，盲目搜寻，岂不乱上加乱。博弈论告诉我，当发生意外没有想到高招时，不动是最佳的选择。争论传到校领导耳中，校长、书记认同不动。

与王建国分手时，我说：“王建国，我们是生死之交。”他说：“对对对！起码都认为对方死了。”除了生死之交，我们还有君子之交，偶有文章交流，惺惺相惜。2001年6月，东北财经大学工商管理学院欲邀已被北大光华管理学院聘作 MBA 主任的王建国前来讲学。问及政务在身，必是十分繁忙的王建国能否应邀时，我十分肯定，其底数便是那场生死之交。

6 月 7 日晚，王建国如约而至。

三、“相见恨晚”詹小洪

与《经济研究》副主编詹小洪相识，纯粹是因为编辑与作者的关系。我的文章在《经济学消息报》发表后，全国有十几家报刊转载：如上海的《经济展望》，重庆的《商界》，北京的《金三角》，广西的《广西金融》，郑州的《市场经济导报》，广州的《广州日报》，四川的《川府早报》及山东的《齐鲁晚报》等。除个别报刊尚有稿酬及样刊寄来，绝大多数报刊对我置之不理。特别是重庆的《商界》，为了使我的文章和它的《商界》名称相符，将我的身份改为下海经商。当然，也有其他报刊编辑来电来函约稿。由于约稿的太多，我有点力不从心，所以接到约稿的电话，我由兴奋到平淡，最后竟有点不耐烦。某日接到詹小洪先生的电话，讲到他协理《经济学家茶座》，有好多人向他推荐我，而且他也读过我的文章《孝顺的代价》，他认为《孝顺的代价》实在是不错，接下来他和我讲，中国的经济学应怎样走出象牙塔，《经济学家茶座》的风格，要办成经济学界的《读书》，将通俗和品位结合在一起，让经济学贴近生活，贴近百姓。这样的话我已听高小勇说过多次，因此在詹小洪第一次与我通话时，我的表现比较低调。

第二天，我到系里和同事谈到《经济学家茶座》及詹小洪，同事说你以为詹小洪是谁？他是《经济研究》的副主编，单凭他在国内顶尖的经济学刊物任编辑十几年，多少经济学人恨不得八竿子打不着却和他搭上钩，而《经济学家茶座》虽然刚刚开张，能够登堂入室的多是京城大腕，你怎可如此漠然。

经同事点拨，詹小洪第二次来电话，我便热情了许多，答应先发给他三篇文章，看看效果。文章发出后，詹小洪用 E-mail 传来消息：“三篇文章都非常符合《经济学家茶座》，我相信读者与我一样对你的文字会有相见恨晚的感觉。”

从此我便被詹先生套牢。詹小洪为人十分谦虚，服务非常周到。约稿、催稿、稿酬及样刊收到与否，对其中的文章感觉如何，无微不至。论耐心执着，詹小洪不让高小勇，论热情周到，前者超过后者。况且《经济学家茶座》的确是“主雅客勤”，很有点“谈笑有鸿儒，往来无白丁”的意味，其稿酬也是《经济学消息报》的数倍。目前，我尚能承受稿费相差 5 ～ 10 倍的损失，为高老板打着一份工，假以时日，我如何能保证“坐怀不乱”？难怪张五常教授纵览《经济学消息报》被南北夹击的态势，多次跟我讲“麻烦，麻烦，高小勇麻烦！”

时至今日，我仍旧和詹先生在电话里交流，只闻其声，未谋其面，真正应了詹小洪那句话“相见恨晚”。

四、两度探寻徐滇庆

加拿大西安大略大学教授徐滇庆博士，是经济学界“海外兵团”的重要一员。据说他是第一位用模型和数字来分析 WTO 问题的华人学者。

1999 年 4 月，徐教授应邀至东北财经大学讲学，讲学期间有一个和老师座谈的机会，我有幸参加。徐教授有板有眼地对当时的热点经济问题做了透彻的分析，面对老师提出的质疑，甚至挑战，徐教授非常沉着老练，很有大将风度。第二天，徐教授在更小的范围内与博导、系主任一级的学者进行学术研讨。经济系王询主任会后对我说:“王玉霞，你在《经济学消息报》上发表的文章影响很大，徐滇庆教授昨天特别提到你，问写《家庭生活中的经济学》的那个王玉霞来了没有。你要接着写，批量地写，保持一个风格。”

1999 年年初，我刚在《经济学消息报》上崭露头角，同时，在东北财经大学也引起了不同的反响，有人认为好，有人不屑一顾，甚至认为博士生写这样的文章似乎还有些“丢份”。正当我不知何去何从时，徐教授的鼓励给我注射了一针强心剂。因徐教授是著名学者，他的承认使我的文章“身价”大大提升。

2000 年 7 月，徐滇庆教授再次光临东北财经大学，这一次，他指名要见我。我与徐教授在东北财经大学 MBA 中心的会议室相见，徐教授说:“经常看到你的文章，写得很好。”我们互相握手，简单的问候后，由于我位卑言轻，与徐教授进一步交流的机会便轮不上我了。后来，高小勇对我说:“徐滇庆说，见到你了，恐怕东北财经大学的校领导对他如此关注东北财经大学的一个副教授会感到奇怪。”

我由衷地感谢徐教授的两次探寻，因为徐教授的关注的确使我在东北财经大学名声大噪。同时，徐教授有所不知，我与他还有另一个缘分，那就是我们是校友，甚至可能是系友。1982 年 3 月到 1984 年 3 月，整整两年，我在华中工学院管理工程系学习，我住在西 3 宿舍，不知徐师兄那时是否离开了华工。西 3 宿舍住着一群女研究生及进修教师，而西 7 宿舍是男研究生的宿舍，是华中工学院的亮点，不知徐师兄是否曾属于那意气风发的一族。我们目睹过喻家山的秀美、青年园的绮丽，二月玉兰白，八月桂花香，也许是浓浓的母校情，冥冥之中催促徐教授的两度探寻。

五、笑中结识黄有光

任何一个和澳大利亚社科院院士、澳大利亚莫纳什大学教授黄有光先生相识的人，无不被他那别具一格的笑声感染。黄教授那无所顾忌，不加雕饰，发自内心的大笑，才是人类最纯朴的声音。

1999 年，黄教授到东北财经大学讲学，讲学期间，我天天作陪。听黄教授的笑声，闻他与王建国斗嘴十分过瘾。那份奇异的师生情在国内闻所未闻。黄教授行文做事十分单纯（后来我和张五常教授相识也有这个感觉），“百无禁忌、不滞于物、自我陶醉”是这两位经济学大师给我的感觉。他们也许没有经过统一的思想教育，因此多了一份“天马行空”的自在和人类原本拥有的纯真。我曾在《黄有光教授的笑声》中描述过他如何对“吃”关注，如何对“钱”偏好。“对吃的关注表现为他不断地询问下顿饭几点开饭。早晨吃饭时他问中午几点吃饭，中午吃饭他问晚上几点吃饭，今日问罢明日问，一直问到最后的晚餐。”对“钱”的偏好表现为，无论是《经济学消息报》的主编高小勇邀其写稿，还是东北财经大学出版社的刘明辉邀他写书，他都非常自然询问，稿酬多少，版税几何？在东北财经大学讲学期间，原宣传广告中讲明给学生讲《综观经济学》，后考虑到演讲效果，为学生讲了《经济与快乐》，学生反应强烈，要求黄有光教授再讲原定题目。黄有光教授欣然同意，加演一场。

黄教授走后，我写了一篇《黄有光教授的笑声》传给黄教授。过段时间黄教授致电《经济学消息报》询问："东北财经大学王玉霞教授撰写的《黄有光教授的笑声》登在何处？"如此率直地询问一篇明显称赞自己的文章，可见黄教授心胸的坦荡。自由、宽松，不受任何约束，可以淋漓尽致地抛洒"天马行空"的思维，是大师的坦荡。

2000 年 6 月，黄教授的《经济与快乐》由东北财经大学出版社出版，拜读黄教授的大作后，我对黄教授更是高山仰止。

黄教授祖籍中国广东潮州，1943 年出生于马来西亚，1966 年毕业于新加坡南洋大学经济系。在南洋大学三年级时，他写了一篇名为《人们为什么要买彩票》的论文，发表在美国芝加哥大学的《政治经济学杂志》上，被编辑误认为是教授发的。南洋大学毕业后留学澳大利亚，悉尼大学破格录取他直读博士，免修硕士课程。他26岁博士毕业，之后在新英格兰大学经济系任教。1974 年澳大利亚莫纳什大学聘请他任 Reader（相当于副教授）。几年后，该校又授予他与系主任同等地位的 Personal Chair 名衔，让其专心学术研究与教学。1981 年黄教授被选为澳大利亚社科院院士，在此之前，从未有过华裔学者享此殊荣。

黄教授著述颇丰。他在 1992 年之前就已经在匿名审稿的国际经济学期刊上发表论文 120 多篇。他在国际公认顶级的经济学期刊《美国经济评论》上发表论文 6 篇，在《政治经济学杂志》上发表论文 3 篇，在《经济学文献杂志》上发表论文 2 篇。其学术成果按国际通行的打分标准计算，占莫纳什大学经济系学术成果的 70%。著名经济学家杨小凯称："在华裔经济学家中，这种发表记录还从未听说过。"除在澳大利亚莫纳什大学任教外，黄教授先后被美国弗吉尼亚理工学院与州立大学、英国曼彻斯特大学、中国香港大学、美国马里兰大学、中国北京大学聘为客座教授。同时，他还任多家一流匿名审稿的国际经济学专业期刊审稿人和三家专业期刊的编辑。可以说，黄教授是罕见的能在国际经济学论坛自由出入的华夏儿女，其名字载入《世界经济学家名人录》（中国大陆、台湾、香港仅有张五常教授入选）。

2001 年 6 月，《21 世纪经济评论》的编辑周年洋邀我为《经济与快乐》撰写书评，我认为以自己的资历与水平实在没有写此书评的底气。在周编辑的一再动员下我斗胆下笔，题目为《真知灼见、悲天悯人》。

六、如神似鬼张五常

写到张五常，下笔有些紧张，因为语言远没有思维丰富，我担心自己的词汇贫乏，表达不出我心中的想法。比如说，单是标题我就煞费苦心，最后还是落得个抄袭（张教授在《佃农理论》前因后果中有一标题——弗里德曼如神似鬼）。在与张教授见面之前，我除却对他的学问和文章十分钦佩外，也耳闻了他的奇与怪、傲与狂。

2001 年 4 月 14 日，我与东北财经大学校长邱东、经济系主任王询及中国社科院易宪容博士等人去机场接张五常时，心中暗想这是一个什么样的人物，能将经济学界搞得如此沸沸扬扬？当人高马大、白发冲冠的张教授一露面，我立即感到其与众不同。因为此公完全没有客套寒暄，竟自顾自地走在前面。一路上不停地问夫人这是什么学校。原来张教授连学校的名称尚未搞清就披挂上阵了。后来张教授讲，他能人所不能，不能人所能。儿女的电话，美国的家庭住址永远记不住。

接下来，张五常三天内为东北财经大学做了两个报告、一次座谈。许多学生提前三个小时去占座，最终将国际会议厅的门挤破（不是形容词，是真的坏了）。我盯着台上思维如行雷闪电的张教授，暗想如此睿智博学，简直如神似鬼。演讲看似毫无准备，却逻辑清楚，层次分明，深入浅出。每隔三五句就有一句名言让你回味无穷。张教授走后，很多教师与学生都感叹受益匪浅。

张五常的如神似鬼还体现在他那多方面的成就上。经济学自不待言，华人经济学界无人可敌，即使将 20 世纪全世界经济学大师逐一清点，张五常也居重要的一席。此外，他的摄影作品在美国和中国香港开展；他的书法，使他可以名列上海的书法家协会；他的散文堪称当代大家，此外他还是一个内行的收藏家。经济学原理告诉我们：世界上没有免费的午餐，鱼和熊掌不可兼得。一个人够达到张五常已经达到的任何一项成就恐怕都需皓首穷经，他如何能将鱼与熊掌、燕窝、对虾等一网打尽？

我对张五常“如神似鬼”的感觉还缘于他对我们学术上的点拨。张教授对我的影响非常大。除东北财经大学之行外，张教授曾约我去广州与其座谈，还和我经常在电话里交流。张教授的点拨极具穿透力，寥寥数语，就让人茅塞顿开，或将你笃信不疑的东西全部推翻：比如他讲科斯定理为什么错了（在交易成本为零时，产权的安排不影响资源配置效率）。张教授认为，交易成本为零，产权安排没有必要。产权安排源于交易成本非零，科斯定理两者有矛盾。再如，他对偷懒和机会主义定义的不以为然，经济学假设人是自私的：一方面承认人自私，一方面又说人偷懒或有机会主义倾向，这岂不画蛇添足？他批判教科书上的需求定律。“当其他条件不变时，需求量随着价格的变动而变动。”张教授说：“其他条件都不变，价格怎能变？”这样明察秋毫的真知灼见，张教授对我们讲了很多。同去广州的朱锡庆悄悄地对我说：“这不是遇到了神仙？”

此外，他还就读书、撰文等问题回答了我们的请教。关于读书，张教授说，他用于找书的时间比读书的时间多。世上的书很多，但值得读，值得读通透的书并不多。有一天中午，东北财经大学经济系博士生利用他游览途中吃饭的时间与他座谈时，他说：“我读书的方法是将同一题材的书籍全部找到，然后一本一本地翻看，很快你就会发现，许多书内容一样，不值得读，一天、两天一本书，一小时、两小时一本书，10 分钟、20 分钟一本书。有的书只需中间翻一下，看看头，看看尾。找到一本值得看的书，要反复看，看通透。亚当·斯密的《国富论》我带在身上三年，最后那本书变得破破烂烂。弗里德曼的《价格理论》的第 5 章，我能够全部背出来，但仍然将它带在身边。”至此，我明白了，张教授言，他从 1967 年开始就不再读书，是指不再这样通透地读书了。

关于撰文，张教授反复强调文章要清楚明白，手起刀落。他讲到为文的四点：第一要有话想说。张教授说，没有内容，无话可说的文章不写也罢。张教授反对写那种没有内容，没有思想的文章。第二要开门见山，单刀直入。张教授几次在电话里讲这个开门见山很必要。他说，不要故弄玄虚。没有思想，故弄玄虚，花里胡哨没用；有思想，故弄玄虚就糟蹋了那个思想。阿尔钦说：“读者若不明白你在说什么，天才等于废物。”此外，张教授还反对“抛书包”，即引经据典重说别人的思想与观点。他说：“别人怎么说，我会看书，学术文章的读者多为内行，没有闲情逸致听你说别人说什么，读者渴望知道作者有什么与众不同的观点。”第三要找准对象，即作者要明确文章为谁而作，要有明确的读者。张教授说，他写学术文章，对象是科斯、弗里德曼、阿尔钦等大师；他写《卖橘者言》，对象是香港的一般读者。对象搞清楚，文章就要为他们而写，一定要让他们能看懂。第四要和读者拉近距离，平起平坐，促膝谈心。谈到近代、现代的作家，张教授说他最钦佩鲁迅的文章，但不喜欢他那种居高临下、世人皆昏我独醒的文风。

听罢张教授的教诲，我理解了什么是“与君一席话，胜读十年书”。有名师指点，做学问事半功倍。

当然，除了张五常的“如神似鬼”，我也看到了作为凡人的张五常。2001年6月16日晚上，我接到了张教授从“南方香港”（指中国香港）打到“北方香港”（大连素有北方小香港之称）的电话，张五常抱怨：“《羊城晚报》登文章说我说过诺贝尔奖给我我也不要。我怎能那么蠢，这么好的东西不要？”与张教授在一起时，经常听到他这样的抱怨：“这不是我的想法，怎么能这样讲？”“这个是我为了过瘾一下，怎可公开发表？”一副跳进黄河也洗不清的模样。此外，他还有细心周到、平易近人的一面。讲学期间，我与经济系主任王询陪他去学校的书店，看见学生正在购买《佃农理论》。学生请他签名，张教授欣然同意，而且签得很仔细，问清学生们的姓名，题上上款。走出书店，他看见一些同学抱着他的书，他竟主动上前问学生要不要签名。讲学期间，一名青年教师喜欢书法，张夫人要送他一盒关于书法的光盘，接头地点定在第二天上午10点于学校大门口。接头时，因交通堵塞，时间略晚，学校大门前不见那位青年教师。张教授让我下车到校园里走一圈后，又让我打电话，直到找到人为止。张五常教授离开东北财经大学后，有学生继续用E-mail向他讨教，张教授改稿寄书，不厌其烦，而且每次都电告与我，问那个学生收到没有。这哪里是狂傲古怪、目空一切的奇人，分明是一位诲人不倦、仁慈耐心的长者。2001年5月惊闻我的师兄李笠农博士罹患肺癌并已扩散，在悲伤及叹惜中我将此事告诉了张五常教授，张教授在东北财经大学讲学期间，李笠农曾以一篇《张五常佃农理论中的错误》与其过招，使张教授对李笠农有较深的印象。听到李笠农患病的消息，张教授立即让我转达他对李笠农的问候，第二天，张教授又来电话，一是索要李笠农的地址，要让张夫人从美国给李笠农寄一本十分珍贵的、30 多年前芝加哥大学出版社出版的原版《佃农理论》，张教授说他自己只剩下两三本了。另外，他还亲笔给李笠农写了一封信，如此对待一个批判自己的晚辈，可见张教授的为人与胸襟。

不谙实情，人云亦云的媒体炒作，炒“歪”了真实的张五常。

2001 年 5 月 28 日，我在广州与张教授告别，上飞机后将那装着张五常教授赠书的纸袋放在座位下。此举惹得旁边一位衣着光鲜的“广东佬”侧目，反感之情溢于言表。我视而不见整整 3 个小时，一本一本地轮番翻看那些书。渐渐地“广东佬”被我感染，当认准我那一袋宝贝都是张五常的书时，他向我示意可否翻翻，当他翻开书的封面，张五常那漂亮的签字跃于纸上，再翻一本，看见“玉霞指正”之类的词，他看我的眼光有一点异样。待下飞机时，他恭恭敬敬地问:“要不要我来帮忙？”这就是张五常的魅力，这就是思想的力量。

作为刚刚出道的经济学新人，能与世界级的经济学大师相识，并得到他的教诲，我感到非常幸运！

与名人，特别是与名师结缘，让我受益匪浅。俗话说:“百年修得同路人。”能与这些经济学界的精英相识，我一定是经过了千年的修炼。这些人中的精品，或飘逸，或豁达，或执着，或幽默，或豪爽，睿智博学个性鲜明。由于未来的不确定性，我不知今后等待我的是什么，单是结识这么多“踏破铁鞋无觅处，得来全不费功夫”的朋友与师长（包括没有写的人），我由衷地感谢经济学，它让我此生无憾。

我所见到的张五常

我有幸与张五常教授相识交往，我的感觉是他与传媒中的张五常不一样。下面仅就我在东北和四川与张教授相交的往事，描述一下我所见到的张五常。

一、初识张五常

2001 年 4 月 14—17 日，东北财经大学有幸请到了世界著名经济学家、现代合约理论的创始人之一、香港大学教授张五常先生前来讲学。张五常教授的大名在华人经济学界几乎是无人不知、无人不晓（易宪容，2000）。不难想象，张教授的东北财经大学之行是怎样的热烈与轰动。那是一个感人的场景，东北财经大学综合楼 11 楼现代化的国际报告厅，人满为患；同时开放的 6 个多媒体分会场，场场爆满。台上，坐着狂傲不羁、白发冲冠的张教授和温雅灵秀、落落大方的张夫人。一个思维敏捷，行雷闪电；一个同步翻译，悦耳动听。三日里张教授的两个报告、一次座谈，让东北财经大学的师生领略了大师的风采和经济学的天高地厚。

作为张教授东北财经大学之行的“领路人”，我自然有更多的机会与张教授交往。近读张五常，感悟良多。

1. 傲慢与偏见

在华人经济学界无人不知、无人不晓的，除了张五常教授过人的才华和卓著的学术贡献外，还有他的狂傲。这个狂傲江湖的“令狐冲”所到之处唇枪舌剑、刀光剑影，即使是恩师挚友也未能幸免。其恩师阿尔钦的成名之作《生产、信息成本和经济组织》及挚友科斯著名的科斯定理，均在张五常教授《企业的合约性质》中受到批判。

“科斯错了，是因为他假设市场的交易费用为零，又假设权利界定有私有产权，这就是他错的地方。两个假设是不能共存的，因为权利界定的问题，制度选择的问题都是由交易费用引起的，假如没有交易费用存在的话，那就不需要辨明产权，任何制度都可以使资源配置最优，那又为什么会选择市场呢？”（《经济学消息报》第 422 期《张五常教授武汉答问》）。张五常教授认为他的另一位同事斯蒂格勒讨论信息的那篇文章尽管拿了诺贝尔经济学奖，但也错得非常厉害。斯氏认为价格越分散，即价格的方差越大，越应该付出较多的搜寻成本。而张教授认为，价格的方差大小是搜寻的结果，怎能事先确定呢？张五常还断言博弈论没什么前途，“福利经济学搞了好几十年，进一步退三步，到后来全军覆没”。（《经济学消息报》第 394 期，黄有光）。至于凯恩斯，这个被称作经济学世纪巨人的大家，在张五常教授的眼中，从来就没对过，“《通论》是什么理论？竟然芝加哥大学一流的经济学教授全都看不懂，这不正常”。当我问到如何解释凯恩斯在医治经济大萧条中所做的贡献时，他言道：“美国的大萧条是因为第二次世界大战而复苏。”

这样一个四处征战、四面树敌的“狂生”自视极高。他说他那本《企业的合约性质》可以流传百年。谈到自己最近写的一本书《科学说需求》时，张教授喜形于色：“写完之后我又看了几遍，非常满意！非常满意！怎么这么好？怎么可以写得出来？”张大师自认为他对需求的解释前无古人。不过近读张五常，我感到仅仅将这位经济学奇人理解成目空一切的“狂生”有失偏颇。

张教授长期就学、生活于崇尚个性的西方社会，又就读、工作在以强调经济自由为传统的芝加哥大学。其无拘无束、率直坦荡的性格既源于他独特的个人禀赋，又有环境的影响。在他看来，学术上的论辩极其自然，学者不可能不错，错并不影响伟大。在《科学说需求》的开篇，张教授写了这样一段话：“对我影响很大的科斯，对马歇尔也是佩服得五体投地，马氏巨著《经济学原理》不同版本的小差异，科斯了如指掌。然而科斯反对效用的概念，反对长期与短期的概念，反对均衡与非均衡的概念，这些概念大都经马歇尔的发扬变得家喻户晓。欣赏、佩服、反对，在科学上是没有矛盾的。”张教授对他称之为“有错”的几位经济学大师极为敬重。在其《中国的前途》一书的扉页上，张教授写道：“献给雅明·艾智仁（即阿尔钦），他曾经将自己所创的产权经济学，毫无保留地传授给一个中国学生。”他多次提到科斯对他的影响，没有科斯定理就没有他的《佃农理论》。因斯蒂格勒一句“经济学家55岁之后就不会有什么大的作为”，张教授从55岁之后开始练书法，以追求新的境界。

私下里朋友相聚，谈及张五常教授的狂傲，竟有相当多的人认为，学问如斯，文章如斯，阅历如斯，焉能不傲？

2001年5月26—28日，我应张教授之邀到广州与其座谈，张教授送我的书中有一本名为《狂生傲语》，在其序中张教授写道：“说到狂放，我倒有一番哲理。狂放同狂妄不同。狂不一定坏；放可以；妄不可取也。”在另一篇文章

《傲慢与谦虚》中，他写道：“我从来不否认我是个傲慢的人，我认为我的缺点不是傲慢，而是傲慢之情往往溢于言表。”“为什么相熟的人能接受我这样的人？我认为答案是：他们知道我的傲慢虽然表面化，但在另一方面，我是个很谦虚的人。我不耻下问、求知若渴；若认为可以教我的，拜师之举从来没有犹豫过。我不相信一个内心不谦虚的人，能真真正正地学到些什么，而且我绝不相信胸有实学的人是完全不傲慢的。表面上他们可能不傲慢，但在内心深处他们必有傲慢之情。因此我认为傲慢与谦虚是没有矛盾的。”

5 月 26 日，张教授夫妇与我及另一位朋友深谈至子夜一点，在谈到弗里德曼“如神似鬼”的思维时，张教授讲了四点：一是理论拿得准；二是凡事浅中看；三是看轻自己；四是角色不断变换。张教授反复强调看轻自己非常重要，否则在学术上不可能海纳百川、有所建树。

说句心里话，我很钦佩张教授的傲慢表面化，生命只有一次，贵在真实潇洒，终日戴着面具，即便是八面玲珑、有口皆碑，那也是虐待了生命、辜负了年华，天下不乏这样的傻瓜。

2. 奇人奇语

在滨城陪伴张五常教授夫妇，自然希望美丽的滨城能给他们留下良好的印象，因此，每当遇到青山秀水，我便抛下诱饵：“怎么样？怎么样？”张夫人很容易上当：“很好！很好！”不停地赞美。而张教授这条大鱼，迟迟不肯上钩，最多的回答是“还可以”。张夫人解释：“他的还可以是英文 excellent，真实的含义是非常好，但他就这么说，没办法。”开始我怀疑极善解人意的张夫人是在安慰我们，因为这种特殊译法属不对称私人信息，是真是伪，外人很难甄别。

此后发生的一件事，让我确信了张夫人的解释。一日张五常教授对我言：“你写经济学散文，那是学我，经济学散文是我的发明，《卖橘者言》之前，中国没有经济学散文。”我听后心中一惊，天地良心，我真的是先写经济学散文，后闻《卖橘者言》。正当我仔细回忆自己的文章是否和张教授有线性相关时，又听到一句：“你有一点文采，你比某某有文采。”我由惊变喜，因为某某是我仰慕的经济学家。张夫人在我耳旁解释：“他说你有一点文采，是很有文采的意思。”张教授接着讲：“我有文采，我的文采在香港名气很大，《卖橘者言》是我第一次用中文写文章，那时文采还不够好，我一共写了 600 篇中文文章，文采越来越好。你在看我那篇《佃农理论的前因后果》时，是不是觉得很过瘾呀？”先肯定一个人有一点文采，再将其与另一个人比较，最后推出自己最有文采，此三段论证，舍张五常其谁？

第二日清晨，张教授与我刚一见面就说：“我想把你的文章带到香港出书，我来作序，可以不可以呀？”接着张教授细陈在香港出书如何用最好的纸张，如何制作精良而且有 10% 的版税，并问我可否将书命名为“生活在经济中”，是否需要签一个合同，喜欢横版，还是竖版，文章是按时间还是按题材编排，等等。我只是机械地回答：“可以，随便。”

回到家中，和先生吐露心机，张教授有所不知，只要他老人家肯屈尊作序，哪怕是用最差的纸张，哪怕版税是零，我都会欣然同意，不会犹豫半分钟。

看来张夫人对奇人奇语的诠释不仅仅是出于礼貌，若有人如我一样，有幸与张五常教授相识，而且听到“还可以”或“有一点”时，一定要保持镇静，因为大有可能未曾奢望过的馅饼从天而降。

3. 错比空好

张五常教授对我那一点夸赞，让我自信心大增，与“狂生”张教授拉近距离，我也染上几分狂气。我开始吹自己的文章有一点灵气、有一点俏皮、有一点意外，每说一点，张教授都说：“很重要！很重要……”一连说了六个很重要，当我接着吹自己的经济理论用得比较准确时，张教授的回答变成了：“不重要！不重要！准确不重要，可以错。”准确还能不重要，那么还能有什么重要？张五常教授说：“重要的是文章不能空，不能空空如也，没有任何内容。错误不重要，我说过科斯那篇《企业的性质》是错的，但它还是很伟大，真的很伟大，单是提出了交易成本就很伟大，因为在此之前从没有人提过这个问题。”这真是一个奇怪的张氏定理，我把它归纳为“错比空好”。

之后，我在阅读张教授《科学说需求》的过程中，对于这个“错比空好”的张氏定理有了进一步的理解。张教授用了大量的篇幅批评套套逻辑，套套逻辑类似于“四足动物有四只脚”，在任何情况下都不可能错，不能错的原因是完全没有内容。“句子里的后半部重述了前半部的意思，即使我们花再大的功夫也不可能想象它在怎样的情况下会是错的。在地球上、在火星上它不会错，在宇宙任何地方它也不会错。这一句话的一般性确实厉害，但究竟说了些什么？其实什么也没说！套套逻辑的内容是空洞的，半点解释能力也没有。”

当然，套套逻辑并不是都能一目了然，有时连饱学之士也看不出来。张教授在文章中举了两个例子，一个是30多年前，一位哈佛大学研究生的博士论文，被该校选为最杰出的论文并颁奖，阿尔钦精辟地指出，“获奖的整篇文章都是套套逻辑，不可能错，因为没有内容”。可见一个博士生的套套逻辑可以让哈佛的高手教授上当。另一个例子是有一位学者试图以事实考证私营企业生产成本是最低的生产成本。根据经济学的定义，为了利润最大化目标，私营企业会尽可能降低生产成本，于是这位学者考证的是套套逻辑，不可能错，但没有内容。弗里德曼为其下的评语是:“愚蠢的问题，当然会得到愚蠢的答案。”

“错比空好”这一张氏定理对我们治学很有启迪。曾几何时我们花费数载春秋，研究“生产决定消费，没有生产就没有消费，在一定条件下消费又反作用于生产”。“生产力决定生产关系，生产关系在一定条件下又反作用于生产力”。这些话，句句是真理，可是它又告诉我们什么呢？

4. 为三斗米折腰

在形容中国文人刚正不阿时，人们习惯使用“不为五斗米折腰”。而张教授陈言，他愿为三斗米折腰，“有人问我，你怎么这么大胆，敢讲真话。我的回答是，我不是胆大敢讲真话，而是胆小不敢讲假话”。张教授认为，学者讲假话，比婚外恋和抢银行还要糟糕，因为后者不影响学者的学术地位，即使从监狱出来，可能还有人听他授法。而学者一讲假话，便结束了学术生命，再不会有人信他。张教授总结自己口无遮拦，经常得罪人，至今没有完蛋，文章卖得贵，讲学有人听的根本原因是不讲假话。张教授说，我今天讲的和昨天讲的或许不同，那是我转变了观点，而不是假话。我最钦佩的人是弗里德曼，他要我“只讲你相信的东西”。弗里德曼一生不讲假话，从来不讲，认识这个人不枉此生。我没做到，真的没有做到，有时还是打打圆场。原来，张五常教授不讲假话的原因是怕丢失了那安身立命的三斗米。

与张五常教授相处数日，除了由衷的钦佩，还有由衷的感动。论名论利，此人在华人经济学界无人可敌，但这个年逾六旬的学者，仍奋笔疾言、殚精竭虑，为什么呢？我在一本书中找到了答案——“因为我曾经和中国同胞一起忍饥挨饿，我感到我有责任借这篇文章向他们解释经济机制的运作；又因为血浓于水，我下笔就不能无动于衷，这丝感情流露，应理解为我对同胞的至诚关注。”正是这份至诚，使这位才华超群的智者忽略了世界的混沌；正是这份至诚，使这位独具慧眼的奇人忘却了至诚的费用。曾狂言能用两个原则解释一切的张五常教授无奈地发出:“我从不搞（整）人，却经常被人搞，不明白，真的不明白，很麻烦。”

张教授绝非圣贤，他只是从所笃信的经济学角度解释这个世界在如何运转，信不信由你、听不听随便，思想只应与思想交锋。对这位我们民族罕见的经济学奇才，对这位口无遮拦、胸无城府的赤子，我们是否应该少一点苛求、多一点珍爱？

二、再识张五常

应吉林大学、辽宁大学的朋友辗转之邀，2001 年 9 月 18—24 日，我陪张教授夫妇前往长春、沈阳讲学，中途又转道北京，参加北京天则经济研究所的首届新制度经济学年会，舟车劳顿、马不停蹄，紧张兴奋的讲学之旅让我有机会再次走近张五常，从而写下了《近读张五常》（见《经济学消息报》第 443 期）的文章。

1. 多事之秋，张夫人美国被困

2001 年 6 月，张教授夫妇到东北财经大学讲学后，我便接到辽宁大学、吉林大学的邀请，托我邀请已返回香港的张教授夫妇前去讲学，因教授及夫人要参加香港的一个书展，经商议我将张教授讲学的日期定在 9 月 18 日。出于两点考虑：一则秋高气爽，学生过了刚开学的喧闹期；二则届时我的博士论文已答辩完毕，能够轻松愉快地与张教授同行。近两年为张教授讲学做翻译的是在台湾长大，能讲一口纯正普通话的张夫人。9 月 18 日首站到长春讲学，张夫人原定 9 月 12、13 日从美国飞回中国香港，休整几天再飞往中国内地。

然而，天有不测风云，偏偏赶上了美国的“9 · 11”撞机事件。美国关闭了所有的机场，张夫人被困美国。我和张教授心急如焚，一天数次通话，因为整个行程关系到长春、沈阳、北京、长沙，时间稍有变动，就得全盘调整。最后，张夫人一人坐了5个小时的汽车，从美国赶到加拿大，排了8个小时队进行边检（“9·11”事件后，加拿大边检也格外仔细小心），终于在9月16日乘十几个小时飞机赶到日本，9月17日返回中国香港，9月18日张教授夫妇如期到达长春，此时张夫人已是心力交瘁、精疲力竭了。张夫人言在美国，媒体二十四小时转播的都是“9·11”事件，使人陷入巨大的悲痛中，她去加拿大前已经是几夜未合眼了。以张教授夫妇的年龄和状况，我认为若不是为中国青年讲学，很难有缘由让他们如此不惜代价，如此“奋不顾身”。

2. 天才有用，张大师即席挥毫

9月18日下午两点，吉林大学的一个有300多个座位的报告厅挤入800多人，人头涌动，济济一堂，听张教授演绎“科学的方法论”，之后又有两次与教师及博士生、硕士生的座谈会，其主题是新制度经济学。张教授睿智博学的大师风范，张夫人温雅灵秀的女性风采，给春城的师生留下了难忘的印象。

9月21日，吉林大学的朋友安排张教授一行去松花湖游览。一路上张教授对沃土千里、一马平川的东北大地很感兴趣，我坐在张教授的身边，趁机向他请教问题：“来之前我刚刚讲完需求定律，我给学生留了一个思考题：请解释女人求偶时不会将脸涂黑是需求定律[①]。我敢出这道题，就是说明我自己已有了答案，不知对不对。您的意思是不是女人求偶时不但不把脸涂黑，而且打扮得非常漂亮以证明自己是优质产品，质量提高就相当于价格下降，因此需求量增加。”我的话音未落，只见张教授像一个被拆穿秘密的孩子一样，把头一摇说：“不要说出来嘛！”车内一片哗然。

在欢声笑语中我们来到了坐落在松花湖畔的吉林碳素厂，碳素厂的老总向张教授介绍他们是该行业的国内第一、世界第四，生产出的碳素是从石油中提炼出来的，主要用做炼钢的辅料。介绍完毕，老总拿出纸墨，让张教授留下墨宝。意外之约使张教授有些茫然，不住地左顾右盼，问：“写什么？写什么？”我说：“改革创新，锐意进取。”老总说：“一流产品，一流服务。”张

① 张五常. 科学说需求［M］. 北京：中信出版社，2010.

夫人讲，他不会写这种口号式的东西，那不是张五常。张教授提议先吃饭，饭后再写。走到楼梯口，张教授悄悄地对我说："太突然，天才也没用。"吃过饭，张教授胸有成竹，提起笔来一挥而就"物华天宝"四个漂亮的大字跃然纸上。然后抬起头来问我们："听过物华天宝吗？"众人纷纷议论，这是王勃在《滕王阁序》中的一句开头，下一句是人杰地灵……看了张教授的题词，我由衷地说："天才有用，张教授，这顿饭您没白吃。"

3. 落荒逃难，60 分钟闪亮登场

在张五常的东北行程中，突然来了小插曲，那就是北京天则经济研究所在 9 月 22—24 日在北京召开第一届新制度经济学年会。北京天则经济研究所的老师打电话给我说无论如何请张教授光临。是的，中国开新制度经济学年会最应该光临的自然是张五常。当我问到张教授一行的费用时，北京天则经济研究所的回答是由他自己承担（张教授同意）。此次张教授的行程原本没有半点时间上的宽裕，插入一个北京登场亮相，必然使张教授及夫人更加劳顿。9 月 21 日晚，从吉林大学飞往北京后，我和张教授夫妇打车到天伦王朝饭店自费住下（北京天则经济研究所的领导在此等候）。稍后，张教授出钱请我们到东来顺吃涮羊肉，第二天早餐后，我和张教授夫妇风尘仆仆地自己打车赶往卧佛宾馆（新制度经济学年会会场）。原定上午 10 点到会场，由于交通堵塞，我们进会场已经是 10：30 了。张教授闪亮登场，60 分钟又讲又答，精彩纷呈，掌声雷动。不用说，张五常到会是此次新制度经济学年会最大的亮点。11：30，我们接过北京天则经济研究所买好的下午 1：30 起飞的北—沈阳的机票，就又孤独地自费打车上路。一路上塞车不断，饭没吃，水没喝，赶到飞机场匆匆吃了一碗面，差一点就赶不上飞机了。北京机场实在太大，我们根本就摸不到头绪。一路上，我在心里纳闷，这是世界级的经济学大师吗？居然还有狂傲之名，国内的学者就是像我一样的无名小辈，也未曾有过这种无人接送、自费食宿（说自费也不太准确，因为我的费用由张五常负担）、落荒逃难般的讲学生涯呀！ 9 月 22 日下午 4：00，我们抵达沈阳。当晚 7：00，张教授与夫人又坐在辽宁大学的讲台上。走近张五常，你时不时地会为他那罕见的睿智与纯真所震撼。

4. 秋雨落英，张教授辽大授法

从北京飞到沈阳，我们又有了家的感觉。辽宁大学的常务副校长刘志超教授及穆怀中副校长设宴款待张五常教授。席前，同样爱好书法摄影的刘校长挥毫写下“宁静致远”，送给张教授，而张教授回赠一幅“淡泊明志”。两位艺术家的交流其乐融融。张教授在辽宁大学也是做了一场大报告，开了两次座谈会。张教授在沈阳期间，正赶上秋雨绵绵，辽宁大学上千座位的礼堂座无虚席。张教授在辽宁大学的演讲题目是“求学的方法”。张教授以亲身的经历讲授“如何走入学问的天地，如何能有所成就”。他讲道，搞学问既要有天分，又要有兴趣，没有兴趣和天分不要勉强，而是否有兴趣，是否有天分，自己有时不知道，比如他自己就从小读书不成，两次被学校逐出校门，但他在美国加州读书时，想体验一下认真读书的滋味，一发狠几年都住在图书馆，结果就成了这一领域的研究高手。说到如何登堂入室，走进学问的天地，张教授讲了三点：一是有明师指点（张教授说过名师不等于明师），让老师带你走进学问的天地中，张教授具有传奇色彩的求学生涯屡遇明师。二是找书读，张教授说：“世界上 99% 的书不值得读，但遇到值得读的书，我会将书读烂。”三是找志同道合的朋友共同探讨，打好基础。有兴趣又有天分，走进学问的天地当然应该有点成就。张教授讲，要有成就就要独立思考，天马行空，不受任何人约束，斯密怎么样？马歇尔怎么样？张教授认为任何一个经济学大师都可能错。张教授说独立思考不受约束，有点寂寞，有点孤单，有点傻里傻气，大海茫茫一片黑暗，突然发现前面有一个亮点，那份舒畅之感难以形容。辽宁大学师生在张教授极具感染力的演说中感受到大师的魅力。殊不知，这层次清晰、妙趣横生、富有哲理的演讲内容，题目是开讲前半个小时才定下来的（原定题目是讲“新古典经济学与新制度经济学”的比较）。

在沈阳期间，张教授还在绵绵的秋雨中参观了沈阳故宫和五爱市场。在泥泞不堪的市场中，张教授兴趣盎然。张教授与夫人在以低档廉价闻名的五爱市场上各买了一件外衣。9 月 23 日下午，张教授及夫人穿着从五爱市场购得的外衣登上辽宁大学讲坛。原来，大师和平民的距离并不遥远。

9 月 24 日，张教授启程去长沙。

三、卡通张五常

2002 年 4 月，张五常教授及夫人前去四川成都讲学，临行前张教授自香港打电话邀我和朱锡庆同往。与张教授相识以来，已有数次朝夕相处，与大师级的学者交流，经常让我感知“与君一席话，胜读十年书”的意味。张教授的成都之行内容非常丰富，除了在四川大学、成都电子科技大学、西南财经大学及一所民营的爱达经理学院做了四场报告外，还参加了一场读书沙龙，与成都的文化名人座谈并参观了著名的三星堆遗址及都江堰。

与张五常教授在成都共度 5 日行程，我除一如既往地感受到张教授所到之处受到大学生那不同凡响的欢迎外，成都媒体的厉害也让我目瞪口呆。这个古今文化名人的摇篮，巴蜀文化的圣地，媒体宣传报道的力度及频率超出了我的想象，张五常教授尚未露面，几十家报纸便铺天盖地地推出《江湖老顽童张五常即将来蜀》的报道，接下来亦步亦趋地跟踪张教授，“世界著名的经济学家”“诺贝尔经济学奖的候选人”，真真假假的报道让张五常教授及夫人啼笑皆非。求教的、求书的、求字的，挡都挡不住。西南财经大学的演讲过后，请张五常签字的学生几乎将张教授埋在身下。四川大学除主会场外，还开设了七个分会场，几千名学生听了张教授的报告，会后等待张五常签字的大学生排成长龙。成都的各大媒体在跟踪报道张五常的讲学盛况时，用了一个我从未听说过的词——“卡通张五常”。初闻只是觉得好玩，将一个学者与卡通捆绑在一起很有想象力，归来数月，回想与张五常教授相识相交的故事，感到“卡通张五常”这一形容可以获奖，卡通与那位脱俗、夸张、喜欢过瘾的老人的确有几分相像。

1. 张五常的简单

卡通人物给我们的第一印象就是它那漫画般的简单。寥寥数笔，便勾画出人物的神韵。张五常的简单首先表现在他做学问的目的很单纯。他那个智慧的大脑始终对这个世界存有很强的好奇心。在《科学说需求》的开篇，张五常用了很多的笔墨写科学的方法论。他认为经济学是科学，科学就是要系统地解释现象。经济学与经邦济世无关，与赚钱发财无缘。在成都，有位先生问张五常，用经济学解释现象、推测行为的目的是什么？我替他回答:“为了过瘾！”这个答案让张教授再三点头。为了过瘾，为了满足自己的好奇心，为了兴趣搞学问，在张教授写的《纯真的学问很迷人》及《走进学问的天地中》等文章中，他用饱含真情的笔触回忆他在美国求学时也曾有过光宗耀祖的倾向，但教授们的学问使他着了迷，心驰神往，在图书馆里给自己安置一个可以 24 小时读书的房间，一下子就走进了学问的天地中，再也懒得管什么光宗耀祖及江东父老了。

读书不求黄金屋，不为学而优则仕，只求满足好奇心与过瘾。如此单纯的目的，难怪张五常一有创见便拍案而起，仰天大笑，奔走相告，“夸夸其谈”，为的是把瘾过足。至于是非谤誉、功名利禄反而与他不相干了。没有那份目的的单纯，哪有这份行为的超然。

张五常的语言及文字痛快淋漓、清楚明白，所使用的武器只有三招两式，却锐利无比，很多高深的理论都被他用最简单的价格理论杀下马来。他推崇老师阿尔钦那孩子般的发问，钦佩弗里德曼的神龙见首不见尾，羡慕科斯那不知源于何处的预感。他认为这些大师们炉火纯青的学问都是从浅中求的。世界是复杂的，用复杂的理论去解释世界机会是零，而简单的理论要经过复杂的推敲。张五常教授的理论是由浅入深，由深到浅，来来回回多少次，才进入如今这种得心应手、出神入化的境界。他撰写的三卷本《经济解释》就是他毕生功力的一个缩影。

张五常的简单更多地凝结在他那少有的率直上，这位天才的老人具有孩子般的纯真，张教授的纯真很能打动人。这样一位全世界薪水最高的教授、一位在经济学领域很有建树的学者，舟车劳顿，奋不顾身，频频地讲学于神州大地，仅仅是为了向祖国的青年传授他认为很过瘾的经济学。在张教授的谈话中经常有“真的，不骗你”这样孩子般的语言。这种掏心掏肺般的真诚，自始至终贯穿在他的讲话之中。纯真的感情具有排山倒海的力量，这是张五常能风靡华人世界的秘诀之一。看多了装神弄鬼，看厌了花拳绣腿，那日益远离人类的简单和纯真，拨动了我们心灵深处的和弦。

2. 张五常的夸张

卡通人物免不了夸张，例如，眼睛出奇的大或嘴巴特殊的小。人高马大、白发冲冠的张五常，本来在人群中就很抢眼，况且言谈举止还常常伴随着夸张。相熟的人在张氏夸张中体味着教授的幽默与童趣，将其看作张五常的一种修辞手法；陌生人容易在那语不惊人死不休的张氏夸张中，感受到张五常的偏激、狂傲与怪异，甚至不可理喻。这也是张五常教授屡有争议、“祸从口出”的缘由。与张教授相识日久，我对张氏夸张不但见怪不怪，而且觉得它与张教授那独特的人生经历一样，既精彩又过瘾。张教授夸张的例子可以信手拈来。例如，平日里我与张五常教授的交流大多是我守株待兔。张教授收入比我高，香港的话费价格低，我自然乐得享受免费的午餐。我经常将所遇到的问题积攒起来，每每张教授来电，我便趁机请教，经年累月后自觉学问大有长进。某日遇到一件事，急于与张教授联络，我打了一下午张教授家中的长话，无论如何也打不通。最后才搞清，在张教授所留的香港区号“852”之前，应该加上两个“0”。打通电话后我便抱怨：“香港的区号是00852，您却少写了两个0。”张教授回答：“00是长途的意思，全世界都知道，就你不知道。”再有，张五常教授的大作《经济解释》在《21世纪经济报道》上连载，张教授给予这家报纸较多的支持，有一次在电话里谈及此事，张教授说：“不要告诉高小勇，他会‘杀’了我。”高小勇接着说：“再过两年，我在经济学界提起张五常，人家会不会打我？”如此对话让所闻者非常开心。

在成都的最后一天，张夫人打算用所余的半天时间去看熊猫，张教授说：“看熊猫？公园里的熊猫我不看。”张夫人讲：“不是公园里的，是熊猫基地里的。”张教授问：“很多熊猫吗？”“很多，可以抱着熊猫照相。”张夫人答道。“很多熊猫？今天晚上为什么没有红烧熊猫肉？还是不够多吧！”这样敏捷的思维、幽默的语言，当然属于张五常。

张氏夸张是张五常教授独一无二个性中的一道风景，观赏这幅夸张得有些失真的风景画，它给予我们的比真实的还多。

3. 张五常的传神

卡通的简单与夸张目的是让人物传神，即把握住人物最有特色、最有神采之处，它就会活灵活现，呼之欲出。近几年，张五常的大名在经济学界如雷贯耳，经过神化与魔化后的张五常有些不食人间烟火。因此，每每下笔，我总是提醒自己要时刻注意将张教授还原为人。可是这位学贯中西、通晓古今，兼有科学家的思维与艺术家气质的学者，总是给予我们很多的惊奇，他的确与众不同。且不说他曾料事如神地预测中国必然会走向市场经济，生活中张教授也经常有神来之笔。在东北财经大学讲学期间，晚上与我们神聊一通之后，张教授自提如下对联："学问有如天上月，文章仿佛马行空。"其骄傲自得跃然纸上。

成都讲学期间，张教授在去都江堰的途中突然讲道："我发明了一个度量某城市 GDP 指标的方法：手机的信号若在郊区还很强，那个城市的经济状况一定不坏。这个比观察城市垃圾（那也是张教授的发明）还简单。"记者闻后见报写下《张五常 GDP 指标——手机信号》的报道。张教授读罢说："记者的报道没有讲郊外，城里的信号强不算数。"在都江堰灌口的一个亭子上有一副对联——"直与娥眉争秀色，要向灌口觅源头"。张教授认为写得不好，应改成，"不与娥眉争秀色，只向灌口觅源头"。"这样改就高明了很多嘛。"

从成都回到香港十余天后，张教授及夫人又应邀到北大、南开等大学演讲，事后张教授认为自己在南开大学所讲的题目"中国青年本位的货币制度"是神来之笔。张教授认为人民币坚挺靠的不是外汇管制，而是中国青年的竞争力，"他们仪表堂堂，懂外语与计算机，工资只有两三千元人民币，很有竞争力，中国青年不需要政府的保护，只需要给他们一点机会"。

张五常教授语言直白、用字精准，很多普通的成语在他的口中另有一番神韵。在成都与文化名人座谈时，张教授讲："虽然以经济学为生，但也不能忽略感情的表达，人总得要直抒胸怀、放浪形骸一下，对学生放浪形骸不合适，对老婆放浪形骸也不合适，对着宣纸大可以放浪形骸。"张教授认为感情的表达是艺术，他学书法为的是放浪形骸、抒发感情。

在《经济解释》第二卷《供应的行为》中，张教授认为有垄断力量不等于有利润，他写道："天生特别的供给，外人无从绝对地仿效是垄断。然而，以歌声而言，算得上特别的何止邓丽君？张五常的歌声又怎么样？上帝可以做证，我的歌声也很特别，可惜的是，听者愿意给我钱求我不唱。""垄断不一定可以赚钱，绝大多数垄断一文不值，天生下来每个人各不相同，在某些方面都有其垄断的产品，但无奈市场无价，你我都成了无价之宝。"

还有一次张教授与我在电话里谈到如何写文章。张教授再三讲，用字要浅，"理论越深，用字越浅，有恃无恐"。听到最后四个字，我手执电话有些发呆，细细地品味，感悟良多。张教授此类语言特色在其文章中随处可见。譬如在《供应的行为》后记中，他写道:“搞学问要讲吸引力，要搞得过瘾精彩、紧张刺激。经济学最苦闷的地方是先要打通基础概念与理论的经脉。之后一动拳脚，潇洒利落，千变万化得心应手，苦闷尽去。日思夜想，太累，《经济解释》只写了三卷。”在《张五常给中国的同学们》一文的最后，他写道:“风起水涌、大鱼皆出——是苏东坡说的，中国今天学术思想开放，在学术的汪洋大海，你们之中将会有几尾大鱼跳出来，我逢场作戏，免不了兴风作浪，下笔为文是要早点把大鱼赶出来。”如此为文，算不算传神?

能有幸与这样一位纯真率直、个性张扬、妙笔生花、出口成章的卡通人物相识且交往，借用张五常教授的话说:“真的，很过瘾！”

四、神化与魔化的张五常

张五常的大名极其频繁地在媒体出现，根据经济学的原理，物以稀为贵，如此高密度、高频率地炒作一名学者，即使他的学问再大、成就再卓著，也难免边际效益递减。因此，为张五常热降温，客观、理性地评价张五常教授的学术贡献及其历史作用是许多人，包括张五常教授本人的心愿。“神化”与“魔化”张五常均属极端之举。为张五常热降温，重点是将张五常教授还原为人，为此我个人认为应注意以下两个问题。

1. 张五常教授的学术地位不可撼动

国家足球队十强赛中，打动国脚们的是美国电影中的一句台词:“你们可以不是朋友，但必须彼此尊重。”根据不同的偏好，人们可以喜欢和不喜欢张五常教授的个性，然而，张五常教授的学术地位及其对经济学的贡献不可撼动。

我不明白“他曾经是国际知名的经济学家”这一提法。学术上的“曾经是”等于“永远是”，普林斯顿大学的纳什，就因为曾经创立了“纳什均衡”，患病几十年后仍获得诺贝尔经济学奖。张五常教授的学术地位在华人经济学界首屈一指，1998 年他曾任美国西部经济学会会长，在此之前从未有过任何一个境外经济学家获此殊荣。科斯在接受诺贝尔经济学奖的演说中两次提到张五常教授，弗里德曼两次中国行均由张五常教授陪伴。即使是香港大学经济金融学院院长的头衔（年薪超过美国总统），也非等闲之辈可得（张五常教授退休后，港大经济学教授空缺）。抛开这些评价，单就张五常教授在《中国前途》一书中，用产权与交易费用理论，将中国体制改革的前景推测得如同写史，就足以使张五常在经济学界傲视群雄。而那本在香港再版25次的《卖桔者言》为张五常教授赢得经济学教父（熊秉元语）的美誉。倘若华人经济学家可以有人冠名经济学大师，张五常当之无愧。

对张五常学术地位的肯定，是对历史的尊重，是对事实的尊重，不可厌乌及屋。

2. 如何对待一个“怪异”的个性

张五常教授不滞于物、口无遮拦，再加上“神化”与“魔化”，实际上这个世界已经有了两个张五常。生活中的张五常与媒体中的张五常有很大的不同，这是许多与张五常教授有较多接触的人的共同感受。我所见到的张五常当然是一个罕见的智者，他的大脑好像一刻不停地转动，因此，人反而显得有些恍惚与傻气。张夫人去办理机票手续时经常对我说的话是：“看住张五常，一会儿他就不见了。”夏先生对张五常搞不清林毅夫与陈毅夫感到奇怪，夏先生有所不知，张五常儿女的电话、美国的家庭住址，他永远都记不住。这个自称“能人所不能，不能人所能”的奇人，的确有着不寻常的大智与大愚。此外，张五常教授喜欢过瘾，如孩子般单纯。有一次，广州有个单位请张五常教授讲学竟然卖门票，对这种明显剥削张五常教授之举，张五常却非常高兴：“三百元的门票，邓丽君的水平嘛！”

几年来大陆讲学，张五常称要干点不为米折腰的事，不计报酬、不讲代价。2001年9月到吉林大学讲学，其夫人因“9·11”事件被困美国，为了不耽误讲学的时间，张夫人乘汽车转到加拿大，又排了8个小时的队办签证才飞到日本，然后转飞中国香港，到香港的当天就与张五常教授飞到长春，确保讲学如期进行。若不是为中国青年讲学，以张五常教授夫妇的年龄及身份，什么可以让他们如此“奋不顾身”。

张五常教授对国内的学者及青年非常有信心，多次与我们谈到钱颖一、杨小凯不错，周其仁、张维迎很好。谈到汪丁丁时，他说：“他很好，就是像亚当·斯密一样，全方位地研究经济学不大容易成功。”在给我患病的师兄李笠农的信中，他说:“若 20 年前你是我的学生，水平不会在我之下。”当我把朱锡庆介绍给张五常教授后，张五常教授有一天来电话问:“谁教出来的朱锡庆？”学贯中西的张五常教授认为，学术批评应该开诚布公，有点极端也无伤大雅。当年他在芝加哥大学曾与许多大师级人物华山论剑，被他杀下马的大师与同事都非常高兴。

普林斯顿大学有句名言：行为怪异可能是个天才。是的，张五常由于特殊的经历及环境，他的个性与很多学者不同。张五常教授的傲气傲骨与传统文化中的中庸相悖，在《凭阑集》中他曾写道:“在广阔无际的宇宙间，个人的生命远不及沧海一粟，我的存在与毁灭，无足轻重。说自己有泥上偶然留指爪的本领不过是自我安慰而已，但生命既然存在，而又是那么真实，我倒要过一下生命的瘾。这不是有意无中生有，然而，自内而观之，可以因为觉得丰满而把自己看大了一点。”在辽宁大学，他向学生承认自己的毛病是有点成就喜欢夸夸其谈。对这样一位曾为华夏儿女在经济学界谋得一席地位的学者，一位曾经影响过中国改革进程的智者，一位对祖国、对青年充满感情的老者，我们是否可以宽待他怪异的个性？包容个性是一种进步与文明，让我们以平和的心态忽略他说话的方式，而着重于他说话的内容。

风雨中呐喊的孩子

2007 年 12 月 1 日，是世界著名的经济学家张五常教授的 72 岁寿辰。自 2001 年年初邀请张五常教授到东北财经大学讲学，我就与教授开始了亦师亦友的交往。追逐着教授的足迹，北京、上海、深圳、广州、成都、武汉、长春、沈阳……我目睹了张五常教授所到之处，那潮水般的崇敬与欢迎。国内五十余所大学的会堂，响彻青年学子雷鸣般的掌声。而演讲之余，几个朋友与教授倾谈至深夜，面对面地向这位大师级的学者讨教，是我学术生涯中难得的机缘。

几年的交往，张五常教授在我生活的底片上烙下厚重的影像。家里悬挂的书法是教授的墨宝，书架上最显著的位置放的是教授的赠书。教授所赠的几本摄影集，也是我陶冶性情、休息放松的阅读之物。作为东北财经大学教学名师之一，在我的课堂上人满为患，其秘诀之一是经常地谈起张五常。例如，在解释交易成本的概念时，我会提到张五常教授说交易成本应称为制度成本，因为没有交易，也可能有这个成本。讲授经济利润，我会说张五常教授称经济利润为盈利，盈是多出来的意思，是来无影去无踪，事前无法估计的收益。说经济利润是创新和承担风险的报酬不合适，因为创新和承担风险的报酬是对其机会成本的补偿。讲授科斯定理，我会说张五常教授说，交易成本为零，制度就不重要了。既然假设交易成本为零，就没必要再提产权制度。如此这般，我几乎是抑制不住地传授张教授的真知灼见，直到有一天EMBA班上的一位私营企业的老板，愤然投诉王玉霞教授过多地讲到张五常。

我是怎么了？论年龄早已过了追捧偶像的年代，而且长期浸泡在理性思维中，朋友曾提醒过我因为经济学失去了曾有的热情与激情。

迷失在张五常教授世界中的不只我一个。中山大学的李俊慧，本科阶段便写下《李约瑟问题依然困惑着中国》《火耗归公》等大气、凝重的文章。《经济学消息报》的编辑高小勇先生曾就她的年龄、性别与同事打过赌。这个一早晨便能写下5 000字的天才女孩，对张五常非常崇拜。在广州有一个晚上，她没有和我们住在一起，第二天便再三询问我们与教授讨论了什么。她说倾听张五常讲学时舍不得去洗手间，生怕漏了一句话。北京大学的周其仁教授在他的《真实世界的经济学》中讲道："我读张五常教授的著作得到的启发最多，凡是可以找到的张五常教授的作品，我一个字也不曾放过。"著名经济学家杨小凯教授撰文写道，张五常教授在三个领域有原创性。他说："我佩服的人不多，张五常是一个。"长沙理工大学的朱锡庆教授撰写的《有场景的经济学》堪称国内一流，这个低调内敛的湖南才子，骨子里有"不信邪"的高傲，却对张五常教授佩服得五体投地。在一篇关于读书的文章中，他写道："读张五常的《经济解释》至深夜，经常站起来拍案叫绝。"《经济学消息报》的主编高小勇是典型的理想主义者，2002年春节，他撰写近3万字的《五常之谤》时，七尺男儿，热泪盈眶。北京工商大学的梁小民教授，一次谈到张五常时，他讲道:“那是个天才，他关于如何读书的文章真是好，我反复地读，并写下笔记。”台湾大学的熊秉元教授，写下了洋洋洒洒万言的《科斯的英式风格和张五常的中国风味》，字里行间，蕴含着对教授的钦佩。

这是怎样的一个人物，用什么魔力撼动那么多平凡与不平凡的心灵？我认为张五常教授那难以抗拒的感染力源于以下几个方面。

首先，张五常教授做出了杰出的经济学贡献。在《也谈张五常》这篇文章中，杨小凯写道:“在西方制度下，这种特立独行的中国人居然有机会脱颖而出，为世界经济思想史做出杰出的贡献，像他这样以佃农理论、内生外部性、合约和企业理论成为主流学派的三个文献的原创人之一的，中国人找不到第二个了。”除了对理论经济学的开创性贡献，值得一提的是他运用产权及交易费用理论，对中国经济体制改革做出的贡献。张五常早在20世纪80年代初便写下《中国的前途》，推测只要中国政府坚持改革开放，坚持发展生产力，中国必然会走向产权私有的市场经济。在那本书中张五常层层推进分析中国的城市将发生什么，中国的农村将发生什么。推测之精确，今天看来如同写史。且不说中国的经济学家在当时没有这个洞见，即便是世界一流的经济学大师也大多认为张五常先生对中国的前途过分乐观。

走近张五常，我们能经常感受到他不同凡响的创见。几年前，一位美国的学者质疑中国经济增长率，张五常教授指出，中国的经济增长率不是高估而是低估了。改革开放前只有8亿人口，鸡蛋都难买，现在13亿人口，商品却非常丰富，国民的生活水平提高何止是10倍，经济增长被低估的原因是存在大量的偷税漏税。20世纪90年代中期，张五常教授白纸黑字地写下:“如果开放外汇市场，五年内上海超过香港”，这天方夜谭般的神话随着上海的崛起，显露出它的端倪。近年来，反对地方政府参与经济活动的声音非常流行，张五常教授又石破天惊地指出，正是地方政府之间的竞争促进了中国经济的快速增长。如此令人耳目一新的见解，即使错都错得精彩，更不要说经常是对得离奇。

其次，张五常教授经济学之外的才华与成就同样令人震撼。他是难得的融合了东西方文化并且贯通了科学与艺术的怪杰。我手中有张五常教授的6大本摄影集，虽然不懂艺术，但五常先生所摄的一花一草如梦如幻地让我感动。汪祥春教授是东北财经大学德高望重的前辈，因为同是美国芝加哥大学的校友，张五常赠给汪老一本《学术上的老人与海》，汪老读后感言：“仅就散文而言，他也是大家。”五常先生的书法也达到了相当高的水准。东北财经大学办公楼前厅“博学济世”四个字正是先生的墨宝。受托邀他到兄弟院校讲学，我经常提醒他带上笔和印，演讲完毕即席挥毫，是五常先生的保留节目。张五常教授的自我评价是摄影第一，散文第二，经济学第三，书法第四。依我所见，张五常教授的任何一项成就，都足以令人穷其一生去追索。

再次，张五常教授的魅力还源于他率真张扬的个性及精彩过瘾的人生。百无禁忌，不滞于物，自我陶醉，天马行空。在东方文化群体中他实在是抢眼。此外，他从一个多次被逐出校门的顽童，成长为世界著名的经济学家，及其与科斯、弗里德曼、阿尔钦、诺斯等经济学大师的神交，都让张五常教授的人生充满了传奇的色彩。

最后，我认为张五常教授的魅力，还源于他真挚充沛的情感世界。感情丰富又善于表达，使张五常教授的语言和文字拨动了无数读者、听众的心弦。张五常教授所写的《悼小凯》《哥哥五伦》《为先生祝寿》等，是感人肺腑的经典篇章，我在阅读张教授写的《我也有一个梦》时，曾流下泪水。“除了思想，我从来不认为自己对社会有什么影响力。最高的期望，是把经济分析的文字，多篇陈列在思想市场上，执政者要选购，可能选中一些。”“一艘比泰坦尼克还要巨大的邮轮，在风雨中航行，一个孩子站在船头，看得清到处是冰山、礁石，船行得快，孩子不禁大声疾呼，不断呐喊。明知船长不会管，但每次大船及时脱险，孩子就开心地想，难道船长真的听到了他的呼声？最后太阳出来了，见到汪洋一片，孩子更开心了，忘记了自己曾经大喊大叫。我也有一个梦，梦见一个孩子在风雨中站在船头，不断地呐喊——这个孩子是我。”面对这位在改革开放三十几年不断地为祖国的安危奋力呐喊的学者，求全责备，于心何忍！

在张五常教授七十岁寿辰的祝寿会上，我创作并朗诵了一首小诗，感动了与会者，包括教授及其家人。

激动与崇敬

站在这里，抑制不住地激动，

站在这里，发自内心地崇敬。
为了一块用东西文化锻造出的瑰宝；
为了一块用科学艺术研磨出的精英；
为了一位旷世奇才；
为了一位率真的顽童。

我们崇敬您彪炳史册的学术贡献，
《佃农理论》铭刻了华夏儿女的骄傲；
我们崇敬您特立独行的天才洞见，
《中国前途》推测了市场经济的黎明。
我们崇敬您不可思议的才智，
我们崇敬您跌宕过瘾的人生。

神州数十所大学，留下您布道的足迹，
中国数百万学子，奏响雷鸣般的掌声。

为骨肉同胞盗取理性的火种，
您不惜与诺贝尔擦肩而过；
为海峡两岸暨港澳涌动经济解释的风潮，
您付出不合时宜的拼命。

鲜花掌声，李太白样的潇洒，
诽谤磨难，苏东坡般的从容。

走近您，见识了超凡脱俗，
走近您，鲜活了荣辱不惊。

多希望喧嚣的学界，能有片刻的宁静，
倾听这位睿智老人，到底说些什么；

多希望历史的天平，能校正它的准星，
度量那个呐喊的孩子，风雨中的真诚。
站起来的母亲，张开博大的胸怀，
呵护着归来的赤子；
五千年的文化，席卷历史的潮水，
荡涤出大师的英名。

愿聪明智慧助勤劳勇敢的同胞，
创造出更多的财富；
愿科学理性让多灾多难的祖国，
从此走向繁荣！
祝张五常教授健康长寿！

平凡中的伟大

在张五常教授85岁的生日宴会上，中山大学教授周燕的儿子、小学生合合代表小朋友发言："张爷爷是伟大的经济学家，长大后我也要当像张爷爷一样的经济学家。"常言道"童言无忌"，但用"伟大"形容张五常教授，可以说是实至名归。

俗话说"身边无伟人、枕边无美女"，说的是人们容易出现审美疲劳，岁月如潮水会涤荡我们的认知，生活的琐碎会淹没美好的神话。今天我已经走到了职业生涯的末期，职业的理性让我很少冲动，我常常想，为什么历经20年岁月的洗礼，张五常教授在我心中仍然光芒万丈，令人高山仰止？我和张五常教授的交往不只过生日这样简单，早年间跟随他在国内许多大学讲学，参加《经济解释》三卷本、四卷本、五卷本的发布会，参加经济学大师们的追思会，以及各种学术研讨会，等等。每次接到他的邀请，我都欣然前往，乐此不疲。这是什么样的人物，怎么会有这么大的魅力，答案就是合合小朋友说的伟大吧！当然我写的是真实的故事，是平凡中的伟大。

1. 宴会上的奇闻逸事

20年来，在张五常教授的生日晚宴上，我见过各行各业的杰出人才，例如香港的梁锦松、企业家王石、著名的钢琴家刘诗昆和钢琴神童牛牛，经济学界更是大腕云集，有北京大学的林毅夫、周其仁、张维迎，清华大学的钱颖一、白重恩，复旦大学的张军、韦森，北京天则经济研究所的茅于轼、张曙光，还有从美国来的“欧元之父”蒙代尔和著名的产权理论大师巴泽尔，等等，令人感动的事也非常多，下面是其中的几个片段。

2003年周其仁教授骨折了，他是坐着轮椅，由学生推着来到张五常教授的生日宴会的。他在大会上讲道：“有人问我‘你这种状况去参加人家的生日宴会好吗’？我回答‘没有关系，尤其是五常教授，他是不会在意的’。在当今的经济学界，有些人信口雌黄，完全不讲理论和逻辑；有的人有理论和逻辑，但是说来说去就是那一套东西，而五常教授分析问题不但有理论和逻辑支撑，而且屡有新意，这就是五常教授厉害的地方。”周其仁教授接地气的研究方法和张五常教授重视真实世界异曲同工，他说过：“五常教授的文章，我不会放过一个字。”而我亲耳听到五常教授这样劝李俊慧读周其仁的博士：“在国内，人家听说你是周其仁的学生会站起来，我在美国一讲是阿尔钦的学生，人家都站起来。”“不、不、不，人家会坐下去”，周其仁教授笑着回应。虽然12月1日是张五常教授的生日，但是生日宴会都是安排在周末，周其仁教授恰好周末有课，常常很晚才能赶到，我问他“不能调一下课吗？”得到的回答是：“那怎么可以。”大名鼎鼎的北京大学教授，参加这么重要的经济学盛会也不能影响他给学生上课，我除了感慨万千，剩下的只有肃然起敬了，难怪周其仁教授是北京大学最受欢迎的教授，几百人的课堂座无虚席。

有一年，诺贝尔经济学奖得主蒙代尔参加了张五常教授的生日宴会，在20世纪60年代末，他们在美国芝加哥大学是同事。张五常教授在宴会上讲道：“蒙代尔当年主持一本著名的经济学杂志，有一天他非常神秘地把我引到一间暗室，去看排好的杂志胶片。这非常奇怪，我早就知道我的文章能在他的杂志上发表了，还让我去看什么？看了一会儿，我突然明白，原来他把我的文章放在首篇了，那已经是50年前的事了，谢谢蒙代尔。”在场的朋友都被两位经济学大师长达50多年的友情深深地感染了。

张五常教授的儿子叫张思远，他在美国读书和工作，是生物学博士和医学博士，专门攻克儿童癌症难题，已经是那个领域的专家了。因为科斯没有儿子，张五常教授就给自己的儿子起了和科斯一样的英文名字，也叫罗纳德。如今两位罗纳德早已成了忘年交，“小罗纳德”曾经问“老罗纳德”：“怎么样才能在学术上有贡献？”“老罗纳德”回答：“学者只管耕耘，有没有贡献，看你有幸踩中什么，我一生就踩中了两次。”

在张五常教授75岁的生日宴会上，我第一次见到思远，他风度翩翩、能言善辩，他的发言总是让会场笑声不断。“我的爸爸不是一个好爸爸，我三岁时看见爸爸在屋里走来走去，我叫他‘阿爸’他没有反应，再叫‘爸爸’还是没有反应，我喊了一声‘张教授’，他立刻答应了，好爸爸怎么能等孩子喊他教授才回头？我的爸爸又是一个非常好的爸爸，他全身心地关心我的成长，培养我产生了浓厚的学术兴趣，教我走自己的路，只讲自己相信的东西。他是一个非常好的爸爸，是我的骄傲和榜样。爸爸，我爱你！”笑声中我的眼睛突然湿润了。

2. 神交经济学大师

和张五常教授在一起，我非常喜欢听他讲经济学大师的故事。我们不可能有他那样传奇的人生，也不可能和那么多如雷贯耳的经济学大师亦师亦友。听他讲那些誉满天下的名字，聆听他们之间非同寻常的故事，是一种震撼，也是一种洗礼。

（1）半步不让的弗里德曼。

张五常教授经常讲弗里德曼待他像兄弟一样，他到弗里德曼家里住，弗里德曼曾经亲自给他盖被子。他结婚时，弗里德曼还要亲眼看过结婚证才肯充当证婚人。20世纪80年代初，张五常教授把弗里德曼带到中国，被问到“国企怎么就搞不好”？弗里德曼回答：“花自己的钱永远比花别人的钱小心。”有一次苏州的朋友请弗里德曼和张五常教授吃饭，席间对方提到“中国不能搞市场经济。这么多人，没有国家计划，菜都供应不上”。弗里德曼当然不同意，双方吵来吵去，饭菜都凉了。张五常教授就出面打打圆场，弗里德曼虽然听不懂中文，但也猜出了讲话的内容，他说：“史蒂文，灵魂是有价的，不要把它轻易地卖掉。”

（2）科斯——学术上的指路人。

张五常教授认为，他与科斯在学术思想上最接近，在美国芝加哥大学共同研读经济学的两年是他们最宝贵的回忆。科斯说他希望那是二十年而不是两年。张五常教授惊叹于科斯的洞见，他询问科斯《企业的性质》《社会成本问题》是怎么想到的？为了回答他的问题，科斯找到了自己当年的日记、书信。有一次，《经济学消息报》主编高小勇问张五常教授：“交易费用和产权哪个重要？”张五常教授毫不犹豫地回答是前者。高小勇又问：“你和科斯谁的贡献大？”张五常教授说：“没有科斯，我连方向都找不到，无论我走得多远，科斯是为我指明方向的人。”

张五常教授在学术盛年离开美国，建议他归国的人是科斯，科斯说：“中国正在发生变革，你会中文、懂历史，对产权交易费用理论的理解也很通透，会对中国有帮助的。”张五常教授和诺贝尔经济学奖擦肩而过是许多朋友的遗憾。而张五常教授说如果沿着《佃农理论》《蜜蜂的神话》的脉络一路写下来，他可以得三个诺贝尔奖，但是那样他就不能够追踪中国伟大的变革，写下 1 500 多篇中文文章，并写出对传统经济学全面继承、清理、革新的鸿篇巨制《经济解释》五卷本。张五常教授不只一次地说：“只要中国经济有看头，这本书不可能不传世。”是啊，这部理论通达、创见良多、趣味横生、充满东西方文化和智慧，案例都是中国故事的伟大著作，是解开中国奇迹的秘籍，张五常教授没有辜负这个伟大的时代，这样的贡献不是一个诺贝尔经济学奖可以囊括的。

（3）诺斯，可以低头吻脚的人。

张五常教授因为年幼时被多次逐出校门，1959 年他到美国加州大学读书时已经 24 岁了。博士毕业后他到芝加哥大学做了一年博士后，当了一年助理教授，后来他离开如日中天的芝加哥大学经济系，到华盛顿大学任教，几个月后被破天荒地评为正教授。10 年的时间，张五常教授完成了从本科生到正教授的转换。在华盛顿的道格拉斯、诺斯是他的系主任，给了他非常多的关照，不仅为他分配三间工作室，配备研究助手，还告诉他可以不受任何考核的约束，只管写自己想写的文章。华盛顿大学有一位老师对诺斯有意见，他说："我不会因为写文章，跪下来吻诺斯的脚。"另一位老师却说："你如果能写出重要的文章，诺斯会跪下来吻你的脚。"在这样宽松的环境下，张五常教授几年内写出《蜜蜂的神话》《市场管制理论》等七八篇经典文章，和诺斯、巴泽尔等学者被称为"华盛顿学派"。

1993 年获得诺贝尔经济学奖的诺斯的主要贡献是制度变迁理论，他的理论由三部分组成，产权理论、国家理论、意识形态理论。在他的代表作《经济史中的结构与变迁》一书的序言中，诺斯写道："我对交易费用和经济组织的理解主要归功于我的同事张五常。"2017 年我拿着这本书在东北财经大学的科学报告厅讲了这个故事，并主持了张五常教授的报告会，那一年他已经 82 岁了。

张五常教授和经济学大师的故事实在是太多了。阿罗怎样在他发言后给他一张写满数学公式的纸，告诉他"这是你今天讲的内容"；老师阿尔钦怎样不同意他请假回家又给他寄去 500 美元；芝加哥学派创始人德瑞克特怎样一步一步向他走来，告诉他"你的文章是几年来我唯一学到东西的文章"，等等，这些都让我听得如痴如醉、热泪盈眶。张五常教授说自己是后知后觉，是那么多经济学大师非常用心的传授，才有今天的张五常。

5 年前，东北财经大学经济学院有四位老师参加了张五常教授 80 华诞的庆典，杜两省教授、刘凤芹教授和我都写下了诗句。今天用我那首诗作为这部分的结束语吧！

烽火战乱一灵童，
异国求学露峥嵘。
佃农理论惊四海，
经济解释贯长虹。
科学艺术任挥洒，
惊涛骇浪度从容。
回首平生八十载，
不负风雨不负晴。

张五常文章中的艺术之美

张五常教授是一位学贯中西、通晓古今，可以在科学与艺术之间闲庭信步的大师级的人物。阅读教授的文章，无论是严谨的学术文章还是轻松的散文随笔，我都经常为张教授洗练洒脱的文字所感染。究其原因：一方面，教授思想的深刻，推理的严谨，见解的独到令我拍案叫绝；另一方面，教授文章中呈现出的艺术之美，也强化了文章感染力。深邃的思想，匹配美丽的艺术服饰，让我们在收获思想启发的同时，兼有如沐春风的美学享受。

张五常文章的艺术之美首先源于他将自然充沛的感情融合在文章的字里行间。在《五常谈艺术》一书的序言中，教授写道："相信我吧，每个人都是艺术家。人不可以没有感情，而感情的表达就是艺术了。""我们今天对艺术家肃然起敬，是因为他们的感情表达触动了我们内心世界的和弦。这是上苍赐予人类的生存条件。要是我们没有互通和弦，你的感情达不到我，我的感情达不到你，互不相干，我们怎可以生存呢？"阅读教授的文章，那扑面而来的真挚丰富的情感，经常能拨动我的心弦。在《中国前途》一书中，教授写道："我曾与中国同胞一起挨饥抵饿，因此我感到我有责任告诉同胞制度是怎么一回事，又因为血浓于水，下笔时就不能无动于衷。"在《为先生祝寿》一文中，张教授写下了他在弗里德曼 90 岁大寿时所说的两句话，"我对他说他差不多度过了整个 20 世纪，而他的存在使我衷心感激。只是这两句简单的话，在我心中是要说了很久的了。"在《哥哥五伦》中教授写道："贬低或欣赏我的人都无足轻重，只要不是我敬重的人。常言道，'士为知己者死'，倒过来，我是为知己者生。师友对我的关怀与鼓励当然重要，但总比不上与自己年龄相若，一起长大的亲哥哥。""要是哥哥还在，他天天找我，我天天找他，或起码通个电话，生活多惬意。"张五常教授文章中不加修饰，自然、朴实、流畅的感情表达，增加了他文章的魅力。

张五常文章中的艺术之美还源于他非凡的想象力。张五常教授对我们讲，有一次美国芝加哥大学的贝克里教授与其谈话中指出教授那篇《座位定价经济学》是错的，张五常回答："那篇文章是不是很有趣味？是不是很有新意？是不是很有想象力？"当时对方均回答"Yes"的时候，教授说："那你还要什么？"张五常教授多次与我讲文章的对错不重要，只要有内容、不空洞就好，而这不空洞还包括有丰富的想象力。

张教授丰富的想象力使其文章平添了艺术的情趣。例如，他用《蜜蜂的神话》挑战外部性理论，所谓的引起市场失灵的外部性问题，由于教授调查到的真实世界中养蜂人与果农的租赁合约存在而不攻自破。在《邓家天下》中，教授用邓丽君的唱歌收入挑战劳动者被剥削的理论。在《红卫兵与费沙》一文中，教授写到费沙将资本的概念一般化了，资本的报酬是利息。费沙名言："利息不是收入的局部，而是收入的全部。"言外之意，所有能创造财富的东西都可以称作资本。不但劳动是资本，土地是资本，甚至知识与美貌都是资本，红卫兵要打倒资本主义，因此他们要砸烂一切有价值的东西，其对资本的理解与费沙完全吻合。此外教授用《卖橘者言》讲述了产权与交易成本理论，用《学术上的老人与海》形容自己写学术文章如同钓鱼博大而不取小，这些都显示出教授那非凡的想象力。

在教授所撰写的《经济学需要学吗？》一文中，这种想象力令我佩服得五体投地。"让我幻想一下，幻想斯密死而复生，今天要拜我为师。新潮经济学我不懂，但20世纪的经济学的主流，以马歇尔为首的新古典传统，横考直考我还可以拿100分。这是大教授的资格了。好了，明天早上斯密要上课，二百多年的经济学发展他一无所知，我可以教他什么呢？我要怎样备课才对？"

"教自己认为掌握得最称意的需求定律吗？恐怕他回应，'需求定律我没有听过，但我写的《国富论》有哪一处违反了该定律呢？'教今天的学子我认为解释得最高明的成本概念吗？恐怕他回应，'是我发明的，为什么要教我？'真麻烦。好，就教他不可能知道的边际分析与等优曲线吧。殊不知教了不到十多分钟，他就睡着了！"

"无可奈何，我转为与斯密这位学生研讨，告诉他我证明了他的佃农理论是错的。他点点头，说：‘但是手头的资料误导了我，否则我可以想出正确的分析来。’最后还是交易费用引起了他的兴趣，但半个小时后是他教我，不是我教他。”

“斯密是二百多年前最伟大的经济学者，如果复生，今天可能还是。”

张五常文章的艺术之美还源于其洗练的文字和飞扬的文采。教授曾对我说：“理论越深，用字越浅，有恃无恐，他反对花拳绣腿无病呻吟。浅白的文字经常有千钧之力，用教授的话讲，暗藏杀机。”比如教授用如临大敌，耗尽的感受，对工作的恐惧，形容他撰写《经济解释》三卷本的认真与拼命。用伟大的黄昏为我描绘与教授亦师亦友的大师级学者那杰出的经济学贡献。同样在《文采何物》一文中，教授写道：“文采可以说是纯真的表达，是没有造作的感情，是自然的流露，使人读来有舒畅之感，也是因为读来舒畅，读者感到不滞于物，觉得飘飘然，好像吸进了一口新鲜的空气似的。”下面让我们吸几口张五常教授给予我们的新鲜空气。

在《科学说需求》的第1章第1节“现象必有规律”的题目下面，教授写道：“我的书桌在窗旁，是深秋了，纱窗外，风摇翠竹。在人烟稠密的香港，窗外可以见到茂林修竹的环境是不容易有的。杜甫所写的‘无边落木萧萧下’，香港人见不到这景象也会相信，那是为什么？是深秋，这里的竹还绿得可爱，那又是为什么？今年的气温下降得较早，只不过十一月初，已寒气逼人。两个月前我在窗边见到的蝴蝶现在已不知所终。但我知道，明年六月，蝴蝶会再来，我怎能这样肯定呢？”现象必有规律，这样严肃的哲学问题，教授用一串生动的排比句，不仅使其通俗易懂，而且栩栩如生。教授经济学的学术著作经常像散文一样优美。

在《给中国的同学们》一文中，教授写道：“风起水涌，大鱼皆出——苏东坡说的。中国今天学术思想开放。在学术的汪洋大海，你们之中将会有几尾大鱼跳出来，我逢场作戏，免不了兴风作浪，下笔为文是要早点把大鱼赶出来。”

最后，让我们欣赏张五常教授所撰写的一段文字，它凝结了教授充沛的感情、丰富的想象力和飞扬的文采，它曾让我流下了眼泪。“除了思想，我从来不认为自己对社会有什么影响力。最高的期望，是把经济分析的文字，多篇陈列在思想市场上，执政者要选购，可能选中一些。”“一艘比泰坦尼克还要巨大的邮轮，在风雨中航行，一个孩子站在船头，看得清到处是冰山、礁石，船行得快，孩子不禁大声疾呼，不断呐喊。明知船长不会管，但每次大船及时脱险，孩子就开心地想，难道船长真的听到了他的呼声？最后太阳出来了，见到汪洋一片，孩子更开心了，忘记了自己曾经大叫大喊。我也有一个梦，梦见一个孩子在风雨中站在船头，不断地呐喊——这孩子是我”。

科斯的经济学贡献及中国情怀

2013 年 9 月 2 日，世界经济学巨匠，新制度经济学与法律经济学的开山鼻祖，1991 年诺贝尔经济学奖得主罗纳德 · 科斯与世长辞。消息传来，作为中国的经济学学者，我对这位经济学大师除了敬仰、感激之情外，还有几分遗憾及内疚，我们欠他的太多。科斯教授杰出的经济学贡献为人类留下了宝贵的思想财富，他哺育了几代经济学者。科斯使我们对制度及市场的认识有了很大提升。此外，这位世纪老人，对中国这片遥远的，他从未到过的土地，有着深切的关怀，注入了灼热的感情。在痛惜这位经济学大师辞世之际，缅怀他的思想财富，重温他的中国情怀，珍视他对中国发展的忠告，让我们百感交集，悲之、痛之、思之、叹之。

一、科斯的经济学贡献

我对科斯的了解，除了研读他的著作外，更多的是来自另一位经济学大师——张五常教授。

我与张教授已经结识多年。每每茶余饭后，听张教授谈他与几位经济学大师的故事，让我收获颇多。这其中谈得最多的就是科斯教授。张五常教授说:“科斯不是他的老师，但学界多认为科斯是他的老师。”这个误会，张五常不否认，科斯也不否认。他们之间没有师生之名，但确有师生之实。五常教授认为，他与科斯在学术思想上最接近，而在科斯眼里张五常是科斯定理最佳的解读者。在美国芝加哥大学，张教授与科斯共同研读经济学的两年是他们最宝贵的回忆。科斯说，他希望是二十年而不是两年。张五常几次谈到，他非常惊叹科斯的洞见。他的脑子好像在空中随意抓一下，就能拿出一个令人惊讶的答案，然后再加以分析。张五常说，在美国芝加哥大学他与科斯在校园中散步，他经常询问科斯《企业的性质》《社会成本问题》是怎么想到的？为了回答张五常，科斯找到了当年他的日记书信，张五常还说："好羡慕科斯，文章一出，便像丰碑一样地屹立在那里。"科斯没有孩子，张五常就将自己的儿子起名为罗纳德。小罗纳德与老罗纳德有着很深的感情，他们是神交已久相差六十二岁的一老一少。一次小罗纳德问老罗纳德，怎么才能在学术上有贡献。老罗纳德说，你只管耕耘，有没有贡献，看你碰巧踩中了什么，我一生就踩中了两次。

科斯是经济学界少有的只以两篇文章纵横天下的高人。两篇文章，两个丰碑，奠定了新制度经济学及法律经济学的基石。1937 年科斯发表了《企业的性质》这篇文章，时年 26 岁，文章构思于 1931 年左右，那时他才 20 岁。《企业的性质》中石破天惊的两问——企业为什么存在？企业的边界在哪？引发了经济学界对制度问题的关注。科斯解释，企业存在是因为市场交易有成本，企业的存在节约了市场交易成本。当然，企业内部也有组织协调成本，当企业内部组织协调成本较高时，市场配置资源有效率。企业的边界是市场交易成本等于企业组织协调成本。科斯的贡献不是成功地解释了企业为什么存在，而是提出了新古典经济学长期忽略的一个概念——交易成本。交易成本非零，制度才重要。有的制度交易成本高，有的制度交易成本低，制度变迁是从交易费用高的制度向交易费用低的制度演变。只有考虑交易费用，经济学才走向真实世界。忽略交易费用，是黑板上的经济学。有一次，《经济学消息报》主编高小勇问张教授，交易费用和产权哪个重要？张五常毫不犹豫地说是前者。高小勇又问："你和科斯谁的贡献大？"张五常说："没有科斯，我连方向都找不到，无论我走多远，科斯是为我指明方向的人。"

1960 年，科斯的第二个学术丰碑《社会成本问题》发表于《法律与经济学》杂志。这篇文章的前身是《联邦通讯委员会》。在这篇文章中，科斯研究的是美国无线电波。渔民出海打鱼用无线电波与家里联络，但是你使用的时候影响我，我使用时影响你，非常混乱。一般认为这是市场失灵的表现，需要政府管制，美国联邦通信委员会正是管制的机构。科斯认为，市场混乱是因为无线电波产权不清。谁都可以任意使用，必然相互干扰。若将每个频道的无线电波产权明晰给个人，而没有频道产权在手，又要使用的人可以通过市场租用。根据价高者得的原则，通过市场产权交易，完全可以有效率地配置这种稀缺的资源，这篇文章被经济学界归纳为科斯定理。张五常讲，他读这篇文章时，久久不能入眠，连看不见摸不着的无线电波都可以被界定为私产，这世界上还有什么不能界定为私产的呢？而产权明晰，交易费用不高，是市场交易的前提。科斯在这篇文章中，将存在外部性必须由政府管制的传统结论颠覆了。

《联邦通讯委员会》发表之前，还有一个经济学史上非常有名的大辩论。由于许多美国芝加哥大学的经济学高手反对科斯文章中的思想，因此芝加哥大学出版社《法律与经济学》杂志主编戴维德请科斯前去座谈。参加者有弗里德曼、斯蒂格勒、哈伯格等七八个经济学大师。辩论中科斯问道："假如一家工厂污染了邻居，政府应不应该干预？"在座所有的学者都同意政府应该干预。科斯却说："你们错了。"接下来科斯与他们论战了三个小时，结果是科斯完胜。那一晚参与辩论的学者均感叹他们见证的历史，认为一个英国人战胜了整个芝加哥学派，那是英国人的骄傲。而历来主张政府干预的伦敦经济学院与历来主张经济自由的芝加哥学派在辩论中角色刚好互换，这也是一件趣闻。

《社会成本问题》是《联邦通讯委员会》的后续文章。《社会成本问题》开篇就提出了问题的相互性，甲侵害乙，乙是受害者，但不允许甲侵害乙，乙又侵害甲。例如，允许吸烟侵害了不吸烟人的利益，而不允许吸烟又侵害了吸烟者的自由，如此看来，侵害是相互的，是难免的。应该允许社会成本最低的侵害出现，无疑这是法律经济学的逻辑。

二、科斯的中国情结

科斯教授逝世的消息传来，我接到张五常教授夫人发来的邮件："科斯的离世，我们都很不舍得。虽然许多人说他已 102 岁了，但你喜欢的人再长寿也不觉得！科斯真的是很叫人喜欢的长者：智慧，幽默，善良，温和，有风度。2013 年 8 月 4 日，我们还与他通过电话，告诉他我们等他 10 月份来，他也回答说希望如此。科斯没能来中国是他终身的遗憾，又何尝不是中国青年学子的遗憾！”

邮件中的字里行间，我们能感受到张五常教授及夫人与科斯延续了半个世纪的深厚感情，以及他们深切的感伤。张教授多次与我们谈过，他没有早一点将科斯请到中国来是一个遗憾。他说科斯是一个典型的英国绅士，举止缓慢、彬彬有礼、思想细致、学富五车、文采飞扬。科斯对中国有着非同一般的感情。科斯讲，从小读马可 · 波罗，对神秘的中国充满了好奇心。这个国家又经常异乎寻常地大起大落，让他有点看不明白。当然，也不可否认与张五常教授数十年的交往，以及处于转轨时期的中国增加了科斯对中国的情结。不断进行制度变革的中国大地，是新制度经济学家难得一见的试验室及观测所。注重真实世界的科斯认为中国具有研究经济学的肥田沃土，是经济学未来的希望。

早在 20 世纪 80 年代初，科斯力劝张五常教授回国，到香港大学任教。他认为，中国正发生着制度变革，而张五常懂产权及交易费用理论，香港又是观察中国内地改革的前沿阵地，张五常回到中国，会对中国的经济体制改革有贡献。

2004 年，在为张五常教授撰写的英文文章结集序言中，他写道："我认为中国目前的演进，不仅不寻常，而且极为重要。以我所见，中国的奋斗便是世界的奋斗。伟大的变革，只要不中断，会对经济学思想产生深奥无比的影响，不仅在亚洲，欧洲及南北美洲也如是。"

2008 年和 2010 年，科斯两次拿出自己的诺贝尔奖奖金，在美国召开中国经济改革研讨会，98 岁的科斯坐着轮椅，亲自参加会议，最后他深情地说："我将长眠，祝福中国。"闻听此言，与会者无不动容。

科斯最后一次接受媒体的采访是通过视频参加 2012 年中国《财经》杂志年会。科斯说："从今天开始两周以后，我将满 101 岁了。身体已经吃力，若不是有重要的话讲，我不会接受采访。"在高度称赞中国改革的成果后，他认为，如今中国最大的问题是缺乏思想市场，这是中国经济诸多弊端和险象丛生的根源。开放的思想市场不能阻止错误思想或邪恶的产生，但是一个运作良好的思想市场是偏见和自负的解毒剂。科斯非常希望假以时日，中国将成为商品生产和思想创造的全球中心。他还认为最不可思议的是中国的计划生育政策，它毁坏了家庭，也毁坏了中国经济。若长期坚持此政策，中国将不复存在。

大师已去，我们希望这位一生以制度作为研究对象的杰出学者，对中国的拳拳之心及殷切的忠告能够在中国土地上开花结果。

罗纳德·科斯教授永垂不朽！

黄有光教授的笑声

1999年岁末，东北财经大学有幸邀请到世界著名经济学家黄有光先生前来讲学。黄有光先生是澳大利亚莫纳什（Monash）大学的经济学教授、澳大利亚社会科学院院士、七位名列《世界经济学名家》的澳大利亚学者之一，因其著作被引用率极高，而受聘担任诺贝尔经济学奖评委（张玉刚，1998）。黄有光先生所创立的综观经济学及与杨小凯先生共同创立的新兴古典经济学均属于世界一流的经济学研究成果。黄教授是华夏儿女中少数几个能在世界经济学论坛自由出入的一流经济学家之一。不难想象，他在东北财经大学所做的三场学术报告是怎样地场场爆满与轰动，作为学者，黄教授无疑值得我们尊敬。

然而令我十分难忘的除了黄教授那睿智博学的大师风范外，还有他那极具感染力的笑声。可以说，在此之前我从未听到过任何一个人的笑声能与黄教授的笑声雷同。那份无拘无束、那份纯正无邪、那份真诚坦荡，玲珑剔透地通过那成串的笑声，张扬着黄教授的个性。

我不知道是黄教授朗朗的笑声铸就了他那天马行空的思维，还是因为学问上的炉火纯青，才会有这纯真自信、独树一帜的笑声？亦或许笑声与学问互补。与黄教授朝夕相处数日，我深深地感到了黄教授的与众不同，尤其是与我们国内学者的不同。

1. 对吃的关注

在黄教授与我的对话中，他重复率最高的一句是“几点吃饭？”吃早饭时他问几点吃午饭，吃午饭时他又问几点吃晚饭。今日问罢明日问，一直问到最后的晚餐。黄夫人解释道：“黄教授频频地问下顿饭吃饭的时间，是要根据这间隔的时间计算这顿应该吃的热量。”吃饭尚如此认真严谨，难怪黄教授能用数学模型计算出生命的价值（见《经济学消息报》第 363 期）。身为贵客不断地询问几点吃饭，这在国内虽不能说绝对没有，却也实属罕见。我们也做过客人，即使是饥肠辘辘，曾几何时敢问主人，几点吃饭？

当然，黄教授只在意吃饭的时间而不在意吃饭的内容。讲学期间，东北财经大学校领导请黄教授一行在香格里拉饭店进餐，望着价格不菲的一桌佳肴，黄教授又计算出其价格高于价值，尚不如学校的宾馆，从而引出弟子王建国博士一番宏论：“光，不对！倘若我们回到北京，谈到东北财经大学的校领导在香格里拉请我们吃饭，就这一句，值了。”

2. 对钱的偏好

黄有光先生作为一流的经济学家，收入相当可观。其夫人也是一名经济学教授，与黄教授既是澳大利亚莫纳什大学的同事，也是北京大学的同事（同为客座教授）。北京大学以远远高于国内教授的报酬聘请黄教授夫妻双双把学讲，依常理推断，钱对黄先生而言应该是十分充裕的，他肯定不屑一顾，然短短数日我竟发现黄先生两次提到钱，而且没有半点的羞涩与不安。一次是同行的《经济学消息报》主编高小勇先生邀请黄教授为其撰写专栏，黄先生非常自然地问道：“稿酬几何？”另一次是东北财经大学出版社社长见缝插针，询问能否出版一本黄教授的著作，黄教授又问道：“版税多少？发行量如何？”黄先生这种直面金钱的态度令我好生惊诧，国内学者的收入与黄教授相比，简直是天上人间，作为学者工薪收入只能维持温饱，出书、撰文、讲学的收入关系到家庭的小康，生活的尊严。从经济学的角度讲，金钱对国内学者更为稀缺，因而国内学者其实更在意金钱，但为什么一提孔方兄我们往往感到气短？在“君子不言利”的氛围中，国内许多学者如同孔乙己——即使沦落到站着喝酒也不肯脱下长衫。我自己就有过多次被人请去讲学撰文，故作清高不讲价钱，以致最后上当受骗的经历。

不过黄教授仅仅是谈钱。据我所知，黄教授拿到的讲学撰文报酬不但与其世界一流经济学家的地位极不相称，在国内也实属中等，黄教授竟在笑声中 OK 了。

3. 奇异的师生情

与黄教授同时到东北财经大学讲学的学者还有新加坡国立大学教授王建国博士。王教授 1981 年毕业于武汉大学经济系，从过政、下过海，最后在澳大利亚莫纳什大学师从黄有光先生，获经济学博士学位。王建国先生才华横溢、精力充沛，又继承了湖南人“不信邪”的秉性，师生之间没有半点师道尊严、俯首帖耳的痕迹，倒像是两个偏好斗嘴的顽童。王建国与黄有光两位先生在一起，能让你体会“不是冤家不聚头”的老话。往往是黄教授言论一番，王建国紧接着反驳“不对！光，不是这样……”“光，你怎能这样想……”，两人之间的论战从马克思到邓小平，从国内到国外，几乎没有 Yes，全是 No。即使有一次王建国先生谈到有些海外学者为了显示自己公正，苛求同胞，而黄有光先生却对中国学生格外关照时，黄先生反驳道：“不对！我对谁都一样。”我怀疑他们竞相证伪对方，不是出于道理，而是一种习惯与本能。一日席间，黄教授谈到王建国在莫纳什大学撰写的博士论文中有一处计算错误被他指出时，王建国当年曾气急败坏地说：“我已多次计算，绝对不会错。如此刁难，大不了我回湖南种地。”黄教授话音未落，王博士立马应战：“光，你总是这样，将自己比成羊，将别人比成狼，每次重复这段故事，你总是加进一点东西，时间一长，你自己都不知真假了。”面对徒儿这番大不敬的言辞，黄教授的反应自然又是他那哈哈哈的笑声。

当我问到他们师生何以能达到如此境界时，王建国回答：“光这个人你不反驳他，他不教你真东西。”“哪里是这样？”又轮到黄教授了。师生之间的斗嘴，闪烁着智慧的火花。香女士讲，他们的许多论文就是在这种碰撞中诞生的。

国内的导师有谁能在学生面前这样忘形？国内的弟子有谁敢在导师面前这般放肆？什么时候我们也能抖掉一身沉重，享受本色人生。黄有光、王建国先生均有一支生花妙笔，黄教授已出版的一部中文武侠小说名为《千古奇情记》，如果黄教授的下一部大作名为《师生奇情记》，纪实他与王建国之间的论辩，那一定也畅销。

我们也有笑声，然而总有一股无形的力量在我们的笑声中掺入杂质，使它失去原有的透明。国内经济学界如黄有光教授般的学者极为稀缺，同样稀缺的是能让学者返璞归真、开怀大笑的环境。

穿过夜幕的经济学明星——张培刚教授90华诞见闻

2002年10月17日，我与张五常教授相约，一起到位于武汉的华中科技大学，参加著名经济学家张培刚教授90华诞的庆典。

10月的武汉秋高气爽，艳阳高照，华中科技大学为庆贺张老师90岁诞辰做了精心的安排。会场内外披红挂彩，300多位来宾胸佩红花，济济一堂。除了省、市及教育部高教司的领导外，专程前来庆贺张老90岁华诞的有香港的张五常教授夫妇和台湾著名的经济学家、台湾“中国经济企业研究所”所长于宗先教授以及台湾大学教授（张培刚教授哈佛的校友）、85岁的施建生先生。其他学者还有吴易风、谭崇台、熊映悟、董辅仍、何炼成、周其仁等300余人。当90岁高龄的张培刚先生走进挂着“庆贺张培刚教授90华诞及执教70年”红幅的会场时，与会的海内外经济学人响起经久不息的掌声。华中科技大学的党委书记、省市及教育部高教司的领导均高度评价了张老一生对经济学的贡献。武汉市副市长在讲话之后深深地向张培刚教授三鞠躬，施建生教授回忆了张老在哈佛的故事，张培刚先生的高足、著名经济学家董辅仍更是情义真切地赞誉自己的老师。87岁的华中理工大学（华中科技大学前身）原校长朱九思先生走向讲台，他说：“大会没有安排我讲话，我要讲。知道过去的人已经不多了，我再不讲，那段历史会被人遗忘。”朱九思回忆起半个世纪以来他与张老共同奋斗的过去，竟激动得一再超时。讲完之后，87岁的老校长与90岁的张培刚教授紧紧地握手。庆贺会开得隆重热烈，几代经济学人对这位命运坎坷，老而弥坚，在国际经济学界做出杰出贡献，被誉为发展经济学创始人的学者由衷地尊重。然而，还有一份沉重、一份酸楚不时地涌上与会者的心头。曾经是哈佛名流学者的张培刚历经磨难、曲折坎坷的一生让人扼腕叹息。

一、哈佛名流、大隐于市

张培刚教授1913年出生在湖北省红安县农村。他自幼勤奋好学、成绩优异，读书之余，帮助家里干插秧、割禾、放牛的农活，体会到农民的艰辛与困苦，萌发了改善农业经济的愿望。1934年6月，他于武汉大学经济系本科毕业后，被选送到北平中央研究院社会科学研究所从事农业经济研究达6年之久，其足迹遍及河北、浙江、广西等的农村，撰写了《清苑的农家经济》《广西的粮食问题》《浙江粮食之运销》《中国粮食经济》等4部著作。他还发表了40多篇论文，引起了当时经济学界的重视，也为他后来撰写博士论文《农业与工业化》奠定了基础。

1940年清华庚子赔款留美公费生恢复招考，当年一共招收17名留学生，文科只有两名。张培刚以独占鳌头的成绩考取了文科的工商管理专业。

1941年张培刚进入哈佛大学，先学工商管理，后转学经济学。当时的哈佛大学经济系处在鼎盛时期，教师阵容整齐，名家汇聚。有以创新理论闻名的熊彼特；以垄断竞争理论闻名的张伯伦；有被称作“美国凯恩斯”的汉森；有以投入产出理论闻名的里昂惕夫；有以《繁荣与萧条》一书而闻名的哈希勒。而张培刚的博士论文导师是被誉为“美国农业经济学之父”的布莱克和著名的经济史学家厄谢尔。在诸多经济学大师的影响教育下，张培刚如饥似渴地读书学习，无钱购买书籍，他就用在印刷厂打工的报酬购买大量书籍。在哈佛学习期间，他始终思考贫穷落后的祖国如何能走向富强。在与老师布莱克和厄谢尔讨论后，张培刚决定将“农业与工业化”作为自己的博士论文题目。

题目确定后，张培刚置身哈佛图书馆内，花费近一年半的时间，用他掌握的英文、德文、法文、中文进行阅读、摘录、做卡片，仔细研究有关英、法、德、美、日、苏联各自实现工业化的资料。他又用9个月的时间坐在打字机前思考撰写，终于在 1945 年年底完成了后来被称作发展经济学的开山之作，题为《农业与工业化》的博士论文。该论文获得 1946—1947 年哈佛经济学最佳论文奖和大卫·威尔逊奖，被列为《哈佛经济丛书》第 85 卷，1949 年由哈佛大学出版社出版。大卫·威尔逊奖是很难得的奖项。1945—1946 年即张培刚获奖的前一年，萨缪尔森以他的《经济分析基础》获得这一奖项，后来萨缪尔森又以该论文获得诺贝尔经济学奖。张培刚获奖后国内报刊登载这一消息时，32 岁的张培刚被称为“哈佛经济学，东方第一人”。1951 年，《农业与工业化》这本书被译为西班牙文，在墨西哥出版。1969 年其英文版在美国再版。《农业与工业化》是世界上第一部从历史和理论上系统、全面地探讨农业国工业化即发展中的农业国经济发展问题的专著。它比刘易斯的理论早 10 年。张培刚认为农业对于工业化乃至对整个国民经济的“贡献”和基础作用有食物、原料、劳动力、市场和资金五个方面，和库兹涅茨 1961 年提出的产品贡献、市场贡献、要素贡献及收入贡献几乎完全相同，而刘易斯与库兹涅茨均成为诺贝尔经济学奖的获得者。

张培刚教授获得博士学位后，曾在 1946 年 8 月回母校武汉大学担任经济学教授兼系主任，1948 年受聘于联合国亚洲及远东经济委员会。1949 年 2 月在新中国即将成立之际，张培刚辞去联合国待遇优厚的职位并谢绝回哈佛任教的邀请，毅然回到了祖国。

不幸的是，张培刚回国后 30 年没有机会从事经济学专业的教学与研究工作，他被国内经济学界遗忘了。一个哈佛的经济学名流，国内无人知晓。十年搞基建；十年教政治课；十年劳动改造。最让张老痛心的是，他在哈佛打工购买的大批外文书籍成箱成箱地毁失了。

张培刚教授的学生董辅礽曾写下：“1949 年秋，当我考进武汉大学经济系后，结识了我人生中第一位重要的导师张培刚……张培刚老师的学术思想像一颗流星，在 20 世纪中叶的天空画出一道炫目的亮光之后，旋即泯灭了。”在张老 90 华诞的庆贺会上，董辅礽教授说，也许正因为张老在那个年代离开了学术界，使他没有受到更大的迫害，否则他躲不过“反右”。是的，他被遗忘，难说是福是祸。俗话说，大隐隐于市。这颗炫目的明星即使没有坠落，也被层层的夜幕遮住了光芒。

我们拥有不愿回忆又不得不反思的过去。

二、夕阳斜下、老牛奋蹄

在张培刚教授90华诞庆贺会及随后的发展经济学与中国工业化和现代化研讨会上，中国人民大学的吴易风教授、浙江大学的蒋自强教授、华中科技大学经济学院院长徐长生教授等人撰文盛赞张培刚教授在新时期的贡献。

1978年大地回春时，在经济学界销声匿迹30年的张培刚教授终于报国有门了。此时，他已年近古稀，张培刚生于牛年，“老牛奋蹄”是他的一句格言。从此，张老没有了星期天，没有了寒暑假。每天仅睡四五个小时，凌晨二三点才上床。年逾古稀后他仍注重知识的更新，除了重新捡起他擅长的英语、法语和德语外，还研修了高等数学和数量经济。即使是春节，他也常常躲进学校招待所，潜心苦读，奋笔疾书。他说：“我现在深深地感到时间不够用，只有拼命干，把一天当两天用。”

古稀之后的张培刚教授老牛奋蹄，留下一串串耕耘的足迹。

1978年，他参加了我国第一部《政治经济学辞典》的编撰工作。

1979年，他赴北京参加国务院财委为中央机关负责干部和高校教师举办的“国外经济学讲座”，主讲“微观经济分析”和熊彼特的创新理论。

1980年，他和北京大学厉以宁教授合著《宏观经济学与微观经济学》。

1981年，他赴美参加美国与亚洲国家经济关系会议，在会上他做了“中国经济调整与外贸前景”的学术报告。

1982—1983年，张培刚教授积劳成疾，重病住院。在病床上他用了10个月的时间修订了由曾启坚、万典武翻译的《农业与工业化问题初探》，使这部享誉国际经济学界的名著在它诞生40年后才与国人见面。

1984年，他又与厉以宁教授合作写下53万字的《微观经济学的产生与发展》。

20世纪80年代末90年代初，张培刚教授组织编撰了《新发展经济学》、《发展经济学新论》和《发展经济学通论》第一卷。这个阶段张培刚教授还多次赴美国的哈佛大学、麻省理工学院、普林斯顿大学、哥伦比亚大学、斯坦福大学及德国、加拿大的知名大学进行学术访问和考察。

20 世纪 90 年代中期，张培刚教授领导华中工学院的青年教师多次拟定和反复修改《发展经济学通论》的卷二和卷三的写作计划，在华中理工大学成立了“经济发展研究中心”。他带领研究中心的成员先后完成了 10 余项国家级及省级的研究项目，与武汉大学谭崇台教授联合指导培养出 7 位青年博士，形成了一个生机勃勃的研究团体，在国内经济学界产生了很大的影响。

1998 年，由 85 岁的张培刚教授为学术带头人申报的华中科技大学西方经济学博士点被国务院学术委员会批准。张培刚教授百感交集地说：“像我这样年逾八旬的学者挂帅获得博士点，恐怕在全国甚至在全世界都极为罕见。” 2002 年 10 月，凝结张老心血的《农业与工业化问题研究》上卷及中下卷合订本，由华中科技大学出版社出版。张老为他坎坷的经济发展理论研究画上了一个圆满的句号。

不是亲眼所见，你不可能相信这是一位耄耋老人所为。沧海桑田、白驹过隙，张培刚教授在一部著作的序言中写道：“回想 20 世纪 40 年代初，我在哈佛大学撰写博士论文，在研究征途上第一次探索以中国为立足点，以《农业与工业化》为标题，从世界范围内探讨农业与工业化问题，那时我只是 30 岁左右的青年。而现在半个世纪后，我已是年过八旬，老翁又鼓余勇，在学术征途上做第二次探索。” 在祝寿会上，张培刚回首归国之后，曾几十年没有一天好日子过，妻子谭慧在张家最困难的时候嫁给他，几十年受苦，等到日子好过了，身体又不行时，哽咽难言。夕阳斜下，英雄迟暮，毕竟张老被耽误了 35 ～ 65 岁那金子般的学术年华。这头晚年的老牛吃的仍然是草，却尽力挤出最后的奶回报他挚爱的祖国，滋养年青一代学者。

三、血浓于水、兄弟情深

在祝寿会上，张培刚教授两次讲话提到张五常：“我们都姓张，他叫我大哥，我叫他大兄弟，五百年前是一家，五百年后更是一家。” 2002 年 8 月张培刚教授英文版的博士论文《农业与工业化》再版时，张五常写下了《为大哥序》。其中有一段是：“如果当年经济学界以张培刚的论文作为经济发展学说的基础，我们的眼界与思维早就有了长进。如今尘埃落定，我认为张大哥还是胜了。20 年中国的惊人发展，是成功的农业工业化，大哥的思想早发晚至。”张培刚教授对大兄弟此番推崇的回答是：“桃花潭水深千尺，不及五常送我情。”因为大哥，张五常1999年、2000年、2002年三次到华中科技大学讲学，在中国内地唯一接受了华中科技大学客座教授的聘书。张培刚教授在香港访问时谈到他和张五常有三同：同姓张，同搞经济学，同从海外归来。旁观者清，张氏兄弟相见恨晚，灵犀相通的缘由岂止三同。他们同样拥有深厚的中国文化底蕴；同样拥有对祖国的赤子之心（这颗心令他们都在学术研究的鼎盛时期，离开了大师云集的经济学重镇，回到养育他们的故乡，回归的代价是与诺贝尔经济学奖失之交臂）；同样在国际经济学界做出了杰出的贡献；同样拥有几十年相濡以沫、美丽贤惠的夫人；同样才华横溢；同样单纯率直。在他们英文版的博士论文再版之时，回首往事他们同样激情澎湃。小弟撰文《佃农理论的前因后果》，大哥写下了《农业与工业化的来龙去脉》。追忆恩师良友他们同样饱含真情、洋洋万言。只不过前者我们读出一份潇洒，后者我们品出一份苦涩。

在秋水长天的东湖之畔，张五常教授接受武汉电视台的采访，他用那特有的张氏风格说：“整个经济发展学说，让中国的两兄弟包办了，起点是大哥张培刚1949年写下的《农业与工业化》，在哈佛大学获奖，不得了；后面是小弟我1969年写下的《佃农理论》在芝加哥大学获奖，也不得了。历史上很多人写的东西站不住脚，而我们两兄弟却能站住脚。实践证明，农业工业化与产权都非常重要。我们站住脚的原因是我和大哥都曾在农村生活过，在思考和推理中，中国农村就在脑子里，字里行间有真实的感受。”兄弟俩不谋而合，张培刚教授在回顾《农业与工业化》写作过程时说：“如果没有我青少年时期在农村的亲身经历和生活感受，没有我大学毕业后走遍国内数省，先后6年的实际调查，特别是如果没有一颗炽热的爱国之心，我是写不出这篇博士论文的。”①

10月18日晚7点，张五常教授为华中科技大学的师生做报告，再次盛赞他的大哥张培刚：“好难出一个张培刚，我也做不到，我不可能进哈佛。我与张培刚不同的是我的机遇比他好，许多经济学大师不是我的老师就是我的朋友，张培刚如果不回国就是另外一个故事了。”

---

① 张培刚．农业与工业化［M］．武汉：华中科技大学出版社，2009.

临别时，张培刚教授用微微颤动的手在赠给张五常夫妇的书上写上了“赠给五常大兄弟、锦玲大妹子”等字样，他那个锦玲大妹子多次说“好可爱的老人家”“一切都在不言中”，而张培刚的夫人谭慧老师对张五常说：“《农业与工业化的来龙去脉》一文的最后一句话是，‘耄耋之年的张培刚翘首以望，在繁星点点的夜空中闪烁着炫目亮光的中国之新星’，新星中有你。”当载着我们一行的汽车在相互“保重！保重！”的祝福中徐徐开动时，我看到车里车外的两对张教授及夫人都动了感情。离开华中科技大学，张五常夫人泪光闪闪地说：“张培刚教授能活100岁。”过了一会儿，她又补充，“没有问题。”张培刚教授与张五常教授说的告别词是：“如果倒退十年，我和你一同打天下。”时光不会倒流，我们无缘看到这对张家兄弟联手打天下的雄风与辉煌。在人才济济、竞争激烈的国际经济学界，他们分别被誉为发展经济学的创始人和现代合约理论的创始人。两兄弟在经济学领域打拼出属于中国人的天下，这是华夏儿女的骄傲。五百年前那个张家先人，仅就这两位杰出的经济学大师兄弟，可以含笑九泉了。

追忆春华

我的好朋友聂春华离开我已经整整一年了。失去小聂的日子，太阳仍旧晨起夕落，月亮仍旧有圆有缺，而聂春华的音容笑貌却成了一种记忆。每次想到她，我的心都有一种被撕扯的感觉。“写点什么吧，为了小聂！”先生言道。是的，小聂是一位值得有人为她写点什么的女性，况且我是她灵犀相通的姐妹。

迟迟地不下笔，是因为我需要时间。据说时间的潮水能冲淡心灵的伤痛，至少它能让我尽量把握思维，不致因悲伤而中断写作。

今天，让我试试吧！

一、如火的人生

在聂春华的讣告中写着如下词语：“聂春华，1957年4月26日生于北京市，

1982 年 1 月毕业于同济大学，99 级东北财经大学国际经济学博士生，2001 年 2 月 18 日因病医治无效，不幸逝世……”上述语言形容那个笑声朗朗、春风满面、热情豁达、聪明能干的小聂显得太苍白了。这条鲜活、潇洒的生命，竟在 20 余天的时间内完成了发病、医治、死亡的全部过程。这个曾经的北京女孩、同济大学的高才生，风华正茂的博士生，戏剧般地离开了我们，上帝怎可以开这样残酷的玩笑！

2001 年的春季，当迎春花在春寒料峭的海风中含苞待放时，东北财经大学美丽的校园中，返校的师生们竞相传递着聂春华逝世的消息。所有人的反应几乎都是一个——震惊。“这怎么可能？放假前我和她在教学楼下谈了半个多小时的话。”“怎么可能？放假前她还给我们系上课。”“怎么可能？听说有一所大学高薪聘她去做医学 MBA 中心的主任。”“怎么可能……”是的，怎么可能？四个月前她作为访问学者，还在日本的讲台上用日语宣读自己的论文；一个月前她和我共同在工商管理学院的一个培训班上讲学，并双双受到褒奖，学员结业的照片上，她将头靠在我的肩上；春节的头一天，她还在我家吃的午饭，而正月未过，她却化作一缕青烟，离开了她所眷恋的人间。

目睹如此鲜活的生命一步一步地走向天国，百般痛惜和无奈是怎样地啮咬着我的心。

认识聂春华的朋友，不会反对我用如火的人生来形容小聂拥有的四十三载春秋。在短暂的岁月里她活得丰富多彩、潇洒豁达。她始终像一团火，走到哪儿，哪儿都会弥漫着她所散发出的热量和光亮。

聂春华的一生活得非常充实，她永远有着新的追求。20 世纪 90 年代初，对日语几乎一窍不通的小聂突然东渡日本，两年后回国，她操着一口流利的日语，十分地道。她在同济大学所学的专业是土木工程，在东北财经大学她却成了国际贸易领域的专家。这期间她还兼任一家港资公司的副总经理，并且学习法律准备报考律师。1999 年她考上了东北财经大学国际经济学博士生，2000 年作为访问学者，第二次东渡日本。精力充沛、才华横溢的小聂，一直在不倦地追求着。2000 年 4 月她从日本归来，对公共经济学，特别是医疗经济学产生了兴趣，从日本带回了大量的资料，准备在这个领域下一番功夫。“小聂，别到处挖坑”，这是我对她的忠告，我认为，以她的才华与聪慧，若只挖一个坑，会有更多的人知道聂春华。今天我才明白，若没有这大大小小的坑，小聂的生命怎能丰富得如同七色的彩虹。

聂春华的魅力还在于她那少有的真诚与豁达。在她的字典中没有嫉妒和畏惧这两个词，与朋友交往更是不计得失、掏心掏肺，在东北财经大学自称是小聂最好朋友的人恐怕不是个位数。20 世纪 90 年代中期，她在大连海事大学任兼职教授（正式聘任）因为讲课的效果好，期末获得 1 000 元奖金。第二个学期她将我介绍过去讲经济学，此后这 1 000 元就被我承包了。每次拿到这 1 000 元，我都忐忑不安，心想聂春华这不是“引狼入室”吗？春华浑然不觉，又开辟一个阵地——大连民族大学，接着又将我带上。东北民族学院以正教授、系主任为诱饵挖走聂春华，当聂春华到东北民族学院走马上任后发现校方的某些承诺难以兑现时，立刻打马归山，返回东北财经大学，全然不顾别人的议论如何。她那种我行我素的潇洒，无论如何我都学不来。

1999 年，我与她去北京参加北大光华管理学院的博弈论培训班，小聂较我后报到（先回北京家中探望父母），一到北大，小聂就对一位老师抱怨学习班的服务不到位，没人接站、安排不周等，总之是一百个不满意。我看不过眼就说:“小聂，这位就是张维迎教授。”小聂看了我一眼，继续她的抱怨，事后她说:“张维迎怎么了？用户是上帝。”

1999 年 10 月，她作为访问学者东渡日本，2000 年春节她突然站在我的面前。我惊呼道:“怎么是你，不是说大使馆管得很严吗？你怎么可以中途回来？”她笑了。小聂好像就没有干不成的事。她曾经对我说:“玉霞，你信吗？在日本我曾经给日本人介绍过工作。”从日本回国后，她打算从国际经贸学院转回工商管理学院。“能行吗？”我问道。几天后，小聂办完所有的手续对我说:“我找邱东校长说:‘您签字吧！这个不签，还有两个，一个是调往大连医科大学，另一个是调入大连海事大学’。”邱东校长说:“教授，您这是通知我，而不是让我批准呀！”“这样理解也行。”校长签字后两个月不到，邱东校长便眼含热泪站在小聂的遗体告别队伍中。快言快语、才华横溢的小聂让邱东校长痛惜不已，而工商管理学院院长亲自挂帅，全体动员，为这个未曾报到的老师安排了最隆重、最沉重的葬礼。

二、永远的怀念

与小聂相识可以说是未谋其面、早闻其声。1984年，我结束了华中工学院的学习，在长春开始了教学生涯，婚后嫁鸡随鸡，自然要随先生调往大连。某日我有缘与当时辽宁财经学院物管系的张殿斌主任相识，当谈到调转的问题时，张主任一口答应，临走时他对我说："你很像我们系的聂春华老师，我相信你们相识后一定能成为好朋友。"

1985年7月当我调至辽宁财经学院物管系时，小聂已调至投资系了。我和她几面之交后便不断地听到关于小聂的趣闻，如在一次英语考试中没有及格，但一年后却能讲专业英语，学英文的却留学日本，两年后归国英文、日文都有长进。再有，在港资公司做副总，坐的车比她当局长的先生都高级。我虽然不清楚这些传闻是真是假，毋庸置疑的是小聂是个人物。

与小聂深入交往始于20世纪90年代中期，在外出走穴式的讲学中，她负责开辟阵地，我负责坚守阵地，当然，我办学时也忘不了她。1997年开始我准备攻读博士，当我写下第一篇文章时，小聂睁大眼睛对我说："玉霞，你是经济学界的黑马，你应该将自己定位为经济学家。"这样的话我根本就没往心里去，将它归类为聂氏夸张，因为她对我这个朋友过分地看重，一会儿认为我可以在报刊上写专栏，一会儿认为我可以在电台做节目，一会儿又认为我可以为全校硕士生或博士生讲授经济学。时至今日，我已在电台、电视台做过节目，并正在撰写报刊专栏。我不但为全校管理类硕士生讲授"中级经济学"，而且讲得人满为患，也开始为博士生授课准备教案。我在惊诧小聂那巫师般的预言时，才知道这世上有一个比我都了解自己的朋友。

1999年聂春华考上了东北财经大学国际经济学专业的博士，我们的交往更加频繁。两个人到中年的女性，见面不谈家庭、不谈丈夫或孩子，成天异想天开地谈学问、谈事业。小聂永远像清新的空气，和她在一起你会感到神清气爽，思路大开。

尽管张殿斌主任十几年前就说我和小聂十分相像，但其实我们也有很多的不同：我清瘦，她丰满；我素面朝天，她光彩照人；我的生活近乎枯燥，她的生活五光十色；我见了领导绕路而行，她是不管校长、书记，推门就进。唯一相同之处是我们都很豁达，对学问与事业有着不懈的追求。2001 年腊月二十八（春节的前一天），我突然接到小聂的电话："我在校医院打吊瓶，你来陪陪我吧。"当我将小聂从医院接到我家时，我和先生都一再叮嘱她病得不轻，千万要到其他医院去仔细看看。春节一过我便回老家探望老父，十余天后从老家归来，小聂的先生给我打来一个令人揪心的电话："小聂得了癌症，已是晚期，你是她的好朋友，来看看她吧！"电话里那个局级领导已泣不成声。很难形容我和小聂的生离死别，接下来的十余天，我是亲眼看着她一步一步地走向天国的。我万箭穿心地拉着小聂的手，忍着热泪说："小聂，生命不在于长度，而在于密度；不在于数量而在于质量。""没错！没错！"她还是那惯常的语气。

癌症的残酷在于它让人疼得死去活来，却保持着头脑的清醒。小聂的癌细胞已全身扩散，失去造血功能，每日里靠输血度日，强忍着那无法忍受的病痛。最后一次我们相见时，她已经没有了说话的气力，如同秋风中的落叶，浑身颤抖，一串串的泪水滚滚而下，她的先生擦也擦不完。三天后，小聂永远地离开了我们。

小聂火化那天，乔山公墓一号告别厅人头涌动，告别大厅的两侧悬挂着我撰写的挽联："苍天无情，叹巾帼英才华年早逝；岁月有知，悲良师益友长歌当哭。"小聂生前的亲友及同事毫不吝啬地抛洒泪水，与鲜花丛中仍旧丰满漂亮的小聂告别。生命在她最灿烂的时刻定格，犹如乐曲在扣人心弦的高潮戛然而止，是幸？还是命？

我无法用语言形容失去小聂对我的打击，在小聂的家中，睹物思情，我失声痛哭，全不顾为了小聂的亲人也应该把握住自己。悲痛使我停止了正在撰写的博士论文，仿佛是一夜间，我骤然衰老，有气无力。

我对小聂痛彻心扉的思念还源于我的愧疚，我们这对闺中密友，关系并非对称，她主动，我被动；她为我做得多，我为她做得少。小聂曾约我去富丽华喝咖啡，去健美俱乐部健身，去水上人间游泳，却被我这个土老帽一一婉拒而成了永远的遗憾。近几年，我对经济学走火入魔，六亲不认，闭门读书，一个朋友曾恨恨地对我说："王玉霞，我给你打十个电话，你回一个可不可以？"俗话说，投桃报李，当朋友们扔了一堆李子后，看我半个桃子也不回，多数都退避三舍。在享受经济学给予我的快乐时，环顾四周我的确感到有几分清冷。幸亏还有一个不讲对称、不计桃李的聂春华。无论她在家里还是路上，无论她在国内还是在国外，总是不忘与我通话。记不清多少个清晨和夜晚，电话里传来她那富有磁性的京腔“玉霞”，接下来的两个字是“没事”。没事她还能和我通上几十分钟的电话。她用她那朗朗的笑声，用她那“没错！没错！”的习惯用语，冲去我久居书斋的烦闷。

小聂已经彩虹般地离去，带着潇洒与美丽，留下活着的我们继续品味活着的苦辣酸甜，当我心底拥有盛载不下的得意与沮丧时，我更加清楚我失去了什么。小聂去世后的一个晚上，我恍然听到电话里传来一声京腔的“玉霞”，它让我心头一震，拿着电话呆呆地等着什么，刹那间我突然明白，我再也等不到“没事”这两个字了，我的好友——春华，与我已是阴阳两隔、天上人间了。

东北财经大学经济时空采访记录

（2004-10-27）

主持人：大家好，这次活动是由我们经济时空网站和东北财经大学网站新闻中心共同主办的，属于我们经济时空的一个新栏目——《读书与治学》，我们这个栏目主要是介绍我校经济学人的最新著作以及他们的一些学术观点。今天我们有幸请来了我校著名经济学者、博士生导师王玉霞老师，今天就请她谈一谈她的新作《生活在经济中》的一些写作感受以及她对经济生活的一些感悟。

记者甲：王老师您好，我们都知道您的大作《生活在经济中》已经在内地成功地面世了，您能表达一下您现在的感受吗？

王：这个感受当然是非常高兴，我的这本文集是我近四年来发表在国内多家报纸、杂志上的经济学散文，或称经济学随笔。这本文集首先是由香港花千树出版社出版的，由张五常教授作序；接下来是由人民出版社出版的，梁小民老师作序。这次我的文集能够几乎同时在香港和内地面世，我是非常高兴的。我的文章在当年发表的时候就受到同学们和同行们的认可，当时就非常受欢迎，这本文集面世以后，人民出版社也给我反馈信息，准备第二次印刷，显然还是比较受欢迎的。在这里，作为一个经济学者，能够有机会通过经济学散文向广大的同学和一般的读者介绍经济学，宣传经济学，我感到非常荣幸。

记者乙：王老师您好，一位叫 Action 的网友问道，您的书名叫作“生活在经济中”，那么，您认为到底是生活的范围大还是经济的范围大呢？这个问题是许多网友关心的问题，我们请王老师给我们讲解一下。

王:“生活在经济中”这个名字是张五常教授题的，他在香港版的《生活在经济中》的序中写道:“我读过王玉霞的一篇文章，是关于黑市火车票的文章，就建议花千树出版社出版她的文集，并且给其起了一个书名就是‘生活在经济中’。”之后，张教授几次跟我很得意地说，“生活在经济中”这个名字起得很好。人民出版社出版我的文集的时候，曾试图改变这个名字，实际我本人也希望是两个名字，香港一个名字，内地一个名字，我和人民出版社的编辑们先后起了十几个名字，最后还是认为“生活在经济中”是最好的。这个名字很好地表达了我的这本经济学散文集的特点，也就是用经济学分析身边的事。对于“经济”这两个字呢，内地和香港的理解不太一样，语义上有差异。我经常听张五常教授说某某是读“经济”的而不说是读“经济学”的，所以“生活在经济中”的意思就是我们生活当中处处都有经济学，可以用经济学的视角去重新审视生活。“生活在经济中”是说经济学能够向政治、法律、社会等其他社会科学渗透。经济学提供了一个观察生活、看待社会的新视角。

记者甲：梁小民先生在您的序中有这样一段话，原话是这样的:“女经济学家更关注贫困与平等，她们比男经济学家具有更多的同情心，更敏锐的观察力。”您对这样的评价怎么看待？

王：请梁老师作序的一个原因是梁老师确实是我非常敬重的经济学家，台湾大学的熊秉元教授说张五常是华人经济学界的教父，我认为梁小民老师是内地经济学界的教父。梁小民老师在宣传和讲授经济学方面做出的贡献在国内是无人可比的。从电大的教材一直到EMBA的教材，不同层次的，电大的、本科的、中级的、高级的，他都能灵活演绎。我请梁小民老师作序的另一个原因是梁老师文笔非常好，非常敏锐而且善于文字表达，人民出版社的总编也认为他的这个序写得非常好，即“女经济学家看世界”。他开篇就说了，男女平等不等于男女相等，就是女性看待世界的角度和男性不同。我认为梁老师讲得非常贴切，在我身上也一样，我也希望自己能够有大江东去的豪情，能够沧桑练达，可是做不到。可能我能做到的有些男经济学家也做不到，比如小桥流水、细致入微、感情充沛、层层推进的女性特有表现手法。所以，我觉得他评价得很准确。

记者乙：据我们了解，王老师是学数学出身的，那么这本书所体现的文风是婉约派的，我想问一个问题就是在您的生活中数学的理性和文字中透露的感性究竟哪一方面占的比重大一点？

王：哪个比重大一些这个不好说，但肯定是两个都有。现在我的文章是一个综合的，这个文章之所以比较受欢迎、比较有市场，因为它融合了散文的艺术和经济学的理性。我经常讲，在竞争特别激烈的市场里人都在寻找自己的缝隙，比如说作家中比我能写的有很多，但他不懂经济学，懂经济学的人又不见得有我文笔好，所以我的特点就是既有比较好的经济学背景又有比较好的文字表达能力，所以写出来的文章就不会那么生涩，而且又不失经济学的深刻。我想这个是主要的。至于说婉约派，是1999年吧，《经济学消息报》主编高小勇认为我的文章属于婉约派、与众不同，和一般男性经济学家相比有特色，所以要留这样一个不是主流的。主流还是那些大气沧桑，揭露事实深刻挖掘的，他说我就是一个有特色的拼盘，大鱼大肉中有它存在的位置。有一段时间我的文章比较频繁地在《经济学消息报》上出现，到现在为止我已经在《经济学消息报》上发表40多篇文章了，他认为我的风格比较婉约，所以叫我婉约派。说婉约是指感情细腻，文风比较委婉，丝丝入扣，但也不能丢失推理、逻辑等理性的要素。我觉得这两方面都很重要，如果二者缺一，这个文章就不会受到大家的喜欢了。回顾起来，我小的时候作文写得比较好，本科是学数学的，小的时候文理都不错，没有什么偏科。在我的家乡内蒙古通辽市，我的老师都认为我的语文特别出色，尤其是作文；数学也很突出，经常是年级里唯一的满分，我想这也是个背景。

记者甲：一个网友问了一个关于经济学基本假设的问题，我们也想听听您对经济学基本假设的认识和对其未来发展方向有什么预测。

王：经济学的基本假设是一个理性人的假设，如果这个理性人的假设取消了，经济学就不存在了。如果说经济学是个大厦的话，那么这个理性人假设就是一块基石。一个理性人的行为是有规律的，如果是一个非理性的人，比如疯子，他的行为是没有规律的。他什么时候发作下一个动作，下一个动作是什么你无从考证，无从推断。换句话说，经济学是一门科学，科学是什么，科学就是系统性地揭示事物发展的内在规律。你首先就得认同这个事物的发展是有规律可言的，不是无规律可循的，如果无规律可循就没有理论的存在了，所以理性人的假设是经济学的基石。

记者乙：在您的书中我们经常看到这样一句话，“个人的理性导致集体的非理性”，在我们这个理解层次，乍一看好像能够理解，但是如果深一点分析不透其中的奥秘，您能否谈一下这其中的奥秘。

王：个人理性导致集体的非理性是博弈论的经典案例，就是囚犯两难。博弈论和经济学是天然一致的，博弈论走进了经济学，经济学出现了一个革命性的发展；经济学成功地运用了博弈理论，也促进了博弈论的发展，它们两个是互动的。至于二者为什么互动，就是它们两个有一个天然一致的地方，即博弈论也是假设参与人在决策的时候最大化自己的利益，也是一个理性的参与人，所以理性人假设是它们的共同之处。个人理性导致了集体的非理性，生活中的例子太多了。比如说诚信的问题就在这儿，欺诈和守信是个人的两种行为、两种选择，如果就和你玩一次那肯定应该欺骗。为什么呢？假如你欺骗我，我的理性选择就是既然你欺骗我，那我就一定也欺骗你，这是理性的选择。假如你不欺骗我，你守约，那我就更要欺骗你，因为这样的话我会获得更大的利益。所以，无论对手守信还是不守信，你的选择都是欺骗。如果大家都欺骗的话，那么个人是理性的而集体是非理性的，到处是陷阱就没有人会有好日子过，我在这个领域欺骗你，你在那个领域欺骗我，这就是集体非理性。这样的例子太多了，价格战、广告战、军备竞赛、人民公社等。在人民公社中，个人理性的选择是偷懒，但是人人都偷懒的话集体就非理性了。这是一个非常经典的个人理性导致集体非理性的例子。那么怎么办呢？你看决策者都没有犯错误，原因是什么？就因为它是短期的、一次性的博弈，没有长期的打算。换言之，短期的一次性的博弈肯定欺骗是最好的，但是如果是长期博弈、重复博弈，不知道何时为止的博弈的话，合作应该更好。博弈论告诉我们，长期、无限期的博弈有合作的可能，因为有惩罚对方的机会，所以诚信在长期的博弈中是可能的。现在我们的产权保护、产权界定，都是希望个人有一个长期的预期。如果没有这种产权保护、产权界定，人总有一种害怕的心理：认为我的这个财产不一定什么时候就不属于我了，那他就没有长期的打算，那他的行为就是短期的，这个社会诚信就会很难建立。

记者甲：关于吃剩饭的现象，我们都知道吃剩饭的现象在中国当前的经济形势下还是存在的，尤其是在一些经济状况不太好的家庭中，那我在书中看到您用收益、风险这样的理论把它们提炼出来比较，那您能再给我们讲一下吗？

王：这个好像有点误会了，我不是反对吃剩饭，我反对在已经吃饱的情况下再勉强多吃，这有个成本收益的比较。剩饭能吃，毕竟我们国家还不富裕，如果可以的话留到下顿饭吃是没有问题的，但现在出现什么情况呢？比如说出去吃大餐，已经吃饱了还要劝各位多吃，这就是浪费。我的前提是如果剩饭不便保存又不能拿它交换的时候，剩饭就变成了沉没成本，那么理性的做法就是忽略它的存在。比较多吃的成本收益：成本先是身体上的难受，接下来是对身体一系列的破坏，据说八分饱对身体最合适，那你现在十分或者十二、十五分，破坏性地穿肠而过就不是浪费吗？而且这其实是更大的浪费，我最后的一句话，把剩饭扔掉看作是浪费，把剩饭破坏性地穿肠而过看作节俭不是理性的思维。关于剩饭的问题，我有一个已故的师兄叫李笠农，他对剩饭还有一个更经典的比喻，他认为剩饭是由不确定性带来的，这个剩饭不是说我做饭的时候就准备把午饭和晚饭带出来，那个不叫剩饭，是准备下次吃的，剩饭是出乎意料忽然间剩下的。这个未来有不确定性，比如家里经常有人光顾的时候我就应该多做一点，或者家里就三口人，这个时候谁多吃点少吃点，这个都很难把握。如果两个人生气了，饭就剩下了，碗也撂下了，这个也经常有。由于不确定性的存在，做的饭就不可能毫厘不差，那剩下的饭因其价值已经实现了，就是一个保险的功能，就好像做一条裤子要一米一的布料就够了，你为什么买一米二？那是一种保险而不是浪费。反过来也不难理解，剩饭就算现在已经扔掉了，但是它实现了保险的价值。我还反对同学们故意剩饭，我所说的剩饭一定是由不确定性带来的。这个沉没成本一定要发生在事后，事前能够控制的那就没有沉没成本。

记者乙：您的书中对铁路和航空的一些“霸王”现象进行了描述，并且从道德、法律还有经济的方面进行了分析，但是目前这些状况并没有多大改观，您认为这里面除了用经济、法律、道德因素外还有哪些因素在有形无形制约着呢？

王：一句话，我认为还是垄断的因素。我在文章里说了，现在航空公司基本上不允许外资进来，也不允许民营，基本上还是国有的几大航空公司。因为航空公司有个特点，就是没有更好的替代品，航空公司出售的就是快捷的特点，随着人们的时间成本越来越高，人们寻求快捷的时候除了这个别无他选，这个特殊的地位就决定了它处于一个垄断的地位。每当处于垄断地位的时候消费者的地位就会比较弱，垄断企业就会肆无忌惮地侵犯消费者的利益，但是随着竞争愈加激烈，比如铁路提速，高速公路成网。另外，如果允许外资进入，甚至允许民营，那么其垄断地位就会逐渐打破，我想这个自然就会好起来的，现在已经好很多。

记者甲：我们都知道遇到问题要多角度分析，但是事实上要完全做到是很难的，就比如您在书中提到的举报与索要报酬的实例，您是从经济、道德、法律还是其他方面来看这个问题的？

王：我就是从经济学一个角度来看，有点职业习惯吧，应该是多角度的，但是经济学者还是会偏重经济学的角度。那个例子中农民认为不能举报，或者举报也可以但不能为了钱，更不能给你 10 000 元钱，你还讨价还价要 15 000 元，趁火打劫不太光彩。前些天我看了中央电视台播的这个案例，举报的那个人到现在白天还不敢回家，夜晚才敢回来。举报人至今为止还是有家难归，像做贼一样的。我认为不该这样，你不能要求每一个公民都是甘于奉献、出于公心、伸张正义的，也许有些人纯粹就是为了举报费而举报，但我认为这也是合理的，因为有偿举报比无偿不报对社会更好。有些人就是有偿就报而无偿就不报了，报就降低了搜寻成本，打击了犯罪，净化了社会风气。我觉得制度还是应该允许这样的图酬举报行为。

记者乙：下面一个问题也是很多同学都比较关注的一个问题，请王老师给我们说一下在您学习经济学的过程中哪些文章或者经济学家对您的影响至深？在这个过程中哪些对您灵感的启发有帮助？

王：这个应该说太多了，我学习经济学时正值20世纪80年代中期，当然如果有机会的话，我还要写篇文章说说这个话题。我的启蒙老师就是汪祥春老师，20世纪80年代中期他给研究生讲经济学，我立刻就被经济学的博大精深吸引住了，而当年我能找到的书就是萨缪尔森所著《经济学》的第10版。接下来一步一步走到经济学这个领域，现在自己研究讲授经济学也有十几年了。对我影响很深的书太多了，也许我自己本身水平不太高，我对这些经济学家、大师们基本都是仰视，高山仰止；对他们的作品经常会废寝忘食、拍案叫绝、钦佩得五体投地，这种时候太多了。无论是亚当·斯密的社会化分工理论，李嘉图的比较利益理论，奥尔森的集体行动逻辑，还是塔洛克的寻租理论，凯恩斯的相机抉择，弗里德曼的货币主义，包括最近我正在看的诺斯的新经济史，这些都非常好。另外，哈耶克的自发秩序，每一次看的时候我都在想，我们为什么不早一点看，如果早一点学习这些经过历史验证的理论，那么我们这个国家就少犯很多的错误。我还有这样的体验，当我和哪一个经济学家比较熟的时候他的书我就特别爱读，像张五常老师、黄有光老师、周其仁老师、梁小民老师，还有我特别喜欢的张维迎教授，我曾经在北大听他讲授过博弈论，对他的文章也特别喜欢。因为和这些人认识了，再读他们的文章就会有一种亲切感，读起来非常舒畅。

记者甲：刚才交流中您提到很多敬仰的人，那么您经历过的岁月如学习、知青、工作等，对您影响最大的人和最重要的经历是什么呢？

王：影响最大的人当然是我先生啦，为什么呢？人生不一定哪一个拐点就会让你走到这条路上了。当年我和我先生一毕业的时候都是在长春，因为内蒙古通辽市归吉林省管，作为吉林省的考生，从哪儿来回哪儿去。我先生是大连理工大学毕业的，我们两个一起分到长春，分到那里以后我先生就觉得那里太冷，在大连读了四年书以后对长春的气候就觉得不适应了。我跟他一起来到东北财经大学，才有可能讲授经济学，一步一步走到今天。所以，我觉得他是一重要的拐点，如果我嫁的不是他而是另外一个人，恐怕跟经济学注定无缘了，所以对他的这个功绩是没齿难忘的。

记者甲：您认为人生的哪个阶段对您来说非常重要？

王：不能说人生哪个阶段重要，哪个阶段不重要，都很重要。例如，我经历过“文化大革命”，对我来说，那段经历非常重要。你知道那时的社会是什么样子，人与人之间的关系是怎样的吗？到现在你们一定都是无法想象的。像我的一个姨姨和姨夫，就因为是两派的，所以这两个人饭都吃不到一起。那个时候吃饭前念毛主席语录都是发自内心的，毛主席逝世的时候有多少人痛不欲生，救护车一辆接一辆，你不身在其中，真的无法想象很多事情。另外，知青那个阶段也很重要，那时你才知道什么是农民，什么是国情，生活很丰富，所以没有知青那段经历我不可能对农民有那么深的感情。我在《解读温州的企业家》《理性的索酬举报》等中都讲到农民问题。我前言中也说了，字里行间都渗透着我对中国农民的感情和同情，显然知青这段经历很重要。大学阶段也很重要，我大学本科学的是数学，而且我的同学都非常优秀。后来在华中工学院的这段经历也非常好。我儿子今年考大学，报志愿时我对他说你一个北方人如果没有在南方的一段生活经历，那基本上不圆满。那个南方不是说你去做客，两个月，三个月，至少在那生活几年，你才知道什么叫文化，什么叫秀美的山川，都非常好。就像我在华东的时候，就感觉我的人生一下子就打开了一个很大很大的窗口，北方一下到南方，而且设身处地，这是苏东坡，那是李白。人生经历，哪段都很重要。为人妻，为人母，都很重要。

记者：大学阶段您最大的收获是什么？

王：我的大学阶段和你们不太一样，我们不是从校门到校门，像我上大学时都已经 23 岁了，在农村已经待了三年。那个时候我们已经有了一定的社会阅历，而且是社会底层的阅历，所以非常珍惜上大学的机会。我是“文化大革命”后恢复高考的首届（77 届）大学生，当时学风非常好，大学阶段最重要的就是打下了一个坚实的根基。

记者：刚刚您说了您的经历，可不可以谈谈原创性思维的火花，现在有网友有一个问题：他是本科生，正在学论文写作，但西方的大部分学者都是遵循西方规范式的写作方法，强调的是用经济学解释为什么和工具的科学性以及推理的逻辑，而您的文章大多是对生活现象的一种微观的分析。他觉得西方的写作方法好像缺乏原创性思维，结论往往大家都已知道，您认为哪种更好，哪种适合他这个在校学生学习？

王：经济学最重要的还是思想，但是工具也很重要。经济学作为一种科学，科学是没有国界的，你要和人交流，而目前流行的交流方法就是模型（一种数学方法），所以你们这代人，尽量在方法上与国际接轨，在交流上就没有障碍，但是现在有一点过。国外有些教授和学生也在抗议，说太注重模型有点本末倒置，思想是最重要的，工具是为了更好地保留和传播这种思想。如果靠模型来唬人，搞花拳绣腿，讲大家都知道的常识，这就没意思了。数学不会误读，是科学的，至少没有歧义，所以经济学用数学来表达，好处是很多的。另外，同学们不要认为我所有的文章都是这样的文章，我还有博士论文，那就是用非常规范的经济学语言，用数学模型来表达的，而且也有学术上的文章，但我还是更喜欢写经济学散文。

记者：在您的课堂上经常有这样的现象：有些同学没有座位，直接坐在窗台上听，很多人要提前去占座，您看到这些，有什么样的感受？您在这方面的优势是什么？

王：这正是我始终坚持在本科课堂上的最主要的原因。看着这么多年轻的学生能够这么喜欢经济学，投入这么大的精力，而且我也知道有人是反复在学，我是非常高兴的。不能仅用高兴来形容，这是我工作的一个动力。我现在是正教授，每年规定的工作量是140学时，但现在我的工作量达到700多学时，一个人干五个人的工作量，常常是从早到晚都有课，回家以后精疲力竭，但让我支撑下来的正是同学们的这种精神。同学们付出很多，空气又不好，还要提前一两个小时占座，得对得起这些同学。另外，有这么多同学捧场，这么多同学认同，我更应该好好对待自己的工作。我在课堂上经常引用曼昆的名言：“讲授经济学如此有趣，令人奇怪的是经济学教授居然还赚钱。”曼昆认为经济学教授就不应该赚钱，你在讲授中获得的乐趣足以弥补你讲授的成本。讲授经济学确实是趣味无穷，令人享受的。择业要找一份自己喜欢的工作，做自己喜欢做的工作，工作就是闲暇。经济学定义的闲暇就是“干你喜欢干的事”。虽然工作是闲暇，但现在有点边际效率递减，有些透支生命、透支健康，有些疲于奔命。从长期考虑，不应这样，这属于掠夺性地使用资源，不符合长期利润最大化这个原则，而且从学校可持续发展的角度来说也不科学。

记者：您怎么看待我们这一代被称为“摇滚”“颓废”的大学生，还有“学习热”，对于一些是为了考研才去听您的课学生。您是怎么看的？

王：都理解。一个是为了更好地生活；一个是为了学问，这两个都好。我希望他们梦想成真。对当代大学生的看法，我在书的前言里说了，是长江后浪推前浪。你们现在的经济学背景要完善得多，功底要好得多，外语非常好，数学非常好，学过地理、历史、物理、化学，我上小学时遇上“文化大革命”，整个一片空白，到现在我搞经济学都有很多很多难以弥补的东西。比如我正在看《经济思想成长》或《经济学说史》这种东西，一个思想可以追溯到亚当·斯密，追溯到古希腊、古罗马，但我却不知道当年的古罗马、古希腊是什么背景，只能回头再读世界史。开始读世界史时读不进去，正好我的孩子刚上高中，他就给我讲，画地图，靴子形的是意大利，意大利的七丘之山是最原始的古罗马，然后有新三巨头，后三巨头，怎样建立了罗马帝国，怎样把地中海变成内湖，最后他给我一句话：“妈，社会科学是相通的。”所以想想后代都是这样的，我确实感到一种恐惧。严格说来，我不够格，这不是谦虚，上课时错别字常有，这都是小时候“文化大革命”造成的。我们这代人搞经济学远不如新一代。你们的知识结构，你们的机遇都非常好。我们当时都没有书读，现在多好，书多得都读不过来。

记者：下面是我们这次访谈的第二个环节，我们在论坛上面征集了好多网友的问题，下面请王老师抽取一个幸运网友，并进行赠书仪式。

网上提问：您把经济学寓于简单的生活之中固然很好，可以让更多的人了解经济学，但是作为经济学博士的您写这篇文章会不会耽误您深入研究经济学？如果所有经济学家都像您一样，是不是会失去获得更好的经济学成果的可能。

王：当年开始写经济学随笔的时候，周围也有这样的声音，认为经济学博士写这样的文章掉价。这就要看怎么来理解经济学了。首先，经济学者必须有分工，有的人能够使用规范的经济学语言研究经济现象，可以创造一些理论；有的人擅长宣传经济学，普及经济学。我基本属于后者，以宣传和普及经济学为己任。科学说到底就是要影响人们的思维，给人们提供看待世界的一个角度。现在我们的生活缺乏理性，缺乏经济学的常识，需要学者用通俗的语言，让公众了解经济学的理念，学会理性地看待世界。我觉得这个工作很伟大，也很重要。我的优势是数学系本科毕业，我也会用专业的规范化的数学语言写文章，但我绝对写不进国内前一千名，我认为国内有一千个人排在我前面。以我的经济学背景和我所处的大连这样一个环境，我认为写规范的经济学论文比较优势不大，但我写经济学随笔，我相信我前面不会有一百人。当然，有种人既能宣传经济学，又能创造经济学，有突破性的贡献，这只能是张五常教授这样的天才了。

网上提问：请问王教授写经济学散文需要注意些什么？

王：现在经济学有两个趋势：一个是规范化、数学化；另一个是通俗化。写经济学散文：第一，你要有非常深厚的经济学功底，你才能用浅显通俗的语言写出经济学散文，但现在有的经济学随笔基本上是理论的滥用、错用。有句话叫“真佛只说平常话”，但是“说平常话的又不都是真佛”。经济学随笔运用通俗的语言，但通俗中却不能丢失深刻。第二，你一定要有话可说，不能无病呻吟。我先后在《中国第三产业》、郑州的《市场经济导报》中做过专栏作家，干了两年不干了，为什么？专栏作家到时候你就得给人家一篇文章，免不了“挤”文章。这样的文章不会写得太好。一定要有话要说，有感而发。当有东西触动你时，你用经济学去发现意料之外、情理之中的事情，才有真情实感。一定要有一个独特的视角，有别于哲学思维，有别于大众思维，有别于社会学思维，这才能体现出经济学的价值。第三，文章跌宕、起承转合，诱着人家能读下去，有趣味、有想象力、有文采，这三点都很重要。

附录A

经济学原理

经济学是什么？

一般的教科书都认为经济学是资源配置的科学。资源是指生产过程中的一切必不可少的投入，包括劳动、资本、土地、企业家才能、知识、信息等，资源就是生产要素。遗憾的是资源是稀缺的，也就是相对较高的需求欲望，资源是不够用的，因为资源有限，它不能取之不尽、用之不竭。而人类的欲望是无限的，人类总是不满足现状，正如中国有一成语——欲壑难填。资源有限，欲望无限，人类就面临一个难题——无法用有限的资源满足无限的欲望。

所以在选择时就得有所为有所不为，经济学就有了舞台。经济学也不能用有限的资源满足人类无限的欲望，经济学能做到的是最大限度地满足人类的欲望，这就是效率。资源不但稀缺，而且有多种用途，也就是同样的资源，既可以干这件事，也可以干那件事，例如既可以生产民用品，也可以生产军用品，但是如果用它生产了民用品，就不能生产军用品了，这就是经济学中非常有名的黄油和大炮的替代。

经济学最有名的概念是机会成本。什么是机会成本？简单地说就是有所得必有所失，所失是所得的成本。换句话说，就是在资源一定的情况下，我们做不到鱼和熊掌兼得，选择鱼就得放弃熊掌，放弃熊掌的收益是选择鱼的成本。了解了机会成本的概念，我们在使用资源、占有资源的时候就要考虑一下，它有没有其他用途，其他用途的收益是目前用途的成本，资源要配置到机会成本最高的领域。资源稀缺，使用资源有机会成本，经济学概念就是“如何利用资源，最大限度地生产满足社会需要的产品，并把它们在人群中做出分配”。这个概念告诉我们，经济学干两件事：资源配置和收入分配，也就是做蛋糕和分蛋糕。做蛋糕追求效率，效率是指想方设法地把财富的蛋糕做大。分蛋糕追求公平，起码分配方案可以被社会接受，效率和公平是经济学两个永恒的目标。

经济学还有一个定义是选择的科学。俗话说“选择比努力更重要，选择不对，努力白费”。美国诺贝尔经济学奖获得者哈耶克在 1944 年写了一本书，名字是《通往奴役之路》，他认为，计划经济剥夺个人选择的自由，就是奴役了人民。市场经济最大的特点就是把选择的自由交到个人手中，只要不危害社会、不影响他人，个人就拥有比较充分的选择自由，命运掌握在个人手里。勤劳、富有智慧的中国人就创造了一个奇迹。有了选择的自由，我们还要掌握选择的科学，否则无法做到科学、理性地选择。我们为什么要学物理和化学？是因为它们和生活息息相关。经济学和生活关系密切的程度超过了物理和化学，因为人生就是不断选择的过程。“决定我们是谁的，不是我们的能力，而是我们的选择”，这是经济学中的一句名言。经济学最重要的不是那些深奥的模型，而是理念、思维、哲学，它完全可以用通俗的语言、生动的故事来诠释。经济学是善事的利器，它可以走下学术的神坛，走进平民百姓的生活中。勤劳、富有智慧的中国人如果能插上理性的翅膀，中国的未来将不可限量。

此外，经济学给我们打开了一个看世界的窗口，它可以借我们一双慧眼。当我们学会用经济学思维重新审视世界时，会得到意料之外、情理之中的启发。现在是学习型社会，社会发展千变万化，不学习就无法跟上时代的步伐。学习就是不断地完善自己的知识结构，而现代经济学常识应该是其中的一部分。本书希望帮助大家了解基本的经济学常识，形成比较好的经济学思维，帮助大家在纷繁复杂的世界中做出正确的选择，少走弯路。北京大学张维迎教授说过：“你没有必要成为经济学家，但是知道经济学是怎么思考问题的对你有好处，无论你今后干什么，你不会后悔学过经济学。”

经济学十大原理

经济学是善事的利器，在所有的社会科学当中，经济学的科学性是最高的。它框架清晰、逻辑一致，具有非常好的解释和推测能力。美国经济学家曼昆在多年前写了一本书《经济学原理》。开篇他就把经济学总结为十大原理，这十大原理将使你终身受用。这本书简单实用，初学者容易学习。翻译的学者是国内非常有名的经济学家梁小民教授。

关于如何做好选择，有如下四个原理。

原理一：人们面临着交替的关系。经济学的第一个原理一定是最重要、最基本的原理。它真实的含义是，由于资源稀缺，人们选择的时候，鱼和熊掌不可兼得，必须学会放弃。西方有句名言："一切都有，一切没有。"你什么都想要，最后就什么也得不到，舍得是先舍后得。选择时要把选择权交给个人，因为每个人的偏好不一样，有的人看重权力，有的人看重财富；有人看重闲暇，有的人看重自由。个人在选择的时候要问自己内心深处最在意什么，要得到在意的东西，其他的就要放一放。比如你选择了权力，就不要再去贪婪财富。

原理二：某些东西的成本是为了得到它而放弃的东西。这是机会成本的概念，简单地说，有所得就有所失，所失就是所得的成本。世界上没有免费的午餐，我们在选择的时候，由于资源稀缺，做不到鱼和熊掌兼得。选择鱼就得放弃熊掌，放弃熊掌的收益是选择鱼的成本。因此，我们在使用一种资源的时候，一定要思考它还有没有其他用途，其他用途的收益是目前用途的成本，资源应该配置到机会成本最高的领域。比如有一个学者的学问非常好，非常有创造性，同时他做饭也比较好，如果让这个学者自己做饭，就影响了他专心去做学术。因此，聘用助手或雇用保姆对他来说可能是最好的选择。

原理三：理性人考虑边际量。边际这个概念给经济学带来了一场革命。什么是边际？就是最后一个，或者是追加一个。如果一共有十杯水，第十杯水就是边际产品。决策时只要边际收益大于边际成本，这件事就应该干。比如航空公司的固定成本大、变动成本小，边际成本差不多是零。也就是多上一个乘客，给航空公司增加的边际成本不到 20 元。如果航空公司让这个乘客花 200 元坐飞机，航空公司的边际利润是 180 元。在决策的时候，不是总成本和总收益的比较，不是平均成本和平均收益的比较，而是边际收益和边际成本的比较。只要边际收益大于边际成本就是值得选择的方案。在经济学的思维中，少亏就是赚。虽然总收益小于总成本，肯定是亏损了，但是边际收益大于边际成本方案的选择，会让亏损减少。

原理四：人们会对激励做出反应。也就是有什么制度就有什么行为，说假话能升职，说真话的人就少了。“楚王好细腰，宫中多饿死。”如果个人拒绝对激励做出反应，往往是伤痕累累、得不偿失。人无法和制度抗衡，制度设计者要心明眼亮，不要激励人们干那些没有意义的事。比如大学普遍重视科研，因为大学的各种评估和排名一般都以科研成果为主要依据。以往出现过一系列评价标准：有时候是以字数多少为标准，学者的文章就容易又臭又长。有时候是以文章数量多少为标准，学者写的文章就容易又多又短。现在是按学术杂志的级别为标准，就难免出现找关系，甚至花钱上高档次杂志的行为。这种急功近利、短平快的评价标准很难激励学者心无旁骛地把学问做深入。用计件的方法评价学者的研究成果也比较荒唐。但是现在其他标准没有制定出来，人们也得对激励做出反应。制度设计要把个人对激励的反应考虑进去，设计出个人利益和社会利益激励相容的制度，让人们在追求自身利益最大化的同时实现社会利益的最大化。

关于人们如何贸易，有原理五、原理六、原理七。

原理五：贸易能使每个人的状况更好。没有欺诈、没有胁迫的贸易一定是双赢的，自由的贸易不仅是物有所值，而且是物超所值。经济学有一个概念称为“消费者剩余”，是指消费者在交换过程中获得的净福利，是消费者愿意付出的价格和实际付出价格的差额。比如我愿意为搬家付出的价格为 1000 元 ~2000 元。但是 2003 年我实际搬家的时候，搬运一大车东西的市场价格不到 200 元。可见，社会化生产分工带来的消费者剩余是非常大的。现代经济学认为交换也创造价值，常言道“物以稀为贵”，哪怕是以物易物的交换，也是以余济缺，即用你多余的东西换取你缺少的东西，当然创造价值。

原理六：市场通常是组织经济活动的一种好方法。经济学中的好是指有效率，市场在资源配置过程中能够提高效率，是经济学的常识。同样的资源，制度不同，财富创造存在巨大的差距，制度也是生产力。亚当 · 斯密所著《国富论》的一个伟大的贡献，就是论述了市场这只“看不见的手”可以有效率地配置资源。它能够产生非常完善的约束和激励机制，鼓励人们努力地创造财富。因此，我们要坚持市场化改革不动摇。当然，市场不是万能的。当出现垄断、外部性、公共产品的时候，市场也会失灵。

原理七：政府有时可以改善市场的结果。政府在市场经济当中也是大有可为的，是有为的政府与有效的市场结合，才创造了令世界瞩目的中国奇迹。在我国改革开放的过程中，既有自下而上的自然演进过程，也有自上而下的顶层设计。目前，我国出现了地方政府之间的激烈竞争，可见无论是中央政府还是地方政府，在促进经济增长方面都能起到了非常重要的作用。当然政府的错误政策和行为也必然导致经济的倒退和停滞。

关于国民经济原理，有原理八、原理九和原理十。

原理八：一国的生活水平取决于它生产物品与提供劳务的能力。这个原理告诉我们什么是财富，创造财富的能力是真正的财富。一个国家和地区要想长远发展，必须高度重视实业。如果满足于虚拟经济，将大量的资源用于炒房、炒地、炒金、炒银，社会财富就会大量地减少。连美国这样的国家也要把实业拿回来，因为创造财富的实体经济是国民经济的支柱。社会各界都要有这样的意识，尊重做实业的企业家，生产要素包括资金和人才，也应该向做实业的企业倾斜，这样才能保证我国的经济增长有坚实的基础。

原理九：货币发行过多会导致通货膨胀。这是诺贝尔经济学奖获得者弗里德曼的观点，他认为通货膨胀就是一种简单的货币现象，太多的货币追逐太少的商品。导致通货膨胀的原因有很多，如需求拉上，就是总需求过旺造成通货膨胀；成本推进，就是生产要素价格上涨导致通货膨胀。另外，货币发行过多也是导致通货膨胀的重要原因。目前我国的宏观经济政策主要是对付衰退和解决就业，但是也要警惕通货膨胀，特别是基础货币的发行量超过ＧＤＰ总量时，通货膨胀的压力就会比较大。

原理十：社会面临通货膨胀与失业的短期交替关系。通货膨胀固然不好，它可能造成恐慌，容易引发挤兑、抢购的风潮。货币说到底是一种信用，通货膨胀容易导致信心的崩塌，使投资减少，从而导致经济增长的后劲不足。失业也是一个严重的社会问题，失业率高的时候，犯罪率高、离婚率高、自杀率高。失业对人的打击不仅仅是经济方面的打击，还会让人产生被社会抛弃的感觉。因此，各国政府宏观调控的第一要务是解决就业问题，我国政府提出了“六保”和“六稳”的方针政策。第一条是保就业和稳就业。经济学告诉我们，解决失业问题不是免费的午餐，扩张性财政政策和货币政策有利于经济走出低谷和解决就业问题，但是也会引发通货膨胀。因此，政府在保就业和稳就业的政策实施中也要充分考虑其代价。

附录B

经济学家小传

亚当·斯密传奇的一生

被称作“现代经济学鼻祖”、写下《道德情操论》《国富论》的亚当·斯密，一生非常传奇。1723 年 6 月 5 日，亚当·斯密出生于苏格兰法夫郡的柯卡尔迪。这是一个只有约 1500 个居民的小渔村。他的父亲也叫亚当·斯密，是一个律师，也是苏格兰的军法官和柯卡尔迪地区的海关监督。不幸的是，亚当·斯密还没有出生，父亲就去世了。他的母亲玛格丽为纪念丈夫，给儿子也取名亚当·斯密。年幼的亚当·斯密体弱多病但好学勤奋、成绩优异，在学校中以对书籍的热爱和超人的记忆而引人注目。

亚当·斯密 14 岁考入苏格兰最有名的格拉斯哥大学，这个少年大学生，要学习拉丁文、希腊文、逻辑学、数学、道德哲学等，五年后可以得到硕士学位。在格拉斯哥大学，对斯密影响最大的是哈奇森教授。哈奇森教授是当时席卷欧洲的“启蒙运动”在苏格兰地区的代表人物，被后人称为“苏格兰哲学之父”。

哈奇森讲授道德哲学，他是第一位不用拉丁语而用英语授课的老师，不带教材，不拘泥于陈规，讲课生动有趣。哈奇森对自然秩序的乐观看法深深地影响了斯密，斯密称他是“永恒的哈奇森”。哈奇森也注意到了斯密的天赋，把斯密写的一篇关于《人性论》的摘要寄给了作者大卫·休谟，休谟非常高兴地送给斯密一套《人性论》，之后休谟和斯密便建立了深厚的友谊。

大卫·休谟是苏格兰哲学家和历史学家，是苏格兰启蒙运动及西方哲学历史上最重要的人物之一。休谟和斯密的友谊延续了 25 年，两个人都没有结婚。斯密称休谟是最杰出的哲学家和历史学家。休谟以人性作为研究经济学的出发点，采用历史的研究方法，主张自由贸易。他的著名代表作是《人性论》，主张“道德和政治的基础是自利心”，这对年轻的斯密影响巨大。斯密在格拉斯哥大学如鱼得水，成绩非常优异。入学三年后他就拿到了奖学金并转到牛津大学去学习，这笔奖学金是由教会颁发的，格拉斯哥大学有五个学生获此殊荣。

在牛津大学的六年，亚当·斯密过得非常不爽，其一是源于经济上的捉襟见肘。40英镑的奖学金很难满足正常的学习和生活需要，以至于在这六年间，他没有钱回家和母亲见面，这对一个从小和母亲相依为命的孩子来说，是非常残酷的。其二是源于牛津大学不重视教学工作。格拉斯哥大学的老师非常重视教学工作，因为他们的收入和所教学生人数直接挂钩。而牛津大学有相当多的老师很少上课，斯密在《国富论》中这样写道："这所大学的大部分教授，为了传授他们认为正确的道义，甚至完全放弃了教学的原则。"其三是源于当时的牛津大学观念保守、简单粗暴。牛津大学是英国传统名校，教会的势力、国王的势力在这里相当稳固，对于追求自由平等的启蒙思想非常排斥。有一次亚当·斯密几乎被学校开除，原因是在他的房间里发现了一套大卫·休谟的《人性论》。学校的教授认为，即便休谟是一位哲学家，读他的书也是不合适的。

斯密在牛津大学并未获得良好的教育，唯一的收获是阅读了大量的书籍。牛津大学的图书馆是欧洲最好的图书馆之一，藏书比偏远的苏格兰的格拉斯哥大学多得多。在牛津大学图书馆，斯密饱览了文学、哲学、历史等方面的书籍。六年如饥似渴地阅读为斯密打下了多学科的深厚基础，但是他在这两个大学都没有获得文凭。1746年，斯密从牛津大学回到了故乡柯卡尔迪，没有文凭，进入教会任职是不可能的，他找了两年工作，都没有结果。这可能是斯密人生中比较难熬的一段时间，因为他从小就是当地著名的品学兼优的好学生，是"别人家的孩子"。他去牛津大学的事情在故乡无人不晓，结果6年过去了，不仅文凭没有拿到，工作也找不到，这让他非常郁闷。

斯密决定去周围旅行，当他旅行到爱丁堡的时候，爱丁堡大学正在招聘英国文学讲师。于是1748年，斯密开始在爱丁堡大学担任讲师，他主讲英国文学、修辞学，也进行逻辑学、经济学、法学的演讲。他讲课虽然不如哈奇森那样生动，但是思想深邃、学富五车的斯密讲课时旁征博引、滔滔不绝，每次上课学生都爆满，立刻把爱丁堡大学的其他老师都比下去了。很快，整个苏格兰都知道有这么一个很厉害的英国文学讲师了。

1751 年，当斯密回到母校格拉斯哥大学担任教授，主讲逻辑学和道德哲学时，他只有 28 岁。当时在格拉斯哥大学，一个专业只能有一个教授，在逻辑学教授和道德哲学教授的位置上，斯密充分发挥了他的才干。他对课程进行了系统的改革，按照跟以前完全不同的方式讲课。他虽然在生活上心不在焉，但讲起课来慷慨激昂，对中世纪那些保守的思想大加鞭挞，把新的思想传授给学生，把他们带入其乐无穷的学术境界。接下来的 12 年他一直在格拉斯哥大学工作，他把讲授的道德哲学内容整理成书，1759 年以《道德情操论》为名发布问世。1762 年格拉斯哥大学授予他法学博士学位。

斯密因《道德情操论》一书声名鹊起，进入顶尖的哲学家之列。他把这本书送给了很多朋友，其中一位是查尔斯·汤森——后来的英国财政大臣。汤森让斯密带自己的继子——布克莱和科斯特公爵到欧洲游学，每年年薪 500 英镑，游学结束后终身支付其每年 300 英镑的酬劳，这优厚的待遇超过了斯密当大学教授的待遇。

1764 年，斯密带着年轻的公爵去欧洲游学，两年多的游学生涯让斯密眼界大开。当时休谟在英国驻法国大使馆工作，在他的介绍下，斯密认识了很多法国启蒙运动的代表人物。伏尔泰是著名的诗人，斯密称他是“法国最博学的天才”，伏尔泰就是“我不同意你说的每一个字，但是我誓死捍卫你说话的权利”和“当雪崩来了的时候，没有一朵雪花是无辜的”的原创者，留下很多名句。伏尔泰会见斯密之后，对他的朋友说:“这个斯密相当聪明，将来我们的成就都不如他。”

斯密还见到了写《忏悔录》的卢梭和重农主义的代表人物魁奈，魁奈是皇家的御医，但是他写了著名的《经济表》，反对重商主义强调的政府干预。魁奈在人类历史上第一次把社会经济的运转看成一个循环不息的系统。他把财富从生产到分配，再到消费，最后把剩余的财富投入再次生产的过程画成了一张表。在这张表里，社会财富在农民、地主、工人、商人等不同社会阶层之间不停流动，然后不断地增长。斯密拜访魁奈以后大受启发，感觉自己对经济问题的认识上了一个新台阶。当时法国的启蒙运动可谓波澜壮阔，是欧洲文艺复兴运动以后的第二次思想解放运动，内容是反封建、反教会，主张平等、自由，这种思想对斯密写《国富论》有很大影响。

此外，斯密欧洲之行的时间比较宽松，他给休谟写信称：“我现在很悠闲，想写一本书打发时光。”有钱有闲、富而后工，斯密接下来用了 9 年的时间撰写和修改《国富论》。他于 1767 年开始撰写，1773 年完成初稿，又用了 3 年时间修改。美国前总统富兰克林当时正在英国，他说亚当·斯密一段一段地讲述《国富论》，然后征求大家的意见。当时的斯密因为写《国富论》劳累过度，身体极度虚弱，他生怕自己历时九年的著作在他生前不会有出版的一天，于是委托休谟为遗稿管理人。1776 年 3 月《国富论》出版，5 个月后，休谟因病与世长辞。休谟去世前，指定斯密作为他的遗稿管理人。

《国富论》出版后引起大众的热烈反响，第 1 版第 1 次印刷后仅 6 个月就脱销了，然后很快开始重印。它的各种翻译本——德文、意大利文、法文等也纷纷出版。英国历史学家亨利·托马斯·巴克尔甚至认为它足以和《圣经》相提并论。除了英国本地，连欧洲和美洲也为之疯狂，世人尊称亚当·斯密为“现代经济学之父”和“自由企业的守护神”。历史学家阿诺德·汤因比说过一句话：“《国富论》和蒸汽机毁灭了旧世界，建立了新世界。”蒸汽机在生产技术上带来了革命，打破了旧世界的生产方式；而《国富论》则在人文思想上带来了革命，打破了旧世界的社会组织方式。

这部里程碑一样的鸿篇巨制为亚当·斯密赢得了很大的荣誉。有一次，斯密去参加一个聚会，与会人物包括后来成为英国首相的皮特。斯密到达后，大家为了欢迎他都站了起来。斯密请大家坐下，皮特代表大家说：“不，您先坐下，我们再坐，我们都是您的学生。”在经济学领域，无论学者如何争议，只要有人说“亚当·斯密是这么说的”，争论马上就结束了，他像“神”一样存在。

1778 年，亚当·斯密回到了爱丁堡任海关关长，年薪 600 英镑。他试图退掉布克莱公爵给予的每年 300 英镑的酬劳，但没有得到同意。海关关长每周要开四次会议，除此之外，斯密继续修改他的《国富论》，1778 年第 2 版出版，1784 年第 3 版出版。1784 年，他被任命为格拉斯哥大学的校长，但是当年 3 月，和他相依为命的母亲以 90 岁的高龄去世，这让斯密悲痛欲绝，没有去上任。1787 年他接受了格拉斯哥大学名誉校长的职位，同年被任命为爱丁堡科学院院士。

1790年，亚当·斯密去世，享年67岁。临终前他烧掉了自己的16卷手稿，他说："我对这个世界该说的话，已经说完了。"亚当·斯密被安葬在爱丁堡的坎农盖特教堂，墓碑上写了三行字："《道德情操论》和《国富论》的作者亚当·斯密安眠于此。"

天之骄子凯恩斯

1883年6月5日，约翰·梅纳德·凯恩斯出生于英格兰的剑桥郡。凯恩斯的父亲约翰·内维尔·凯恩斯是剑桥大学的一位经济学家，发表过《政治经济学的范围与方法》（1891）一书。凯恩斯的母亲弗洛伦斯·艾达·凯恩斯也是剑桥大学的毕业生，在20世纪30年代做过剑桥市的市长。凯恩斯5岁的时候，他的曾祖母曾经给他写过一封信，信中写道："凯恩斯，你的一生将非常聪明，为什么呢？因为你生活在剑桥。"

凯恩斯从幼儿时代就表现出非凡的数学天赋，不到10岁就学完了欧几里得《几何原本》的第一册，能用拉丁文写长篇散文，14岁以数学第一的成绩考入了每年只招收15个公费生、以培养王室和国家领导人为教学宗旨的伊顿公学。《凯恩斯传》的作者曾经这样描述他："这个人生下来以后就是一个天之骄子，他的一生都在以一种高高在上的姿态俯瞰整个时代和他的国家。"

1902年，凯恩斯从伊顿公学毕业后，获得数学及古典文学奖学金，进入剑桥大学国王学院学习。1905年，凯恩斯获剑桥文学硕士学位。毕业后为了准备英国的文官考试，凯恩斯又留在剑桥一年，学习经济学。凯恩斯的老师就是大名鼎鼎的马歇尔——新古典经济学的创始人。凯恩斯对恩师马歇尔有着深厚的感情，写过一本《马歇尔传》，是研究马歇尔的重要文献。凯恩斯感慨道："马歇尔通过他的学生，再通过学生的学生，使之在这个领域的影响达到了主宰一切的程度。"

1906年9月底，文官考试揭晓，凯恩斯以第二的成绩进入财政部印度事务部任职两年。他谈吐优雅，进退自如；他是数理化的优等生，又有着"艺术家”的气息；他有着一流读书人的头脑，竟然也能做精于人情世故的政客，就像他毕业时老师在评语中写的：“凯恩斯的天才使得他做什么事都能成功。”

因为不愿意做行政工作，1908 年 6 月，凯恩斯接受马歇尔的聘请，回到剑桥大学担任经济学讲师。1909 年 3 月，凯恩斯的学术论文《概率论》通过了学术委员会的评审，他当选为皇家学院评议员。1910 年，凯恩斯当选剑桥大学的经济学与政治学特别理事会会员并任理事会秘书。凯恩斯的父亲在 1908 年 6 月接替马歇尔出任这个理事会主席，这一时期凯恩斯父子左右着剑桥经济学界。

1911 年，凯恩斯担任《经济学》杂志主编。这个职位向来是由有一定的学术地位的经济学家担任的，而他只有 28 岁，两年后他又出任了皇家经济学会的秘书。第一次世界大战爆发后，1915 年凯恩斯应征回到英国财政部主管金融问题的 A 司任职，两年后任该司的主要负责人。1919 年，凯恩斯的《凡尔赛和约的经济后果》问世，迅速被翻译成多个国家的文字发行，这使 36 岁的凯恩斯成为国际知名人物，并在战后作为财政部的首席代表出席了巴黎和会。

会议期间他因为反对对德国过多的战争索赔而辞职回到剑桥大学，1921—1936 年，凯恩斯学术成果收获颇丰。特别是 1929 年资本主义世界经济危机爆发，那个时候整个西方世界找不到方向，不知道该怎么办，很多人认为马克思在《资本论》中所推断的资本主义覆灭已经到来。凯恩斯时任国家财政与工业调查委员会委员和内阁经济顾问委员会主席，面对传统经济学理论的无力，他要创造一个新理论，解释经济萧条现象并给出“药方”，他要挽救资本主义。

于是，他开始撰写《就业、利息和货币通论》，在于 1935 年 1 月 1 日写给萧伯纳的信中，他谈到自己基本上完成了《就业、利息和货币通论》：“我相信自己正在撰写一本颇具革命性的经济理论的书，我不敢说这本书立即——但在未来10年中，将会在很大程度上改变全世界思考经济问题的方式。当我的崭新理论被人们所充分接受并与政治、情感和激情相结合，它对行动和事务所产生的影响虽然难以预计，但是肯定会产生一个巨变。”

诚如凯恩斯本人所预期的，该书一出版，就引起了西方经济学界的轰动，有人将他的理论誉为一场像哥白尼在天文学上、达尔文在生物学上、爱因斯坦在物理学上一样的革命。

保罗·萨缪尔森在著名的《经济学（第10版）》中写道："新古典经济学的弱点在于它缺乏一个成熟的宏观经济学来与它过分成熟的微观经济学相适应。终于随着大萧条的出现而有了新的突破，约翰·梅纳德·凯恩斯出版了《就业、利息和货币通论》，从此以后经济学就不再是以前的经济学了。"

1940年正值第二次世界大战，凯恩斯写下《如何筹措战争经费》，因为他的贡献，1942年英国皇室授予他"勋爵"爵位。他在二战期间担任英国财政部顾问，并于1944年率领英国代表团出席了布雷顿森林会议，积极筹划国际货币基金组织，1945年作为英国首席代表到美国为英国争取几十亿美元的贷款，用于战后经济恢复。1946年凯恩斯被选为世界银行的第一任总裁。在整个西方世界面临的所有重大经济问题上，都能听到凯恩斯的声音。

凯恩斯除了作为经济学家的光芒万丈，他还是一个精力充沛、兴趣广泛，在许多方面都有成就的学者。他爱好文学艺术、喜欢收藏、精于桥牌，是一个天生的商业奇才。他担任"全国互助人寿保险公司"董事长17年，每年年底时都会给股东写一封信，告诉大家过去一年欧洲和英国的经济发展怎么样、这家保险公司为股东产生了多大的收益。此外，他也继承了英国数百年的"小册子作家"传统，写作了大量关于时事分析的小册子。

凯恩斯是一个成功的投资者，他每年在皇家学院的各种收入加在一起还不到200英镑，但借助投资活动，他的个人资产迅速增加。到了1945年年底，他的总资产超过45万英镑，相当于现在的几千万英镑。1925年，凯恩斯与苏联芭蕾舞演员莉迪亚结婚，夫妻恩爱，没有子女。

凯恩斯出生在一个知识分子的家庭，是暴力革命的反对者。对于怎么样的人生是完美的人生，凯恩斯认为，"出生在产床，生活在机床，死在病床"是一个新生中产阶级最好的状态，他不希望人民生活在一个充满战争和暴力革命的环境中。

在凯恩斯官方传记作家罗伯特·斯基德尔斯基笔下，他被喻为《荷马史诗》中"说话温和、头脑机智和谨慎小心"的古典传奇人物奥德赛——他听见了海妖的歌声却不为其所惑，而是小心地避开礁石和暗涌。哈里·约翰逊曾经目睹凯恩斯在剑桥政治经济学俱乐部的表现。凯恩斯光彩夺目、熠熠生辉。他坐在一把扶手椅上，双腿放在前面，他的腿很长。旁边桌子上有草稿，但是他几乎从来不看。他做了一个精妙的演讲，结构优美，每个句子都好像一句散文，每一段都抑扬顿挫。”伯特兰·罗素说:“凯恩斯是我所见过最敏锐、最有条理的，当我和他争论时，很多时候我都觉得自己有点傻。”

1937 年，凯恩斯得了严重的心脏病，身体每况愈下。他的妻子莉迪亚成了他的专职护士，一直照顾他。1946 年 4 月 21 日，凯恩斯不幸去世，享年 63 岁。妻子莉迪亚说:“现在我没有了他，只剩下孤孤单单一个人，光芒都已消失了，所以我悲伤、我哭泣。”

凯恩斯的一生经历了他的祖国英国的大起大落。当他诞生的时候，大不列颠帝国在全球有很多的殖民地，是“日不落帝国″；但是当他去世的时候，英国已经变成了一个二流国家，英镑被美元替代，美利坚合众国替代英国成为全球经济的新霸主。凯恩斯 63 年的生命经历了两次世界大战，他试图去拯救满目疮痍的祖国。

他给自己写的墓志铭是:“不用为我悲哀，朋友，千万不要为我哭泣。因为，往后我将永远不必再辛劳。天堂里将响彻赞美诗与甜美的音乐，而我甚至也不再去歌唱。”

凯恩斯留下遗嘱，要求把他的骨灰撒在他和莉迪亚最喜欢散步的山坡上。26 年后，莉迪亚去世，也要求把骨灰撒在同样的地方。

凯恩斯去世后，英国《泰晤士报》为他撰写讣告:“要想找到一位在影响上能与之相比的经济学家，我们必须上溯到亚当·斯密。”连长期与凯恩斯进行理论论战的学术对手哈耶克也在悼念凯恩斯的文章中写道:“他是我认识的一位真正的伟人，我对他的敬仰是无止境的。这个世界没有他将变得更糟糕。”

半个多世纪后，凯恩斯官方传记的权威作者罗伯特在其 1000 多页的《凯恩斯传》中写道:“思想不会很快随风飘去，只要这个世界需要，凯恩斯的思想就会一直存在下去。”

凯恩斯逝世 52 年后，在 1998 年的美国经济学会年会上，经过 150 名经济学家的投票，凯恩斯被评为 20 世纪最伟大的经济学家。

哈耶克：自由主义的捍卫者

哈耶克是英国籍奥地利裔经济学家和政治哲学家，以反对计划经济、凯恩斯主义和集体主义而著称，是新自由主义的代表人物。1974 年获得诺贝尔经济学奖，代表作有《通往奴役之路》《个人主义与经济秩序》等。他是奥地利学派的代表人物，对市场经济理论、市场机制的运行过程研究得十分深入。他一生发表了 130 篇文章和 25 本专著，涵盖的内容范围从纯粹的经济学到理论心理学，从政治哲学到法律人类学，从科学哲学到思想史，是一个坚定的自由主义捍卫者。

1. 奥地利的时光

1899 年 5 月 8 日，弗里德里希·奥古斯特·冯·哈耶克出生在维也纳一个富裕的知识分子家庭，其外祖父弗兰茨·冯·尤拉舍克是奥地利著名经济学家，与维也纳大学奥地利学派鼻祖庞巴维克是朋友，哈耶克的母亲继承了丰厚的遗产。他的父亲在政府的社会福利系统里担任医生，还发表过植物学论文。少年的哈耶克学习成绩不好，14 岁的时候，因为数学和外语不及格，留级一年，属于那种“很聪明，但不用功学习”的学生。除了学习成绩不好，哈耶克在少年时代非常快乐，他爱好摄影、滑雪、帆船、攀岩、戏剧等。闲暇时光，一家人经常去野游，每天晚餐之后，他和母亲会静静聆听父亲大声朗读席勒、歌德的剧本。

平静、幸福的生活被第一次世界大战所摧毁，不满 18 岁的哈耶克和父亲都走上了战场，炮弹的碎片削掉了他的一块头皮。死里逃生的哈耶克在战争结束后考入维也纳大学读书，战争让他的兴趣从植物学转向了经济学。哈耶克本是一名“温和的社会主义者”。他写道：“我们成长于其中的那个文明已经崩溃。我们立志建设一个更美好的世界，而正是这种再造社会的渴望，鞭策我们投身经济学研究。”

那个时候的奥地利学派正处于鼎盛之时，在两个老师——维塞尔和米塞斯的影响下，哈耶克很快地掌握了奥地利学派经济学的精髓，后来成为奥地利学派第四代的杰出代表。

奥地利学派认为，人的需求是经济的驱动力，一切经济活动的核心是个人的行动、决策、价值和知识；人们由于需要商品，所以对其价值进行评估，在此基础上形成的经济体系决定了价格体系；价格体系影响着人生产产品的活动，社会制度或秩序是社会成员互动的“自然”结果；政府制定法律使个体能以最有利于创造财富的方式行动；等等。

这些理念也成为哈耶克一生学术事业的重要基础。他开始反思，那些美好的计划和许诺真的能实现吗？哈耶克分别于 1921 年和 1923 年取得了维也纳大学的法律学和政治学的博士学位，毕业后他在米塞斯的推荐下去了美国，于 1923—1924 年担任研究助理。在美国，哈耶克经常在经济上捉襟见肘，他的两双袜子上都有洞，为了遮掩只好套起来穿。1924 年 5 月，他从美国回到维也纳大学，在米塞斯手下工作。1926 年 8 月 4 日，哈耶克与海伦·贝尔塔结婚。1927 年，米塞斯创立了奥地利商业周期研究所，哈耶克担任所长。

2. 入职伦敦政治经济学院

在维也纳大学研究所工作期间，哈耶克发表了很多关于商业周期的论文，其中《储蓄“悖论”》一文引起了伦敦政治经济学院经济学系主任罗宾斯的关注。罗宾斯在 1929 年被任命为经济学系主任时年仅 30 岁，朝气蓬勃，他要建立一个世界领先的经济学系，同时他也想找个人批判与伦敦政治经济学院有不同理念的凯恩斯。1931 年哈耶克到伦敦政治经济学院任职，他们一家住进了伦敦郊区的汉普斯蒂德花园，购买了小汽车，融入了伦敦高级知识精英的社区。他每天去学校上半天课，跟学院的教授相处融洽。他的学生这样形容他：“穿着薄花呢外套、马甲、高领夹克的老款式衣服，英语蹩脚但面带微笑，是一个宁静、深思的人。”他和罗宾斯在学院组织了学术研讨班，吸引了很多著名学者参加。

在伦敦政治经济学院，哈耶克开始挑战赫赫有名的经济学大师凯恩斯。凯恩斯认为经济危机的根源在于总需求不足，政府应该增加货币供应，降低利率，刺激投资。哈耶克认为政府人为地降低利率造成大量的错误投资是经济危机的根源。对这位年轻的挑战者，凯恩斯表现得非常有风度。他不仅认真地撰文回应哈耶克的批判，而且在1931—1932年与哈耶克互通了11封书信，两人都认为对方错得一塌糊涂。凯恩斯在读完哈耶克反驳《就业、利息和货币通论》的文章后写道："哈耶克并没有带着善意读我的书。"当然他们也是"好朋友"。奥地利被德国控制之后，哈耶克向英国申请避难，于1938年加入了英国国籍。第二次世界大战爆发后的伦敦无法居住，政治经济学院迁往剑桥大学，在剑桥大学国王学院任教的凯恩斯帮助哈耶克找到了一座改建后的大仓库作为居所。他的儿子拉里·哈耶克回忆称，在战争期间那些百无聊赖的晚上，他的父亲和凯恩斯经常站在国王学院的房顶上，一起看伦敦上空璀璨如烟花的炮火。

3. 走出灰暗的时光

哈耶克的理论在20世纪30年代跌入了低谷。在经济萧条时倡导"无为而治"，很难得到政府、学界和社会民众的共鸣。他的学生（也是一位经济学家）路德维希·拉其曼回忆道："30年代初伦敦政治经济学院几乎所有人都是哈耶克的信徒，而到30年代后期只剩下哈耶克和我。"到了20世纪40年代初，凯恩斯如日中天，作为经济学家的哈耶克逐渐被人们遗忘了。他开始对经济学心灰意冷，转向了对政治哲学的研究。

1944年，哈耶克写的《通往奴役之路》的出版引发轰动，凯恩斯写信称赞他："在我看来，这是一本非常伟大的著作。我们所有人都有很充分的理由对你表示感谢，因为它非常精彩地说明了道理。你无须指望我完全接受书中的一切经济格言，但是从道义和哲学上来说，我基本上同意书中所阐述的一切。不仅仅是同意，而且非常赞同。"《通往奴役之路》被翻译成20多种语言出版，是20世纪最具影响力的学术著作之一。

1947年，哈耶克与米塞斯发起朝圣山学社，成为反乌托邦最坚定的力量。1947年4月1日到10日，坚持自由主义的学者在瑞士靠近韦维市的朝圣山举行会议，成员有哈耶克、弗里德曼、乔治·斯蒂格勒等来自世界各地10个国家的39名学者。这次会议非常成功，与会成员都认为应该创立一个常设学会。1947年11月6日，朝圣山学社成立，哈耶克当选主席，并在此后的12年中一直担任主席。

4. 离婚、结婚，告别英国

哈耶克于 1950 年 2 月辞去了伦敦政治经济学院的职位，主要原因是他的个人问题。哈耶克和表妹海伦娜青梅竹马，在他到美国访学期间，海伦娜嫁了人。两人在各自结婚后依然保持联系，在 20 世纪 30 年代两人考虑过离婚和再婚，但由于战争原因，两人多年未能见面。战后，哈耶克遇到海伦娜后旧情复燃，他与妻子赫拉于 1950 年 7 月 13 日离婚，这让他与罗宾斯的友谊破裂，罗宾斯不但是把哈耶克引进伦敦政治经济学院的人，而且是哈耶克的邻居。他强烈反对哈耶克和生活了二十多年、生了两个孩子的妻子离婚。哈耶克承受了极大的舆论压力，他决定离开英国，去美国芝加哥大学任职。芝加哥大学经济系并没有同意他的申请，于是他在该校社会思想委员会担任社会与道德科学教授。芝加哥大学的教学任务不重，哈耶克有精力写出了《自由宪章》，1960 年该书出版。芝加哥大学要求哈耶克于 1964 年退休，退休金比较低。为了维持生活，哈耶克于 1962 年离开了芝加哥大学，前往德国弗赖堡大学任教。

弗赖堡是一座位于德国、法国和瑞士交界处，在高山与平原间的小城。哈耶克在弗赖堡大学可以延迟退休，还能拿到一笔退休金，对此他十分满意。在弗赖堡大学就职演讲中，哈耶克说道："我不知道该感谢哪一颗幸运星，这座城市有几百年都属于奥地利帝国，因此到这里我就像回家一样。"与第二任妻子的婚姻让哈耶克觉得很幸福，他们经常出去旅行，同时他也时常去看望自己的孩子。回到德语世界让他觉得与人交流十分轻松，学校论资排辈的传统氛围让他处处受人尊重。1968 年哈耶克从弗赖堡大学退休。由于他不善理财，退休后经济情况比较紧张。1969 年，因为萨尔茨堡大学愿意购买他的藏书，而且也同意他继续使用这些藏书，于是他到萨尔茨堡大学任教。一位记者曾经报道过他在萨尔茨堡的生活："他住在年久失修的近郊住宅区，一边住着一个退休的消防员，另一边住着一个退休的铁匠，从家里到市中心和学校都很不方便。哈耶克之所以选择住在这里，是因为卖给萨尔茨堡大学藏书的那笔钱只够买下这幢房子。"萨尔茨堡大学经济系的规模很小，哈耶克在这里没有什么朋友，他曾经谈道："除了少数几个来上课的学生，也没有多少人对我的思想感兴趣。"

5. 意外获得诺贝尔经济学奖

哈耶克在1974年和他的理论对手纲纳·缪达尔一同获得了诺贝尔经济学奖，以“表扬他们在货币政策和商业周期上的开创性研究，以及他们对于经济、社会和制度互动影响的敏锐分析”。瑞典国王对哈耶克致敬：“自亚当·斯密以来，在经济学界最受人尊敬的道德哲学家和政治经济学家。”获得诺贝尔经济学奖让哈耶克重新声名显赫。1975年，撒切尔夫人成为英国保守党主席，公开声称哈耶克是自己的哲学导师，当上首相后的撒切尔夫人介绍哈耶克与里根总统见面，里根表示他曾从哈耶克的书中“受益匪浅”。

1984年，哈耶克获颁英国名誉勋位，以表彰其对经济学研究的贡献。1991年，美国总统布什颁给哈耶克美国总统自由勋章，以表扬他“终身的高瞻远瞩”。1992年3月23日，哈耶克在维也纳去世，享年93岁。他葬在维也纳北郊的林边公墓，墓碑上面只刻着几个字：F.A. 哈耶克（1899—1992）。神父在他的葬礼上致辞：“当人类面临重大危机，很多伟人去到美国，继续思考政治和经济——哈耶克就是其中的一员。哈耶克用尽一生向人们证明，人类的繁荣、幸福和尊严来自个人自由，而不是集体主义。”

弗里德曼：20世纪的经济学巨人

米尔顿·弗里德曼，诺贝尔经济学奖得主，20世纪最伟大的经济学家之一。他是货币主义的代表人物，他的理论和学说对撒切尔夫人的经济改革、里根经济政策等一系列决策都产生了重大影响。

弗里德曼出身贫寒、身材矮小，却被称作“20世纪的经济学巨人”。他的一生崇尚自由主义、捍卫市场经济，他本身就是美国精神的写照。

1. 贫寒的犹太后裔

米尔顿·弗里德曼于1912年7月31日出生在美国纽约州布鲁克林小镇的一个犹太人家庭，父亲耶诺·绍尔·弗里德曼经营绸布批发，母亲萨拉·埃特尔·兰道是个裁缝。弗里德曼的父母从奥匈帝国（今乌克兰一带）

移居美国，曾在工厂工作，生活非常拮据。但像其他犹太人一样，两人十分重视子女的教育。由于家境贫寒，在小学和中学时期，弗里德曼都曾得到教会的资助。但他在13岁时开始反思犹太教，认为是骗人的，于是退出教会，失去了教会的资助。15岁时，他的父亲去世，生活更加艰难。

尽管如此，弗里德曼是一个品学兼优的学生。中学期间，他在语言、数学、历史等课程方面都取得了非常优异的成绩，而且他积极地投入各项体育和课外活动。在高中时代，他参加了由《纽约时报》主办的关于宪法的全美演讲比赛并获奖。弗里德曼身材矮小（1.57米），小时候有一个外号叫作瞎啰。“我在人堆里面，大家都看不到我，所以我就非常喜欢讲话，非常喜欢跟人争论，争论的时候的我声音还特别大，所以同学都管我叫瞎啰。”

2. 艰难的学习和工作生涯

16岁中学毕业后，家庭贫寒的弗里德曼申请到了罗杰斯大学的奖学金。他选择了数学专业，希望毕业以后能担任保险公司的精算师。在罗杰斯大学两位老师霍默·琼斯和阿瑟·伯恩斯的引导下，弗里德曼开始对经济学产生浓厚的兴趣，大学毕业后他很幸运地获得了芝加哥大学经济学专业奖学金，来到芝加哥大学读书。

1935年，弗里德曼从芝加哥大学硕士毕业，到美国自然资源委员会工作，完成了《美国的消费支出》一书。1937年9月，在西蒙·库兹涅茨的推荐下，弗里德曼到国民经济研究局工作，担任该局的收入和财富委员会秘书长一职。任职期间，弗里德曼负责编辑《收入和财富研究》的部分论文集，这项工作使他成了国民收入统计方面的专家。

1941年，弗里德曼跟随哥伦比亚大学的卡尔·肖普参加财政部税务研究中心的有关研究工作，成为制定战时税收法案的主要经济学家。1943年，他们的研究成果《防止通货膨胀的税收》一书出版。关于税收改革的研究完成后，弗里德曼前往哥伦比亚大学加入统计学研究小组并担任副组长，并开始撰写博士论文，他在自传中描述1941—1943年为罗斯福新政工作时写道：“当时我是一个彻底的凯恩斯主义者。”

1945年，弗里德曼在明尼苏达大学执教一年并获得终身副教授职位。在此期间，弗里德曼主要讲授统计学和经济学两门课程，在明尼苏达大学，最让弗里德曼难忘的是与乔治·斯蒂格勒相处的日子。两人在芝加哥大学读书的时候就已经成为朋友，在明尼苏达大学又共用一个办公室。在弗里德曼的眼里，斯蒂格勒不仅是一个令人愉快的办公室伙伴，还是一个富于激励性的谈话对手和极具启发性的批评者。1946 年，弗里德曼获得哥伦比亚大学的博士学位。

3. 芝加哥大学的岁月

1946 年，弗里德曼回到美国芝加哥大学，在这里他执教了 30 年。他主要讲授价格理论和货币理论。除授课外，弗里德曼还指导过各种经济学专题研讨会，组建了货币银行学研究室。在弗里德曼从事经济学研究的早期，他涉及的领域很广，后来主要集中于货币经济学的研究。

芝加哥大学是经济学界的“少林寺”，芝加哥学派在过去的半个世纪里曾经诞生了七个诺贝尔经济学奖得主，而这个门派的带头人之一就是弗里德曼，芝加哥学派的主要学术立场就是崇尚自由经济，认为市场是资源配置最有效率机制，政府不应干预市场。

弗里德曼在 1956 年发表了《货币数量理论的重新表述》一文，对传统的货币数量理论进行了一种富有创新精神的重新表述。在这里，弗里德曼提出了“现代货币数量论”，重新强调货币及货币政策的首要作用，抨击凯恩斯主义的财政政策，反对布雷顿森林会议决定的固定汇率制，积极主张通过市场的自由活动实现有伸缩性的汇率。

从 20 世纪 50 年代初期开始，弗里德曼发动了一场反对凯恩斯主义的论战，并逐步确立了货币主义的历史地位。他领导的货币主义学派对经济理论及经济政策都产生过重大的影响。1951 年弗里德曼获得克拉克奖，1962 年出版了《资本主义与自由》，1967 年当选为美国经济学会会长，1976 年获得诺贝尔经济学奖。1977 年，他从芝加哥大学退休后，成为斯坦福大学胡佛研究所高级研究员。1980 年，他和妻子写下《自由选择》，此书发行量超过 100 万册。

回顾在芝加哥大学 30 年的教学生涯时，弗里德曼认为芝加哥是他的精神故乡。芝加哥大学有非常高素质的学生，学识渊博的同事、领导有方的系主任，教授之间、教授与学生之间有良好的互动关系，学术氛围非常浓厚，这些让他如鱼得水。弗里德曼在 1988 年取得了美国的国家科学奖章。

4. 两个幸运的人

1932 年，20 岁的弗里德曼在美国芝加哥大学读硕士，当时班级的座位是按姓氏排列的，排在他后面的是一个叫罗斯的女生，他们就此相识相爱。1938 年，他们结为夫妻，共同度过了 68 年的美好岁月。罗斯的哥哥是芝加哥学派的另一个创始人亚伦·德瑞克特。

在晚年的时候，弗里德曼夫妇撰写了一本书《两个幸运的人》，描写了两个人相濡以沫的一生。罗斯也是一个经济学家，她说："我从很早就知道，我无论是从学识上还是从智力上都比不过米尔顿·弗里德曼，我并不因此而感到遗憾。因为我生来就不爱竞争，他的声誉就是我的荣耀，或许我永远都拿不到诺贝尔奖，但是我为自己是一位诺贝尔奖得主的妻子而感到自豪。另外，他比我更爱交际、更开朗、更大方，因此他更适合站在聚光灯下。"弗里德曼非常善辩，在晚年的时候颇感寂寞。他说："这个世界没有人愿意跟我争论了，唯一还愿意跟我争论的人是我的妻子，她叫罗斯。"弗里德曼和罗斯有两个孩子，一儿一女。儿子戴维·弗里德曼原来是学物理的，后来受父母的影响也从事经济学研究工作，他的《弗里德曼的生活经济学》一书也曾在我国翻译出版。

2006 年 11 月 16 日，弗里德曼在旧金山的家中因心脏衰竭逝世，享年 94 岁。他的经济学贡献得到了世人广泛的赞誉。

科斯的故事

罗纳德·哈里·科斯是美国芝加哥大学教授、芝加哥经济学派代表人物之一，1991 年诺贝尔经济学奖的获得者，新制度经济学和法律经济学的创始人。

1. 平民家的残疾孩子

1910 年 12 月 19 日，科斯出生于英国威尔斯登的一个邮局职员家庭，是家中独子，腿有残疾。他曾说："有两件事由双亲处获益良多。其一是，他们虽不能和我共享志趣，但一直支持我去做自己想做的事。此外，家母教导我要诚实与真诚。""年幼之时，我因腿疾必须穿上铁鞋行走，因此我上的是残疾人学校。学校的主管单位同时也管理另一所供心智障碍者就读的学校，因此我怀疑两所学校间有些课程是相通的。我对在学校的所学不复记忆，只记得有一阵子学过编篮子，可惜对这门有用的技能我却学艺不精。"科斯在残疾人中学毕业，1927 年他通过了大学先期入学考试，其中历史与化学两科成绩优异。后来他又在中学待了两年，为伦敦大学的中级考试做准备。这段时间的课程相当于大学一年级所修习的科目，所以必须决定主修的科系。当时，科斯的第一志愿是历史，但是后来发觉要取得这方面的学位必须通晓拉丁文，由于他上中学晚了一年，和同年纪的同学相比拉丁文不好，所以被分到科学组主修化学。"不过我发现自己不喜欢数学，而这又是所有科学学位的基础，所以我只有再度变更主修科目为商业，这是当时基尔本中学剩下的唯一选择。""以上就是我如何一路走来成为经济学者，而没有成为编篮工人、历史学者、化学家、工厂经理人或律师的经过。冥冥之中一切似有定数安排，非人力所能左右。"

2. 神奇的大学生涯

1929 年科斯转到伦敦经济学院。在伦敦经济学院，阿诺德·普兰特教授对科斯的影响很大。科斯回忆说："虽然我在伦敦经济学院所上过的一些科目和经济学有关，但我从未修过经济学。在普兰特的教诲之下，我了解生产者会相互竞争，提供了消费者最需要的产品。整个经济体系是通过价格体系的运作来协调的。当时我信仰社会主义，这些观念对我堪称新奇。1931 年，我通过商学士学位最终考试的第二部分。"

"由于我是在基尔本中学修习大学一年级的课程，而伦敦经济学院规定必须在该校待上三年才能授予学位，因此我必须决定第三年要修习的科目。在普兰特的运作下，我获得了伦敦大学 1931—1932 年的卡塞尔爵士游学奖学金。"1931 年，年仅 21 岁的科斯作为伦敦经济学院三年级学生，利用这笔奖学金去美国研究"美国工业的结构，目的在于发现工业为什么以不同方式组织起来"。在考察中，他感到困惑："把价格系统作为一种协调机制的同时，为什么还存在着管理的协调功能？”他说：“到1932年夏季，我找到了答案。我察觉到利用价格机制是有费用的。必须去发现价格是什么，要进行谈判，起草合同，检查货物，做出安排解决争议等，为此所支出的费用被称为交易费用。”

3. 英国的经济学教学工作

1932年，科斯大学毕业后，开始只是在一所名叫丹迪的经济学校教书，“1932年，我进入就业市场，那一年正值经济大恐慌以来最差的年份，伦敦经济学院毕业生找不到工作的比比皆是，但我却无此困扰。”1931年，黄麻工业界巨子波纳捐助经费，在贝佛里基爵士和其他伦敦经济学院人士的建议下，于丹迪成立了一所经济与商业学校，主要目的是训练期望进入企业界的学生。科斯在1932年10月受聘为丹迪经济暨商业专科学校的助理讲师。他说：“要不是该校在1931年成立，我真不晓得自己要做些什么。结果各项发展都配合得恰好，而我也就按部就班地演化成为经济学者。”科斯在这个学校开设了三门课，其中一门是“企业组织”，他非常喜欢这门课，采用的是全新的教法，他给朋友写信说：“有一点我感到很自豪，这些全都是由我一个人构思出来的。”1934年他把讲课内容整理成一篇文章《企业的性质》，1937年发表在权威性刊物《经济学》杂志上。“当年我只有21岁，阳光从未停止照耀。”1934年，科斯受聘为利物浦大学的助理讲师，讲授银行学及财务学。1935年，科斯回到伦敦经济学院，他的主要工作有三项：一是教授独占理论（接替转到剑桥大学的希克斯），二是协助企管系的普兰特教授，三则是负责公用事业经济学的教学。

第二次世界大战爆发后，1940年，科斯被任命为林业委员会统计处处长；1941年，转往隶属战时内阁办公室，负责军需物资的统计工作。1946年，科斯回到伦敦经济学院讲授“经济学原理”课程。同年，他发表了《相互关联成本与需求下独占厂商之订价》和《边际成本之争》，后一篇文章显示了科斯对经济政策的研究方法和当代大多数经济学者的不同。科斯认为：“如果把边际成本定价法当作一般性政策，将会导致浪费无度，同时也会带来所得重分配的效果……由于经济学者只致力于正确的边际调控，完全忽略了他们的政策可能产生的副作用。”1950年，科斯发表了《英国的广播：垄断事业的研究》。

4. 移民美国发明科斯定理

1951 年，科斯移民到美国。“促成我做成这项决定的原因，一方面是对社会主义化的英国的未来缺乏信心；另一方面是我喜欢美国的生活（我曾在 1948 年在美国待了一段时间，研究商业广播系统的运作），再加上个人对美国经济学者十分仰慕。在老一辈的经济学者中，我最尊敬奈特，而和我同辈的学者中，则属史蒂格勒。”要赴美国谋生，没有博士学位不好办，他就以几篇文章申请获得了伦敦大学的名誉博士学位。到了美国之后，科斯执教的第一所学校是布法罗大学，该校公用事业的专家桑纳曾在战前造访伦敦经济学院，因此是他推荐科斯来此任教的。1958 年，科斯转往弗吉尼亚大学执教，1959 年写出《联邦通讯委员会》，1960 年写出被称作科斯定理的文章——《社会成本问题》，发表在《法律与经济学》杂志上。1964 年，科斯到芝加哥大学的法学院任教，除教学科研工作外，负责《法律与经济学》杂志的编辑工作。在科斯的努力下，许多杰出的论文相继刊出。“让我度过一段非常快乐的时光。每篇文章都值得重视。”

2013 年 9 月 2 日，科斯在美国去世，享年 102 岁。科斯的夫人叫玛丽安，芝加哥人，西北大学音乐系毕业，1932 年在芝加哥街头偶遇到此访问的科斯。当时科斯和玛丽安一见钟情，玛丽安于 1937 年远嫁伦敦，1951 年随夫返回美国。科斯与夫人相识 80 年，结婚 75 年，一直恩爱如初、相敬如宾。他们没有孩子，相依为伴。在夫人去世后的一段日子里，科斯痛不欲生。他回忆与夫人的相识相伴，不时以泪洗面。

2015 年 4 月 20 日下午 2 时，科斯与夫人的骨灰在芝加哥市雅园墓地一并入土下葬，墓碑上写着：“这里长眠着罗纳德 · H. 科斯，尽心尽职的丈夫，心无旁骛的经济学家，他的思想不仅鼓舞了伟大的中国转型，而且会继续启发我们研究国民财富的性质和原因。玛丽安 · H. 科斯，她的人生犹如一场由音乐、爱和幽默编织而成的漫长故事，如今与她挚爱的人在此安息。”